中国社会科学院"登峰战略"国际公法优势学科建设项目

马金星 著

国际海上交通安全的法律保障

情势变迁与规则演进

LEGAL SECURITY OF
INTERNATIONAL MARITIME TRAFFIC
REBUS SIC STANTIBUS
AND RULES EVOLUTION

社会科学文献出版社
SOCIAL SCIENCES ACADEMIC PRESS (CHINA)

序 言

国际海上交通安全是国际安全的重要组成部分，也是全球海洋治理的重要议题。国际海上运输、远洋渔业捕捞、大洋科学考察、海洋资源勘探等海上活动，都需要以保障海上交通安全为前提。在当代，保障国际海上交通安全不仅面临自然风险和人为操作失误，海洋争端、武装冲突、恐怖主义、海盗及海上武装抢劫等也会对国际海上交通安全造成威胁或损害，而人工智能等科学技术应用于海上交通领域，更是引发了制度重构与法律规制的问题。因此，国际海上交通安全保障法律问题具有综合性、复杂性与跨学科的特征。中国约95%的国际贸易货物量通过海运完成，中国籍船舶及中资"方便旗"船航行轨迹遍布全球主要通航海域，船舶的数量和吨位稳居世界前列，中国造船业手持订单量位居世界第一，占全球市场份额的近一半。与此同时，中国还是《联合国海洋法公约》、主要国际海事公约的缔约国以及国际海事组织A类理事国。保障国际海上交通安全与维护国家海上安全及海洋权益、加快建设海洋强国，有着密切的联系。

本书作者从问题意识出发，以国际海上交通安全保障的构成为主要研究内容，选取海上通航环境安全保障、海上交通工具及其上人员安全保障、海上交通安全调查、国际争端解决及国家的国际责任中的法律问题进行研究，其中，不仅包括对既有研究的梳理，也就一些问题提出自己的看法、观点和论证理由。作者在研究国际海上交通安全法律保障方面，既重视对条约的解释和适用，也注意搜集相关国家实践、国际司法及仲裁案例等，希望借由国际法与国内法相结合的研究方法，探究相关法律问题。目前国内专门研究国际海上交通安全保障法律问题的专著非常少，相信本书的出版会对国际法理论界有一定的启发意义，对海事管理实务界有一定的参考作用。

2023 年 1 月 29 日

前　言

本书是在博士学位论文基础上形成的，也是从博士入学至今的一个阶段性总结。在博士学位论文答辩后至本书付梓前，我完成了博士后研究工作、就业入职，其间也在不断积蓄知识储备、反思一些观点立论。针对本书所讨论的问题，有三个思路或认识贯穿其中。

第一，海上交通安全是一切海上活动之本。海上交通是中外物资、人员和信息交流的最主要媒介，运输、捕鱼、养殖、科考、勘探等所有海上活动都需要借助船舶（包括潜航器）和设施完成，没有船舶，海上设施就无法独立发挥其价值。也许未来海上活动中，飞行器所发挥的作用及其在海上交通工具中所占比重会与日俱增，但是船舶不会消亡，船舶在海上交通中的地位也不会被撼动。安全犹如阳光空气，受益而不觉，失之则难存。"托利峡谷号"（Torrey Canyon）事故说明，没有海上交通安全，海洋生态环境就会受到损害。"长赐号"（Ever Given）搁浅事故说明，国际海上通道堵塞，全球供应链就会局部中断或瘫痪。"歌诗达协和号"（Costa Concordia）事故说明，再美的海上风景，也唤不醒陨落海洋的生命。没有海上交通安全，中东地区的石油、巴西的铁矿砂、澳大利亚的煤炭、乌克兰的小麦不可能向全球运输；没有海上交通安全，咖啡在欧洲恐将成为奢侈品，深海鱼获也难在寻常百姓餐桌上出现。"时代的每一粒尘埃，落在个人身上都是一座大山"，每一次海难事故或者伴随人员伤亡，或者造成财产损失，或者殃及生态环境，一次事故可能影响个人、家庭，也可能累及一个国家。在经济全球化加速发展的今天，哪里有国家利益，哪里就有国际交往；哪里有国家海洋权益，哪里就有海上交通安全。海上交通安全不是一时一地之安全，需要以大安全观、总体安全观站在全球视角予以审视。

第二，人、交通工具和环境三要素是海上交通安全的基本盘。如何认识海上交通安全这一概念是本书立论的出发点，保障海上交通安全即是保障人的安全、交通工具安全及通航环境安全，无论是对于国内海上交通安全保障而言，还是对于国际海上交通安全保障来说，这个基本盘是不变的。交通工具是海上活动中人的载体，人是海上交通工具的操纵者与管理者，二者具有一体化特征，在安全保障中密不可分。通航环境是海上交通活动的外部载体，是海上交通活动赖以存在的基础，也是影响海上交通安全的外部因素，故海上通航环境安全保障也属于海上交通安全保障范畴。在海上交通安全概念构成中，人、交通工具和环境三要素缺一不可。借用"皮"与"毛"观点，人、交通工具和环境是海上交通安全保障的"皮"，海上交通安全调查、争端解决机制是海上交通安全保障的"毛"，"皮之不存，毛将焉附"。

第三，国际海上交通安全保障具有内外联动性。本书在第一章将海上交通安全分为"国内海上交通安全"与"国际海上交通安全"，但是这种程式化的"二分法"概念划分并非一种理想方式。本书所指的国际海上交通安全保障，是由国家或国际组织为了保证共同的安全而采取的措施，聚焦参与主体安全、客体安全与海上通航环境安全。将国际海上交通安全保障从海上交通安全保障概念中分离出来，本意是限定所讨论问题的"四至"，既不想以"摊大饼"的形式讨论海上交通安全保障法律问题，也不想让读者"望文生义"、模糊既有的学科分类认识。至于海上交通安全保障中的国际法问题与海上交通安全保障中的法律问题，是一个问题的两个方面，抑或是互有交集的两个问题，仁者见仁智者见智。探讨海上交通安全法律问题，不是某一学科的"专利"。站在不同学科角度审视同一问题，可能更容易发现问题背后的"问题"。在海事领域，国内安全和国际安全的界限出现模糊的趋势，国内问题国际化与国际问题国内化的趋势日益明显，国内法与国际法相互交融的现象并不罕见。任何国际法制度规则，都可以从国家实践中找到其"影子"或"蓝本"。在海事安全治理领域及法律制度层面，国内法大量纳入和转化国际规则的现象，再常见不过。先定性、再分析的方式，可能会在建构规则体系、解析法律问题时使研究者"只见树木，不见森林"，错失综合性的解决方案。因此，在讨论国际海上交通安全保障过程中，本书认为，从问题本身出发，走国内法与国际法相结合的路径，是一种行之有效的研究方法。

从论文开题到最终成书，中间几易其稿。首先，要感谢我的导师——大连海事大学法学院李志文教授。在读博期间，李老师用"授人以渔"的方式培养我的学术能力，让我参与其主持的国家级、省级项目，在我撰写期刊论文和学位论文过程中，通过批注的方式引导我去查找资料、分析问题、解决问题，小到标点符号、用词用语，大到观点立场、论证过程，在"拉锯式"的修改过程中，让我自己去查实、权衡并给出一个答案，如此往复，一份稿子少则改十几次，多则要改二十几次。在此期间，李老师去交通运输部、国家海洋局等部委参加研讨会，带我过去旁听；让我去厦门大学、上海交通大学参加暑期培训班，增加知识储备；每年带着我和一众师弟师妹参加中国国际法年会、海洋法年会、海商法年会等全国性学术年会，让我们长见识、开眼界。李老师是法学院最为勤勉的老师之一，自己有着严格的工作习惯和作息时间，践行"要出成果就得抓紧时间"的信条。我毕业参加工作以来，对此也有了更切身的体会。

其次，在博士学位论文开题及中期检查过程中，王淑敏教授、初北平教授、曲波教授、赵鹿军教授、周清华教授就论文内容给予多方面善见真解。在答辩过程中，司玉琢教授、于沛霖教授、王秀芬教授、何志鹏教授、关正义教授针对论文的研究范畴、文献综述、正文内容、篇章逻辑结构和观点等，提出了许多意见和修改建议。本书付梓之际，书中也有这些老师的智慧成果。在我本科阶段，这些老师大多是我必修课、限选课的任课老师，他们看着我入学、毕业、留学，然后又回到学校、再次毕业。同时，还要感谢大连海事大学的彭放老师、刘文永老师，他们看着我从一个本科生成长为博士生，给了我许多指导和帮助。

再次，感谢中国社会科学院法学研究所、国际法研究所的领导和诸位老师，我博士毕业后先以国资博士后身份进入研究所，之后留所工作，两所资深研究员都是在各自学术研究领域享有较高声誉的学者，他们以不同方式向我传授知识，为我答疑解惑。其间，所领导让我参与一些重要的交办项目研究工作和科研活动，所里老师教我如何撰写资政建议，培训我撰写和发表英文论文，在评优时把我推上前台，并且中国社会科学院"登峰战略"国际公法优势学科建设项目全额资助了本书的出版费用。研究所的老师们看着我娶妻生子、买房安家，一步步走到现在。尤其是国际公法研究室的诸位老师，在专业学习、日常生活、科研安排等方面，给予我非常多的支持。人言"背靠大树好乘凉"，国际法研究所、法学研究所就是这棵"大树"，工作以来的这些业绩都是依托这棵"大树"取得的，是这棵"大树"给了我发挥的平台。

本书交稿之际，恰逢我结束在中国—中东欧研究院（布达佩斯）的挂职工作，研究院的领导在工作中给了我很多指引，在学术研究方面也给了我很多自由空间。中国社会科学院陈新研究员、朱晓中研究员、邵滨鸿老师、徐超老师，最高人民法院余晓汉法官，新华社陈浩老师或向我传授国际关系和国际政治专业知识，或针对研究方向提供指引，或分享区域国别知识和阅历，完善我的知识结构，激励我提升能力本领，谨此致以诚挚感谢。挂职期间恰逢新冠疫情在全球肆虐，我独自在布达佩斯工作，父母妻女在京，岳父母鼎力支持，这些岂是一个"谢"字所能道尽的！

最后，还要感谢本书责任编辑芮素平老师、文稿编辑齐栾玉老师，她们对本书进行了细致的修改、编辑、校对，提出了许多宝贵的意见和建议。她们的专业素养和负责编校，使本书避免了许多文字和内容上的错误，本书顺利出版也有她们的辛勤付出。

限于笔者水平，书中谬误和不妥之处恐在所难免，敬请专家和读者不吝赐教。

日月川流周而复始，星辰大海永不止步。法学之精深，犹如仰山铸铜、煮海为盐，终无止境。一字一言，一句一章，或贬或赞，皆是人言。若梦浮生远至，逆旅兼程在雍，企跨之语终当自勉。

目 录

绪 论 ··· 001
 一 研究背景 ·· 002
 二 研究意义 ·· 006
 三 研究框架 ·· 008

第一章 国际海上交通安全的概念内涵及法律框架 ············· 013
 第一节 国际海上交通安全的概念内涵 ····················· 013
  一 海上交通安全的基本含义 ···························· 014
  二 国际海上交通安全的界定 ···························· 018
  三 国际海上交通安全保障的特征 ······················· 029
 第二节 影响国际海上交通安全的因素 ····················· 034
  一 外部影响因素 ·· 034
  二 内部影响因素 ·· 040
 第三节 与国际海上交通安全保障相关的国际公约 ········· 044
  一 《海洋法公约》 ······································ 045
  二 国际海事公约 ·· 051
  三 其他相关国际公约 ··································· 062

第二章 国际海上交通安全的情势变迁及保障机制演进 ········ 069
 第一节 国际海上交通安全与国家海上安全 ················· 069
  一 国家海上安全的含义 ································· 070
  二 国际海上交通安全与国家海上安全的相互关系 ······ 072
  三 保障国际海上交通安全在实现国家海上安全中的作用 ········· 075

第二节　国际海上交通安全与海洋自由、海权 …… 077
一　国际海上交通安全与海洋自由 …… 077
二　国际海上交通安全与海权 …… 082
三　国际海上交通安全与当代中国海权观 …… 087

第三节　国际海上交通安全保障的惯常机制及演进 …… 093
一　国际海上交通安全保障的惯常机制 …… 094
二　国际海上交通安全保障的演进方向 …… 102
三　国际海上交通安全保障的变迁缘由 …… 108

第三章　国际海上通航环境安全保障法律问题 …… 112

第一节　航行自由与国家主权的法律联系 …… 112
一　航行自由的历史内涵解读 …… 113
二　航行自由与国家主权的相互关系 …… 118
三　国家主权对军舰海上航行的规制 …… 120
四　国际法对军舰海上航行的行为约束 …… 123

第二节　领海外适用船舶定线制的法律问题 …… 127
一　领海外适用船舶定线制行为的法律属性 …… 129
二　领海外适用船舶定线制面对的现实问题 …… 131
三　领海外适用船舶定线制遵循的基本路径 …… 133

第三节　专属经济区船舶残骸清除的法律问题 …… 137
一　专属经济区残骸清除行为的法律属性 …… 138
二　专属经济区残骸清除的潜在问题 …… 139
三　专属经济区残骸清除国家管辖的法律平衡 …… 141

第四节　争议海域通航环境安全保障国家管辖权问题 …… 145
一　争议海域通航环境安全保障国家管辖权冲突的原因 …… 145
二　争议海域通航环境安全保障国家管辖权冲突的表现 …… 148
三　争议海域通航环境安全保障国家管辖权协调的基础 …… 148
四　争议海域通航环境安全保障国家管辖权协调的路径 …… 151

第五节　北极航道国际航行安全保障法律问题 …… 153
一　北极航道的法律地位及国家管辖权 …… 155
二　北极海域国际航行安全保障法律框架 …… 159

三　用于国际航行的海峡的认定与国家实践……………………… 162

第四章　国际海上交通工具及其上人员安全法律保障…………… 166
第一节　沿海国海上执法中对船舶及船员使用武力问题………… 166
一　国际法中有关海上武力使用的一般规定…………………… 167
二　海上执法中对船舶及船员使用武力的行为属性…………… 170
三　海上执法中对船舶及船员使用武力的改进需求…………… 173
四　海上执法中对船舶及船员使用武力的限制要件…………… 176
第二节　专属经济区内遇难人员搜救法律问题…………………… 178
一　沿海国在专属经济区内搜救遇难人员的义务来源………… 179
二　沿海国在专属经济区内搜救遇难人员的行为性质………… 182
三　进入他国专属经济区内搜救遇难人员的行为限制………… 184
第三节　专属经济区外籍船舶碰撞刑事管辖权问题……………… 186
一　专属经济区外籍船舶碰撞刑事管辖权的法律构成………… 187
二　专属经济区外籍船舶碰撞刑事管辖权的法律困境………… 193
三　专属经济区外籍船舶碰撞刑事管辖权理性化分配………… 201
第四节　他国管辖海域内军事船舶护航法律问题………………… 210
一　军事船舶护航行为的法律属性……………………………… 211
二　军事船舶护航中沿海国让与的内容问题…………………… 214
三　军事船舶护航中沿海国让与的实现路径…………………… 215
第五节　国际航行商船使用私营海上武装保安法律问题………… 218
一　私营海上武装保安现状及国际海事组织立场变化………… 219
二　与私营海上武装保安相关的国际规范性文件分析………… 227
三　船长在私营海上武装保安中的法律地位…………………… 235
第六节　人工智能船舶与国际海上交通安全保障规则演进……… 241
一　相关国家人工智能船舶的研发现状及相关国际规则的适用性… 242
二　船舶智能化对国际海上交通安全法律保障的影响………… 248
三　国际海事公约因应船舶智能化趋势的发展路径…………… 251

第五章　国际海上交通安全保障中的安全调查法律问题…………… 256
第一节　海上交通安全调查与海上交通安全保障的要素关联…… 258

一　海上交通安全调查与海上交通事故……………………… 258
　　二　海上交通安全调查与海事调查…………………………… 262
　　三　海上交通安全调查的安全保障效用……………………… 265
　第二节　海上交通安全调查组织模式…………………………… 267
　　一　海上交通安全调查组织模式结构………………………… 267
　　二　海上交通安全调查组织模式对比分析…………………… 272
　　三　海上交通安全调查组织模式演进方向…………………… 275
　第三节　海上交通安全调查中的国家管辖……………………… 279
　　一　海上交通安全调查中国家管辖权的分配………………… 279
　　二　海上交通安全调查中沿海国管辖的偏移………………… 282
　　三　海上交通安全调查中船旗国管辖的回归………………… 285

第六章　国际海上交通安全保障中的争端解决及国际责任…… 289
　第一节　国际海事公约中的争端解决机制……………………… 290
　　一　国际海事公约有关争端解决机制的规定………………… 290
　　二　国际海上交通安全保障争端解决机制的运行…………… 293
　第二节　国际海事争端中被扣船舶及船员迅速释放问题……… 297
　　一　迅速释放程序在救济被扣船舶及船员中的适用性……… 299
　　二　被扣船舶及船员释放程序的国内法与国际法形态比较… 301
　　三　船旗国授权自然人或法人参与迅速释放程序的理论检讨… 304
　　四　迅速释放程序申请国范围的改进空间…………………… 307
　第三节　海上交通安全保障中国家的国际责任………………… 310
　　一　国家的国际责任构成机理及解除条件…………………… 310
　　二　国家的海上交通安全保障国际义务及行为路径………… 314
　　三　海上交通安全保障中可归因于国家的行为及义务违反… 321
　　四　海上交通安全保障中国际责任的法理定位……………… 329
　　五　海上交通安全保障中国际责任的实现形态……………… 333

结　论……………………………………………………………… 338

参考文献…………………………………………………………… 341
　　一　中文著作（含译著）……………………………………… 341

二 中文论文（含译文）……………………………………… 344
三 学位论文 ………………………………………………… 354
四 报纸与网络资料 ………………………………………… 354
五 外文著作 ………………………………………………… 357
六 外文论文 ………………………………………………… 363
七 外文案例 ………………………………………………… 369

绪　论

在全球化背景下，海洋对当今社会的最大价值莫过于海上通道与海洋资源。国际海上交通是维系世界政治、经济和贸易的主要支柱，尤其对沿海国家的经济、军事和政治影响巨大。海上交通安全是一切海上活动的基础，没有海上交通安全就无法有效进行海上航行、停泊、作业等活动。国际海上交通是全球交通的重要组成部分，根据国际航运公会（International Chamber of Shipping，ICS）和经济合作与发展组织（Organisation for Economic Co-operation and Development，OECD）的统计数据，当前全球约90%的货物通过海运的方式被运输到世界各地，到2050年海运贸易量将增加两倍。[①]国际海上交通安全不仅关系到全球152个沿海国家[②]的经济发展、社会福祉，也与内陆国家的国民经济、进出口贸易、社会生活息息相关。国际通航海域不仅有数量庞大的商船穿梭游弋，还存在大量远洋渔船、工程作业船舶、浮动钻井平台、水下设施等。这些船舶和设施的驾驶人、操控人等相关主体既是国际海上交通的参与者，也是交通安全的受益者。技术规则与法律规则是保障国际海上交通安全的两条路径，两条路径平行存在，时而发生交集，技术规则法律化便是交点之一。研究国际海上交通安全法律保障，应当立足总体海洋安全观，不仅需要解构既有法律规则，探究其适

---

① Organisation for Economic Co-operation and Development, "Ocean Shipping and Building," https://www.oecd.org/ocean/topics/ocean-shipping/, last visited 1 May, 2022; International Chamber of Shipping, "Shipping Facts," https://www.ics-shipping.org/explaining/shipping-facts/, last visited 1 May, 2022.

② UN Department of Public Information, "Oceans: The Source of Life: Convention on the Law of the Sea · 20th Anniversary (1982-2022)," [ST/] DPI/2290, https://digitallibrary.un.org/record/480927, last visited 1 May, 2022.

用，还需要因应海上安全威胁因素变化及国家海洋利益拓展，关注法律规则演进的趋势和方向，了解国际海上交通安全法律保障需求。

一 研究背景

国际海上交通安全是国际安全的组成部分，具有全球性和地区性特征。"海洋孕育了生命、联通了世界、促进了发展"，"我们人类居住的这个蓝色星球，不是被海洋分割成了各个孤岛，而是被海洋连结成了命运共同体，各国人民安危与共"。[①] 国际海上交通犹如共同体结构中的"血管"，连接着不同国家和地区，国际海上通道或大洋航道是"主动脉"，其他支线犹如"毛细血管"，人员、货物等通过"主动脉""毛细血管"实现空间位移，维系着全球经济社会的正常运转。2021年3月，"长赐号"集装箱货轮在苏伊士运河搁浅，海上交通"咽喉"被阻断，一些船舶不得不改道，绕过好望角前往欧洲，航程增加了7000海里，该事件不仅导致国际海上货运延迟，还对全球供应链造成影响。苏伊士运河连接着红海和地中海，只是全球万千海上通道之一，一个海上通道的堵塞便可以引起全球经济的阵痛，可见保障国际海上交通安全的重要性。

第一，国际海上交通情势变迁推动安全保障规则发展呈现一体化趋势。从大航海时代至今，航海技术发生了颠覆性变革，船体以钢质材料替代了木质材料，船舶动力由传统的人力或自然风力发展为机械动力，船舶驾驶由全程人工驾驶向远程控制和人工智能驾驶迈进，船舶导航由初期的海岸观察、天文导航、指南针导航发展为无线电、雷达和卫星导航等现代化导航系统。与此同时，船舶呈现大型化发展趋势、运载能力不断提升，国际航行船舶数量不断增加，全球海上航线纵横交错、覆盖广泛。海上交通活动跨越了国界，使全球沿海国家和地区之间的交通活动相互依存、相互关联，形成全球性海上交通网络，国际海上交通安全关乎各国的共同安全，需要各国共同维护，任何一个国家或国际行为体都无法独自承担安全保障义务和责任。共同的安全利益和需求为近代海上交通安全保障国际法规则体系的发展提供了土壤和条件。进入20世纪，以多边国际公约为基本形式，

[①] 《习近平谈治国理政》（第三卷），外文出版社，2020，第463页。

以政府间国际组织或国际会议为协调机构,通过谈判协商形成相对统一的国际法律制度,成为海上交通安全保障领域国际规则体系演进的主流趋势。从20世纪初至20世纪50年代,国际社会相继通过了1910年《统一海难援助和救助某些法律规定的公约》《统一船舶碰撞某些法律规定的国际公约》、1914年《国际海上人命安全公约》、1936年《(海上)工时和配员公约》等国际公约,对各国国内海上交通安全保障法律规则进行协调。1959年,政府间海事协商组织(Inter-Governmental Maritime Consultative Organization,IMCO,国际海事组织[International Maritime Organization,IMO]的前身)成立,"在政府监管和实践方面,针对所有影响国际贸易航运的技术问题提供政府间合作机制"[1]。不断发展的技术规则和法律规则,通过国际条约机制强化海上交通安全保障规则的制度化和普遍适用。

第二,海上活动多样化对国际海上交通安全保障提出更高要求。传统观点认为,海上交通即船舶航行,保障海上交通安全就是保障海上船舶航行安全。然而随着海洋空间资源利用和海上活动的多样化,太空载运设备海上回收、海洋资源开发、海上人工岛屿建设等不同类型的海上活动相继出现,加剧了国际海上通航环境的复杂性,对国际海上交通安全保障提出了更高的要求。从安全保障视角看,可以将海上活动多样化对国际海上交通的影响概括为四方面。一是内在安全与外在安全的关系更趋紧密。内在安全指船舶或其他海上交通工具在海上的活动,不受内部或外部力量的威胁、非法侵害与不遭遇风险,保持稳定、均衡和持续进行。外在安全指船舶或其他海上交通工具在海上活动时,除了保护自身安全外,对海上交通活动以外的人、设施等也不应造成威胁或损害。从内因与外因的辩证关系来推演,自然风险、通航环境复杂等外部不安全因素,海上交通工具的驾驶人、操作人、引导人等主体的故意或过失,都是引发海难事故的因素,保障国际海上交通安全必须认识到内在安全与外在安全的一体化特征,从立体化、多维度视角观察和思考国际海上交通安全保障问题。二是安全保障需求陡然增加。海上航行船舶既有民用船舶,也有政府公务(军用)船舶;船舶动力既有燃油、天然气,也有核动力;穿梭在国际航线、往来于

---

[1] 《国际海事组织公约》第1条(a)项。

不同国家和地区的船舶，既有远洋渔船，也有集装箱船、散货船、邮轮和油轮、液化天然气船、加油船、冷藏船、化学品船等。全球可航海域船舶通航密度逐渐增大，海上运输的货物价值在增加，往来人员数量在增多，海难事故造成的损失也在扩大。三是水上水下作业活动影响通航安全。除通航之外，海上还存在捕捞、养殖、旅游、勘探、科考等多种多样的水上水下作业活动，甚至一些海域既是重要的国际海运通道，也是渔民作业的渔场。不同类型活动在同一片海域进行，不同吨位船舶在同一片海域穿梭往来，这加剧了通航环境的复杂性，增大了交通事故的发生概率。四是安全事故的衍生后果引发国际关注。国际社会对于国际海上交通安全事故的关注，并非完全集中在发生事故的船舶、设施及人员自身层面，事故所衍生的灾难性后果同样备受关注。1978年，利比里亚籍油轮"阿莫科·卡迪兹号"（Amoco Cadiz）在法国沿岸发生事故，泄漏原油达22.4万吨，污染了近350公里长的海岸带；40年后的2018年，巴拿马籍油轮"桑吉号"（Sanchi）与中国香港籍"长峰水晶号"（CF Crystal）货船相撞，导致13.6万吨凝析油泄漏，并随洋流向外飘散。以上事故的特点在于，事故影响面大、涉及海域面广、持续时间长，对自然资源、生态环境、渔业捕捞、居民生活等方面造成严重损害。其他国际海上交通安全事故，如2021年"长赐号"搁浅事故，虽然不如"阿莫科·卡迪兹号""桑吉号"事故惨烈，却也对国际海运运费、国际物流、区域商品价格造成影响。可见，国际海上交通安全事故的危害或影响，并不仅仅及于发生事故的船舶、设施及人员自身，其衍生危害亦不容小觑。

第三，海洋安全形势变化给保障国际海上交通安全带来新的挑战。长期以来，威胁国际海上交通安全的传统因素主要为海流、气象、海域状况等自然环境和人为不当操作。20世纪中叶后，海上非传统安全因素的急遽扩张与国家间日益激烈的海洋争端，成为国际海上交通领域安全威胁的重要来源，原本以技术规范为支持的国际海上交通安全保障体系，不得不转而关注海上非传统安全因素、海洋争端因素对国际海上交通安全的影响，军事护航问题、武力执法问题等随之产生。传统安全因素，尤其是武装冲突，对于国际海上交通安全的威胁始终存在。例如，2022年2月俄罗斯与乌克兰爆发军事冲突后，悬挂摩尔多瓦国旗的"千禧精神号"（Millennial Spirit）

化学运输船、孟加拉国籍"撒姆里迪号"(Banglar Samriddhi)散货船等停泊或航经黑海的商船,遭到武装袭击进而造成人员伤亡和财产损失,①乌克兰和俄罗斯在黑海和亚速海的水域已被列入由伦敦保险市场联合战争委员会(Joint War Committee,JWC)最新修订的船舶战争、海盗、恐怖主义和相关风险除外区域清单(JWLA-028);②由英国航运协会(UK Chamber of Shipping)和鹦鹉螺国际工会(Nautilus International)以及铁路、海运、运输工人联合会(National Union of Rail,Maritime and Transport Workers,RMT)组成的战争行动地区委员会(WOAC)已宣布乌克兰、俄罗斯以及黑海北纬44°以北的所有国际水域为"战争行动区"(Warlike Operations Area)③。海洋安全形势的变化要求国际海上交通领域安全保障措施紧跟时代的发展,根据国际海上交通安全因素的变化调整和完善法律保障措施,清除安全保障中的法律障碍,在保障国家主权与保护海洋秩序的前提下,适应海上安全形势的变化,不断完善和优化交通安全保障措施。

第四,共建21世纪海上丝绸之路有赖于安全的海上交通环境。"古代丝绸之路是一条贸易之路,更是一条友谊之路。在中华民族同其他民族的友好交往中,逐步形成了以和平合作、开放包容、互学互鉴、互利共赢为特征的丝绸之路精神。"④推动21世纪海上丝绸之路建设"既是中国扩大和深化对外开放的需要,也是加强和亚欧非及世界各国互利合作的需要"⑤,这不仅是一条商品物资"经贸之路",也是不同文明"交流之路",更是海洋强国"建设之路"。共建21世纪海上丝绸之路旨在促进经济要素有序自由流动、资源高效配置和市场深度融合,其不是从排他性国家联盟的角度

---

① "Bangladesh Abandons Banglar Samriddhi After Crew Evacuated," The Daily Star, https://www.thedailystar.net/news/world/2022-russian-invasion-ukraine/news/bangladesh-abandons-banglar-samriddhi-after-crew-evacuated-2975071, last visited 8 May, 2022.
② Joint War Committee, "JWLA-028 Black Sea and Sea of Azov," Lloyd's Market Association, https://www.lmalloyds.com/lma/jointwar, last visited 8 May, 2022.
③ "Warlike Operations Area Committee Agrees Protections for Seafarers," Nautilus International, https://www.nautilusint.org/en/news-insight/news/warlike-operations-area-committee-agrees-protections-for-seafarers/, last visited 6 March, 2022.
④ 《习近平谈"一带一路"》,中央文献出版社,2018,第104页。
⑤ 国家发展和改革委员会、外交部、商务部:《推动共建丝绸之路经济带和21世纪海上丝绸之路的愿景与行动》,人民网,http://politics.people.com.cn/n/2015/0328/c70731-26764643.html?from=singlemessage&isappinstalled=0,最后访问时间:2023年1月9日。

狭隘地组建经济联合体，也非将其他国家纳入中国设计与主导的联盟体系与制度网络，而是以目标协调、政策沟通为主，由中国与共建国家一道，不断充实完善合作内容和方式，共同制定时间表、路线图，积极推进共建国家发展和区域合作规划的相互对接，①体现的是多元开放的经济合作进程。21世纪海上丝绸之路的建设与发展以国际海上交通安全为前提，21世纪海上丝绸之路沿线是国际主要航线途经地区，区域内船舶不仅趋向大型化、专业化、快速化，而且数量也在急遽增加，加之沿线复杂的地缘政治和海洋权益争端，对国际海上交通安全造成了严重威胁。因而，建设高效、安全、绿色的21世纪海上丝绸之路，不仅需要多学科、多行业的广泛合作，各国在海洋资源禀赋和生产技术方面优势互补，更需要中国与相关国家、国际组织或机构在海上交通安全领域不断整合和加强合作，积极构建与各国经济社会发展目标相契合的伙伴关系，为伙伴关系框架内的海洋经贸合作与海上互联互通提供安全、畅通的海上通航环境。

二 研究意义

国际海上交通是国家整个交通运输大动脉的重要组成部分，被称为国家经济走向世界的桥梁纽带。国际海上交通安全不仅对一个国家的经济走向世界起着至关重要的作用，更关系到国防建设和国家安全。

应立足总体国家安全观分析国际海上交通安全。总体国家安全观勾画出维护国家安全的整体布局，2019年10月，《中共中央关于坚持和完善中国特色社会主义制度 推进国家治理体系和治理能力现代化若干重大问题的决定》提出，"坚持总体国家安全观，统筹发展和安全，坚持人民安全、政治安全、国家利益至上有机统一"，"以经济安全为基础，以军事、科技、文化、社会安全为保障，健全国家安全体系，增强国家安全能力"。中国并不直接面向开阔的大洋，而仅毗连西太平洋的边缘海，进出大洋必须经过大多处于其他国家管辖或控制下的狭窄水道，在这样的地理环境下，中国

---

① 国家发展和改革委员会、外交部、商务部：《推动共建丝绸之路经济带和21世纪海上丝绸之路的愿景与行动》，人民网，http://politics.people.com.cn/n/2015/0328/c70731-26764643.html?from=singlemessage&isappinstalled=0，最后访问时间：2023年1月9日。

进出大洋的活动也受到周边国家的影响和牵制。① 在陆地领域，除去印度、不丹之外，中国与其他陆地邻国均正式划定了边界；在海上领域，根据1982年《联合国海洋法公约》（以下简称《海洋法公约》）中的划定标准，中国拥有约300万平方公里的可主张管辖海域，② 但是与8个海上邻国均存在岛礁归属或（和）海域划界争端。近代以来，中国国家安全重心变化趋势之一，即是国家安全重心呈现由西向东、由陆地向海洋转移的趋势。维护中国国家海洋权益、保障海上通航安全，必然成为未来国家安全防御的重点。在经济领域，大宗货物进出口均通过国际海运的方式实现，以原油为例，中国是全球最大的原油进口国，2020年中国原油进口量为5.4亿吨，其中海运原油到港量约4.88亿吨，2021年中国原油进口量为5.1亿吨，其中海运原油到港量约4.6亿吨，③ 2020年至2021年海运原油量约占原油总进口量的90%。可见，保障我国与其他国家或地区之间的海上联系、维护国际海上交通安全，是迫切的现实需求。

  国际海上交通安全是国家海上安全的重要组成部分，也是国家实现各项海上活动的基础要件。当前，我国经济已发展为高度依赖海洋的外向型经济，对海洋资源、空间的依赖程度大幅提高，管辖海域外的海洋权益也需要保障和拓展，这些都需要通过建设海洋强国来实现。海上交通是中外物资、人员和信息交流的最主要媒介，在海洋能源资源利用、海上战略通道安全及海洋环境维护等问题日益凸显的今天，国际海上交通安全在保障我国国家安全中的地位和对我国生存利益、发展利益的影响方面，作用日益凸显。海洋资源开发与航运经济已成为我国支柱产业之一，建设海洋强国、发展蓝色伙伴关系、共建21世纪海上丝绸之路，离不开畅通、安全、有序的海上交通环境。可以说，保障国际海上交通安全与加快建设海洋强国密不可分、相辅相成，有效保障国际海上交通安全是衡量一个

---

① 杨力：《中国周边海洋问题：本质、构成与应对思路》，《边界与海洋研究》2018年第6期，第2页。
② 陈东有：《中国是一个海洋国家》，《江西社会科学》2011年第1期，第234页。
③ 相关数据参见刘香香《CHINA POOL 撬动能源供应链模式新升级？中远海能联合航运界这样做》，中国证券网，https://news.cnstock.com/zhibo, ztzbshpgx-202110-4770556.htm，最后访问时间：2022年6月1日；国家统计局网站，https://data.stats.gov.cn/easyquery.htm?cn=C01，最后访问时间：2022年6月1日。

国家成为海洋强国的重要指标，对于我国长期持续发展，保障国家的政治、经济、国防安全意义重大。因此，研究国际海上交通安全法律保障问题，是因应当前海洋安全形势，从理论和实践层面明确国际海上交通安全在我国海洋强国战略中的地位和作用，助推实现海洋强国战略构想的现实需要。

应充分利用相关法律机制维护国家海上交通安全。我国加入了大量与国际海上交通安全相关的国际公约，尤其是 1982 年《海洋法公约》和经由国际海事组织及其前身政府间海事协商组织颁布或制定的大量国际海事公约。国际公约是我国维护海上交通安全、开展海上交通安全执法的重要依据。《海洋法公约》对世界各国在海洋空间的权利和义务作出了全面、明确的规范，对建立合理公正的国际海洋新秩序起到了重要的推动作用，该公约不仅重新划分了国家在海上的管辖范围和管辖事项，而且极大地丰富和发展了国家管辖权的内容。国际海事公约对国际通航海域的人命安全、船舶避碰、危险品运输、海难救助、残骸清除、事故调查等，从技术标准与行为规则两方面作出了具体、系统的规定，并要求缔约国承担义务。我国既是《海洋法公约》缔约国，也是国际海事组织的 A 类理事国，由于我国在公约适用方面不存在专门立法，因而梳理《海洋法公约》和国际海事公约中有关保障海上交通安全的措施与依据，讨论相关内容对维护我国海上交通安全的适用性，是充分利用国际公约中的相关制度维护国家海上交通安全的前提与基础。

三 研究框架

本书基于国际海上交通安全保障的视角，结合海上安全保障在现代社会出现的新形态和国际公约的发展，从问题意识出发，以国际海上交通安全保障的构成为主要研究内容，选取海上通航环境安全保障、海上交通工具及其上人员安全保障、海上交通安全调查、国际争端解决及国家的国际责任中的法律问题进行研究。

第一章分析国际海上交通安全的概念内涵及法律框架。该章从海上交通安全、国际海上交通安全、国际海上交通安全保障的界定入手，在事实与法律两个层面，分析国际海上航行活动中交通工具自身构造及运行或管理直接参与人实施的驾驶、经营、管理等行为影响安全的因素（内部因素），以及交通工具内部运行或管理之外影响国际海上交通安全的客观、具体因素（外部因素）。与国际海上交通安全保障相关的国际条约通常是多边的、开放性的，用以设立普遍适用的规则，以与研究主题的相关性为依据，该部分将这些国际公约分为三类，即《海洋法公约》、国际海事公约和其他国际公约。其中，《海洋法公约》被认为是"框架公约"，它的许多条款需要通过其他国际公约中的具体规则来落实，在国际海上交通安全保障领域，国际海事公约便充当着这一角色。国际海事公约指由国际海事组织及其前身政府间海事协商组织制定或修订的，关于保障海上安全、防止海洋污染、便利海上运输和提高航行效率及与此有关的海事责任的国际公约、规则、协定等国际法律文件。此外，《联合国宪章》及有关海上武装冲突的国际公约，也与国际海上交通安全保障存在密切联系。

第二章讨论国际海上交通安全的情势变迁及保障机制演进。海上安全是国家（特别是沿海国家或群岛国）安全的组成部分，而国际海上交通安全又是海上安全的重要内容之一，围绕海上安全所形成的国家权利与利益是国家海洋权益的一部分。相较于国内海上交通安全保障，国际海上交通安全保障机制是集体安全保障机制，将集体安全保障机制建立在法制基础之上，用法律手段来规范国际海上安全秩序、国家的对外行为和国家间的利益分配与协调，以集体强制力为后盾。但是，在国际关系中以"个体"或"个体联盟"保障国际海上交通安全，显然不如法治化的国际机制稳定，以国际法治的方式保障国际海上交通安全才能实现海洋领域国际关系的合理化与有序化。但是，不得不承认，法律不能解决所有安全保障问题，国际秩序的演变、国家海上权力的扩张、非传统安全威胁的滋长都会左右国际海上交通安全保障，对海洋自由、海权的关切和讨论依然影响着国际海上交通安全保障。近年来，中国提出"加快建设海洋强国""总体国家安全观""海洋命运共同体"等理念，其中蕴含着当代中国对海权的理解和诠释，而这些战略部署或理念也从不同视角表达了中国对国际海上交通安全的认识。

第三章讨论国际海上通航环境安全保障法律问题。国际海上通航环境安全保障包含通航海域与环境安全两个要素。国际通航海域既是一个空间概念，也是一个法律概念，海上不存在管辖权"真空"海域，无论是在领海、毗连区、专属经济区、用于国际航行的海峡、群岛水域，还是在公海（包括南北极海域），船舶航行均受属地管辖、属人管辖和普遍管辖的约束，每一类管辖权都是基于国家主权产生的。当代船舶在海上航行、停泊和作业的权利，都可以追溯至航行自由理念。当代国际法中对于商船、渔船等商业性服务船舶的约束要远远大于军舰，关于军舰无害通过等问题的讨论是该问题的分析焦点。此外，领海外适用船舶定线制、专属经济区残骸清除、争议海域海上通航环境安全保障国家管辖权以及北极航道航行安全保障等问题，都是目前国际海上交通安全保障中的焦点问题，其中有的问题属于普遍性问题，而有的问题则有突出的地域属性。该部分在讨论领海外适用船舶定线制问题时，分析领海外适用船舶定线制行为的法律属性，以及由此产生的航行限制与国家外部决议效力及法律平衡。在分析专属经济区残骸清除问题时，结合《内罗毕国际船舶残骸清除公约》的内容，就"受影响国"专属经济区残骸清除行为属性问题，以及专属经济区划界争议区域残骸清除问题进行讨论分析。针对争议海域海上通航环境安全保障国家管辖权问题，解析争议海域海上通航环境安全保障国家管辖权冲突的原因及表现，继而提出协调国家管辖权的基础和路径。在分析北极航道国际航行安全保障时，主要讨论航行安全保障法律框架及用于国际航行的海峡的认定。

第四章剖析国际海上交通工具及其上人员安全法律保障问题。在国际海上交通中，人的安全处于核心位置，无论是交通工具安全还是通航环境安全，最终指向的都是人的安全，交通工具是从事海上活动的载体，通航环境是交通工具的穿梭空间，而这一些都围绕人的安全展开。相较于国内海上交通工具及其上人员安全而言，国际海上交通工具及其上人员面临的安全风险更为多样化，其中的法律问题也更为复杂。该部分讨论沿海国海上执法中对船舶及船员使用武力、专属经济区内遇难人员搜救及外籍船舶碰撞刑事管辖权、他国管辖海域内军事船舶护航、人工智能船舶对国际海上交通安全保障规则的影响等问题。在这些问题中，有的问题源于国际法不成体系化、条约规定不清楚或不严密，有的问题则产生于科学技术进步带来的安全和治理挑战。以发展的眼光看待国际交通安全保障中出现的这些波折，既需要思考在既有的规则框架内解决问题，也需要通过重述现行规则和制定新规则来发展国际法。

第五章讨论国际海上交通安全保障中的安全调查法律问题。海上交通安全调查属于国际海上交通安全保障的一部分，是反馈安全系统是否合格与完善的一种手段，通过从海上交通事故中得到这种"反馈"实现对海上交通安全系统的改进和完善。特别是对重大或罕见的海上事故或事件的安全调查，其是推动国际规则进步、查补技术漏洞的重要抓手。该章从海上交通安全调查与海上交通安全保障的要素关联入手，指出海上交通安全调查与海上交通事故、海事调查的关系，阐释安全调查在保障海上交通安全中的效用，梳理主要国家海上交通安全调查的组织模式类型，提出海上交通安全调查组织模式的演进方向，分析海上交通安全调查中国家管辖出现的属地管辖偏移与船旗国管辖回归现象。国际海事组织不是一个"执法"机构，海上交通安全调查在实施过程中，不仅受制于国际海事公约、协定等法律文书的规定，还与各国海事管理制度机制及国内立法息息相关。一方面，在国际规则的推动下，海上交通安全调查组织趋于独立化，正逐步实现安全调查与司法调查相分离，并对海上交通事故实行分类调查；另一方面，国家实践的差异性及安全调查所反映出的问题，又会反作用于国际规则，推动国际规则趋于完善。

第六章分析国际海上交通安全保障中的争端解决及国际责任。国际海事公约中很少规定争端解决及国家的国际责任。经修订的1974年《国际海上人命安全公约》等国际海事安全领域重要的国际公约正文及附则（附件），均没有规定公约解释与适用发生争端时，如何适用及适用何种国际争端解决机制。在1982年《海洋法公约》出台前，《国际海事组织公约》《国际集装箱安全公约》等少数几部公约规定了争端解决条款机制。《海洋法公约》出台后，前述公约并没有纳入《海洋法公约》第十五部分的规定，2007年《内罗毕国际船舶残骸清除公约》是一个例外。但是从《海洋法公约》和前述国际海事公约规定的争端解决机制的使用频率看，未来出台的国际海事公约可能不会再设计仅适用于"本公约"的争端解决机制，而是会直接纳入《海洋法公约》第十五部分的规定，但是这可能对国际海事公约的生效、解释和适用造成影响。另一个路径是保持目前的文本模式，或者概括规定之,或者不规定争端解决条款。在国际争端解决及国家的国际责任一般构成层面,国际海事法与其他国际法分支相比,并没有本质上的区别,但是因为海上管辖权、方便旗船舶等具有鲜明国际海事特征的因素介入,而形成了该领域内特有的一些法律问题。

第一章　国际海上交通安全的概念内涵及法律框架

海上交通是国家交通运输大动脉的重要组成部分,被称为国家经济走向世界的桥梁纽带。海上交通安全从范围上可以分为国内海上交通安全和国际海上交通安全,但是有时二者并非泾渭分明,国内问题国际化与国际问题国内化,都会导致二者相互交融的现象。国际海上交通安全不仅关系国家海洋权益,还对一个国家走向世界、与全球其他国家或地区保持互联互通起着至关重要的作用。国际海上交通安全保障指在客观方面使海上交通工具及其上人员处于一种安全状态,国际海上交通安全的法律保障建立在理解国际海上交通安全内涵的基础上,安全保障具有国际空间差异性。在国际海上交通安全保障中,国家是最主要的安全保障力量,其安全保障效用也最具普遍性,安全保障法律依据主要是 1982 年《海洋法公约》及国际海事公约的相关规定。

第一节　国际海上交通安全的概念内涵

海上交通安全是国际海上交通安全的"母概念"。研究国际海上交通安全保障需要先界定海上交通安全的概念,进而探讨国际海上交通安全的含义,明确海上交通安全与海上交通安全保障间的内在联系,从安全的存在状态和空间界定出发予以分析,对国际海上交通安全保障作出综合评价。国际海上交通安全客观存在于海洋空间中,一些不发生在海上的事项或事件,诸如船舶登记、船员雇佣、航海商务等,虽然在国际海上交通"安全链"上,[①] 受到

---

① 李振福:《航海文化与海上交通安全》,《珠江水运》2006 年第 11 期,第 15 页。

相关国际公约的调整，但不属于本书界定的国际海上交通安全范畴。

一　海上交通安全的基本含义

"海上交通安全"一词并没有被普遍接受的定义。① 欧洲海上交通科研项目（COST301）主报告第一卷将海上交通安全定义为"在特定海域（或空间）内发生的，包括使用此一空间的所有船舶的运动的安全"②，有芬兰学者将海上交通安全概括为"海上船舶远离海难、环境污染和财产损失的状态"③，国内有学者将海上交通安全定义为"指定区域内船舶行为总体与运动组合的安全"④。伴随当代海上交通活动形式和内容的变化，海上交通安全远非传统意义上的船舶航行安全所能涵盖，其含义更具有立体化和时代化特征。海上交通安全在不同环节涉及海上运输安全、海上航行船舶及其上人员与财产安全、海上交通设施安全、海上交通终端或枢纽安全等，⑤ 本书将海上交通安全定义为：船舶或其他海上交通工具在海上通航环境内的活动，不受内部或外部力量的威胁、非法侵害与不遭遇风险，保持稳定、均衡和持续运行的状态。

第一，海上交通工具是海上交通安全的客体。参照交通工具的一般定义，⑥ 海上交通工具指用于海上人员、物品等运输的交通工具。所谓交通工具，指为人类的出行或货物的运送提供便利的载体或代步工具，是对人类行走或运物能力的一种补充、拓展和延伸。交通工具作为人类行走能力和运物水平的显示器，它的有无、优劣直接反映社会生产力的发展水平及人类与自然的互动能力。船舶是最主要的海上交通工具，相关国内法与国际公约对船舶的定义千差万别，⑦ 很难找到一个能够被广泛接受的定义。我国

---

① 吴兆麟、朱军编著《海上交通工程》，大连海事大学出版社，2004，第2~3页。
② "COST 301-Shore Based Marine Navigation Systems," http://cordis.europa.eu/cost-transport/src/cost-301.htm, last visited 1 June, 2022.
③ Jakub Montewka, Floris Goerlandt and Söhren Ehlers, "Analysis of Maritime Traffic Safety in the Gulf of Finland," Document No. D_WP6_2_05, 2011, pp. 2-3, http://efficiensea.org/files/mainoutputs/wp6/d_wp6_2_05.pdf, last visited 1 June, 2022.
④ 吴兆麟、朱军编著《海上交通工程》，大连海事大学出版社，2004，第2~3页。
⑤ 李振福：《航海文化与海上交通安全》，《珠江水运》2006年第11期，第15页。
⑥ 中国社会科学院语言研究所词典编辑室编《现代汉语词典》（第七版），商务印书馆，2016，第650页。
⑦ 郑曦：《论船舶物权客体》，《世界海运》2011年第3期，第36~38页。

第一章　国际海上交通安全的概念内涵及法律框架

《海商法》①《海上交通安全法》②《船舶和海上设施检验条例》③《船舶引航管理规定》④ 等法律法规中，都有船舶的定义，1989 年《国际救助公约》⑤、1990 年《国际油污防备、反应和合作公约》⑥、1996 年《国际海上运输有害有毒物质的损害责任和赔偿公约》⑦、2001 年《国际燃油污染损害民事责任公约》⑧、2006 年《海事劳工公约》⑨、2007 年《内罗毕国际船舶残骸清除公约》（以下简称《残骸清除公约》）等国际公约中，也有船舶的定义。在海上交通活动中，与海上交通工具配套的客体还包括服务于海上交通工具活动的海上交通设施，但海上交通设施在海上交通活动中具有辅助性，没有海上交通工具活动也就无所谓海上交通设施。国内法与国际公约中鲜有对"设施"进行定义者，更没有对海上交通设施直接进行定义的，一般都是以列举的方式说明立法适用的设施范围或类型。⑩ 海上交通工具是具有自身动力系统的运载工具，而海上交通设施是一个集合概念，指辅助海上交通工具活动但不具有自航能力的设备或平台。因此，海上交通工具是海上交通安全的主要客体，海上交通设施是辅助海上交通工具运行而出现的，海上交通设施本身不能独立构成海上交通安全的客体。

第二，海上交通工具控制者和载运者是海上交通安全的主体。海上交通安全的主体可以分为两部分。一部分是海上交通工具的控制者。此类主体与海上交通工具的航行、停泊和作业活动直接相关，与海上交通安全的关系最为密切，既是海上交通安全的实际责任者，也是海上交通安全的实际承受者，主要包括海上交通工具（船舶）所有人、船长、船员等。船舶所有人指对船舶本身享有占有、使用、收益和处分权利的人，船舶所有人通常不在海上交通工具之上从事控制或引导活动，而是以信息指挥的方式

---

① 《海商法》第 3 条。
② 《海上交通安全法》第 117 条。
③ 《船舶和海上设施检验条例》第 29 条第 1 项。
④ 《船舶引航管理规定》第 3 条第 5 项。
⑤ 1989 年《国际救助公约》第 1 条（b）项。
⑥ 1990 年《国际油污防备、反应和合作公约》第 2 条第 3 项。
⑦ 1996 年《国际海上运输有害有毒物质的损害责任和赔偿公约》第 1 条。
⑧ 2001 年《国际燃油污染损害民事责任公约》第 1 条第 1 项。
⑨ 2006 年《海事劳工公约》第 2 条第 1 款（i）项。
⑩ 如 2002 年《国际船舶和港口设施保安规则》A 部分第 3.1 条。

对海上交通工具运行进行控制或指导。船长、船员实际负责船舶的驾驶，其中船长是控制船舶航行的最高指挥者，全面负责船舶操纵，船长对其船舶及船上的所有人员负有安全保障责任。① 另一部分是海上交通工具的载运者。其主要指海上交通工具载运的旅客，即基于运输合同的海上交通工具运输的任何人，或经承运人同意，由海上交通工具运输的、货物运输合同所规定的车辆或活动物的任何人。② 海上交通工具的载运者是海上交通活动中的安全承受主体和享有者，其在海上交通工具上的活动受运输合同和船长的约束，不得实施危及海上交通安全的行为。非依据运输合同规定或承运人同意而借助海上交通工具实现空间位移的人（如偷渡者），海上交通工具的实际控制者对其不负有安全保障法律义务，但需要从人道主义角度出发，遵循相关公约的规定，保障其人身或财产安全。③ 可见，海上交通工具的控制者是海上交通安全的义务主体，而海上交通工具的载运者是海上交通安全的权利主体，海上交通工具实际控制者负有执行海上交通安全法律法规、保障海上交通工具载运者人身及财产安全的义务。

第三，海上交通安全存在于海上通航环境之中。海上通航环境是供海上交通工具航行、停泊和作业的外部空间，海上通航环境的含义包括地理和法律两方面。④ 从地理方面来讲，海洋和陆地是地球表面的两个基本自然地理单元，海岸线即是陆地与海洋的分界线，一般指海潮中高潮所到达

---

① Brian J. Beck, "Liability of Marine Surveyors for Loss of Surveyed Vessels: When Someone Other than the Captain Goes Down with the Ship," *Notre Dame L. Rev.*, Vol. 64, 1989, p. 246.
② 1974年《海上旅客及其行李运输雅典公约》第1条第4款。
③ 1965年《便利国际海上交通公约》第2.7.6条、2002年《国际船舶和港口设施保安规则》B部分第8.9条第4项。Convention on Facilitation of International Maritime Traffic of 1965 在国务院批复和交通运输部的公告中，均被译为1965年《便利国际海上运输公约》。从中英词义对照角度来看，"maritime traffic"应译为"海上交通"而非"海上运输"。"交通"是指通行、往来，"运输"是指运送、搬运；前者主要是针对交通（载运）工具的运行而言，后者主要是针对人和物的位移而言。从公约内容角度来看，公约的第三节第五部分、第四节及修正案的内容，远非"海上运输"一词能够涵盖的，公约内容更接近于一般意义上的交通安全管理。因此，本书将Convention on Facilitation of International Maritime Traffic of 1965 译为1965年《便利国际海上交通公约》。
④ 朱晓颖：《长江深水航道最末端打通 海轮进江将向内推进400公里》，人民网，http://politics.people.com.cn/n/2013/0710/c70731-22153008.html，最后访问时间：2022年6月3日。

的界线,① 海上通航环境存在的空间范围应当是海岸线面向海洋的一面,包括洋面以上和洋面以下两部分,呈现立体化的层次分布。从法律方面来讲,海上通航环境是在区分内河与海的自然地理划分标准上,依据航行安全和运力配置原则,通过立法或国家标准确定的。在现代海洋法制度下,尤其是在《海洋法公约》的确认下,海上通航环境涵盖从海面、水体到海底的区域,并依照与岸线的距离被划分为内水②、领海、毗连区、专属经济区、大陆架、公海,每一部分空间均被公约赋予特定的法律地位。在不同法律地位的空间中,只要有船舶或其他海上交通工具活动,就存在海上交通安全。在当代,海上交通安全已经不仅限于海面之上的船舶航行安全,随着人类开放海洋、利用海洋方式的多样化,在海面之下直至海底实施的海洋工程作业、海洋科考、船舶潜航等行为,无不与海上交通安全密切相关,甚至在海上实施的太空物体回收活动也可能直接影响海上交通活动的安全。如2015年1月,美国实验通过海面浮动平台回收太空火箭,③如果回收行为靠近商船航线、海底作业区或回收物着陆时偏离预定海上回收区域,都可能对海上交通活动造成威胁或损害。海上交通安全存在于海上通航环境之内,海上交通工具及其上人员脱离海上通航环境后无法进行海上交通活动,如船舶进入船坞维修,此时海上交通工具及其上人员客观遭遇的内部或外部力量威胁、非法侵害与风险,不属于海上交通安全的范畴。

第四,海上交通安全的内容是海上交通安全主体和客体不受内部或外部力量威胁、非法侵害与不遭遇风险。内部与外部力量威胁、非法侵害与风险的区别在于该威胁、非法侵害与风险的来源路径。内部力量威胁、非

---

① 曹英志、范晓婷:《论领海基点和基线问题的发展趋势》,《太平洋学报》2009年第1期,第66页。
② 按照1982年《海洋法公约》的规定,内水水域由内海和海岸高潮线与低潮线之间的滩涂等水域两部分组成,有关海岸线的规定也存在相应的国家标准。如国家标准《国家基本比例尺地图图式第2部分:1∶5000 1∶10000 地形图图式》(GB/T 20257.2-2017)规定,"海岸线指海面平均大潮高潮时的水陆分界线";国家标准《海洋学术语 海洋地质学》(GB/T 18190-2017)规定,海岸线是"多年大潮平均高潮位时海陆分界痕迹线"。
③ Linda Dawson, *The Politics and Perils of Space Exploration* (2nd Edition) (New York: Springer Publishing, 2020), pp. 225-241.

法侵害与风险,主要指海上交通工具自身结构包括内部设施运转中的缺陷,以及其上人员个体因素导致的危险或损害。外部力量威胁、非法侵害与风险是由海上交通工具内部运行或管理之外的自然因素与人为因素造成的,包括气象、海况、地理环境、海上不法行为等。外部力量威胁、非法侵害与风险是影响海上交通安全的最主要因素,也是预防或制止非安全状态出现的重点。海上交通安全的内容发生在海上通航环境内,一旦脱离海上通航环境,海上交通工具位移活动消失或不存在,相应地也不再有海上交通安全。例如,将用于航行的船舶改建为港口仓储工具或海上浮动设施,此时船舶便失去了自航能力,进而也不具有交通工具的法律属性,其后该船舶自身发生沉没、火灾等也不属于海上交通安全范畴。①

二 国际海上交通安全的界定

国际海上交通安全是海上交通安全的"子概念"。在既有研究成果②和国际文件③中,提到或讨论"国际海上交通安全"(security of international maritime traffic/international maritimetraffic security)的事例并不少见。本书将国际海上交通安全定义为:用于国际航行的船舶或其他海上交通工具在国际通航海域内的活动,不受内部或外部力量的威胁、非法侵害与不遭遇风

---

① 司玉琢、李志文主编《中国海商法基本理论专题研究》,北京大学出版社,2009,第11~12页。

② Žarko Koboević, Pavao Komadina, Željko Kurtela, "Protection of the Seas from Pollution by Vessel's Sewage with Reference to Legal Regulations," *Promet-Traffic & Transportation*, Vol. 5, 2011, pp. 377-387; Fabián Ramírez-Cabrales, José Alejandro Machado Jiménez, "Cyberspace and Innocent Passage: Regulations for the Security of the Coastal State," (paper represented at the International Conference of Research Applied to Defense and Security, Singapore, May, 2020), pp. 17-28.

③ 如根据联合国安理会2011年10月24日第2015 (2011) 号决议制定的《会员国提交的关于在本国法律中将海盗定为犯罪以及起诉和支持起诉在索马里沿海抓获的海盗嫌犯与关押被定罪海盗的措施的资料汇编》(2012)。Bulgaria [Original: French]: "No specific provisions on maritime piracy currently exist in domestic legislation. With a view to implementing the commitments made under Security Council resolutions on ensuring the security of international maritime traffic, the Ministry of Justice of the Republic of Bulgaria has established a working group to conduct a comprehensive review of domestic legislation, in particular the Penal Code (chapter XI, section II, on crimes involving transport and communications), in order to formulate specific provisions criminalizing maritime piracy for inclusion in the Penal Code currently being drafted." See UN Doc. S/2012/177, 26 March, 2012, p. 8.

险，保持稳定、均衡和持续运行的状态。在界定国际海上交通安全时，可以从三个要素入手。

1. 船舶要素：用于国际航行的船舶或其他海上交通工具

用于国际航行的船舶，或称国际航行船舶（ships engaged in international voyages），简言之，即往来于不同国家或地区之间的船舶。一些国内立法或国际公约中也能找到国际航行船舶或国际航行的定义，例如，中国《国际航行船舶出入境检验检疫管理办法》第2条、《国际航行船舶进出中华人民共和国口岸检查办法》第16条第1项将"国际航行船舶"定义为"进出中华人民共和国（国境）口岸的外国籍船舶和航行国际航线的中华人民共和国国籍船舶"。根据英国2008年《商船（防止船舶污水和垃圾污染）条例指南》第一部分第2.2条，"国际航行"是指"从本公约①适用的国家到该国以外港口的航行，或反之亦然"②。美国《联邦法典》第33卷第169.5条规定，"国际航行是指从1974年《国际海上人命安全公约》适用的国家到该国以外港口的航行，或反之亦然"③。《国际载重线公约》第2条第4款、《国际船舶吨位丈量公约》第2条第3款将"国际航行"定义为"由适用本公约的一国驶往该国以外港口或与此相反的海上航行"。在这个意义上讲，由某一缔约国政府负责其国际关系或联合国为其管理当局的每一特定领土，都被当作一个单独的国家。④ 1936年《（海上）工时和配员公约》第1条第1款（c）项将"国际航行"定义为"从事国际航行的，即从某一国家的某一港口到该国界外的某一港口、按宗主权或委任统治权被视为单独国家的

---

① 指1973年《国际防止船舶造成污染公约》以及《经1978年议定书修订的1973年〈国际防止船舶造成污染公约〉》。

② "International voyage" means a voyage from a country to which the Convention applies to a port outside that country, or conversely. See Part 1 Sec. 2.2 Guidance on the Merchant Shipping (Prevention of Pollution by Sewage and Garbage from Ships) Regulations 2008.

③ International voyage means a voyage from a country to which the present International Convention for the Safety of Life at Sea (SOLAS), 1974 applies to a port outside such country, or conversely. See 33 CFR § 169.5.

④ "International voyage" means a sea voyage from a country to which the present Convention applies to a port outside such country, or conversely. For this purpose, every territory for the international relations of which a Contracting Government is responsible or for which the United Nations are the administering authority is regarded as a separate country. See Article 2 (3) International Convention on Tonnage Measurement of Ships, Article 2 (4) International Convention on Load Lines.

各殖民地、海外领地、保护领地或领土的任何航行"①。从上述定义中可以看出，相关国内立法、国际公约对于国际航行船舶或国际航行的定义，大体是类似的，即航行行为具有跨国特征，船舶需要驶入或驶出国（边）界。就海上而言，国（边）界应当指的是领海的外部边界。船舶国籍不是界定国际航行船舶的必要因素或条件，例如，悬挂他国旗帜的船舶在沿海国从事沿海或内河运输，显然不是国际航行船舶。因此，赋予某一艘船舶以"国际航行船舶"的身份，着眼点在于动态的航行行为，而非静态的船舶国籍。

2. 环境要素：国际通航海域

国际通航海域既是一个空间概念，也是一个法律概念，《海洋法公约》将海洋划分为不同的区域，包括内水、领海、毗连区、专属经济区、大陆架、公海等区域，每一部分空间均被公约赋予特定的法律地位。在不同法律地位的海洋空间中，只要存在船舶或其他海上交通工具活动，就存在海上交通行为。在此基础上，国际通航海域可以分为四类。

一是公海。《海洋法公约》第七部分规定了公海制度，根据该公约的规定，公海对所有国家开放，不论其为沿海国或内陆国。公海自由对沿海国和内陆国而言，包括航行自由、飞越自由，铺设海底电缆和管道的自由（但受《海洋法公约》第六部分的限制），建造国际法所容许的人工岛屿和其他设施的自由（但受《海洋法公约》第六部分的限制），捕鱼自由（但受《海洋法公约》第七部分第二节规定条件的限制），科学研究的自由（但受《海洋法公约》第六部分、第十三部分的限制）。每个国家，不论是沿海国还是内陆国，均有权在公海上行驶悬挂其旗帜的船舶。② 在公海航行的船舶受船旗国的专属管辖，每个国家应对悬挂该国旗帜的船舶有效地进行行政、技术及社会事项上的管辖和控制。③

---

① This Convention applies to every sea-going mechanically propelled vessel, whether publicly or privately owned, which… (c) is engaged on an international voyage, by which is meant any voyage from a port of one country to a port outside such country, every colony, overseas territory, protectorate or territory under suzerainty or mandate being regarded as a separate country. See Article 1 (1) Convention Concerning Hours of Work on Board Ship and Manning.
② 1982年《海洋法公约》第87条第1款、第90条。
③ 1982年《海洋法公约》第92条第1款、第94条第1款。

二是毗连区、专属经济区。毗连区是毗连领海的特定水域，既不属于沿海国领海的一部分，也不属于公海领域，所以，毗连区是由沿海国特殊管制的区域。根据《海洋法公约》的规定，毗连区从测算领海宽度的基线量起不得超过24海里，沿海国可在其毗连区内行使为下列事项所必要的管制，即防止在其领土内违反其海关、财政、移民或卫生的法律和规章，以及惩治在其领土内违反上述法律和规章的行为。[①] 专属经济区是领海以外并邻接领海的实行特定法律制度的国家管辖海域，从测算领海宽度的基线量起不应超过200海里。《海洋法公约》第58条第1款规定："在专属经济区内，所有国家，不论为沿海国或内陆国，在本公约有关规定的限制下，享有第八十七条所指的航行和飞越的自由，铺设海底电缆和管道的自由，以及与这些自由有关的海洋其他国际合法用途，诸如同船舶和飞机的操作及海底电缆和管道的使用有关的并符合本公约其他规定的那些用途。"可见，一方面，《海洋法公约》在专属经济区保留了适用于公海的航行、飞越自由；另一方面，《海洋法公约》第56条赋予沿海国就该区域内人工岛屿、设施和结构的建造和使用，海洋环境保护和保全等特定事项享有专属管辖权。

三是领海。《海洋法公约》第3条规定："每一国家有权确定其领海的宽度，直至从按照本公约确定的基线量起不超过十二海里的界线为止。"从国家主权角度看，领海是国家领土在海洋方向的延伸，是国家领土的一部分，受沿海国主权支配，领海主权及于领海的上空、水域、海床和底土，沿海国对其领海内的一切人和物享有排他的管辖权。仅从《海洋法公约》上述规定而言，领海并不能被称为"国际空间"，进而也不能被归入"国际通航海域"。但是，《海洋法公约》又规定了领海的无害通过，即"在本公约的限制下，所有国家，不论沿海国或内陆国，其船舶均享有无害通过领海的权利"[②]。《海洋法公约》没有明确要求外国船舶通过一国领海时需要事

---

① 1982年《海洋法公约》第33条。
② 1982年《海洋法公约》第17条。

先得到沿海国同意，①但要求船舶应当"继续不停和迅速行驶""不损害沿海国的和平、良好秩序或安全"，公约以列举的方式对"损害"行为进行了界定②。从《海洋法公约》有关领海无害通过和国际海峡通过制度的规定来看，沿海国领海是又一个供各国船舶"穿梭往来"的区域。综合而言，能否将领海归入"国际通航海域"呢？本书持肯定观点。

其一，领海无害通过权根植于国际法，是国际法赋予国家的权利，经由国家授予船舶国籍（船籍）而具体化。一般认为，领海无害通过权是以航行自由为基础的，③1930年海牙国际法编纂会议指出，"这是国际法对（领海）主权设置的限制；事实上，正是因为航行自由对所有国家如此重要，领海无害通过权才得到普遍承认"④。《海洋法公约》第18条第1款进一步将"通过"限定为穿过领海但不进入内水或停靠内水以外的泊船处、港口设施，或者驶往、驶出内水或停靠这种泊船处、港口设施。从《海洋法公约》第17条有关"所有国家"的表述中可以看出，无害通过领海是悬挂一国旗帜船舶普遍享有的权利，无国籍船舶或被视同无国籍的船舶⑤不是主张领海无害通过权的适格主体，不享有公约规定的无害通过权。权且不论领海无害通过权是否构成习惯国际法，仅从条约必须遵守义务角度讲，《海洋法公约》缔约国只能依据公约规定和其他国际法规则"制定关于无

---

① 各国对商船的领海无害通过权的认识大致相同，但是对军舰的领海无害通过权存在争议。在实践中，一些国家要求外国军舰通过领海时，需要获得沿海国事先许可，或履行通知义务。例如，中国《领海及毗连区法》第6条第2款规定："外国军用船舶进入中华人民共和国领海，须经中华人民共和国政府批准。"而越南《海洋法》第12条第2款规定："各国船舶均享有无害通过越南领海的权利。外国军舰在通过越南领海行使无害通过权时，必须事先通知越南主管部门。" Điều 12（2）BIỂN VIỆT NAM（18/2012/QH13）：Tàu thuyền của tất cả các quốc gia được hưởng quyền đi qua không gây hại trong lãnh hải Việt Nam. Đối với tàu quân sự nước ngoài khi thực hiện quyền đi qua không gây hại trong lãnh hải Việt Nam, thông báo trước cho cơ quan có thẩm quyền của Việt Nam.

② 1982年《海洋法公约》第19条、第34条第1款。

③ Yoshifumi Tanaka, *The International Law of the Sea*（2nd Edition）（Cambridge：Cambridge University Press, 2015），p. 266.

④ The report adopted by the Committee on April 10, 1930 at the Hague Conference for the Codification of International Law. See Shabtai Rosenne（ed.）, *League of Nations Conference for the Codification of International Law 1930*（Vol.4）（New York：Oceana publications, 1975），p. 402.

⑤ 1982年《海洋法公约》第92条第2款规定："悬挂两国或两国以上旗帜航行并视方便而换用旗帜的船舶，对任何其他国家不得主张其中的任一国籍，并可视同无国籍的船舶。"

害通过领海的法律和规章",而不能依据国内法剥夺和限制他国船舶享有的无害通过权,"沿海国不应妨碍外国船舶无害通过领海,尤其在适用《海洋法公约》或依该公约制定的任何法律或规章时,沿海国不应对外国船舶强加要求,其实际后果等于否定或损害无害通过的权利,或对任何国家的船舶、载运货物来往任何国家的船舶、替任何国家载物的船舶,有形式上或事实上的歧视"。① 对此,一种观点认为,依据《海洋法公约》第24条第1款,领海无害通过适用于所有船舶,要求以事先批准为军舰无害通过领海的前提条件等于否定或损害军舰无害通过领海的权利。② 也有观点认为,这个问题的答案与其说取决于一般规则,不如说取决于相关领域的国家实践。③

其二,无害通过是常态,禁止通航是非常态。实践中依然不乏一些沿海国在某些情况下关闭领海、禁止(特定)船舶通过其领海的案例。一种情况是沿海国需要在其领海内进行军事演习、武器试射等活动,例如,2021年12月30日修订的《关于俄罗斯联邦的内海水域、领海和毗连区法案》第12条第2款规定:"为了确保俄罗斯联邦的安全,以及为了使用任何类型的武器进行演习,联邦国防执行机构或联邦安全执行机构,可以在某些领域暂停外国船舶、外国军舰和其他政府船舶行使无害通过领海的权利。此类暂停通知应提前在海事通告中发布,之后生效实施。"④ 2021年5月,俄罗斯发布海事通告,称在黑海地区"为了俄罗斯联邦的安全利益,暂时停

---

① 1982年《海洋法公约》第21条、第24条第1款。
② Erik Franckx, "Innocent Passage of Warships: Recent Developments in US-Soviet Relations," *Marine Policy*, Vol. 14, 1990, pp. 484-490.
③ D. H. N. Johnson, "Innocent Passage," in Rudolf Bernhardt (ed.), *Encyclopedia of Public International* (Vol. 11) (Amsterdam: North-Holland Publishing, 1989), p. 152.
④ Статья 12.2 Федеральный закон от 31.07.1998 N 155-ФЗ (ред. от 30.12.2021) "О внутренних морских водах, территориальном море и прилежащей зоне Российской Федерации": В интересах обеспечения безопасности Российской Федерации, а также в целях проведения учений с оружием любого вида федеральный орган исполнительной власти по обороне или федеральный орган исполнительной власти по безопасности могут временно приостановить в определенных районах территориального моря осуществление права мирного прохода через территориальное море для иностранных судов, иностранных военных кораблей и других государственных судов. Такое приостановление вступает в силу после заблаговременного объявления об этом в "Извещениях мореплавателям".

止所有外国军舰和其他政府船只无害通过俄罗斯联邦领海,直到 2021 年 10 月 31 日 21 点结束"①。另一种情况是国家之间或国家内部爆发(武装)冲突,或一方对另一方实施国家制裁。例如,2017 年 6 月,沙特、阿联酋、巴林、也门和埃及宣布同卡塔尔断交,阿联酋、巴林和埃及同时宣布对卡塔尔关闭领空和领海。② 2022 年 2 月 24 日俄乌军事冲突爆发后,同年 3 月 11 日新西兰议会通过《俄罗斯制裁法》(Russia Sanctions Act),禁止俄罗斯船舶进入其领海。③ 从前述事例中可以看出,一国关闭其领海、禁止船舶通过,往往是基于特定目的或特定区域,具有暂时性特征,或是针对悬挂某一国家旗帜的船舶实施的制裁措施,属于非常态行为,允许所有国家船舶无害通过沿海国领海是常态行为。判断领海通航水域的属性,不能以"非常态"行为或事例为标准,故而将领海排除在国际通航水域之外,在国际法和国家实践层面是说不通的。

四是用于国际航行的海峡、群岛水域。用于国际航行的海峡,又称国际海峡,指在公海或专属经济区的一部分和公海或专属经济区的另一部分之间的用于国际航行的海峡。过境通行制度是"自由航行"和"无害通过"的折中,《海洋法公约》第 34 条至第 45 条专门规定了用于国际通行的海峡与过境通行制度,公约将"过境通行"定义为按照《海洋法公约》第三部分的规定,在公海或专属经济区的一个部分和公海或专属经济区的另一部分之间的海峡,以继续不停和迅速过境为目的,而行使航行和飞越自由。但是,对继续不停和迅速过境的要求,并不排除在一个海峡沿岸国入境条件的限制下,为驶入、驶离该国或自该国返回的目的而通过海峡。④ 过境通

---

① Department of Navigation and Oceanography of Russian Ministry of Defence, "From Notices to Mariners: Edition No 18/2021," (undated) (the original Russian-language version is dated May 1, 2021), https://structure.mil.ru/files/morf/military/files/ENGV_2118.pdf, last visited 2 June, 2022.

② Application of the International Convention on the Elimination of All Forms of Racial Discrimination (*Qatar v. United Arab Emirates*), Judgment of 4 February, 2021, ICJ Reports, Dissenting Opinion of Judge Bhandari, p. 470.

③ The breadth of the definitions allows sanctions restricting or prohibiting certain aircraft or ships (assets) from entering New Zealand waters. See Clause 6 Russia Sanctions Act 2022 (2022/6), Bill No. 111-1, Royal assent on 11 March, 2022.

④ 1982 年《海洋法公约》第 38 条第 2 款。

行制度不影响这些海峡本身的法律地位，不影响沿岸国对此海峡的水域和上空、海床和底土行使主权或管辖权，海峡内的领海、专属经济区等海域的法律地位不受影响。群岛水域是伴随群岛国制度产生的，指群岛基线内的水域。《海洋法公约》第50条规定群岛国可按照公约第9条、第10条和第11条在其群岛水域内用封闭线划定内水的界线，即群岛国可以在岛上的河口、海湾和港口处按照正常的基线规则划定一条封闭线，这条封闭线内的水域属于内水。所以严格来说，群岛水域指群岛基线以内，河口、海湾和港口封闭线以外的水域。《海洋法公约》规定所有国家的船舶均享有通过群岛水域的无害通过权，群岛国可指定适当的海道和其上的空中航道，以便外国船舶和飞机继续不停和迅速通过或飞越其群岛水域和邻接的领海。所有船舶和飞机均享有在这种海道和空中航道内的群岛海道通过权。①

3. 安全要素：人员、交通工具及通航环境客观安全形态

根据安全的存在形态，可以将安全划分为主观安全与客观安全。② 主观安全是人的一种态度或心理状态，更是一种预见问题、分析问题及解决问题的思想状态。海上交通安全在微观上涉及人的生命与外部环境的状态，在宏观上涉及对国家力量、威胁力量和意图，未来的发展形势，以及安全形势等的可控制、可保障的信心。③ 客观安全具有目的指向性，所面对的内部或外部力量威胁、非法侵害与风险是客观存在的。海上交通安全是从客观方面使海上交通工具及其上人员处于一种安全状态，海上通航环境安全实际上服务于海上交通工具及其上人员安全保障，没有海上交通工具及其上人员，在客观上也就失去了保障海上通航环境安全的必要性。就安全要素而言，国际海上交通安全与国内海上交通安全相互交织、相互融合、相互依赖、相互影响，二者既有相同之处，又存在显著的区别。

就相同之处而言，无论是国内海上交通安全还是国际海上交通安全，都是基于现实主义角度所理解的安全，涉及人、交通工具和通航环境安全。人的安全包括海上交通工具控制人与载运人安全。而实际控制人中的船舶

---

① 1982年《海洋法公约》第52条第1款，第53条第1款、第2款。
② 傅贵、何冬云、张苏等：《再论安全文化的定义及建设水平评估指标》，《中国安全科学学报》2013年第4期，第140~142页。
③ 楚树龙：《国际关系基本理论》，清华大学出版社，2003，第291页。

所有人等通常并非位于海上交通工具之上的主体，在海上交通安全保障中以义务主体的形态存在，对海上交通工具的运营及其上人员管理负有相应的法律责任。船长、船员等海上交通工具上的主体是海上交通工具的实际控制者，也是海上风险的直接受影响者，因此，人的安全主要指船长、船员及海上交通工具载运人的安全。海上交通工具具有与其上人员一体化的特点，无法进行拆分，故海上交通工具及其上人员安全是一个整体。在交通工具及其上人员之外，海上交通活动依附于外部自然及人工形成的通航环境，缺少安全的海上通航环境，海上交通工具及其上人员的安全同样得不到有效保障。

将国际海上交通安全从海上交通安全概念中分离出来，以区别于国内海上交通安全，可以归纳为如下几点。

一是国际海上交通安全属于国际安全范畴。国际安全是一个非常宽泛的概念，2005年联合国秘书长报告《大自由：实现人人共享的发展、安全和人权》指出："在21世纪，对和平与安全的威胁不仅包括国际战争和冲突，也包括国内暴力、有组织犯罪、恐怖主义以及大规模毁灭性武器。这些威胁还包括贫穷、致命传染病和环境退化，因为此类威胁可以造成同样的灾难性后果。所有这些威胁都可能大规模地导致死亡或缩短寿命，也可能破坏国家作为国际体系基本单位的地位。"[①] 国际海上交通安全既是一种类型化的国际安全，又是一种复合型国际安全。就前者而言，国际海上交通安全具体指向发生在海上的、与国际海上交通行为密切相关的国际安全，在安全的主体、威胁、实现方式等方面具有明确的"四至"，并且直接受国家战略、国际规则、国家利益、地缘政治的影响。国家之间因为海洋区域地理属性的不同、海洋发展空间的差异、国家安全需求的区别，会形成不同的国际海上交通安全观，进而对本国所处交通环境、安全内容和安全保障的手段产生差异化的认知。就后者而言，国际海上交通安全涵盖多种互为关联的全球性安全议题，既包括传统的运输、贸易及经济安全，也涉及能源供应、环境保护、军事安全等。换言之，国际海上交通安全不是一种

---

① In Larger Freedom: Towards Development, Security and Human Rights for All, Report of the Secretary-General Addendum Letter Dated 26 May, 2005 from the Secretary-General to the President of the General Assembly, UN Doc. A/59/2005/Add.3, 26 May, 2005.

孤立的国际安全，而是与其他类型的国际安全相互建构、相互影响、相互渗透，正因为如此，国际海上交通安全情势发生演变的原因才相对多元复杂，需要国际社会从安全威胁认知到安全威胁应对，对海上交通安全进行整体认知和系统保障。

二是国际海上交通安全更多牵涉国家外部主权。有学者将主权分为内部主权（internal sovereignty）与外部主权（external sovereignty），内部主权指政治实体在领土内具有至高无上的权威，而外部主权指其他国家承认上述权威。① 当然，也有观点认为，国家外部主权表现在自卫的权利和自卫的能力，也就是国防和安全力量上。② 本书更倾向于第一种观点，即国家外部主权是国家在对外关系中可以按照自己的意志独立自主地处理对内对外事务的权力。③ 具体而言，主权的形式是在国家内部和外部之间划定的一条线，将国内社会与国际领域隔开，它标志着国家内部和外部之间的界线。④ 在由领海向公海延伸的过程中，国家主权和管辖权随着海域法律地位的不同而呈现层次化特征，国家权利能力和行为能力呈现收缩状态，国家对海上交通领域的人、事和物的支配、管理和控制的权力，受到国际法的制约，内部主权所体现的国家意志效力的最高性、管辖空间内一切公民或行为必须绝对服从的权力被压缩，主权的排他性被限定化、特定化。

三是国际海上交通安全是国家安全与"人的安全"的综合体。传统上，对于国际安全的概念，一般认为其主要涉及国家安全问题。有学者指出，传统的现实主义安全理论将安全问题理解为国家外部的威胁，并严格区分"国家安全和国家公民的安全"⑤，由此带来的问题是，无法解释国家对其公民可能造成不安全。非传统安全理论直接把"人"（包括人类与个体）确定为安全的指涉对象，提出"人的安全"（human security）概念，即

---

① Helen Thompson, "The Case for External Sovereignty," *European Journal of International Relations*, Vol. 12, No. 2, 2006, pp. 251-274.
② 马海涛、李亮主编《国际法学法理与实践》，中国法制出版社，2006，第171页。
③ 程骦：《全球化与国家主权：比较分析》，清华大学出版社，2003，第68页。
④ Dylan MH LohD, Jaakko Heiskanen, "Liminal Sovereignty Practices: Rethinking the Inside/Outside Dichotomy," *Cooperation and Conflict*, Vol. 55, No. 3, 2020, pp. 286-290.
⑤ Bertrand G. Ramcharan, *United Nations Protection of Humanity and Its Habitat: A New International Law of Security and Protection* (Leiden/Boston: Brill Nijhoff Publishing, 2016), pp. 1-3.

不只国家和非国家行为体可能受到各种威胁,各个国家的人民的安全都可能受到威胁,① 这超越了"国家对其公民可能造成不安全"的理论困境。"人"这一指涉对象的确立,标示着安全研究的历史转型,标示着其与以保障国家主权和政权安全为核心的传统安全理论的基本分界。② 联合国开发计划署(UNDP)1994 年《人类发展报告》首次将人的安全概括为七方面,即经济安全、粮食安全、健康安全、环境安全、人身安全、共同体安全、政治安全;2022 年《人类世背景下人类安全的新威胁》报告指出,应对安全威胁,需要政策制定者重点考虑保护、赋能和团结等因素,让人类安全、地球环境和人类发展能够协同进行,而不是相互排斥,在解决一个问题的同时不应该加剧其他问题。③ 以"人的安全"概念理解国际海上交通安全,更有助于反映国际海上交通安全的"全貌"。④ 具体而言,在当代国际政治及国际关系学中,国际安全的主要表述方式就是维持所有主权国家之间的稳定秩序,而国家天生就根植于"政治集体的本性",但这并不意味着个体安全不应该被考虑,只是没有一个抽象的"解决个体安全"的方案被优先提出来。⑤ 国际海上交通安全是国家安全的定向拓展和具体指向,在宏观层面与国家海上安全权益相互牵连,在微观层面涉及交通工具及设施、参与人、通航环境等要素的安全,"人的安全"在这些要素中居于核心地位。国家之间爆发的海上冲突或多或少会影响国际海上交通安全,但并不是发生在国际通航水域的每一起海难事故都必然会影响国家海上安全,因此,将

---

① Bruno Simma, Daniel-Erasmus Khan, Georg Nolte, Andreas Paulus and Nikolai Wessendorf (eds.), *The Charter of the United Nations: A Commentary* (Vol. I, 3rd Edition) (Oxford: Oxford University Press, 2012), p. 111.
② 〔英〕巴里·布赞、〔丹〕琳娜·汉森:《国际安全研究的演化》,余潇枫译,浙江大学出版社,2011,第 15 页。
③ United Nations Development Programme, 2022 Special Report on New Threats to Human Security in the Anthropocene Demanding Greater Solidarity, UNDP Pub., 2022, p. 14.
④ 但是也有学者认为,将"人的安全"作为国际安全研究的分析框架缺乏理论价值。例如,巴里·戈登·布赞认为,"人的安全"没有多少新的内涵,也缺乏与人权讨论的区别度,甚至还可能将国际安全的理解推向一种"还原主义"(reductionism)的视角。See Barry Gordon Buzan, "A Reductionist, Idealistic Notion that Adds Little Analytical Value," *Security Dialogue*, Vol. 35, No. 3, 2004, pp. 369-370.
⑤ 〔英〕巴里·布赞、〔丹〕琳娜·汉森:《国际安全研究的演化》,余潇枫译,浙江大学出版社,2011,第 146 页。

"人的安全"纳入国际海上交通安全范畴,不仅可以弥合集体安全与个人安全、安全理念与安全感知之间的鸿沟,而且会体现解构主义通过消解宏大叙事中的视野盲点,有助于批判性审视安全概念的人文构造,回归对人的生命、价值的尊重,实现国际安全领域的整体进步。

三 国际海上交通安全保障的特征

国际海上交通安全广泛存在于经济、政治、文化等不同领域。本书讨论的国际海上交通安全保障是国家或国际组织为了保证共同的安全而采取的措施,聚焦参与主体安全、客体安全与海上通航环境安全。

第一,国际海上交通安全保障的内容与方式由安全内涵决定。不同时代人们对安全的理解、看法和观念是不尽相同的,时代赋予国际海上交通安全的内涵也不同。什么是国际海上交通安全的威胁、国际海上交通安全的范围包括哪些要素等,都在随着科学技术、生产力和生产关系的发展而不断变化。在第二次工业革命之前的一定历史阶段,国际海上交通安全的内涵着眼于海上航行中的人命与财产安全。[①] 20世纪中叶以后,随着海洋水文气象科学的发展,尤其是船舶技术改进与海洋电子观测技术的广泛应用,一方面,只要防范措施得当,海上自然灾害对船舶、船员生命和货物造成的危害就能得到有效的规避或减轻;另一方面,国际海上通航环境逐渐成为全球关注的焦点,继而进入国际海上交通安全保障视野之中。在当代,随着海上非传统安全因素在全球范围的扩散,尤其是海盗与海上恐怖主义对国际海上交通活动的威胁,安全的内涵又一次得到拓展和更新。国际海上交通安全保障的内容与方式随着安全内涵的发展而不断调整,从早期单纯地、被动地保障交通工具及其上人员的安全,向主动改造通航环境、增加安全辅助措施过渡,保障措施由单一技术改进逐步发展为技术改良与国际规则构建并行。从过去百年来国际海事规则发展历程中可以看到,每一次国际海上交通安全概念内涵的革新,都伴随安全保障内容与方式的改进,这些改进或基于对国家安全的需求、海洋争端情势、海上交通事故的总结,

---

① Apostolos Papanikolaou, *Ship Design*: *Methodologies of Preliminary Design* (Dordrecht/Heidelberg/New York/London: Springer Publishing, 2014), p.617.

或源于航海及交通科技进步。可以说，随着国际海上交通安全内涵的演进，安全保障的内容与方式亦不断向前发展。

第二，国际海上交通安全保障具有时代性与发展性特征。国际海上交通安全保障随着海上活动的发展与海上风险因素的变化不断调整，在大航海时代影响国际海上交通安全的主要是海洋自然风险因素，只要采取适当的预防措施，就能避免海难事故的发生。工业革命后，蒸汽机逐渐被用于船舶动力系统，钢制船舶逐渐取代木质帆船，用于国际航行的船舶数量与吨位持续攀升，海上交通情势的变化对海上交通工具的航行、停泊和作业安全保障提出更高的要求。从20世纪初开始，鉴于"泰坦尼克号"等重大海难事故的发生，国际社会开始通过制定国际公约的方式，统一海上交通安全规则，对国际海上交通安全保障作出一系列安排。① 20世纪60年代后，在船舶大型化和多样化发展趋势下，船舶载重吨位持续攀升，国际航行船舶靠港数量不断增加，相应地，交通安全保障需求也不断增加，国际社会越来越注重从立体化角度规范国际海上交通行为、保障国际海上交通安全。20世纪50年代以来，国际海事组织及其前身出台大量国际公约、规则和指南，以强化海上交通安全保障，这些安全保障措施涵盖国际海上交通各个环节，从船舶建造、标准化、试航到投入营运，从船员适任标准、专业培训到工作规程，从港口管理、客货载运到海上保安等，随着海事技术的不断进步、安全风险的不断披露及安全保障需求的变化，国际海上交通安全保障的内容与方式在数量上呈持续递增趋势，在结构上呈现立体化分布，内容涵盖技术规则、法律规则与软规则，安全保障理念也与时俱进。2017年12月，全球第一艘万吨级智能船舶通过伦敦船级社认证，正式交付使用。同年，挪威、日本等国宣布在2019年推出用于国际航行的无人驾驶船舶。也是在2017年，国际海事组织海上安全委员会（MSC）同意将海上自主水面船舶（Maritime Autonomous Surface Ship，MASS）问题纳入其议程，并成立工作组，启动相关法规梳理和适用性分析工作，于2019年6月审议通过了《海面自主航行船舶试航暂行导则》②，人工智能船舶安全问题进入国际

---

① 徐华：《从TITANIC到SOLAS公约》，《中国船检》2012年第4期，第32页。
② Interim Guidelines for MASS Trials, IMO Doc. MSC.1-Circ.1604, adopted at 14 June, 2019.

视野。在国际海事公约之外,鉴于非传统安全因素对海上交通参与人安全、国际通航环境的影响扩大,军事船舶护航等问题也相继纳入国际海上交通安全保障议题中。由于国际条约或协定滞后于国家实践,许多现实问题或规则需求超出现有国际海事公约的范围,成为需要结合国际法与国内法、国际法不同分支一起研究的新问题,且相关国家实践还在不断发展中。可见,国际海上交通安全保障具有的时代性特征反映了人在特定生产力水平阶段对安全的认识,随着时代的进步与发展,安全保障内容逐渐扩大化和国际化,安全观念与安全保障措施也处于不断变革中。

第三,国际海上交通安全保障的主要力量是国家。根据安全保障力量的来源不同,海上交通安全保障可以分为自力保障与公力保障。自力保障,指通过海上交通工具的控制者保障海上交通安全。公力保障,指通过国家或国际组织保障海上交通安全。海上交通工具控制者对海上交通安全的保障是个案保障,是基于个人的安全需求、所面临的风险因素、航海技能、安全意识等进行的安全保障,依靠海上交通工具控制者保障海上交通安全具有随机性与不确定性,长期以来,海上交通工具控制者安全保障行为在实现海上交通整体安全与发挥安全效用方面一直受限,海上交通安全水平并未因控制者个人保障而得到整体性提升。当今影响国际海上交通安全的威胁不分国界,这些威胁在全球和区域、近海与远海、国家管辖海域(领海、毗连区和专属经济区)与公海、国际航线与非国际航线,甚至是沿海国与非沿海国之间相互关联。国际组织(尤其国际海事组织)是国际海上交通安全国际规则的制定者与推广者,也是相关致害因素的统计者,其为保障国际海上交通安全制定了一系列规则、指南,在指导各成员提高区域内海上交通安全保障水平的同时,也在国际层面增强规则的统一性和安全保障的协调性。但是,国际组织自身不具备安全保障执行力量,无法从执行层面实现国际海上交通安全保障。在和平时期,国际海上交通与保障所有国家生存和国际和平的制度集体安全(collective security)发生关联的概率非常低,国际海上交通安全主要是在主权国家行使属地管辖、属人管辖(船旗国管辖)和普遍管辖的基础上维持和延续。国家与海上交通工具控制者、国际组织不同,国家既是安全规则的制定者,也是安全规则的执行者,国家在国际海上交通安全保障中站在公共安全的角度,为了实现国家的公共管理职能,维护公共利益、国家利益和国际秩序，所进行的安全保障行为是对国际海上交通活动所表现的全局性安全进行保障与调整，对影响国际海上交通安全的个人或组织行为予以制止或制裁。尽管没有哪一个国家，仅依靠自己的力量就能确保本国对外交往活动不受当今各种威胁的伤害而安然无恙，但是国家依然是国际海上交通安全保障的最主要行为体，其安全保障措施也最有用。

第四，国际海上交通安全保障的内容与方式具有空间差异性。国际海上交通安全保障存在于国际海上通航环境中，不同法律地位的国际海上通航环境内具有的主权与管辖权也不同，国际海上交通安全保障内容与方式，是随着各海域的法律地位的确立而形成的。在调和国家主权和海洋自由矛盾过程中形成的领海、毗连区、专属经济区、大陆架、公海等海域制度，为国际海上交通安全保障内容与方式的形成奠定了基础，相应地，安全保障内容与方式因海域法律地位的差异而有所不同。在领海内，海上交通安全保障以主权为存在基础，主权是国家在海上交通安全保障中设定、执行和管理安全保障内容、表明国家保障海上交通安全独立性的根本依据。在领海外，《海洋法公约》规定沿海国有权在毗连区海域"防止"和"惩治"在其领土内违反其海关、财政、移民或卫生法律和规章的行为。在专属经济区，沿海国只能针对国际海上交通活动中的特定事项主张管辖权，例如《海洋法公约》授予沿海国在专属经济区内建造并授权和管理建造、操作和使用人工岛屿、为《海洋法公约》第56条所规定的目的和其他经济目的的设施和结构，可于必要时在这种人工岛屿、设施和结构的周围设置合理的安全地带，并可在该地带中采取适当措施以确保航行及人工岛屿、设施和结构的安全。而在公海，基于公海自由原则，公海对所有国家开放，同时，一国可以主张管辖权的范围、行为及方式，受到国际法的严格约束。从领海到公海，与国际海上交通安全保障相关的国家管辖权与管辖内容呈递减态势，安全保障内容与方式也逐级限缩。

第五，国际海上交通安全保障具有开放式系统安全特征。系统安全指在系统的寿命周期的所有阶段，以使用效能、时间、成本为约束条件，应用安全原理、准则和技术，使系统及其子系统获得可接受的安全性。[①] 国际海上交

---

① 李鹤田、刘云、何德全：《信息系统安全风险评估研究综述》，《中国安全科学学报》2006年第1期，第108~109页。

通安全是国际社会成员对外部的存在性威胁有一种共同的认知。同时，国际海上交通安全的含义也是会随着时间和空间的变化而变化的，也就是说，国际海上交通安全是一种富有流动性的认知建构，它并不具有固定的含义，① 不同国家、国际组织的人对于国际海上交通安全问题的解读，远比追求一个统一的概念定义更为重要。在开放式的国际海上交通安全内涵中，安全保障呈现以国家安全为"底色"、以国际航行船舶为中线支点、以国际航行行为为轴线，由个体组成的、群体所展现的系统行为特征。按照系统安全的观点，无论是国内海上交通活动，还是国际海上交通活动，都不存在绝对安全的状态，任何时间、空间内的海上交通活动都具有潜在的危险因素，包括机械的故障、人的失误、外部环境威胁等。保障国际海上交通安全不是保障某一个特定国家的安全，也不是保障国际航行活动中某一个阶段的安全，更不是保障航行、停泊和作业中某一个运动状态的安全，而是通过识别、评价、降低及不间断地跟踪、控制和记录海上交通工具在航行、停泊和作业过程中产生的风险，采取安全计划和措施实现的行为过程安全。② 概言之，国际海上交通安全保障的行为过程表现为风险识别、风险评估、风险控制和风险总结。风险识别体现为以预防态度发现影响安全的风险因素，然后对风险因素进行评估，分析风险的性质和来源，在此基础上采取不同类型、不同性质、不同内容的风险控制措施，在实施风险控制措施后还需要对控制措施的效用进行总结。从具体行为层面看，国际海上交通安全保障是通过具体的行为或措施实施的，这些行为或措施是基于国家安全需求及安全利益、国际航行活动面临的现实威胁或潜在风险等不同角度，针对交通工具（设施）及其上人员遭受的内部或外部力量的威胁、非法侵害与风险，而实施的预防或制止行为。在此过程中，海上交通工具及其上人员可能因自身结构、外部自然因素和人为因素，失去稳定、均衡和持续运行的状态，进而丧失海上交通安全，这体现出海上交通行为要素之间的安全关联。从外部关系层面看，国际海上交通安全属于国家海上安全的一部分，是陆地安全向海洋的延伸

---

① Matt McDonald, "Constructing Insecurity: Australian Security Discourse and Policy Post-2001," *International Relations*, Vol. 19, No. 3, 2005, p. 302.

② 刘峰、叶义成、黄勇：《系统安全评价方法的研究现状及发展前景》，《中国水运》（学术版）2007年第1期，第179~180页。

与扩展，故国际海上交通安全保障也是国家安全保障的重要组成部分。没有国际海上交通安全就无法有效掌握制海权，也就不可能保障国家海上安全，更无法保障国家安全。故而，国际海上交通安全保障不是一种孤立的安全保障，而是与其他类型的海上安全保障相伴相生。

第二节　影响国际海上交通安全的因素

影响国际海上交通安全的因素复杂多样且彼此交织，安全保障面临的是风险的不确定性。影响国际海上交通安全的因素既包括战争风险、国际格局、科技变革等，也包括海上通道、通航状况、规则导向等。一艘国际航行船舶的安全威胁或事故很难影响国家海上交通安全，但是国际海上交通安全是由千千万万艘国际航行船舶的安全运行构成的。国际安全的宏大叙事试图对国际安全结构作出一种全知的权威解释，但是不能完全描摹影响国际海上交通安全的真切威胁；在一船、一人、一物、一空间等海上交通的活动中管窥影响安全的因素，无法洞察国际海上交通安全的整体情势和规则走向，最后只能是"只见树木，不见森林"。本部分倾向将影响海上交通安全的因素分为内部因素与外部因素，内部影响因素指国际海上航行活动中交通工具自身构造以及交通工具运行或管理直接参与人实施的驾驶、经营、管理等行为影响安全的因素，外部影响因素指交通工具内部运行或管理之外影响国际海上交通安全的客观、具体因素。

一　外部影响因素

外部影响因素指影响国家个体安全、国家间安全与国际社会和平的因素。由于国际安全不是一个国家的国内安全的外部延伸，而是同国际社会中诸多国家间安全方面的良性互动与相互作用的结果，[①] 因此，保障国际海上交通安全，与国家免遭外部暴力侵害、国际承诺和协定得到遵守、国家主权和领土完整得到保持，[②] 在某种程度上是等同的，进一步而言，国际海

[①] 葛红亮：《"不确定"时代国际安全的"确定性"重塑》，《国际安全研究》2018年第2期，第30页。

[②] 时殷弘：《国际安全的基本哲理范式》，《中国社会科学》2000年第5期，第177~178页。

上交通安全的外部影响因素,实际上是影响国际安全的因素渗透到了国际海上交通领域,进而对海上交通安全造成威胁。

武装冲突影响国际海上交通安全。随着"日内瓦四公约"的通过,"战争"一词已为"武装冲突"这一表述所取代,这让保护不仅限于那些在法律意义上被严格界定为"战争"的局势,"武装冲突"涵盖两国间、一国武装部队和该国某一武装团体间以及一国两个武装团体间的纷争中使用武力等情形,又分为国际武装冲突和非国际武装冲突。① 红十字国际委员会法律顾问在《日内瓦第一公约评注》(修订版)中认为,产生于两个国家之间并导致武装部队介入的任何分歧都是《日内瓦第一公约》第2条意义上的武装冲突,即使其中一方否认存在战争状态……冲突持续的时间、屠杀的数量、有多少部队参与,均在所不问。对于冲突一方的武装部队而言,只要已经俘获了《日内瓦第三公约》第4条第1款规定范围内的敌方人员,就已足够。个人错误或越权、没有得到有关国家认可的行为,可能会产生从事此类行为的个人所属国家的国际责任,但不一定属于武装冲突,除非该人属于以官方身份行事的国家代理人,或根据国家代理人或国家机关的指示,实施针对另一国人口、武装部队或领土的敌对行动。② 从冲突规模和范围看,非国际武装冲突对于海上活动的影响十分有限,国家与有组织武装团体间爆发的海战也极为鲜见。③ 例如,泰米尔猛虎组织可能是唯一一个在非国际武装冲突中拥有自己的海军的非国家武装团体。④ 一旦爆发国际武装冲突,尤其是国际海上武装冲突,敌方船舶、进入交战区的船舶及设施,以及为敌方运输人员物资的他国船舶,甚至中立国的船舶,都将成为敌对行动各方的打击对象。有时国际武装冲突也会从陆地延伸至海上,如"两

---

① Mary Ellen O'Connell, "Defining Armed Conflict," *Journal of Conflict and Security Law*, Vol. 13, 2009, pp. 393-400.

② Jean-Marie Henckaerts, et al. (eds.), *Commentary on the First Geneva Convention: Convention (I) for the Amelioration of the Condition of the Wounded and Sick in Armed Forces in the Field* (Cambridge: Cambridge University Press, 2016), pp. 86-87.

③ Ma Jinxing, Sun Shiyan, "Restrictions on the Use of Force at Sea: An Environmental Protection Perspective," *International Review of the Red Cross*, Vol. 98, No. 902, 2016, pp. 515-516.

④ Donald A. Donahue, et al., "The All Needs Approach to Emergency Response," *Homeland Security Affairs Journal*, Vol. 8, 2012, p. 2.

伊战争"(Iran-Iraq War)期间爆发的"袭船战"。① 在第一次世界大战中，海战以海上贸易封锁为主，英国海军在北海对德国海上运输交通线进行封锁，德国在大西洋发动潜艇战，击沉了数百艘协约国的商船，还在封锁区击沉中立国的船舶。第二次世界大战期间的海战，是迄今为止战场面积最大、作战方式最复杂、对抗最激烈的海上武装冲突，通过大量击沉、击伤海上运输船，一方面切断敌方海上交通线，另一方面使敌方更新运输船队的速度远慢于运输力量消耗的速度。② 第二次世界大战结束至今，一旦国家间争端激化为海上武装冲突，或者战火由陆地烧至海上，有的交战方就会拦截途经交战区海域的船舶，对船舶进行盘讯、登临检查，以便检查与核实其货物和目的地，或迫使船舶偏离既定航线，进行绕航，③ 还有交战方攻击途经交战区海域的中立国船舶，影响周边海域海上交通工具航行、停泊或作业安全，对国际海上交通活动造成威胁或损害。例如，20 世纪 80 年代"两伊战争"爆发后，从 1984 年起双方冲突波及波斯湾水域，并开始影响中立国的海上商业活动。1984~1988 年，伊拉克袭击从伊朗码头出发的石油运输船，这些船舶大多在波斯湾靠近伊朗一侧航行；伊朗部队对海上禁区(exclusion zones)、国际水域和海湾国家领海发生的 200 多起商船袭击事件负责，这些船舶涉 31 个船旗国。④ 在马尔维纳斯群岛军事冲突期间，英国与阿根廷在争议岛屿附近设置了备受争议的海上禁区，⑤ 两国均表明对进入或经过禁区的外国船舶开火的意图，周边国家商业和捕鱼船舶在这些禁区内

---

① Report of the Special Rapporteur on the Protection of the Environment in Relation to Armed Conflicts, UN Doc. A/CN. 4/70, 3 June, 2016, para. 15.
② Craig L. Symonds, *World War II at Sea: A Global History* (Oxford: Oxford University Press, 2018), p. 119; Terry Hughes, John Costello, *The Battle of the Atlantic* (New York: The Dial Press, 1977), pp. 20, 49.
③ Lois E. Fielding, "Maritime Interception: Centerpiece of Economic Sanctions in the New World Order," *Louisiana Law Review*, Vol. 53, 1993, p. 1191.
④ 对于 1984~1988 年"袭船战"期间受损船舶及遇袭人员的统计有不同数据，本部分援引的数据来自国际法院审理的伊朗诉美国"石油平台"案。Oil Platforms (*Islamic Republic of Iran v. United States of America*), Counter-Memorial and Counter-Claim Submitted by the United States of America, 23 June, 1997, ICJ Reports, p. 7.
⑤ 海上禁区与海上警戒区不同，禁区的合法性备受争议。See G. P. Politakis, "Waging War at Sea: The Legality of War Zones," *Netherlands International Law Review*, Vol. 38, 1991, p. 125.

外都可能被扣押或攻击。① 在"对尼加拉瓜进行军事和准军事行动"案中，美国派人在布拉夫、科林托、桑提诺等港口附近布雷，范围包括尼加拉瓜的内水和领海，尼加拉瓜在向国际法院起诉时指出，这种布雷活动严重威胁了尼加拉瓜的安全和航行，并已造成重大的事故和损失。②

海上恐怖袭击、海盗行为与海上武装抢劫也是影响国际海上交通安全的重要因素。海上恐怖袭击是具有政治目的的海上暴力行为，恐怖活动通常表现为武装冲突的一部分或者在一定程度上与武装冲突存在间接联系，而武装冲突是一种在冲突方之间和平解决争端的方法无法平息冲突时发生的情形。③ 例如，2019年5月12日，在阿联酋领海内，两艘沙特油轮、一艘挪威油轮和一艘阿联酋货船遭到袭击，同年6月13日，阿曼湾一艘油轮再次遭到袭击。事发正值伊朗和美国两国关系陷入高度紧张之际，美国指责伊朗实施了上述袭击行动，而伊朗外交部认为袭击是"B小队"④ 的行动。⑤ 2019年9月23日，阿拉伯国家联盟部长级理事会协商会议通过的最后声明称，"鉴于在阿拉伯湾地区发生的恐怖袭击，特别是针对沙特的袭击，对区域和平构成严重威胁……这些袭击不仅对区域安全，而且对国际安全和世界能源供应，构成严重威胁"，"这些攻击属于威胁阿拉伯湾国家国际海上交通安全的犯罪行为"。⑥ 海盗行为是以盗窃或进行其他犯罪为目的，试图或能够使用武力，强行登临或

---

① 例如，在"阿拉达美赫斯航运公司诉阿根廷"案（*Amerada Hess Shipping Corp. v. Argentine Republic*）中，因阿拉达美赫斯航运公司的船舶在阿根廷禁区外受到其攻击损害，船舶所有人向阿根廷政府提出索赔主张。See 830 F. 2d 421 (2d Cir. 1987), Rev'd, 448 US, 1989, p. 428.

② Case Concerning the Military and Paramilitary Activities in and Against Nicaragua (*Nicaragua v. United State of America*), Judgment of 27 June 1986, ICJ Reports, p. 14.

③ Hans-Peter Gasser, "Acts of Terror, Terrorism and International Humanitarian Law," *International Review of the Red Cross*, Vol. 84, No. 847, 2002, p. 547.

④ "B小队"包括美国国家安全顾问博尔顿、以色列总理内塔尼亚胡、沙特王储萨勒曼和阿联酋王储扎耶德。

⑤ Reuters Staff, "UAE Says Iranian Foreign Minister Zarif's Credibility 'Diminishing'," June 14, 2019, Reuters, https://www.reuters.com/article/us-mideast-attacks-emirates-iran/uae-says-iranian-foreign-minister-zarifs-credibility-diminishing-idUSKCN1TF0YT, last visited 2 June, 2022.

⑥ Final statement adopted by the Council of the League of Arab States at the Ministerial Level at Its Consultative Meeting held in New York on 23 September, 2019, General Assembly Security Council, Seventy-fourth Session Agenda Item 34, A/74/512-S/2019/834, 25 October, 2019, p. 3.

企图强行登临任何船舶的行为。① 海上武装抢劫指在一国管辖范围内直接针对船舶或者船上人员或财产实施除"海盗"罪行定义之外的暴力、拘禁、掠夺等非法行为。② 根据《海洋法公约》和《调查海盗和武装抢劫船舶罪行实用规则》的规定,海盗罪行发生在沿海国主权管辖范围之外的海上区域(包括公海和专属经济区),海上武装抢劫指发生在沿海国主权管辖范围内(包括内水、领海和群岛水域)的罪行。③ 对于发生在国际航行海峡内,针对船舶或者船上人员或财产实施暴力、拘禁、掠夺等非法行为的定性,一方面要考虑这些海峡水域的法律地位(领海或专属经济区),另一方面需要考虑有关此类罪行的沿岸国国内立法。④ 海盗行为与海上武装抢劫不仅会影响国际海上交通安全,危及海上人命及财产安全,还伴随着其他相关非法行为,例如海上恐怖主义、非法捕鱼、非法倾废、贩运人口、贩毒等。⑤ 2013年向国

---

① 1982年《海洋法公约》第101条规定了海盗行为的定义:"下列行为中的任何行为构成海盗行为:(a) 私人船舶或私人飞机的船员、机组成员或乘客为私人目的,对下列对象所从事的任何非法的暴力或扣留行为,或任何掠夺行为:(i) 在公海上对另一船舶或飞机,或对另一船舶或飞机上的人或财物;(ii) 在任何国家管辖范围以外的地方对船舶、飞机、人或财物;(b) 明知船舶或飞机成为海盗船舶或飞机的事实,而自愿参加其活动的任何行为;(c) 教唆或故意便利(a)或(b)项所述行为的任何行为。"See also Maximo Q. Mejia, Jr, Pierre Cariou, Francosi C. Wolff, "Piracy in Shipping," in Wayne K. Talley (ed.), *Maritime Economics* (Wiley-Blackwell Publishing, 2012), p. 346.

② 国际海事组织《调查海盗和武装抢劫船舶罪行实用规则》第2.2项对"海上武装抢劫"作了界定。See Sec. 2.2 Code of Practice for the Investigation of the Crimes of Piracy and Armed Robbery Against Ships, A 22/Res. 922, 22 January 2002: "Any unlawful act of violence or detention or any act of depredation, or threat thereof, other than an act of piracy, directed against a ship or against persons or property on board such a ship, within a state's jurisdiction over such offences."

③ Anna Petrig, "Piracy," in Donald Rothwell, et al. (eds.), *The Oxford Handbook of the Law of the Sea* (Oxford: Oxford University Press, 2016), pp. 848-849, 851-852.

④ 例如,雅库巴·西塞在《防止和打击海盗和海上武装抢劫行为》专题报告中指出,根据联合国海洋事务和海洋法司秘书处提供的数据,全球有70多个国家通过了防止和打击海盗和海上武装抢劫行为的立法。这一实践在现阶段已经足够成熟,并将随着更多关于海盗问题的拟议法案逐渐成为可适用的法律而进一步发展。See Yacouba Cissé, "Prevention and Repression of Piracy and Armed Robbery at Sea," in Annex C, Report of the International Law Commission Seventy-First Session (29 April-7 June and 8 July-9 August 2019), UN Doc. A/74/10, para. 31.

⑤ Monica Pathak, "Maritime Violence, Piracy at Sea & Marine Terrorism Today," *Windsor Review of Legal and Social Issues*, Vol. 20, Iss. 65, 2005, pp. 73-74; Hugh R. Williamson, "New Thinking in the Fight Against Marine Piracy: Financing and Plunder Pre-Empting Piracy Before Prevention Becomes Necessary," *Case Western Reserve Journal of International Law*, Vol. 46, No. 1-2, 2013, p. 335.

际海事组织报告海盗和海上武装抢劫既遂及未遂事件共298起,其中发生频率最高的区域依次为中国南海、西非海岸和西印度洋区域;此后,2014年为291起,2015年为303起,2016年为221起,2017年为203起,2018年为223起,2019年为193起,2020年为229起。① 根据国际海事组织统计,2020年报告被扣为人质、被绑架或失踪的船员总数达135人,比2019年(173人)有所减少。2020年全球90%的船员绑架或船员失踪事件发生在西非海岸。从1984年到2019年12月底,向国际海事组织报告的海盗和武装抢劫船只事件总数已上升到8415起。而且据国际海事组织估计,每年仅有40%~60%的海盗攻击案件被列入统计。② 海盗活动往往伴随着暴力行为,对船员的生命安全造成很大威胁,海盗袭击导致的船舶损伤沉没、货物灭失、支付赎金、保费增加、船期延误及各航运公司的安保投入增加等,增加了海上交通活动的成本,严重威胁国际航运的安全。尤其是针对油船、海上石油平台和化学品船的海盗袭击,会造成原油及化学品泄漏,给所在海域带来严重的环境损害后果。③

国家之间海洋领土主权及管辖权争端也可能波及国际海上交通安全。争议海域(disputed maritime areas)的产生是历史因素和现代海洋法制度共同作用的结果,不同学者对争议海域的界定与理解具有差异性,一种观点认为争议海域因领土的主权归属、划界主张重叠、条约解释等不同性质的争议而产生,④因此争议海域不仅包括国家间专属经济区和大陆架主张重叠区域,还包括存在争议的领土的周边海域,以及因条约解释不同而对相关海域的法律地位或权利内容产生争议的区域⑤。内水、领海、毗连区、专属经济区、大陆

---

① See International Maritime Organization, Reports on Acts of Piracy and Armed Robbery Against Ships Annual Report (2014–2020), https://www.imo.org/en/OurWork/Security/Pages/Piracy-Reports-Default.aspx, last visited 2 June, 2022.
② Reports on Acts of Piracy and Armed Robbery Against Ships Annual Report 2013, IMO Doc. MSC. 4/Circ. 208, 1 March, 2013, para. 5.
③ 张辰、王敏宁:《海盗活动对海上交通安全的危害及对策》,《世界海运》2010年第8期,第20~21页。
④ E. Milano, I. Papanicolopulu, "State Responsibility in Disputed Areas on Land and at Sea," Zeitschrift für ausländisches öffentliches Recht und Völkerrecht, Vol. 71, 2011, p. 588.
⑤ 龚迎春:《争议海域的权利冲突及其解决途径》,《中国海洋法学评论》2008年第2期,第78页。

架和群岛水域等，因为国家之间权利主张重叠都可能出现争议海域。① 在因海洋领土主权归属争端而形成的海域争议中，争端各方一般先从争议岛礁及其附属海域实际控制入手，竞相通过国内立法或海上执法的方式加强对争议区域的控制，这意味着船舶在争议海域内航行、靠泊或作业时，会面临两个甚至更多平行存在的甚至互相冲突的国家管辖权。对任何一方管辖内容的违反，均面临受到其行政制裁或者被其逮捕的风险，例如对途经争议区域的船舶和乘客进行紧追、登临检查，限制其航行权利和靠泊地点，② 争端当事国海上执法机构对进入争议区域的船舶进行干扰、追逐、冲撞、抓扣，甚至使用武力执法③。

二　内部影响因素

内部影响因素指国际海上航行活动中交通工具自身构造及运行或管理直接参与人实施的驾驶、经营、管理等行为影响安全的因素。就海上交通活动安全形态而言，影响国内海上交通安全与国际海上交通安全的因素性质并无太大差别。因为，无论是国际海上交通活动，还是国内海上交通活动，都离不开人和海上交通工具，二者是形成海上交通活动的要素，也是海上交通安全保障的基点和受体，缺失其中任何一个要素都不会发生海上交通活动，海上交通安全也就不可能存在，进而也就无所谓海上交通安全保障。进一步而言，无论是国内航行船舶还是国际航行船舶，都是在通航海域内航行，离不开安全的通航环境。船舶作为一种交通工具，其功能就是载运人或货物，或二者兼有之。即便船舶结构适航、操作人员具有良好船艺、通航海域安全畅通，如果船舶载运货物发生危险，也会影响海上交

---

① Youri van Logchem, *The Rights and Obligations of States in Disputed Maritime Areas* (Cambridge: Cambridge University Press, 2021), p. 13.
② Case Concerning the Dispute Regarding Navigational and Related Rights (*Costa Rica v. Nicaragua*), Summary of the Judgment of 13 July 2009, ICJ Reports, pp. 2-3.
③ 如在 2012 年 10 月 8 日英法两国在未划界区域针对诺曼底海域捕捞扇贝的争端中，英法两国几十艘渔船在英吉利海峡诺曼底附近的塞纳湾海域发生激烈冲撞，直至法国的军舰和海岸警卫队才予以干预后方结束。参见丁飞《英法诺曼底海域上演"扇贝战争" 数十艘渔船冲撞》，中国广播网，http://china.cnr.cn/guantianxia/201210/t20121014_511118897.shtml，最后访问时间：2022 年 6 月 2 日。

通安全。尽管国际海上交通与国内海上交通存在许多差别,例如远洋船舶的结构、标准及配置不同于沿海船舶,船员的资质也不同,通航海域的自然及交通环境也不同,但是,就安全保障或影响因素而言,上述诸多不同是"性"之不同,而非"质"之不同。

  第一,海上交通参与人因素。人是海上交通活动的核心,也是海上交通活动形成的前提,没有人即没有海上交通活动,也就无所谓海上交通安全。人的安全保障,指保障海上交通工具或与海上交通工具直接发生关系的驾驶人、操作人及承载人员的生命和健康不受威胁或损害。[①] 海上交通工具安全保障,指保障单一海上交通工具自身运行安全,以及海上交通工具之间或海上交通工具与海上交通设施之间的安全。单一海上交通工具可能因自身结构、外部干扰或人为操作因素,失去稳定、均衡和持续运行的状态,进而丧失海上交通安全,保障海上交通工具自身安全即要求使海上交通工具自身处于稳定、均衡和持续运行的状态。海上交通设施是辅助海上交通工具运行的设施,仅有海上交通设施不足以形成海上交通活动,由于海上交通呈现动态化,海上交通工具之间或海上交通工具与海上交通设施之间在运行过程中同样可能因为上述因素发生损毁或灭失,进而失去安全状态,因而还需要保障海上交通工具彼此间、海上交通工具与海上交通设施间处于安全状态。1987 年"自由企业先驱号"(Herald of Free Enterprise)客轮海难后,国际海事组织各成员政府认识到,忽视船舶操作和船舶管理中的"人的因素",是海上交通安全水平难以提高的主要原因,[②] 依据参与海上交通活动方式的不同,影响海上交通安全的人的因素来自两方面。一是海上交通工具的驾驶人、操作人因素。根据国际海事组织的统计,80%的船舶海损和污染事故是人为因素造成的,只有 20% 是技术缺陷引起的;在海上发生的触礁、失火、爆炸事故中,驾驶人或操作人的人为因素占比高达 90%,在碰撞事故中人为因素占

[①] 海上交通活动中还存在不直接参与海上交通活动,但是直接受到海上交通活动影响的人,如船公司、租船人等的安全,这些主体与本书界定的国际海上交通安全及国际海上交通安全保障并不密切,不属于本书讨论范畴。

[②] Daniel E. Maurino, James Reason, Neil Johnston, Rob B. Lee, *Beyond Aviation Human Factors: Safety in High Technology Systems* (London/New York: Routledge Publishing, 2016), pp. 1, 3, 68.

比更高达95%。① 1997年国际海事组织海上安全委员会和海洋环境委员会经过与有关国家专家的长期研究，联合发布了《人为因素统一术语》，将海上交通事故中人为因素的主要表现归纳为五大类25项，② 在对海上交通工具的驾驶人、操作人行为因素的分类统计中，常见的人为因素包括注意力不集中、通信交流失误、驾驶经验不足等。二是岸基海上交通指挥人、管理人因素。岸基海上交通指挥人、管理人因素，指岸上管理人员的管理行为达不到船岸沟通的要求，或职责意识、专业技能不能支持海上交通系统的有效运转，直接影响了某一地区或某一艘船舶的安全管理，负面积累达到一定程度就会引发事故。③ 有学者对商船交通事故初步统计结果进行分析，认为14项人的因素可以作为碰撞事故发生的原因，其中有10项或11项的责任不在船员，而与船公司、行政管理有关。④ 可见，人的因素对海上交通安全的影响已经远超过技术缺陷，成为影响海上交通安全的头等因素。

第二，海上通航环境因素。海上通航环境是海上交通活动的基础，也是影响海上交通安全的环境因素，预防海上通航环境中的自然因素与人为因素对海上交通活动造成安全威胁或损害，是实现海上通航环境安全保障的核心。海洋气象水文是海上通航环境安全保障的自然因素，海洋在地形、气象与海流作用下形成独立的环境系统，具有空间变化与季节变化的特点，如比斯开湾（Bay of Biscay）因其地形特征经年受到低压区带来的强大的西南风，是世界著名的风浪区，⑤ 这种区域性气象特征对海上航行安全构成一种独立的区域性威胁。海上气象季节性变化对海上交通安全最显著的影响莫过于温带气旋活动，北大西洋温带气旋活动一般在北纬40°左右发展到极端，每年八月、九月气旋在移动路径上惯常于经过沿岸后，再折向北大西洋中高纬度

---

① 李成海、曹兴飞、李小朋：《从海难事故看驾驶台资源管理》，《中国水运》（下半月）2016年第7期，第39~40页。
② Jens-Uwe Schröder-Hinrichs, et al., "Maritime Human Factors and IMO Policy," *Maritime Policy & Management*, Vol. 40, Iss. 3, 2013, pp. 243–245.
③ Haryanti Rivai, Masao Furusho, "Strategic Identification of Unsafe Actions that Characterize Accidents on Ships," *Journal of Korean Navigation and Port Research*, Vol. 37, Iss. 5, 2013, pp. 499–509.
④ 刘正江、吴兆麟、夏国忠：《船舶避碰中的人的因素的分类》，中国航海学会海洋船舶驾驶专业委员会船员综合素质与安全专题研讨会会议论文，广州，2005年，第256页。
⑤ 胡月祥：《谈北大西洋的航海气象》，《航海技术》2006年第2期，第2~3页。

向东移动，此时恰好与欧洲大陆沿海北侧北大西洋航线上的船舶相向而行，与海上航行船舶形成了"对冲局面"。① 海上通航环境安全保障针对的人为因素，指人为海上活动对海上通航环境造成的安全影响，如船舶大型化、海上通航密度增加、海难事故阻塞航道等。保障海上交通安全，需要针对海上通航环境中的自然因素与人为因素，设置相应的预防措施，通过防患于未然的方式，保障海上交通活动顺畅、安全进行，避免相应的自然因素与人为因素威胁、非法侵害或损害海上交通工具及其上人员的安全。以海上通航密度为例，其即是在一定时间内，在单位面积内海上航行、停泊和作业的交通工具的数量。通航密度是衡量航道饱和度、通过能力等通航环境状况的主要指标，也是影响海上交通安全保障的环境流变因素。② 通航密度对海上交通安全保障的影响空间范围集中在沿海国领海与专属经济区可航海域内。随着海上通航密度的不断增大，单船可航海域的范围逐步压缩，海上交通事故发生概率也随之增大。出于航行安全与经济考虑，一国沿海航线与国际惯常航线具有历史性与公认性特征，这些航线均是经过长期海上航行实践检验，基于航行地区的地理、水文、气象及船舶状况等情况综合考量形成的，为航海者所普遍接受和使用，③ 在替代航线没有出现或固有航线空间范围未得到拓展的情况下，海上通航密度的增大意味着单位航线内的船舶流量增大，海上交通事故发生率亦随之增加。而高通航密度的港口公共航道及港区水域尤其是海上货物运输船舶，一旦发生碰撞、触礁或搁浅等事故，将会在事故水域产生众多残骸，对附近海域航行船舶的安全产生连锁影响。④

第三，交通工具载运货物因素。货物是影响海上交通安全的重要因素，影响海上交通安全、诱发海上交通事故的货物不仅包括易燃、易爆类型的危险货物，普通货物因为装载、管理、捆扎不当等，也会危及海上交通安全。如木材等货物，一旦在开航前没有对其进行严密捆扎、合理配载，海上交通工具极可能在运输途中受到风浪的影响而失去稳定性，发生倾覆。

---

① 胡月祥：《谈北大西洋的航海气象》，《航海技术》2006年第2期，第3~4页。
② 聂其峰：《影响海上通航环境的因素及对策》，《中国水运》（下半月）2014年第3期，第37页。
③ 熊兴：《当前我国海上航线安全浅析》，《中国水运》2009年第9期，第28页。
④ 邵哲平、李爱林、熊振南等：《厦门湾附近水域船舶定线制的研究》，《中国航海》2005年第4期，第53~54页。

在运输精矿粉、陶土、镍矿、高岭土、干货等易流态化货物的过程中，易流态化货物在海运过程中一旦形成流态化状态，其类似自由液面的作用将使船舶产生不可逆转的倾斜，直至瞬间倾覆，从而造成船毁人亡的重大海难事故。可见，货物既是海上交通工具载运的客体，也是海上交通安全的危险来源。还有一些情况下，货物本身并不构成对海上交通安全的威胁，但是船舶碰撞、人为毁损等第三方行为，引发安全事故。例如2018年1月6日20时许，巴拿马籍油船"桑吉号"与中国香港籍散货船"长峰水晶号"在长江口以东约160海里处发生碰撞，① 事发时，"桑吉号"载有凝析油11.13万吨，船上有伊朗籍船员30人、孟加拉国籍船员2人。"长峰水晶号"载有高粱约6.4万吨，船上有中国籍船员21人。碰撞事故导致"桑吉号"货舱起火，32名船员失踪；"长峰水晶号"受损起火，21名船员弃船逃生后被附近渔船救起。② 在碰撞事故发生后，"桑吉号"又向撞船位置东南漂流了约151海里方沉没，而"长峰水晶号"在救助拖轮的护航下靠泊舟山港。仅从碰撞视角看，"桑吉号"与"长峰水晶号"之间的交通事故并不产生"致命伤"，碰撞行为导致凝析油起火爆燃，才是发生如此惨重安全事故的原因。因此，在分析海上交通安全影响因素时，既要看到货物自身的威胁性，也应看到外部行为所引发的连锁效应，二者是不同的安全影响因素，但是彼此之间存在千丝万缕的关系。

第三节 与国际海上交通安全保障相关的国际公约

条约是由两个或两个以上国家签订的，确定签约国在政治、经济、军事、文化等方面所拥有的权利和义务的协议，包括公约、协定、换文、联合宣言、宪章等。③ 与国际海上交通安全保障密切相关的国际条约主要有两

---

① Maritime Safety Administration of P.R.China, Report on the Investigation of the Collision Between M.T. SANCHI and M.V. CF CRYSTAL in East China Sea, https：//www.mardep.gov.hk/en/msnote/pdf/msin1817anx1.pdf, last visited 2 June, 2022.
② 中国海上搜救中心：《"桑吉"轮碰撞燃爆事故应急处置的有关情况》，中国交通运输部网站，https：//zizhan.mot.gov.cn/sj2019/soujiuzx/yingjicz_sjzx/201811/t20181130_3136137.html, 最后访问时间：2022年6月2日。
③ 李伟芳：《论国际法渊源的几个问题》，《法学评论》2005年第4期，第52~57页。

类。一类是契约性条约，即规定国家之间缔结的关于特定事项的权利和义务的条约，这种条约一般采取双边条约的形式，往往是非开放性条约，针对的是国际海上交通活动中的特定事项，并在缔约国之间确立一种双边性权利义务关系，① 契约性条约在一定条件下可以演变为约束多数国家的造法性条约②。另一类是造法性条约，即缔约各方为创立新的行为规则或确认、改变现有行为规则而签订的条约。③ 与国际海上交通安全保障有关的国际条约绝大多数属于造法性条约和多边条约，它们被用以在特定领域内设立普遍适用规则，不仅数量庞大、所涉缔约国众多，而且调整的领域几乎贯穿国际海上交通活动的各个环节，条约一经生效，即对缔约国产生法律效力，缔约国的行为受其约束。后者根据调整内容可以分为一般性公约和专门性公约。一般性公约指类似于《海洋法公约》等非以国际海上交通活动为主体规范内容的公约，专门性公约指以海上交通中某一特定领域或事项为调整内容的国际公约，如1965年《便利国际海上交通公约》、1979年《国际海上搜寻救助公约》④、1989年《国际救助公约》等，专门性公约绝大多数属于由国际海事组织及其前身政府间海事协商组织颁布或制定的国际海事公约。

一 《海洋法公约》

《海洋法公约》是1982年在第三次联合国海洋法会议上通过的，于1994年生效，截至2023年9月1日，已有169个国家和组织批准加入该公约。⑤

---

① Anthony Aust, *Modern Treaty Law and Practice* (Cambridge: Cambridge University Press, 2013), p. 20.
② 王虎华：《契约性条约问题的理论辩证》，《法学》2013年第12期，第53~62页。
③ Catherine M. Brölmann, "Law-making Treaties: Form and Function in International Law," *Nordic Journal of International Law*, Vol. 74, Iss. 3-4, 2005, p. 383.
④ 2004年5月20日，国际海事组织海上安全委员会第78届会议以MSC.155(78)号决议通过了1979年《国际海上搜寻救助公约》的修正案，根据公约第3条第2款(h)项关于修正案默认接受程序的规定，该修正案于2006年7月1日生效。若无特殊说明，本书引用的1979年《国际海上搜寻救助公约》均为经2004年修正案修订的公约文本。
⑤ "United Nations Treaty Collection," https://treaties.un.org/pages/ViewDetailsIII.aspx?src=TREATY&mtdsg_no=XXI-6&chapter=21&Temp=mtdsg3&clang=_en&_gl=1*d0f5cj*_ga*MTkzMTgwNzU0NS4xNjk3MTYxNDUx*_ga_TK9BQL5X7Z*MTY5NzE3NzYyMi4yLjEuMTY5NzE3NzY4Ny4wLjAuMA, last visited 1 September, 2023.

《海洋法公约》是多边主义的成功实践，也是一部划分海洋不同区域法律地位、规范空间及资源利用的综合性国际公约。《海洋法公约》与国际海上交通安全保障相关的内容，包括如下三部分。

第一，规定不同法律地位海域的国家管辖权。《海洋法公约》将海洋划分为不同的区域，包括内水、领海、毗连区、专属经济区、大陆架、公海等，不同海域被公约赋予不同的法律地位，国家对其享有不同的管辖权。沿海国的主权及于领海及其上空、海床和底土。对沿海国在领海的主权概念的主要解释见于国际法委员会对1956年《海洋法（草案）》第1条第1、3、4款的评述及其关于第2条的评述，该委员会指出，第1条第1款反映了一个事实，即沿海国对领海的权利在性质上同国家在其领土其他部分所行使的主权权利没有什么不同。领海制度与公海制度之间有着本质的区别，因为后者是建立在所有国家自由使用的原则上的。1930年海牙国际法编纂会议和会议委员会报告对这一问题的答复，可以证实几乎得到一致赞成的这一观点是按照现行法律规定得出的。这也是许多多边条约的一个基本原则，例如1919年《航空公约》和1944年《国际民用航空公约》，都用与处理国家领土其他部分同样的方式处理领海。① 一种观点认为，沿海国在其领海享有的是绝对主权，对于领海的管理，沿海国的国内立法就是最高依据。② 但是《海洋法公约》第2条第3款规定"对于领海的主权的行使受本公约和其他国际法规则的限制"，该款与1958年《领海及毗连区公约》第1条第2款③类似，国际法委员会认为："本条款规定了一些国际法对行使领海主权所施加的限制，但并不能被视为详尽。领海中所发生的事件所产生的法律问题还受到一般国际法规则的制约，而这些不能为其适用于领海的目的专门编纂在本草案里。这就是为什么除了本条款中的规定外还提到'国际法的其他规则'。"④ 无害通过制度是《海洋法公约》对沿海国行使领海主权的限制，《制止危及海上航行安全

---

① 〔斐济〕萨切雅·南丹、〔以〕沙卜泰·罗森原书主编，吕文正、毛彬中译本主编《1982年〈联合国海洋法公约〉评注》（第二卷），海洋出版社，2014，第45页。
② 李文华主编《交通海权》，新华出版社，2014，第137页。
③ 1958年《领海及毗连区公约》第1条第2款规定："此项主权依本条款规定及国际法其他规则行使之。"
④ 〔斐济〕萨切雅·南丹、〔以〕沙卜泰·罗森原书主编，吕文正、毛彬中译本主编《1982年〈联合国海洋法公约〉评注》（第二卷），海洋出版社，2014，第45页。

非法行为公约》也涉及领海内发生罪行之管辖权的规定。① 毗连区是毗连领海的特定水域，既不属于沿海国领海的一部分，也不属于公海领域，沿海国可在其毗连区内行使为下列事项所必要的管制，即防止在其领土内违犯其海关、财政、移民或卫生的法律和规章，以及惩治在其领土内违犯上述法律和规章的行为。②《海洋法公约》赋予沿海国在其专属经济区内享有勘探、开发、使用、养护、管理海床和底土及其上覆水域自然资源的权利，以及人工设施的建造使用、科研、环保等权利。其他国家仍然享有航行和飞越的自由，以及与这些自由有关的其他符合国际法的用途（铺设海底电缆、管道等）；③ 沿海国可于必要时在人工岛屿、设施和结构的周围设置合理的安全地带，并可在该地带采取适当措施以确保航行及人工岛屿、设施和结构的安全；这种地带从人工岛屿、设施或结构的外缘各点量起，不应超过这些人工岛屿、设施或结构周围五百米的距离，但为一般接受的国际标准所许可或主管国际组织所建议者除外④。1989 年，国际海事组织通过第 A.671（16）号决议，要求船旗国强化对悬挂其旗帜船舶的管理，确保船舶不误入已经划定的安全区，并建议沿海国向船旗国报告发生违规行为的船舶。⑤ 每个国家，不论是沿海国还是内陆国，均有权在公海上行驶悬挂其旗帜的船舶。⑥ 在公海航行的船舶受船旗国的专属管辖，每个国家应对悬挂该国旗帜的船舶有效地行使行政、技术及社会事项上的管辖和控制。⑦ 对于公海船舶碰撞及其他航行事故，涉事船长或船员需要为此承担刑事责任时，只能向船旗

---

① 1988 年《制止危及海上航行安全非法行为公约》第 4 条第 2 款规定："在根据第 1 款本公约不适用的情况下，如果罪犯或被指称的罪犯在非第 1 款所述国家的某一缔约国的领土内被发现，本公约仍然适用。"第 6 条第 2 款规定："在下列情况下，一缔约国也可以对任何此种罪行确定管辖权：(a) 罪行系由惯常居所在其国内的无国籍人所犯；或 (b) 在案发过程中，其国民被扣押、威胁、伤害或杀害；或 (c) 犯罪的意图是迫使该国从事或不从事某种行为。"第 6 条第 3 款规定："任何缔约国，在确定了第 2 款所述的管辖权后，应通知国际海事组织秘书长（以下称秘书长）。如该缔约国以后撤销该管辖权，也应通知秘书长。"
② 1982 年《海洋法公约》第 33 条。
③ 1982 年《海洋法公约》第 56 条。
④ 1982 年《海洋法公约》第 60 条第 4 款、第 5 款。
⑤ IMO Resolution A.671（16），adopted on 19 October, 1989, para.3.2.
⑥ 1982 年《海洋法公约》第 87 条第 1 款、第 90 条。
⑦ 1982 年《海洋法公约》第 92 条第 1 款、第 94 条第 1 款。

国或此种人员所属国的司法或行政当局提起刑事诉讼。①《海洋法公约》第58条第2款将公海航行事故管辖规则纳入专属经济区制度，即"第八十八条至第一百一十五条以及其他国际法有关规则，只要与本部分不相抵触，均适用于专属经济区"。按照公约前述规定，对于沿海国专属经济区内发生的船舶碰撞及其他航行事故，涉事船长或船员需要为此承担刑事责任时，只要与公约有关专属经济区制度的规定不相抵触，就能向船旗国或此种人员所属国的司法或行政当局提起刑事诉讼。

第二，以海域法律地位为基础规定航行制度。《海洋法公约》将沿海国主权水域中的航行权由单一的无害通过权拓展为无害通过权、过境通行权、群岛海道通过权三类，将公海航行自由延伸至专属经济区并作出相应限制，并完全确认了内陆国的航行自由。此时，享有航行自由的主体不再区分内陆国与沿海国，航行自由的空间范围涵盖国家管辖海域与公海两个部分，航行自由的权利内容呈现层次性分布。虽然《海洋法公约》在条款表述上以"船舶"为主语，从表面上看似乎是所有国家的船舶直接享有国际法上的权利，但实际上该公约只是以省略的方法规定沿海国直接承担的国际法上的义务，享有航行权利的主体仍然是国家。《海洋法公约》分别规定了领海无害通过制度、过境通行制度、航行自由等制度，规定"在本公约的限制下，所有国家，不论为沿海国或内陆国，其船舶均享有无害通过领海的权利"②。《海洋法公约》没有明确要求外国船舶通过一国领海时需要事先得到沿海国同意，但要求船舶应当"继续不停和迅速行驶"，"不损害沿海国的和平、良好秩序或安全"，该公约以列举的方式对"损害"行为进行了界定。③ 围绕无害通过制度之争议，聚焦他国军事船舶在沿海国领海的航行权，一种观点认为，《海洋法公约》第32条赋予军舰绝对的豁免权；④ 也有观点认为，《海洋法公约》虽然规定所有船舶都有无害通过权，但军用船舶的无害通过权并不是国际社会普遍接受的并公认为不许损抑的一般国际法强制规范，因而包括军用船舶在内的所有船舶行使无害通过权，都不得违

---

① 1982年《海洋法公约》第97条第1款。
② 1982年《海洋法公约》第17条。
③ 1982年《海洋法公约》第19条。
④ 李颖：《国家豁免例外研究》，知识产权出版社，2014，第147页。

背沿海国关于无害通过的法规①。例如,中国《领海及毗连区法》第6条第2款规定,外国军用船舶进入中国领海,须经中国政府批准;越南《海洋法》第12条第2款规定,外国军舰在通过越南领海行使无害通过权时,必须事先通知越南主管部门。《海洋法公约》第34条至第45条专门规定了用于国际通行的海峡与过境通行制度,即按照《海洋法公约》第三部分的规定,航空器和船舶在公海或专属经济区的一个部分和公海或专属经济区的另一部分之间的海峡,基于继续不停和迅速过境的目的,享有航行和飞越自由。但是,对继续不停和迅速过境的要求,并不限于在一个海峡沿岸国入境条件下,为驶入、驶离该国或自该国返回而通过海峡。②《海洋法公约》在专属经济区保留了适用于公海的航行、飞越自由。③

第三,紧追权和登临权制度。紧追权指沿海国对违反该国法律并从该国管辖范围内的水域驶向公海的外国船舶进行追赶的权利,紧追只能由沿海国军舰、军用飞机,或其他有清楚标志可以识别的为政府服务并经授权紧追的船舶或飞机执行。《海洋法公约》第111条规定,当沿海国主管当局有充分理由认为外国船舶违反该国法律和规章时,可对该外国船舶进行紧追。此项追逐须在外国船舶或其小艇之一于追逐国的内水、群岛水域、领海或毗连区内时开始,而且只有追逐未曾中断,才可在领海或毗连区外继续进行。当外国船舶在领海或毗连区内接获停驶命令时,发出命令的船舶并无必要也在领海或毗连区内。如果外国船舶在毗连区内,只有在该外国船舶违反《海洋法公约》第33条的规定即于沿海国领土内违犯海关、财政、移民或卫生的法律法规的情形下才可对其进行紧追。对于在专属经济区内或大陆架上,包括大陆架上设施周围的安全地带内,违反沿海国按照《海洋法公约》适用于专属经济区或大陆架包括上述安全地带的法律和规章

---

① 赵建文:《联合国海洋法公约与有限豁免原则》,《政治与法律》1996年第2期,第43页;邵津:《关于外国军舰无害通过领海的一般国际法规则》,载中国国际法学会主编《中国国际法年刊》(1989),法律出版社,1990,第138页。
② 1982年《海洋法公约》第38条第2款。
③ 1982年《海洋法公约》第58条第1款规定:"在专属经济区内,所有国家,不论为沿海国或内陆国,在本公约有关规定的限制下,享有第八十七条所指的航行和飞越的自由,铺设海底电缆和管道的自由,以及与这些自由有关的海洋其他国际合法用途,诸如同船舶和飞机的操作及海底电缆和管道的使用有关的并符合本公约其他规定的那些用途。"

的行为，比照适用紧追权。紧追权在被追逐的船舶进入其本国领海或第三国领海时立即终止。《海洋法公约》没有对海上执法中的武力使用行为作出明文规定，一般认为，该公约第 111 条有关紧追权的规定，暗示着承认沿海国在海上执法中可以使用武力。① 登临权，指一国的军舰在公海上对于有合理根据被认为犯有国际罪行或有其他违反国际法行为之嫌疑的商船，进行登临和检查的权利。除条约授权的干涉行为外，军舰在公海上遇到按照《海洋法公约》第 95 条和第 96 条享有完全豁免权的船舶以外的外国船舶，非有合理根据认为有下列嫌疑，不得登临该船，这些嫌疑包括该船从事海盗、奴隶贩卖、未经许可的广播行为而且军舰的船旗国依据《海洋法公约》第 109 条有管辖权，以及该船没有国籍，或者该船虽悬挂外国旗帜或拒不展示其旗帜，而事实上却与该军舰属同一国籍。除军舰以外，该公约规定的登临检查也可以由军用飞机、经正式授权并有清楚标志可以识别的为政府服务的任何其他船舶或飞机予以执行。②

评价《海洋法公约》在国际海洋法中的地位时，一种说法是将其称为"海洋宪法"，但是更为客观的说法是，国家作为《海洋法公约》权利主体和义务主体，其权利的享有具有独立性，国家可以依据《海洋法公约》在不同海域享有或行使相应的权利，也可以向他国（方）让与权利，甚至放弃本国可以主张的权利，而并不影响同一区域内其他国家享有的海洋权利，即国家之间通过双边协定可以减损一般（海洋）法的规定，《海洋法公约》实际上是前述明示或默示协议实施过程中的特别法（lex specialis）。如果《海洋法公约》将其规定作为缔约方唯一的行为准则和权利来源，排除适用其他国际条约、习惯等，那么《海洋法公约》所作一般性表述应当类似于第 137 条第 3 款的规定。③

---

① 高健军：《海上执法过程中的武力使用问题研究——基于国际实践的考察》，《法商研究》2009 年第 4 期，第 23、27~29 页。
② 1982 年《海洋法公约》第 110 条。
③ 《海洋法公约》第 137 条第 3 款规定："任何国家或自然人或法人，除按照本部分外，不应对'区域'矿物主张、取得或行使权利。否则，对于任何这种权利的主张、取得或行使，应不予承认。" See also Alexander Orakhelashvili, *Akehurst's Modern Introduction to International Law* (8th Edition) (New York: Routledge Pubilishing, 2019), p. 159.

二 国际海事公约

国际海事公约，是指由国际海事组织及其前身政府间海事协商组织制定或修订的，有关海上安全、防止海洋污染、便利海上运输和提高航行效率及与此有关的海事责任方面的国际公约、规则、协定等国际法律文件。①国际海事组织是联合国负责海上交通安全、船舶标准化和防止船舶造成海洋污染的专门机构，而国际海事公约则是与国际海上交通保障关系最为密切的国际公约。国际海事组织建立后的首要任务是修订《国际海上人命安全公约》，同时将注意力转向促进国际运输、船舶标准化管理、危险品运输等问题，不断修订旧规则、制定新规则。《海洋法公约》被公认为"框架公约"，它的许多条款只能通过其他国际协定中的具体实施条款来落实，在国际海上交通安全领域，国际海事公约便充当着这一角色。随着国际海事组织影响力的不断扩大和世界范围内对国际海事公约的认同，国际海事公约不断加速融合各类区际规则，构建一个综合性、统一化的公约体系，并促使其在全球范围内得到认同和实施。②

国际海事公约几乎覆盖了国际海上交通安全保障各个方面，并且不断通过修正案、议定书等方式更新公约内容，保障公约内容与时俱进，相应地，公约规范的内容也不断增加。按照调整内容的不同，可以将 30 余部国际海事公约③分为四类：一是海事安全及港口或船舶之间相互对接（port/ship interface）公约，二是防止船舶污染海洋公约，三是海事责任及赔偿相关公约，四是船舶技术标准相关公约。以上国际公约或多或少都与保障国

---

① 《政府间海事协商组织公约》于 1948 年 3 月 6 日在日内瓦召开的联合国海事会议上获得通过，于 1958 年 3 月 17 日生效。政府间海事协商组织于 1959 年 1 月召开首次会议。在 1958 年政府间海事协商组织成立之前，国际社会已经通过一些有关海上交通安全的国际公约，例如 1930 年《国际载重线公约》，本部分在讨论国际海事公约时，亦将上述公约归入其中。See "Brief History of IMO," https://www.imo.org/en/About/HistoryOfIMO/Pages/Default.aspx, last visited 2 June, 2022.

② 邱奇、陈海清：《未来国际海事公约的发展趋势与影响》，《中国海事》2010 年第 10 期，第 29 页。

③ 国际海事组织官网中的统计数据为 50 余部国际海事公约，其依据是将公约以及经议定书修订的公约作为独立的统计单元，例如 1973 年《国际防止船舶造成污染公约》和《经 1978 年议定书修订的 1973 年〈国际防止船舶造成污染公约〉》算作两部公约，本部分在统计过程中将公约及经议定书修订的公约视为一部公约。

际海上交通安全有关，但是第一类国际公约与国际海上交通安全联系最为紧密，此类国际公约有 14 部。① 1912 年"泰坦尼克号"沉没事故催生了《国际海上人命安全公约》，1913 年在英国政府倡议下，第一次关于海上人命安全的国际会议在伦敦召开，1914 年通过了《国际海上人命安全公约》，该公约对船舶结构、分舱、救生和消防设备、无线电通信、航行规则和安全证书等规定了统一标准。根据该公约之规定，各缔约国船舶须经本国政府授权的组织或人员检查，符合公约规定的技术标准，取得合格证书，才能从事国际航运。此后，在 1929 年、1948 年、1960 年又通过相应版本的《国际海上人命安全公约》。1974 年第五次国际海上人命安全会议在对 1960 年《国际海上人命安全公约》进行修订的基础上，制定了 1974 年《国际海上人命安全公约》，相较于 1960 年《国际海上人命安全公约》，1974 年《国际海上人命安全公约》提出了更为详细、具体的要求，增加了油轮消防安全措施等技术规则。1974 年《国际海上人命安全公约》自 1980 年生效以来，经过多次修订，名称沿袭 1974 年《国际海上人命安全公约》名称，多表述为"经修订的 1974 年《国际海上人命安全公约》"②。《国际海上人命安全公约》的主要目标是为船舶建造、船舶设备和操作规定符合安全运营要求的最低标准，并且规定船旗国监督和港口国检查。现行《国际海上人命安全公约》包括规定一般义务、修正程序等条款的正文，以及 14 个附件。公约适用于 500 总吨及以上的货船和用于国际航行的客船。附件第四章（无线电通信设备）还将公约适用范围扩大到 300 总吨及以上的货船，附件第五章（航行安全）作为一般规则适用于所有船舶，但是军舰、海军辅助船和由缔约国政府拥有或经营的仅用于政府非商业性服务的其他船

---

① 这些国际海事公约包括《国际海上人命安全公约》《海员培训、发证和值班标准国际公约》《国际海上避碰规则公约》《便利国际海上交通公约》《国际船舶载重线公约》《国际海上搜寻救助公约》《制止危及海上航行安全非法行为公约》《制止危及大陆架固定平台安全非法行为议定书》《国际集装箱安全公约》《国际海事卫星组织公约》《托雷莫利诺斯国际渔船安全公约》《国际渔船船员培训、发证和值班标准公约》《特种业务客船协定》《残骸清除公约》。

② 出于简便考虑，若无特殊说明，本书所称《国际海上人命安全公约》均指现行 1974 年《国际海上人命安全公约》。

舶除外。① 即便如此，附件第五章第 1 条仍然规定"鼓励军舰、海军辅助船或由缔约国政府拥有或经营的仅用于政府非商业性服务的其他船舶在合理和可行的范围内符合本章的要求"。1965 年《便利国际海上交通公约》旨在简化和减少国际航行船舶相关手续、文书要求和程序，以便利海上货物、旅客运输及清关、公共卫生及动植物检疫等。1966 年政府间海事协商组织召开的国际船舶载重线大会通过新的《国际载重线公约》，以取代 1930 年《国际船舶载重线公约》，该公约于 1968 年 7 月 21 日生效，是关于国际航行船舶载重限额（载重货物的法定载重限额）和水密完整性的统一规则。1969 年《国际船舶吨位丈量公约》旨在统一国际航行船舶的吨位丈量原则和规则，该公约规定了用总吨位（GT）反映船舶大小、用净吨位（NT）反映船舶营运舱容的基本原则，总吨位是对船舶容积的丈量，净吨位是对货舱容积的丈量，二者都是对容积的丈量，而非对载重吨（DWT）的丈量。1972 年《国际海上避碰规则公约》更新和替代了 1960 年《国际海上人命安全公约》的附件《避碰规则》，将其独立为一部国际公约，于 1977 年 7 月 15 日生效。《国际海上避碰规则公约》由公约正文和附件（《国际海上避碰规则》）两部分组成，海上瞭望、船舶相遇、避碰及其措施、分道航行等具体避碰规则，均被规定在附件中。1972 年《国际集装箱安全公约》旨在保证正常营运的集装箱的装卸、堆放和运输的安全，统一有关集装箱结构、安全、试验、检查等的国际规则，适用于绝大多数国际运输中所使用的集装箱，但不包括空运集装箱（第 3 条）。该公约附件一详细列明了集装箱试验、检查、批准和维修等规则，附件二详细列明了集装箱结构的安全要求和试验等规则。鉴于绝大多数海上事故都是人的过失造成的，1978 年《海员培训、发证和值班标准国际公约》和 1995 年《国际渔船船员培训、发证和值班标准公约》突出强调了人的因素，为各国提供了一个能被普遍接受的国际航行商船船员和远洋渔船船舶培训、发证和值班标准方面的最低标准。1995 年通过的《海员培训、发证和值班标准国际公约》修正案大幅提

---

① 1974 年《国际海上人命安全公约》附件第五章第 1 条第 1 款第 2 项还规定，"专门航行于北美洲五大湖及其东至加拿大魁北克省蒙特利尔的圣拉姆伯特船闸下游出口处为止的相连水域和支流的船舶"，也不适用该章的规定。

高了海员培训、发证和值班标准,并第一次给予国际海事组织检查缔约国政府行为的权利,并要求缔约国政府向国际海事组织提交有关公约履行情况的信息。1979年《国际海上搜寻救助公约》是为搜寻救助海上遇险人员开展国际合作而签订的公约,其规定,缔约国在本国的法律、规章制度许可的情况下,应批准其他缔约国的救助单位为了搜寻发生海难的地点和营救遇险人员而立即进入或越过其领海或领土。1988年《制止危及海上航行安全非法行为公约》旨在打击以武力、威胁或恐吓方式非法和蓄意劫持或控制船只,对船上人员实施暴力且危及船只航行安全的行为,以及在船上放置破坏性装置或物质等危及海上航行安全的非法行为。《制止危及大陆架固定平台安全非法行为议定书》是对《制止危及海上航行安全非法行为公约》的补充。2005年,国际海事组织通过了《制止危及海上航行安全非法行为公约》的议定书,该议定书对公约作出修正,① 强化打击将船舶用作助长恐怖主义行为之工具的犯罪,规定当一个缔约国有合理根据怀疑另一个缔约国船只或船上的某一人员已经、正在或即将犯下公约所述的某一罪行时,该缔约国有权对船舶进行登临检查。2007年《残骸清除公约》主要涉及各国领海外船舶残骸的清除问题,对残骸的报告、定位、标记、危害的确定,便利残骸清除的措施、责任及其免除,强制保险等作了规定。总结以上国际海事公约的规定,有如下突出特征。

第一,普遍采用公约正文和附件组合的方式。国际海事公约正文普遍简短,只规定立约目的、缔结及修订程序、生效实施、争端解决等一般性内容,大量具体的、有针对性的内容,是以议定书或附则的形式随公约一起出台实施的,尤其公约附则中的绝大部分内容都是技术性规范。例如,1974年《国际海上人命安全公约》正文只有13条,而附件有14个;1972年《国际海上避碰规则公约》正文只有9条,而附件《国际海上避碰规则》有6部分41条4个附录;1979年《国际海上搜寻救助公约》正文只有8个条文,而附件有6部分40余条(不含款);《残骸清除公约》的附件为《残骸清除责任保险或其他财务保证证书》。就内容而言,公约附件及部分公约正文中,

---

① 若无特殊说明,本书所称《制止危及海上航行安全非法行为公约》均指经2005年议定书修正的1988年《制止危及海上航行安全非法行为公约》。

存在大量技术性规则或标准。这些规则或标准有些是纯粹技术规范，通过"纳入"的方式被规定在公约正文或附件中；有些则是通过"转化"的方式用程式化的法律专业用语替代了技术符号、计算公式等，通过法理和法律逻辑进行严密有序的编排组织，形成了"法言法语"。以上两类规则，其实都可以视为"技术规则法律化"。技术规则法律化之后，规则所调整的不再仅是人与船舶、设施、货物等之间的关系，更主要的是将人与人之间的关系、人与物之间的关系联系起来进行调整。遵循规则所负载的义务，指向的不是人与物之间的法律关系，而是对他人或实体、他国、国际社会承担的法律义务。违反规则所承担的后果，实际上是源于对他人或实体、他国、国际社会利益的损害。

第二，根据国际海事实践不断修订国际公约的内容。国际海事公约在技术规则、适用范围上具有的局限性，导致公约或公约某些规定有时非但不能满足保障海上安全的需要，甚至会影响海上安全。例如，在2001年"坦帕号"（MV Tampa）事件[①]中，澳大利亚依据《边境保护法案》和国内移民政策拒绝该船进入其领海，而1974年《国际海上人命安全公约》和1979年《国际海上搜寻救助公约》中也没有规定缔约国有义务给予海上获救人员安全场所。[②] 从2002年至今，国际海事组织通过1974年《国际海上人命安全公约》海上保安修正案、2002年《国际船舶和港口设施保安规则》、1988年《制止危及海上航行安全非法行为公约》，对全球范围内的船舶保安进行规范和部署，但国际海上保安体系存在一个缺口，即非属于1974年《国际海上人命安全公约》适用范围的船舶，如500总吨以下的货

[①] 2001年8月26日，挪威籍货船"坦帕号"从一艘将要下沉的印度尼西亚船只上救助了433名避难者，并驶往澳大利亚。"坦帕号"在距离澳大利亚圣诞岛4海里处，被澳大利亚特种空勤团中途拦截，并被拒绝进入澳大利亚领海，由此引发澳大利亚、挪威、印度尼西亚和国际海事组织关于海上救助机制的争端。Stephen Gageler, "A Tale of Two Ships: The MV 'Tampa' and the SS 'Afghan'", *Adelaide Law Review*, Vol. 40, No. 3, 2019, pp. 615-617.

[②] 2001年"坦帕号"事件后，IMO对1974年和1979年《国际海上搜寻救助公约》进行修订，修正案规定，缔约国有义务协助船长给海上获救人员提供一个安全场所。2004年，国际海事组织又通过《海上获救人员待遇准则》（Guidelines on the Treatment of Persons Rescued at Sea），为成员国在国际法下履行给海上获救人员提供安全场所的义务给予更为详细的指导。See IMO, "Trafficking or Transport of Illegal Migrants by Sea / Persons Rescued at Sea," http://www.imo.org/OurWork/Facilitation/IllegalMigrants/Pages/Default.aspx, last visited 2 June, 2022.

船、高速船、非机动船、渔船、游艇、原始手段建造的木船及非国际航行船舶等的保安问题存在空白,这些在缔约国管辖水域内作业的船舶都可能被用来运载武器、恐怖分子或是作为攻击其他船舶及岸上和海上设施的工具。[①] 正因为如此,国际海事实践对于完善公约具有不可替代的作用。对此,有学者总结,不少国际海事组织,尤其在海上人命安全保障与防止海洋污染方面,往往是在发生灾难性事故后,才着手制定公约来防止灾难继续发生。[②] 其中就有因1912年"泰坦尼克号"事故而出台的1914年《国际海上人命安全公约》。1978年"阿莫科·卡迪兹号"事故引出了1910年《统一海难援助和救助某些法律规定的公约》的缺陷,即油轮海难事故需要救助人进行及时救助,但是该公约确立的"无效果无报酬"原则无法起到激励救助人的目的,[③] 2002年"威望号"(Prestige)油轮事故发生,促使国际海事组织修订1973年《国际防止船舶造成污染公约》,在全球范围内淘汰单壳油轮。

第三,"默示接受"程序("tacit acceptance" procedure)加快了修订后公约的生效实施。通常情况下,公约修正案只有在一定比例的缔约国接受后,方可生效实施。国际海事公约的情况尤为特殊:一是公约附件内容以技术性规范为主,需要因应海事技术革新频繁修订完善;二是公约缔约国数量众多。随着国际海事公约的频繁修订,各类公约修正案的提出时间间隔不断缩短,出台的内容范围不断扩大,对象不断增加。[④] 为了加快公约修正案生效进程,国际海事公约采用"默示接受"程序,即没有要求修正案必须在特定比例的缔约国接受后才能生效,除非在某一特定日期之前收到一定数量缔约国对修正案的反对意见,否则该修正案应在某一特定时间生效。至于修正案从通过到接受,再从接受到生效的时间间隔,以及相应的条件,各个公约有专门的规定。如1974年《国际海上人命安全公约》规

[①] 王瑾辉、鲍君忠:《不适用SOLAS第Ⅺ-2章和ISPS规则的船舶保安问题的发展》,《中国海事》2008年第3期,第62页。
[②] 司玉琢:《二十一世纪海事立法走势探析》,《中国远洋航务公告》1998年第7期,第27页。
[③] 施骅:《浅析国际救助公约的发展及其对当代中国的影响》,《珠江水运》2009年第1期,第38页。
[④] 邱奇、陈海清:《未来国际海事公约的发展趋势与影响》,《世界海运》2010年第12期,第52页。

定，修正案从通过到接受不得少于 1 年，从接受到生效的时间间隔为 6 个月。有学者指出，"默示接受"程序首次出现在《国际海上人命安全公约》中，此后便被用于国际海事公约立法机制之中。① 1929 年《国际海上人命安全公约》还没有规定公约的修订，1948 年《国际海上人命安全公约》第 9 条用 8 个条款规定了公约的修订，首次区分了"缔约国政府提出的修正案"的审议程序②和"经某一缔约国政府请求、一定数量缔约国政府的同意，政府间海事协商组织应召开缔约国政府会议"的审议程序③。1960 年《国际海上人命安全公约》沿用了上述第 9 条。1974 年《国际海上人命安全公约》对前述规定作了进一步完善，第 8 条第 2 款第 6 项规定，对该公约正文某一条款或附则第一章的修正案，在 2/3 的缔约国政府接受之日，应视为已被接受；对第一章之外的其他附则修正案，在下列情况下，应视为已被接受：（1）从送交缔约国政府供其接受之日起的 2 年期限届满时；或（2）在海上安全委员会扩

---

① William Tetley, "Uniformity of International Private Maritime Law—The Pros, Cons, and Alternatives to International Conventions—How to Adopt an International Convention," *Tulane Maritime Law Journal*, Vol. 24, 2000, p. 818. 在 1974 年之前，1966 年《国际船舶载重线公约》第 29 条的规定已经有"默示接受"程序的雏形，其中第 2 款规定："全体同意修改：（1）应一缔约国政府请求，海协组织应将该国政府所提出的对本公约的任何修改建议通知所有缔约国政府考虑，旨在取得全体同意。（2）上述任何修改，应在所有缔约国政府同意之日起 12 个月后生效，除非经过协商同意于较早日期生效。某一缔约国政府如在海协组织第一次通知后 3 年内不通知海协组织同意还是拒绝修改，应被认为已经同意修改。……" 上述规定对于公约修正案的处理是：在明示接受程序之外，除非有规定比例的缔约国在规定日期前否决该修正案，否则公约修正案便生效，并视为缔约国接受该修正案。

② Article IX (b) International Convention for the Safety of Life at Sea (1948): "(i) An amendment to the present Convention may be proposed to the Organisation at any time by any Contracting Government, and such proposal if adopted by a two-thirds majority of the Assembly of the Organisation (hereinafter called the Assembly), upon recommendation adopted by a two-thirds majority of the Maritime Safety Committee of the Organisation (hereinafter called the Maritime Safety Committee), shall be communicated by the Organisation to all Contracting Governments for their acceptance. (ii) Any such recommendation by the Maritime Safety Committee shall be communicated by the Organisation to all Contracting Governments for their consideration at least six months before it is considered by the Assembly."

③ Article IX (c) International Convention for the Safety of Life at Sea (1948): "(i) A conference of Governments to consider amendments to the present Convention proposed by any Contracting Government shall at any time be convened by the Organisation upon the request of one-third of the Contracting Governments. (ii) Every amendment adopted by such conference by a two-thirds majority of the Contracting Governments shall be communicated by the Organisation to all Contracting Governments for their acceptance."

大会议上，由到会并投票的缔约国政府的 2/3 多数通过时所确定的、不少于 1 年的期限届满时。但在上述规定期限内，有 1/3 以上的缔约国政府或拥有商船合计吨位数不少于世界商船总吨数 50% 的缔约国政府，通知政府间海事协商组织秘书长其反对该修正案，则视为该修正案未被接受。早在 1971 年，政府间海事协商组织便开始着手讨论"默示接受"程序涉及的法律问题，主要涉及两个问题：一是制定及通过公约修正案的合法性，二是"默示接受"程序是否符合习惯国际法。第一个问题随着成员资格限制的取消而逐渐淡化，第二个问题方是争论的焦点。① 其原因在于，"明示接受"是为一国创设公约义务及权利的一般规则，需要尊重主权国家的意思自治，② 而绝大部分国际海事公约修正案都是在创设义务、更新标准，故而"默示接受"程序一经提出即面临合法性质疑。对此，也有学者认为，若多边公约在国际组织框架下达成包含明确修正条款的程序规范，此类规定应当优先于《维也纳条约法公约》第 40 条第 4 款③ 得到适用。其实，该观点默认缔约国在第一次达成公约修订条款时，存在针对未来修正案生效实施的"合意"，而该"合意"并非每一个缔约国均表示同意，而是进一步受制于国际组织设定的表决程序的规定，故而才会发生公约修正案经缔约国 2/3 以上同意，便对全体缔约国产生拘束力的情形。作为一种权利救济或者程序性权利，缔约国可于明确设定的日期之前，针对修正案表明异议，选择不被公约修正案所拘束。反之，若缔约国怠于行使撤回权，便被推定为愿接受修正案的拘束。

第四，"不给予非缔约国更优惠待遇"原则扩大了公约的适用范围。按照"条约必须遵守"原则，条约对缔约国有约束效力，缔约国有责任遵守条约的规定，履行条约的义务。但是，许多国际海事公约都规定"不给予非缔约国更优惠待遇"原则，例如《海员培训、发证和值班标准国际公约》第 11 条第 5 款规定："本条规定应根据必要予以施行，以保证不给予有权悬

---

① Andronico Oduogo Adede, "Amendment Procedures for Conventions with Technical Annexes: The IMCO Experience," *Virginia Journal of International Law*, Vol. 17, Iss. 2, 1977, pp. 201-202.
② 1969 年《维也纳条约法公约》第 40 条第 4 款规定："修正条约之协定对已为条约当事国而未成为该协定当事国之国家无拘束力，对此种国家适用第三十条第四项（b）款。"
③ Taslim Olawale Elias, *The Modern Law of Treaties* (Dobbs Ferry: Oceana Publications, 1974), p. 93.

挂非缔约国国旗的船舶比有权悬挂缔约国国旗的船舶更为优惠的待遇。"《国际船舶和港口设施保安规则》B 部分第 4.45 条规定："对于悬挂非本公约缔约国和非 1988 年安全公约议定书①缔约国船旗的船舶，缔约国政府应不给此类船舶以更优惠待遇。所以，第Ⅺ-2/9 条的要求和规则本部分的指导应适用于这些船舶。"如此规定，本意在避免国际海事公约缔约国另外给予非缔约国较其他缔约国更低的标准，保障国际海事规则的统一适用。在一般情况下，条约只对缔约方发生法律效力，对非缔约方（第三方）没有法律效力，亦不为其创设义务或权利。《维也纳条约法公约》第 34 条规定"条约非经第三国同意，不为该国创设义务或权利"，但是第 35 条规定"如条约当事国有意以条约之一项规定作为确立一项义务之方法，且该项义务经一第三国以书面明示接受，则该第三国即因此项规定而负有义务"。在《维也纳条约法公约》前述规定基础上，可以从两方面看"不给予非缔约国更优惠待遇"原则：一方面，国际海事公约通过规定"不给予非缔约国更优惠待遇"原则单方面表明公约对非缔约国具有制度约束力，实践中为第三国创设义务之情形，远远多于赋予权利之情形；另一方面，"不给予非缔约国更优惠待遇"原则不属于《维也纳条约法公约》第 38 条规定的情形，至少到目前为止，该原则不属于被接受为法律（法律确信）的一般惯例。如此一来，"不给予非缔约国更优惠待遇"原则如何对第三国发生效力呢？一种观点认为，回答该问题的答案为《维也纳条约法公约》第 35 条的规定，②即"如条约当事国有意以条约之一项规定作为确定一项义务之方法，且该项义务经第三国以书面明示接受，则该第三国即因此项规定而负有义务"。在"不给予非缔约国更优惠待遇"原则之下，《维也纳条约法公约》第 35 条为第三国创设义务，应具备两个要件——"书面"与"明示接受"，义务约束的传导过程体现为由国家向个体的层级传导。一方面，关于《维也纳条约法公约》第 35 条草案的讨论，在 1964 年国际法委员会第 16 届会议上，大多数成员认为"同意应该是明示的、准确的和明确的"③，从而否

---

① 指 1974 年《国际海上人命安全公约》1988 年议定书。
② 王庆海、刘爽：《条约对第三国（方）的法律效力》，《法学研究》2001 年第 4 期，第 156 页。
③ United Nations, Yearbook of the International Law Commission 1964 Volume I, Summary Records of the Sixteenth Session, A/CN. 4/SERA/1964, 11 May-24 July, 1964, p. 68.

定了任何默示接受的有效性；另一方面，"书面"要求有多种证明方式，[①]例如在前南斯拉夫问题国际刑事法庭受理的"布拉什基奇"（Blaškić）案中，[②] 上诉分庭在处理法庭向非联合国会员国发布具有约束力的命令的权利时，提到了《维也纳条约法公约》第 35 条，但随后强调书面接受义务"可以有多种证明方式，例如，瑞士 1995 年通过一项实施《国际法院规约》的法律，这显然意味着接受第 29 条"[③]。当然，国际法院在"北海大陆架"案中认为"不能轻率地寄希望于一个没有履行这些手续的国家，尽管在任何时候都完全有能力和有资格这样做，却以另一种方式受到约束"。因此，对于《维也纳条约法公约》第 35 条关于"书面"的要求，目前尚存在多种见解。就国际海事实践而言，公约义务传导过程的逆向性，即非缔约国（第三国）船舶进入国际海事公约缔约国管辖海域或公约适用空间范围，需要遵守该国际海事公约的规定，这并非取决于非缔约国已经以书面方式明示接受国际海事公约规定的某项义务，这种履约要求具有普遍性特征，即所有符合公约规定的第三国船舶只有履行了公约规定的义务，方能在缔约国管辖海域或公约适用空间范围内从事相关活动。由此产生的问题是：非缔约国船舶普遍遵循公约义务的行为，是否可以推定非缔约国已经"明示接受"国际海事公约设定的义务？显然是不可以的，最为直接的理由便为，这些非缔约国船舶自愿进入沿海国内水、领海等管辖海域，自愿接受公约约束、遵守公约义务的行为不可归于国家。因此，解释"不给予非缔约国更优惠待遇"原则，并不能完全以《维也纳条约法公约》第 35 条的规定为出发点。

第五，成员国审核机制强化了国际海事公约的适用。国际海事组织成员国审核机制，旨在为被审核的成员国提供一个全面的、客观的有效履行

[①] Oliver Dörr, Kirsten Schmalenbach, *Vienna Convention on the Law of Treaties*: *A Commentary* (2nd Edition) (Dordrecht/Heidelberg/New York/London: Springer Publishing, 2018), p. 707.

[②] 《前南斯拉夫问题国际刑事法庭规约》第 6 条、第 8 条规定了法庭审判犯有相关罪行的个人的属人管辖权、属地管辖权和属时管辖权，尽管前南斯拉夫问题国际刑事法庭和各国国内法院对这些罪行具有并行管辖权，但前南斯拉夫问题国际刑事法庭享有优先权，因而可正式要求国内法院遵从其管辖权，而且该规约第 29 条为各国规定了具有约束力的义务，要求其在调查和起诉中与前南斯拉夫问题国际刑事法庭合作。

[③] *Prosecutor v. Blaškić* (Appeals Chamber), Judgment on the Request of the Republic of Croatia for Review of the Decision of Trial Chamber II of 18 July, 1997, IT-95-14 AR, ICTY, 29 October, 1997, para. 26.

国际海事组织强制性公约的评估机制，促进国际海事公约的统一实施。2002年4月，在国际海事委员会（CMI）船旗国履约分委会（FSI）会议上，有关国家和国际组织就缔约国履行国际海事组织海上安全和环境保护公约的统一执行标准问题，建议建立对成员国履约情况进行审核的机制。2003年11月，国际海事组织第 23 届会议通过《国际海事组织成员国自愿审核机制》①，2005 年，国际海事组织又通过自愿审核机制的框架和程序，并于2006年开始推广实施。② 自愿审核机制的基本程序是，国际海事组织按照成员国申请，与成员国签订审核合作备忘录，选派审核组，从船旗国履约、沿海国履约和港口国履约三个不同的角度，以《国际海事组织强制性文件实施规则》为标准，依照成员国审核程序，对成员国海事主管机关及相关政府部门、组织为履行《国际海上人命安全公约》《国际防止船舶造成污染公约》《国际载重线公约》《海员培训、发证和值班标准国际公约》《国际船舶吨位丈量公约》《国际海上避碰规则公约》所进行的立法及实施情况进行审核。③ 审核组将审核情况、发现的客观事实、不符合项和提出的建议形成书面审核报告，递交被审国政府和国际海事组织秘书长。成员国自愿审核机制的设计初衷，是希望通过审核找出成员国履约过程中存在的不足，并针对问题提出合理化建议和意见，同时也为国际海事组织成员国提供一个平台，以共享成功履约的经验。此后，2013年国际海事组织通过《国际海事组织成员国从自愿审核机制过渡至强制审核机制》④《国际海事组织成员国审核机制框架和程序》⑤《国际海事组织文件履行章程》⑥，将 2013 年至 2015 年设定为自愿审核向强制审核的过渡期，按照计划，国际海事组织

---

① Voluntary IMO Member State Audit Scheme, IMO Resolution A.946（23）, adopted on 27 November, 2003.
② 林建祥：《IMO 成员国审核机制自愿与强制之争》，《中国水运》2008 年第 10 期，第 12~13 页。
③ 秦铮、于艳冬：《IMO 成员国自愿审核机制在执行国际海事标准中的作用》，《大连海事大学学报》2010 年第 S1 期，第 138~139 页。
④ Transition from the Voluntary IMO Member State Audit Scheme to the IMO Member State Audit Scheme, IMO Resolution A.28/Res.1068, adopted on 4 December, 2013.
⑤ Framework and Procedures for the IMO Member State Audit Scheme, IMO Resolution A.1067（28）, adopted on 4 December, 2013.
⑥ IMO Instruments Implementation Code, IMO Resolution A.1070（28）, adopted on 4 December, 2013.

所有成员国自 2016 年起，将会在七年内完成强制审核。强制审核机制针对前述六个国际海事公约及其修正案，依据《国际海事组织成员国审核机制框架和程序》规定了审核前置工作、审核实施流程、反馈机制等，由国际海事组织审核官员审核前述公约缔约国在履约过程（包括行政、立法及司法）中是否达标，最终将向国际海事组织所有成员国公布审核报告。① 针对强制审核机制，有学者认为，国际海事组织依据《国际海事组织公约》的规定，权力被局限在建议及协商性质范围内，"强制性"与国际海事组织的性质不符，除非修改《国际海事组织公约》的规定、赋予国际海事组织"强制性权力"，否则就暗含权力的扩张，并且存在合法性解释的问题。② 目前尚无国际海事组织与其成员国之间因为强制审核而发生法律争端的情况，但是，没有质疑程序的合法性而单方自愿接受强制审核，本身就可以视为一国在国际上作出单方面承诺，"允诺和承认属于国家据以承担义务的行为，它们采取的形式是由一个国家单独或几个国家集体作出单方面声明，据此来承担义务并给予其他国家、国际组织或实体以权利"③。

三 其他相关国际公约

《海洋法公约》和国际海事公约与国际海上交通安全保障的关系最为密切，适用也最为频繁，但是这并不意味着其他国际公约与国际海上交通安全保障没有关系，此类国际公约至少包括《联合国宪章》及有关海上武装冲突的国际公约。

《联合国宪章》确立了国际关系的主要原则，包括在处理国际关系时确保各会员国之间的主权平等，并限制使用武力等。有学者指出，"近半个多世纪以来，纷争频现的世界并没有爆发大规模战争，总体上保持了和平与

---

① 周羽、沙正荣：《关于 IMO 审核与海事履约管理体系建设的思考》，《中国水运》2011 年第 7 期，第 11 页。
② 戴宗翰：《IMO 强制审核机制适法性研究——暗含权力扩张之法律解释》，《中国海洋大学学报》（社会科学版）2021 年第 5 期，第 11~20 页。
③ The Commission considered the Seventh Report of the Special Rapporteur. Subsequently, it re-established the Open-ended Working Group on Unilateral Acts of States chaired by Mr. Alain Pellet, Report of the International Law Commission on the Work of Its Fifty-fifth Session, 5 May-6 June and 7 July-8 August, 2003, https://legal.un.org/ilc/sessions/56/, last visited 3 June, 2022.

稳定，并在经济、社会发展上取得前所未有的巨大成就，不能不说这得益于《联合国宪章》所建立的集体安全体系及以其宗旨和原则为基础形成的当代国际秩序，《联合国宪章》成为第二次世界大战以来最重要的国际政治法律文书"[1]。国际海上交通安全是国际安全的组成部分，也是国家安全的有机组成，保障国际海上交通安全离不开《联合国宪章》所建立的集体安全体系及以其宗旨和原则为基础形成的当代国际秩序，也必须尊重和捍卫《联合国宪章》宗旨和原则。《联合国宪章》明确各国主权平等、善意履行宪章义务、和平解决国际争端、禁止使用或威胁使用武力、不干涉他国内政、集体协作等。《联合国宪章》及其确立的国际法原则是现代国际法律秩序的核心。1944年《敦巴顿橡树园提案》（Dumbarton Oaks Proposals）[2] 指出，各国主权平等和禁止使用或威胁使用武力的原则贯穿联合国组织架构谈判的全过程，[3] 是解释《联合国宪章》条款的起点[4]。国家主权平等是现代国际法的一项基本原则，它不但在一些国际法学家的学说中得到阐明，而且在《联合国宪章》等现代国际法律文件中得到确认和保障，国家主权平等实质上仍是一种法律上的平等。[5] 也有学者认为，在传统国际法向当代国际法演进过程中，价值本位从主权本位向社会本位演变，但是当代国际法的社会本位化并不意味着主权原则的削弱，主权平等原则仍然是国际法的重要原则，社会本位与主权平等原则是并行不悖的。[6] 禁止使用或威胁使用武力原则是19世纪末20世纪初以后逐步由协定国际法确立的，其已经发

---

[1] 刘楠来：《维护国际法严肃性》，《人民日报》2016年8月15日，第20版。
[2] 为了协调战后国际关系，苏联等国代表在华盛顿特区一座名为"敦巴顿橡树园"的私人官邸召开了一次会议。会议分为两个阶段：第一个阶段从1944年8月21日到9月28日，苏、美、英三国参加，就战后联合国的组织机构基本达成了协议，但是对安理会否决权和创始会员国资格问题没有达成协议；第二个阶段从1944年9月29日到10月7日，中、美、英三国参加，对联合国组织问题作了进一步讨论。
[3] Memorandum by the Under Secretary of State (Stettinius) to the Secretary of State, August 29, 1944, in U.S. State Dept., Foreign Relations of the United States (FRUS), 1944, Vol.1, pp.746-747, Document 430.
[4] Tofig F. Musayev, Rovshan Sadigbayli, "The Purposes and Principles of the UN Charter Origins, Subsequent Developments in Law and Practice and (Mis) Interpretation in the Context of Unilateral Secession Claims in the Osce Area," Security and Human Rights, Vol. 28, 2017, pp.184-185.
[5] 杨泽伟：《国家主权平等原则的法律效果》，《法商研究》2002年第5期，第109~115页。
[6] 陈海明：《国际法本位之变迁：从主权本位到社会本位——兼论国际法的"主权平等"原则》，《时代法学》2014年第1期，第80~87页。

展成一项习惯国际法规则,同时属于协定国际法范畴,以至于有学者将其归入国际强行法。① 但是,这项原则之外还可以存在合法使用武力的情况,主要指联合国安理会的武力执行行动和授权武力行动,以及国家的自卫行动。有学者认为,《联合国宪章》对第 2 条第 4 项禁止使用或威胁使用武力的解释并非没有争议,多数争议都集中于《联合国宪章》第 51 条自卫权和第七章下安理会的集体安全措施这些明示的例外,而国际法院倾向于对第 2 条第 4 项进行严格解释。② 有学者分析指出,任何武力的使用都必须受到联合国的控制才是《联合国宪章》体系下武力使用的基本精神,唯有如此,才能把非法使用武力或滥用武力的危险降至最低,以维护世界的长久稳定与和平。③ 围绕《联合国宪章》确立的国际法原则,有观点指出,善意履行原则是一般国际法上的一项义务;根据善意原则,条约当事方应当诚实、公正和合理地履行条约。④ 和平解决国际争端意味着在国际关系中禁止使用武力或以武力相威胁,和平解决国际争端原则与禁止使用武力原则是国际法治的应有之义,构成《联合国宪章》的核心和当代国际秩序的基础,是各国必须遵守的国际法义务。以上国际法基本原则同样适用于国际海上交通安全保障领域,尤其是当条约规定不清楚或不严密,或者条约所用措辞在习惯国际法中有公认的含义,并因此可认为缔约方有意诉诸该种习惯国际法时,习惯和一般原则的重要性便显示出来。对此,在"乔治·潘森诉墨西哥"案中,首席仲裁员菲奇尔(Jan Hendrik Willem Verzijl)认为,"每一国际公约对于本身不以明确的措辞和不同的方式解决的所有问题,必须视为已默示指向国际法的一般原则"⑤。"石油平台"案、"阿德萨尼诉英国"案裁决也赞

---

① 黄瑶:《论禁止使用武力原则:联合国宪章第二条第四项法理分析》,北京大学出版社,2003,第 1 页。
② 史久镛:《国际法上的禁止使用武力》,李雪平译,《武大国际法评论》2017 年第 6 期,第 1~9 页。
③ 刘扬:《论国际法上的禁止使用武力》,《国际关系学院学报》2005 年第 6 期,第 27~32 页。
④ 赵建文:《条约法上的善意原则》,《当代法学》2013 年第 4 期,第 121~130 页。
⑤ "Every international convention must be deemed tacitly to refer to general principles of international law for all questions which it does not itself resolve in express terms and in a different way." See *Georges Pinson* (*France*) v. *United Mexican States* (24 April, 1928), Reports of International Arbitral Awards, Vol. 5, 2006, p. 422, https://legal.un.org/riaa/cases/vol_V/327-466.pdf, last visited 3 June, 2022.

同有时可能需要深入查寻条约以外的广泛渊源，以确定可适用的习惯法规则或一般原则的内容。① 在这一过程中，习惯国际法规则和一般法律原则的重要意义实际上是，在说明国际法律秩序的运作方面发挥了系统性或立宪性的作用。②《联合国宪章》确立的国际法原则本身就是国际共识凝聚后的产物，可以应对国际海上交通安全保障中"无法可依"时的尴尬境遇，尤其是在国际争端解决中，国际司法及仲裁机构通过条约解释使《联合国宪章》确立的国际法原则的内涵明确化和具体化。

有关海上武装冲突的国际公约与国际海上交通安全保障也存在联系。有学者指出，大多数有关海上武装冲突的国际公约都是20世纪初制定的。③ 但是1907年《关于战时海军轰击公约》、《关于敷设自动触发水雷公约》、《关于1906年7月6日日内瓦公约原则适用于海战的公约》（《海牙第十公约》）、《关于中立国在海战中的权利和义务公约》等国际公约所确立的旨在减少海战受难者的规则，在两次世界大战期间几乎都没有得到遵守。以至于有学者认为，"各国将对破坏和平的情况达成共识，并准备采取共同行动加以抵制，但历史经验证明，这种想法是站不住脚的……在国际和平和安全遭到最严重威胁时，集体安全已经多次证明运转不灵"，"规则和原则本身就是国际秩序，还是只是地缘政治架构顶端的脚手架，支撑着（本身也需要）更为复杂的管理"。④ 第二次世界大战结束至今，海上武装冲突或陆上武装冲突延伸至海上的情形时有发生，例如"两伊战争"期间的"袭船战"及使用水雷问题；马尔维纳斯群岛军事冲突期间，英国在争议岛屿附近设置了200海里的海上禁区；⑤ 2022年俄乌军事冲突期间，停泊或航行

---

① Oil Platforms (*Islamic Republic of Iran* v. *United States of America*), Judgment of 6 November, 2003, ICJ Reports, pp. 176-178, paras. 27-30; Case of *Al-Adsani* v. *United Kingdom*, Application No. 35763/97, Judgment of 21 November, 2001, European Court of Human Rights, p. 74.

② Yearbook of the International Law Commission (2005): Report of the Commission to the General Assembly on the Work of Its Fifty-seventh Session, UD Doc. A/CN. 4/SER. A/2005/Add. 1 (Part 2), Vol. 2 Part Two, 2 May-3 June and 11 July-5 August, 2005, p. 87.

③ Dietrich Schindler, Jiří Toman (eds.), *The Laws of Armed Conflicts* (4th Edition) (Leiden: Martinus Nijhoff Publishers, 2004), pp. 1055-1178, 1409-1430.

④ Henry Kissinger, *World Order* (New York: Penguin Press, 2014), pp. 264, 266.

⑤ Lawrence Freedman, "The War of the Falkland Islands 1982," *Foreign Affairs*, Vol. 61, No. 1, 1982, pp. 196-210.

在黑海水域和乌克兰港口附近水域的非冲突当事国船舶遭受火箭弹和水雷的袭击。因此，在海上武装冲突期间，保障国际海上交通安全尤为重要。1949年《改善海上武装部队伤者病者及遇船难者境遇之日内瓦公约》（《日内瓦第二公约》）取代了1907年《海牙第十公约》，1977年《日内瓦四公约关于保护国际性武装冲突受难者的附加议定书》（《日内瓦公约第一附加议定书》）规定，其有关免遭敌对行动后果影响的所有规定也适用于"可能影响陆上平民居民、平民个人或民用物体"的海战。虽然，相关公约仍未能够澄清海上敌对行动的有关事项，但是相关规定为在海上武装冲突期间保障国际海上交通安全提供了基本准则。一是在发生在海上的国际性武装冲突中，战斗员有权直接参与敌对行动，被俘后享有战俘地位，受到《关于战俘待遇之日内瓦公约》（《日内瓦第三公约》）、《日内瓦公约第一附加议定书》和可适用的习惯人道法的保护。平民享有完全免受攻击和敌对行动影响的权利，如果其直接参与敌对行动，在被俘后适用1949年《关于战时保护平民之日内瓦公约》（《日内瓦第四公约》）、《日内瓦公约第一附加议定书》和习惯人道法中的相关规定。二是针对军事目标使用武力具有合法性，禁止攻击民用物体，如果民用物体被用于军事目的，则其被视为军事目标，丧失免遭攻击的权利。三是攻击行为应当符合比例性原则，即《日内瓦公约第一附加议定书》指的"可能附带使平民生命受损失、平民受伤害、平民物体受损害或三种情形均有而且与预期的具体和直接军事利益相比损害过分的攻击"[1]，"具体和直接军事利益"指预期的利益必须具有军事性质，其目的是消灭或削弱敌人的武装力量[2]。"故意发动攻击，明知这种攻击将附带造成平民伤亡或民用物体……的破坏，且程度与预期得到的具体和直接的整体军事利益相比显然是过分的"，将构成战争罪。[3]

概言之，《海洋法公约》、国际海事公约、《联合国宪章》与有关海上武装冲突的国际公约等，是讨论国际海上交通安全问题时被援引最为频繁的国际法渊源。除了以上讨论的国际公约外，与国际海上交通安全保障相

---

[1] 1977年《日内瓦四公约关于保护国际性武装冲突受难者的附加议定书》第51条第5款。
[2] Yves Sandoz, Christophe Swinarski, Bruno Zimmermann (eds.), *Commentary on the Additional Protocols* (Geneva: ICRC, 1987), § 2209.
[3] 《国际刑事法院罗马规约》第8条第2款第2项第4目。

关的国际规则还包括国际习惯和国际软法。国际习惯指在长期国际交往中形成的各国前后一致的重复实践,并被接受为有法律拘束力的原则和规则,与国际海上交通安全保障相关的国际习惯在形成标准方面与一般国际习惯并无二致,即在客观上存在各国反复一致地从事某种行为的实践,在主观意思上各国认为负有法律义务而必须遵守,或者是主观上认定法律容许国家如此作为。[1] 此类国际习惯有两种形成方式。一种是国家海事立法或实践经拓展成为国际习惯。从溯源角度讲,现代海上交通安全国内立法中大部分规则的形成和确立,均可以追溯到西方大航海时代,英国、葡萄牙、西班牙等航海强国在国内立法中确立的一些通行做法,伴随其对外扩张与海外征服,逐步为其他国家接受与遵守,从而变成国际习惯,具有国际法拘束力。[2] 在"伯克希尔号"(Berkshire)公海船舶碰撞案的判决中,法院对少数国家的立法或实践经拓展成为国际习惯作了经典表述,即"这并不是给任何国家的制定法域外效力,也不是将它们当作一般的海事法;而只是承认一个历史事实,即由于人类的共同同意,这些已因默认而具有普遍拘束力"[3]。另一种是经由造法性条约编纂形成习惯法。造法性条约具有创立、修订或确认国际法规范的作用,进而约束非缔约国之外的其他当事国,国际法院在判决中指出,条约规则演变成国际习惯规则,还必须得到广泛的接受,尤其要得到具有代表性的或利益特别受影响的一切国家之接受,并应当在国际社会获得普遍奉行。各国在实践该规则时,心理上具

---

[1] Niels Petersen, "Customary Law Without Custom-Rules, Principles, and the Role of State Practice in International Norm Creation," *American University International Law Review*, Vol. 23, 2007, p. 275.
[2] 赵明义:《当代国际法导论》,台北五南图书出版股份有限公司,2002,第235页。
[3] 美国"伯克希尔号"商船与英国"苏格夏号"(Scotia)商船在公海发生碰撞,"伯克希尔号"被撞沉。"伯克希尔号"船东在美国法院起诉"苏格夏号",要求赔偿。在碰撞发生时,"伯克希尔号"未按照英国1863年及美国1864年的法令挂彩色灯,因此使"苏格夏号"误会而导致碰撞。美国船主在诉讼中称,海上航行应依国际习惯,而后者并未要求船舶应在海上挂彩色灯,上述英美法令对于在公海航行的美国船舶不适用。美国法院认为,对于该案所牵涉的英美法令,自1863年英国通过法律规定海上航行应使用彩色灯后,到1864年底,几乎世界上所有商业国家都采纳同样的号灯规则,因此挂彩灯的国内规则已成为海上国际习惯,即使在公海也有其适用情形,"伯克希尔号"未遵守此习惯规定,所以不得请求赔偿。See S. K. Verma, *An Introduction to Public International Law* (Delhi: Prentice-Hall of India Pvt. Ltd., 2004), p. 30.

有"法的信念",认为奉行该规则已经是法律义务。而且,该规则必须经过相当长时间的演进,究竟以多长时间为标准虽无定论,但与国际接受与实践的广度和速率密切相关是可确定的。① 国际软法对于国际海上交通安全保障,虽然不具有法律约束力,但在实践中可能产生某种实际约束效果,影响国家的行为。例如,在讨论海上武力执法时,往往会涉及1979年联合国《执法人员行为守则》和1990年《执法人员使用武力和火器的基本原则》。有学者认为,国际软法约束力源于人类社会对社会规律和自然规律的一种广泛认知,还源于社会舆论、道德自律、内部监督等产生的社会压力。② 在国际海事领域,在无法在短时间内完成条约编纂或条约修订的情况下,通过软法确立行为指南,指导和规范各类海事活动,为后续条约编纂奠定规则基础,也是显而易见的趋势。总之,《海洋法公约》、国际海事公约等国际公约基本可以满足国际海上交通安全保障的规则需求,但是国际公约不可能包罗国家实践的方方面面,并且国际公约本身也存在诸多不足或缺陷,此时就需要从"规则"和"方法"两个层面寻求答案,国际习惯和国际软法在国际海上交通安全保障领域依然存在适用空间。

---

① 魏静芬:《海洋污染防治之国际法与国内法》,台北神州图书出版有限公司,2002,第240~241页。
② 王海峰:《论国际经济合作领域中的"软法"现象》,《国际贸易》2007年第5期,第61页。

第二章　国际海上交通安全的情势变迁及保障机制演进

19 世纪以来，制海权在化解近代市场经济国家内外危机与压力的过程中，扮演着决定性角色。自鸦片战争以来，中国面临的几次影响历史进程的外部侵略行为，都是从海洋向陆地进犯的。[①] 随着现代技术的发展，对海、陆、空的地缘空间进行整合性思考，是保障国家海上安全、消除安全威胁因素不可或缺的思考模式。在全球化背景下，影响国际海上交通安全的因素不仅有海上自然灾害和人为操作失误，还包括诸如海上恐怖主义、海上武装冲突、海盗、非法运输危险品及有毒废物等行为的威胁。国际海上交通安全与其他类型的海上安全形成海上安全链，在这一链条中，每一环节都至关重要。[②] 所以，在保障海上交通安全方面，已经不可能再固守固有"疆界"，而不对"疆界"以外的海上交通安全和其他类型安全活动加以关切。

第一节　国际海上交通安全与国家海上安全

随着经济全球化的发展，海洋在人类可持续发展、世界文明演进中的地位越来越重要，成为沿海国家的国防前哨和国家安全的重要屏障。"二十一世纪，人类进入了大规模开发利用海洋的时期。海洋在国家经济发展格局和对外开放中的作用更加重要，在维护国家主权、安全、发展利益中的

---

① 张文木：《论中国海权》（第三版），海洋出版社，2014，第 17~18 页。
② 李振福：《航海文化与海上交通安全》，《珠江水运》2006 年第 11 期，第 15 页。

地位更加突出,在国家生态文明建设中的角色更加显著,在国际政治、经济、军事、科技竞争中的战略地位也明显上升。"① 海上安全是国家(特别是沿海国或群岛国)安全的组成部分,而国际海上交通安全又是海上安全的重要内容之一,围绕海上安全所形成的国家权利与利益是国家海洋权益的一部分。②

一 国家海上安全的含义

海上安全,指国家不受外部政府或非政府力量的侵害与不遭遇风险,国家海上安全的目标是一国尽可能实现对世界海洋充分而有效的利用。国家海上安全的内容具有开放性特征,存在的空间并不限于国家管辖海域,在实现方式上朝整合性思考过渡。不同学者对国家海上安全的内容存在不同认识,一些学者认为,国家海上安全包括海上政治安全、经济安全、军事安全、科技安全及公共安全,③ 还有一些学者认为,国家海上安全还包括海上通道安全、海上环境安全等④。不同学者对于国家海上安全内容的认知差异,表明国家海上安全的内涵宽泛,外延仍在发展中。

国家海上安全的内涵具有开放性。早期对于国家海上安全的认识一般限于战争等传统安全范畴,随着非传统安全概念的出现,国家海上安全的概念内涵得到革新,对国家海上安全的认识发生变化,海洋环境安全等内容相继被纳入国家海上安全。国家海上安全与其他类型的国家安全的联系日益紧密,海上安全是陆上安全的延伸与扩展,国家海上安全权益是国家安全权益的重要组成部分,对于濒海国家而言,没有海上安全就不可能完整保障陆上国家安全。实际上,威胁国家政治安全、社会安全的人为因素大多是经由海上媒介进行传播和扩散的,国家海上安全与其他类型的国家安全无法拆分。

国家海上安全空间不断向外延伸。在全球化背景下,当前各国的海上

---

① 《习近平关于总体国家安全观论述摘编》,中央文献出版社,2018,第41页。
② 张炜主编《国家海上安全》,海潮出版社,2008,第23页。
③ 张炜主编《国家海上安全》,海潮出版社,2008,第52~78页。
④ 郭明:《中国当前的海上安全挑战及对策》,《亚非纵横》2011年第1期,第29~36页;杜德斌、马亚华、范斐等:《中国海上通道安全及保障思路研究》,《世界地理研究》2015年第2期,第1~3页。

安全空间随着安全边界的变迁而移动,保障国家海上安全不仅要着眼于主权管辖范围内的领陆、领水或领空的安全,还要着眼于主权管辖范围以外的海上通道、能源供给线安全和国家管辖海域外的航行安全。相应而言,国家海上安全存在的空间也不限于国家管辖海域,可以说,国家在海洋事务中依法行使权利和可获得的利益之处,均存在保障国家海上安全的现实需求。国家海上安全需求或权益存在空间不断向外延伸具有两方面的特征。一是国家海上安全需求存在空间范围与国家能力成正向关系。国家能力是个多维概念,主要指国家执行其核心职能的能力,国家活动的范围、程度都与自身能力有关,国家能力是国家海上安全空间范围的先决条件,[①] 如在国际海底资源开发、北极通航等国家海洋权益聚焦领域,一国是否能够参与其中,安全地获得相应海洋权利与利益,直接取决于该国的国家能力。因此,国家能力在海上所及之处、权益延伸之地,即是国家海上安全需求存在之处。二是国家海上安全需求受到国际法约束。当代国际社会不是弱肉强食的社会,虽然各国国家能力存在差异,但是国与国之间在法律地位上是平等的,国家追求海上安全的方式与手段需要遵循相应的国际法准则,尊重不同法律地位海域对国家主权与管辖权的约束,以在国际法框架下实现其应有的海上安全权益。

国家海上安全实现的方式向整合性思考过渡。实现国家海上安全,较传统地缘政治下国家权益的实现有所扩展,在海权与陆权二元模式之争逐渐被时代淘汰的背景下,对海、陆、空地缘战略空间进行整合性思考,引导国家海上安全实现方式朝一体化迈进,全球主要大国在实现本国海上安全的过程中,已经不可能再固守海上一隅,而不对海洋以外的安全活动加以关切。能否实现国家海上安全,不仅关系到国家开发、利用和管理海洋能力的建设,还涉及对其他地缘空间内安全活动的掌握与控制。因此,国家海上安全的实现还需要运用和发展其他地缘战略空间内的安全保障力量,从战略性、综合性、前瞻性入手,在全面分析总结国家保障海洋权益情况和周边环境的基础上,在顶层设计中多角度、多方式实现国家海上安全。

---

① 袁立:《公民基本权利野视下国家义务的边界》,《现代法学》2011年第2期,第36页。

二 国际海上交通安全与国家海上安全的相互关系

国际海上交通安全与国家海上安全权益相互牵连。国际海上交通安全属于国际安全范畴，而国家海上安全的概念并不能完全被国内安全的概念所覆盖，国内安全以国家主权地理边界来反向界定国家安全，国家海上安全是随着国家行为向海洋延伸所产生的国家安全，故而国际海上交通安全与国家海上安全既存在交集，又有各自的独立内涵。正如前文所言，国家海上安全需求存在空间范围与国家能力成正向关系。一方面，在全球化背景下国际海上交通安全与国家海上安全领域发生的多米诺骨牌效应，安全传导的复杂性与相互依赖性，使任何微小的安全威胁都可能"滚雪球"般导致巨大影响。另一方面，国际海上交通安全与国家海上安全之间发生联系，脱离不了国家规模（national size）因素。从国家规模的角度考察，大国因素通常是国际安全研究的主线，大国行为与大国关系构成了国际安全问题的主轴，这显然是国际现实的折射。然而，在安全议题日趋多元、安全认知日渐复杂的新时代，包括个体在内的任何行为体都是国际安全不可轻视的对象，[1] 索马里及南亚海盗问题就是一个例子。因此，国际海上交通安全与国家海上安全的相互关系，并不是海洋大国关系的"微缩版"，也不是大国之间的"权力游戏"，但是不能否认大国对国际海上交通安全享有比小国更多的国家权益，也承担着更多的安全保障责任与义务。

国际海上交通安全与国家海上安全具有互通性。随着经济全球化的发展，海洋在人类可持续发展、世界文明演进中的地位越来越重要，成为沿海国家的国防前哨和国家安全的重要屏障。国家海上安全包括海上领土安全、海上军事安全等众多不同类型的安全内容，国家海上领土安全指一个国家主权管辖的海域空间安全，[2] 国家海上领土安全不能得到有效保障，其管辖海域内的海上交通活动也必将处于他国威胁或干涉之下，海上交通活动的范围和安全保障内容也会受到相应的限制。因而，一国没有海上领土安全，就不可再进一步谈国际海上交通安全。海上军事安全是国家运用军

---

[1] 韦民：《小国与国际安全》，北京大学出版社，2016，第1~3页。
[2] 张炜主编《国家海上安全》，海潮出版社，2008，第53页。

第二章 国际海上交通安全的情势变迁及保障机制演进

事力量捍卫国家的安全,保障国家海上领土完整和长治久安,保卫人民的生命财产,为国家的发展和人民生活提供一个相对稳定的内部和外部环境。① 海上军事力量是保障国际海上交通安全的支柱,对海上交通来说,拥有强大、反应快速的海上军事力量,海上交通安全就会受到很好的保护。面对海上传统安全威胁与海盗、海上恐怖主义等非传统安全威胁,海上军事安全对海上交通安全保障的影响还表现在对海上交通行为的军事干预能力上。近代以来,大国经略海上安全的方式无一例外地是凭借或试图凭借强大的海上实力来保障本国及盟国海上航行安全。② 近现代西方国家在世界经济中占据鳌首,与近代以来海洋作为世界贸易的"宽阔平坦的公用马路"、通向财富的道路及它在资本全球化进程中的重要作用有着密切关系。随着全球一体化进程的推进,早期的国家资本扩张逐步被国际贸易交往取代,20 世纪 70 年代后,海洋资源开发、海上运输及能源通道利用、沿海经济区和海洋空间建设呈现全面繁荣的局面,③ 而这些海上活动或者以海上交通为媒介而发生,或者就是国际海上交通活动的一部分。失去国际海上交通安全,国家海上各项活动也无法得到保障。为此,各国在通过适用普遍的海上交通规则、强化沿海执法来维持本国管辖海域海上交通安全的同时,把保障海上交通安全的目光转向海外,通过日趋强大的海军保障国家管辖海域外海上交通安全,④ 通过具体行为或事件展现国家在保障海上交通安全方面的实力。具体到中国而言,近代以来,来自海上的不安全因素已经对国家安全造成实质性损害或威胁,保障国际海上交通安全,尤其是海上航线安全和用于航行的国际海峡安全,成为保障国家海上安全的重要组成部分。⑤ 从战略角度讲,在和平时期航线和海峡是经济和贸易发展的通道,在战争时期航线和海峡则是军事力量调动的通道,扼住这些航线和海峡要塞,就能控制海上通道和海上物资的补给,从而有效地控制敌对力量,保障一

---

① 吴兴佐:《我国军事安全面临的挑战及思考》,《国家安全通讯》2000 年第 4 期,第 44~47 页。
② 郑雪飞:《对近代主要国家海上安全环境的解读》,《社会主义研究》2008 年第 6 期,第 123 页。
③ 石志宏:《中国崛起呼唤强大海权——评〈国家海上安全〉》,《世界经济与政治论坛》2009 年第 3 期,第 121~124 页。
④ 吴兴佐:《我国军事安全面临的挑战及思考》,《国家安全通讯》2000 年第 4 期,第 44~47 页。
⑤ 史春林:《太平洋航线安全与中国的战略对策》,《太平洋学报》2011 年第 8 期,第 75~76 页。

个国家的海上安全。相反，如果失去对这些航线和海峡的控制权，就会导致物资补给困难，被敌方牵制。由此，国际海上交通安全对国家海上安全有着不可忽视的作用。

保障国际海上交通安全是国际海上运输顺利进行的前提。跨国海洋运输是国际商品交换中最重要的运输方式之一，具有船舶吨位不受限制、运量大、成本低等优点，根据国际航运公会和经济合作与发展组织的统计数据，当前全球约90%的货物通过海运的方式被运输到世界各地，到2050年海运贸易量将增加两倍。[1] 国际海上交通安全不仅关系全球152个沿海国家[2]的经济发展、社会福祉，也与内陆国家的国民经济、进出口贸易、社会生活息息相关。在现代国际海上运输中，海上航行船舶数量、类型和吨位都发生了巨大的变化，大量船舶频繁活动于沿海国港口和海上交通要道，使全球主要海上通道船舶密度大为增加，此时，没有国际海上交通安全保障，国际海上运输中的人命和财产安全就无法得到保障。通过管理海上运输的秩序减少海上运输过程中海难事故的发生，为海上运输提供一个安全的通航环境，是国际海上运输顺利进行的前提要件。保障国际海上交通安全是保持海上通道畅通的重要内容，海上通道是在贸易的驱动下形成的，具有战略性、快捷性和不可替代性的海上走廊，[3] 是经济外向型国家或地区输送人员、物资的海上生命线。海上通道的最主要功能就是海上运输功能，在非战状态下，海上通道安全威胁主要来自海难、沉船沉物阻塞航道等海上交通事故，以及海盗、海上恐怖主义等海上非传统安全因素，保障海上通道安全就必须保障海上运输安全，而只有减少或避免海上交通事故、预防海上非传统安全因素袭扰，才能保障海上运输安全，进而保持国际海上通道的安全与畅通。

---

[1] Organisation for Economic Co-operation and Development, "Ocean Shipping and Shipbuilding," https：//www.oecd.org/ocean/topics/ocean-shipping/, last visited 3 June, 2022; International Chamber of Shipping, "Shipping Facts," https：//www.ics-shipping.org/explaining/shipping-facts/, last visited 3 June, 2022.

[2] UN Department of Public Information, "Oceans：The Source of Life：Convention on the Law of the Sea·20th Anniversary（1982-2022），" ［ST］DPI/2290, https：//digitallibrary.un.org/record/480927, last visited 3 June, 2022.

[3] 李兵：《海上战略通道博弈——兼论加强海上战略通道安全的国际合作》，《太平洋学报》2010年第3期，第84页。

三 保障国际海上交通安全在实现国家海上安全中的作用

实现国家海上安全是一个复杂的系统工程。大国海上安全与国际海上交通安全往往被"捆绑"在一起，正如前文所言，从国家规模的角度考察，大国因素通常是国际安全研究的主线，大国行为与大国关系构成了国际安全问题的主轴，这是国际现实的折射。需要指出的是，并不是说小国（包括内陆国家）的国家安全与国际海上交通安全就没有关系，海上交通是商品和物资全球化流动的主要方式，如果未来国际海上交通"戛然而止"，那么全球化也将按下"暂停键"，此后并不是说小国（包括内陆国家）就丧失了国家安全、无法生存和发展，但是至少不会比全球化时代获得更大的经济社会发展空间。因此，在全球一体化的今天，保障国际海上交通安全对海洋大国或小国、沿海国家或岛屿国家实现国家海上安全，可能在"权重"方面存在显著的差别，但是既不可能"弃之如敝屣"，也不可能"得之无所加，失之无所损"。

国际海上通道是国际海上交通安全的"咽喉"。自地理大发现以来，世界大国兴衰、成败的历史，从某种意义上讲也是一部国际海上通道变迁史。[①] 国际海上通道是在贸易的驱动下形成的，其所具有的战略性、快捷性和不可替代性等特性对国家经济发展和海上军事斗争具有全面、持久和重要的影响。[②] 以中国为例，《2021年中国海洋经济统计公报》显示，2021年全国海洋生产总值为90385亿元，比2020年增长8.3%，相比2012年几乎翻了一番，海洋交通运输业全年实现增加值7466亿元，[③] 中国约95%的国际贸易货物量是通过海运完成的[④]。实现国际海上通道安全畅通表现在三方面。一是管理航行秩序，保障海上运输安全。管理海上通航秩序是保障国际海上

---

① 路阳：《合作保障海上通道安全》，《人民日报》2015年1月28日，第3版。
② 李兵：《海上战略通道博弈——兼论加强海上战略通道安全的国际合作》，《太平洋学报》2010年第3期，第84页。
③ 自然资源部海洋战略规划与经济司：《2021年中国海洋经济统计公报》，中国自然资源部网站，http://m.mnr.gov.cn/dt/ywbb/202204/t20220407_2732733.html，最后访问时间：2022年6月3日。
④ 周斌、曹松：《去年我国海运进出口量达34.6亿吨》，中国政府网，http://www.gov.cn/xinwen/2021-07/12/content_5624224.htm，最后访问时间：2022年6月3日。

交通安全的基本内容,国际海上通道与国际海上航线在空间分布上部分重合,海上主要航线途经区域均属于海上通道地理构成的一部分。由于国际海上通道内的主要活动就是国际运输活动,在交通安全保障中实施航行监督管理、海上执法、航标测绘等,对于实现国际海上通道安全畅通,保障海上通道内的运输活动高效进行,具有重要意义。二是处理海上交通事故,保障通航环境安全。随着国际海上通道内各项活动日益频繁,各类海上突发事件层出不穷,在海难事故发生后,通过海上搜寻、救助、打捞和海上交通安全调查减少海上人身伤亡和财产损害,清除海上航道内碍航物,成为实现海上通道畅通的重要方式。三是防范海盗与海上恐怖主义,实现海上航行安全。海盗、海上恐怖主义等非传统安全因素对国际海上通道安全的威胁与挑战与日俱增,国际海上通道是否安全意味着一国发展所需的石油等战略性资源的海上输送是否畅通无阻,从而直接关系国家发展的全局。面对海盗、海上恐怖主义等非传统安全威胁,通过船舶保安、军事护航等海上交通安全保障措施满足商船航行安全的现实需求,是保障国际海上通道安全、维护国家海上安全利益的重要方式。① 可见,国际海上通道安全关系国际海上贸易、全球供应链畅通,国际海上交通安全与国际海上通道具有"一体两面"的关系。

国家海上经济活动多种多样,国际海上运输仅属于海上经济活动中对海洋空间资源的利用,海上经济活动还包括对海洋矿产资源、生物资源等海洋资源的开发和利用。然而,海洋资源开发具有高风险性和空间广泛性,人类在海上活动受到海洋自然条件的限制,海啸等自然灾害给海上资源开发作业人员的生产、生活乃至生命带来很大威胁,而且海洋资源开发场所远离陆地,供给保障条件有限,尤其是在深海和远洋资源开发中,海洋资源分布于海底,开发活动难度大,需要多重安全保障。虽然海洋资源开发的内容与类型多种多样,但是这些开发活动无不借助两种途径:一是利用船舶、航空器将资源开发设施运至海上,执行开发作业;二是由海上平台和其他人工构造进行海洋资源开发。无论借助上述哪一种途径进行海洋资

---

① 王湘林:《索马里海盗对我国海上安全的影响》,《国际关系学院学报》2009 年第 5 期,第 24 页。

源开发活动,均会发生海上交通行为,属于海上交通安全保障的范畴。因此,保障海上交通秩序良好和用于海洋资源开发的船舶或设施安全运行,在客观上保障了海洋资源开发活动的顺利进行,进而使海洋资源能够得到更好的保护和利用。

第二节　国际海上交通安全与海洋自由、海权

无论是海洋的物理属性,如流动性等,还是其空间分布特点,如面积大、无边无际等,都使海洋对人类贸易有着不可估量的作用。① 当今海上交通安全具有国际化特征,雨果·格劳秀斯(Hugo Grotius)的"海洋自由论"与阿尔弗雷德·赛耶·马汉(Alfred Thayer Mahan)提出的"海权论"作为海洋法中的标志性理论,唤醒了世界对于海洋重要性的认识,具有划时代的意义,② 至今仍被学者不断地发展与阐释。自由、安全,海权跨越不同的时代、不同的国家,是海洋问题领域永恒的讨论话题,国际海上交通安全是海上安全的"具形"化,围绕国际海上交通安全与海洋自由、海权的讨论,不限于政治、法律领域,也贯穿其他学科。法律不能解决所有安全保障问题,国际秩序的演变、国家海上权力的扩张、非传统安全威胁的滋长,都会左右国际海上交通安全保障。

一　国际海上交通安全与海洋自由

格劳秀斯在《海洋自由论》中借助自然法理论,从葡萄牙对东印度无主权、无权垄断海洋和海上航行权以及无权垄断国际贸易权三个角度来阐释其海洋自由和贸易自由理论,其中蕴含的思想主要有航行自由和捕鱼自由、贸易自由、无害通过权、人类共同财产及和平论与和平解决国际争端等。③

---

① 〔荷〕雨果·格劳秀斯:《论海洋自由或荷兰参与东印度贸易的权利》,马忠法译,上海人民出版社,2013,第27页。
② 章佳:《评马汉的海权说》,《国际关系学院学报》2000年第4期,第18~19页;陆儒德:《中国海权思考:马汉〈海权论〉的局限与当代海权观》,《国家航海》2013年第1期,第119页。
③ 马忠法:《〈海洋自由论〉及其国际法思想》,《复旦学报》(社会科学版)2003年第5期,第119页。

从1609年《海洋自由论》发表至今已经过去400多年，虽然《海洋自由论》的内容和观点具有时代和阶级的局限性，① 但其主张的海洋自由思想仍然深深地影响着当今国际海洋秩序的构建。海上交通安全与海洋自由密不可分，二者具有辩证关系，讨论保障海上交通安全无法脱离海洋自由论的基础。

现代海洋自由是在国际海洋法框架内的自由。格劳秀斯主张的"海洋自由"的核心理念是海洋对所有的人开放，根据国际法，每个人都可以在海上自由航行，并通过航行与他国进行自由贸易。② 在格劳秀斯那个时代，并不存在今天有关海域法律地位的详细划分，故当时格劳秀斯不加区别地认为只要是海洋都应当是自由的。③ 从格劳秀斯提出海洋自由论至第三次联合国海洋法会议结束，由于技术进步的影响，国际海洋法发生了巨大的变化，传统的海洋自由论所依据的假设显然都已不复存在。④ 在以《海洋法公约》为代表的现代国际海洋法秩序中，沿海国家的主权和管辖权由领海扩及领海基线外200海里的海域，在沿海国权利主张不断向公海方向延伸的同时，大陆架区域的自然资源主权也开始归沿海国所有，岛屿制度扩大了一国的管辖海域，群岛制度和国际海峡制度丰富了海上通行规则。但是，海

---

① 格劳秀斯在《海洋自由论》中主张，通向印度的海道或在这一海道中航行的权利并不是葡萄牙的私有产权。私有财产因占有而产生，不能为人占有的物不能成为所有权的客体。根据自然的安排，凡足以供其他所有人使用之物，都应保持原先自然形成时的法定地位。格劳秀斯指出，海洋浩瀚无边而不能为任何人所私有，适合供所有的人航行或捕鱼之用。但是《海洋自由论》也包含不少在今天看来并不合理的观点，如反对人民主权，反对人民有权反抗君主滥用权力，承认统治者对主权的原始取得。他谴责野蛮和残酷的战争行为，却又提出国际法承认"交战国"有权杀害敌国的臣民、战俘，甚至以自然法为奴隶制进行辩护。参见沈宗灵《格劳秀斯的自然法和国际法学说》，载中国国际法学会主编《中国国际法年刊》（1983），法律出版社，1983，第56页。

② Robert Feenstra, Jeroen Vervliet, *Hugo Grotius Mare Liberum 1609-2009* (Leiden/ Boston: Brill Publishing, 2009), pp.31-49.

③ 马忠法：《〈海洋自由论〉及其国际法思想》，《复旦学报》（社会科学版）2003年第5期，第120页。

④ 格劳秀斯在论证海洋自由的过程中指出，私有财产因占有而产生，但不能为人占有之物也就不能成为所有权的客体，海洋是流动的，人类无法在其上居住，因此海洋不可成为所有权的对象；海洋的收益也不同于陆地，它是被动的，取决于鱼类的自然繁殖，因此不可能对其设置国家主权。上述假设条件成为格劳秀斯论证海洋自由的依据。See Myron H. Nordquist, Tommy Thong Bee Koh, John Norton Moore, *Freedom of Seas, Passage Rights and the 1982 Law of the Sea Convention* (Leiden/Boston: Martinus Nijhoff Publishers, 2009), pp.545-546.

洋自由在现代海洋法制度中并没有消失，领海无害通过、过境通行和公海航行自由都是"海洋自由"的衍生和扩展。现代"海洋自由"与格劳秀斯时代主张的"海洋自由"的最大不同在于，现代海洋法对"海洋自由"进行了缩小与限制，领海制度确立了国家对海洋的主权范围，专属经济区制度和大陆架制度给予沿海国取得区域内资源的主权性权利，这打破了格劳秀斯关于海洋不能被占有或所有的论断，并对行使海上自由的方式做了限制。如外国船舶在通过沿海国领海时应以不停和迅速的方式通过，不得损害沿海国的和平、良好秩序和国家安全，不得对沿海国主权和领土完整、政治独立造成威胁，不得从事过境通行以外的任何活动。[①] 在公海自由方面，要求公海应只用于和平目的，各国在行使公海自由时，须适当顾及其他国家行使公海自由的权利，并适当顾及《海洋法公约》所规定的同"区域"内活动有关的权利。[②] 此外，现代海洋法对"海洋自由"进行了拓展和延伸，《海洋法公约》在继承格劳秀斯海洋自由论中的航行自由和捕鱼自由之外，还规定了全体缔约国在公海均享有飞越自由、铺设海底电缆和管道的自由、建造人工岛屿和其他设施的自由及进行科学研究的自由，[③] 这丰富了海洋自由的内涵。在船旗国管辖制度之下，船旗国在其船舶于公海或其他国家航行时，能在许多方面对其船舶进行管辖。可见，现代海洋法对格劳秀斯"海洋自由"理论进行了扬弃，不仅对海洋自由进行了必要限制，还根据时代需要和法治进步为海洋自由融入了新的内涵。

现代海洋法秩序中的"海洋自由"不是某一国、某一人独享的海洋权利与利益，而是国际社会依据国际公约与习惯国际法普遍享有的权利与利益。《海洋法公约》赋予缔约国在其管辖海域、公海及国际海底区域诸多权利和自由，实现这些权利和自由必须依靠交通工具，尤其是船舶。在缺少海上交通工具参与的情况下，就无所谓无害通过、过境通行和航行自由，一国享有的铺设海底电缆和管道自由、建造人工岛屿和其他设施自由、进行科学研究自由等也无法得到有效实现，因此，享受海洋自由带来的便利与利益，就必须具备参与国际海上交通安全保障的能力。没有安全就无所

---

① 1982年《海洋法公约》第39条。
② 1982年《海洋法公约》第87条第2款、第88条。
③ 1982年《海洋法公约》第87条第1款。

谓自由，国际海上交通安全与海洋自由具有公益性与公利性特征。对于国际海上交通安全与海洋自由的关系，可以从正向和反向两个视角分析。

从正向视角看，近代以来基于国际法的海洋自由，是国际海上交通安全保障领域的底色。从格劳秀斯时代至今，国际海洋法发展的历史是围绕沿海利益国与公海利益国、发展中国家与发达国家之间的海洋权益斗争和力量消长演变而来的，权益斗争是海洋法发展历史中的主旋律，① 国家实施海洋控制权与海洋自由理论之间的竞争是海洋法的永恒主题②。在自由与安全的竞争中，一些国家利用海峡争夺世界霸权，利用海峡制度危害沿岸国家的主权与安全，把海峡看成自己的海上交通资源，③ 在他国专属经济区内进行军事活动，利用《海洋法公约》规定的模糊性混淆军事行为与航行自由，④ 甚至有国家以保障海上安全为由对200海里管辖海域外的海上交通活动进行干预，⑤ 以致争端各方都试图建立一套判断海上行为合法性的法律框架。与此同时，当今海上安全挑战日益增多，非传统安全因素对海洋自由的威胁不断增加，海上恐怖主义、海盗和海上武装抢劫、非法贩运核物质行为及地区海洋争端，无时无刻不干扰正常的国际海上航行秩序，威胁交通工具及其上人命、财产的安全。随着全球一体化和国际贸易多元化，区域海上安全问题往往具有扩散效应，可能波及区域外不同国家和不同产业，造成全球性影响，⑥ 甚至会威胁全球不特定多数人的生命和财产安全，给海洋自由带来挑战，如亚丁湾地区的海盗活动等。在过去的一百年，《国际海

---

① 王翰灵：《国际海洋法发展的趋向》，《中国海洋报》2006年5月30日，第A3版。
② 管松：《航行权与海洋环境管辖权冲突的协调机制研究——兼论建立南海协调机制的构想》，载刘志云主编《国际关系与国际法学刊》（第三卷），厦门大学出版社，2013，第78页。
③ 赵建文：《联合国海洋法公约对中立法的发展》，《法学研究》1997年第4期，第122页。
④ 余敏友、雷筱璐：《评美国指责中国在南海的权利主张妨碍航行自由的无理性》，《江西社会科学》2011年第9期，第13～17页。
⑤ 2004年，澳大利亚建立的海事识别区（maritime identification zone）覆盖其海岸向外1000海里的区域，并设置三级递进式海上交通管理制度，该区域覆盖印度尼西亚部分管辖海域，这引起两国间有关管辖海域范围的争端。2005年，澳大利亚将海事识别区更名为海事识别制度（maritime identification system），但实质内容未变。参见薛桂芳《澳大利亚海事识别区初探》，载高之国、张海文主编《海洋国策研究文集》，海洋出版社，2007，第208～210页。
⑥ 周忠海：《海洋法与国家海洋安全》，《河南省政法管理干部学院学报》2009年第2期，第60页。

上人命安全公约》《国际海上避碰规则公约》等一系列国际公约及协定相继通过,有的国际公约通过限制船舶吃水保证航行安全,有的国际公约对驾驶和航行规则、号灯号型、声响和灯光信号作出强制性规定以防止船舶碰撞,有的国际公约规定海员培训、发证和值班国际标准,还有国际公约对海上紧追、登临、海上执法、沿海国管辖等进行规范。如果同格劳秀斯时代及其后的一段时期相比,这些国际公约无疑是对国际海上交通行为的束缚、规制。因此,当代的海洋自由,是以安全为底色的自由,是带着"镣铐"的自由。

从反向视角看,以安全保障为借口或滥用权利,便会对海洋自由造成损害。例如,在引发"科孚海峡"(Corfu Channel)案的事件发生(1946年10月)之前,1946年5月15日,阿尔巴尼亚炮兵朝两艘英国巡洋舰射击,英国政府提出抗议,认为英军正在行使无害通过权;而阿尔巴尼亚政府认为,外国军舰和商船未经事先许可无权通过阿尔巴尼亚领海。① 1993年7月,广州远洋运输公司的集装箱班轮"银河号"从天津驶往中东,美国指责该艘货轮载有用于制造化学武器的货物,并且从7月23日起的3周时间内,利用军舰、直升机对"银河号"跟踪监视,最终在该货轮进入波斯湾之前,在公海水域将其截停,要求其接受美国军舰的登临检查或返航。然而,9月初的最终调查报告确认"银河号"没有运载化学武器原料。俄罗斯与乌克兰围绕刻赤海峡(Kerch Strait)通行权的冲突,也凸显了安全与自由之间的关系。刻赤海峡是连接亚速海和黑海的唯一海上通道,2018年11月25日,乌克兰军舰从黑海港口出发,前往亚速海港口马里乌波尔(Mariupol),在经过刻赤海峡时与俄罗斯舰艇发生冲突,进而引发航行权和海峡法律地位争端。② 包括乌克兰在内的一些国家认为,"俄罗斯在黑海部分地区、亚速海和刻赤海峡持续采取行动,包括将这些地区军事化,这些行动对乌克兰构成进一步威胁并破坏整个区域的稳定","促请俄罗斯按照相关国际法包

---

① Summaries of Judgments, Advisory Opinions and Orders of the International Court of Justice (1948-1991), UN Doc. ST/LEG/SER. F/1, New York, 1992, p. 5.
② 有学者认为,基于俄乌两国2003年《关于使用亚速海和刻赤海峡的合作协定》《有关亚速海和刻赤海峡的联合声明》,从法律上看,乌克兰当然享有使用和通过本国内水的权利,它通过刻赤海峡并不需要借助国际海洋法上的航行制度。参见张卫华《刻赤海峡的法律地位及航行问题》,《国际法研究》2019年第4期,第57页。

括 1982 年《海洋法公约》的规定,不阻挠在黑海、亚速海和刻赤海峡合法行使航行权利和航行自由"。① 概言之,一方面,安全保障与海洋自由之间的博弈,摆脱不了大国竞争背景下地缘政治博弈和保护商业利益、争夺全球海洋主导权、防止出现地区敌对关系和地区霸权国家兴起的需要;② 另一方面,国际条约作为国家之间的行为规范,是各国在国际合作与斗争中各种利益冲突与妥协的结果,具体法律规则中包含着不少国家间意志协调和外交妥协因素。国际公约在技术规则、适用范围等运行机理方面具有局限性,包括法律真空和法律规定模糊,这导致公约或公约中的某些因素,在当事国遇有争议时,有时非但不能满足安全保障的需要,甚至会将其政治化。例如,《海洋法公约》第五部分和第七部分规定了航行、飞越自由及沿海国对专属经济区内的科学研究活动的管辖权,却未规定军事测量和侦查活动是否属于科研活动。

可见,国际海上交通安全与海洋自由之间并非"泾渭分明",二者既可以"相互裨益"也可以"相恨相杀"。但是,如果从 17 世纪至今的历史看,海洋自由经历了从自然法向实在法的演进过程,国家在海洋上的活动类型逐步多样化,管辖范围不断扩大,对于海洋的权利声索不断增加,对于海上安全的需求由个体需求向集体需求过渡。在此过程中,绝对的海洋自由逐渐消失,取而代之的是施以"主权""安全"等前提的海洋自由。

二 国际海上交通安全与海权

以单边主义和强权政治为内核的"海权论"的核心在于"控制"。"海权论"的集大成者马汉从国家战略高度出发,认识到发展海权、控制海洋对国家繁荣强盛的决定性影响,提出拥有强大的海上力量就能控制海上主要战略通道和海上贸易,便可控制世界财富和资源的流向,从而决定一国

---

① Problem of the Militarization of the Autonomous Republic of Crimea and the City of Sevastopol, Ukraine, as well as Parts of the Black Sea and the Sea of Azov, in Seventy-fourth Session, Agenda Item 31 (a), UN Doc. A/74/L. 12/Rev. 1, 2 December, 2019, paras. 7, 12.
② 滕建群:《论大国竞争背景下美国对华海上博弈》,《太平洋学报》2022 年第 1 期,第 92~93 页。

兴衰并影响世界历史进程。① 马汉在总结海权的含义时认为，其包括借助海上军事力量对海洋全部或一部分的控制，也包括对和平的商业和海上航运业的控制，② 旨在展现海洋实力、取得制海权。因而，在"海权论"产生后的相当长一段时间内，在国际机制及国家互动中展现本国海洋实力的方式被精简为有效控制海洋：谁控制了海洋，谁就拥有了控制海上交通的能力；谁拥有了控制海上交通的能力，谁就控制了世界贸易；谁控制了世界贸易，谁就控制了世界财富，从而也就控制了世界本身。③ 后世学者在总结马汉"海权论"思想的核心价值时指出，"海权论"通过对历史的考察将此前有关海权的各种分散的理念整合成一整套逻辑严密的学说，首次全面探讨了海权作为一种国家政策（大战略）工具的价值和有效性，④ 并且向人们表明，尽管历史环境和海军技术在不断发生变化，有关海权的基本原则却是不变或不可改变的⑤。不可否认，马汉的历史局限性在于突出海军能力建设，其认为海权具有排他性、对抗性和战略性。⑥

自"海权论"问世以来，随着人类对海洋认识的深入，海权的内涵与外延不断更新与完善，并付诸国家实践。⑦ 一些学者提出，海权既包括沿海国在其管辖海域范围内的主权、主权权利、管辖权和海洋利益等，也包括在公海、国际海底区域等国家管辖范围外享有的海洋权利和利益。⑧ 还有学者认为，海权是建立在国家海上力量的基础上，为了国家利益和需要，在海洋战略领域能够影响其他国家战略导向的能力。⑨ 综合不同学者对于海权

---

① 李家成、李普前：《马汉"海权论"及其对中国海权发展战略的启示》，《太平洋学报》2013年第10期，第88页。
② 〔美〕阿尔弗雷德·塞耶·马汉：《海权论》，萧伟中、梅然译，中国言实出版社，1997，第25~25页。
③ 李家成、李普前：《马汉"海权论"及其对中国海权发展战略的启示》，《太平洋学报》2013年第10期，第88页。
④ 吴征宇：《海权的影响及其限度——阿尔弗雷德·塞耶·马汉的海权思想》，《国际政治研究》2008年第2期，第107页。
⑤ Geoffrey Till, *Maritime Strategy and the Nuclear Age* (London: Macmillan Publishers, 1982), p. 36.
⑥ 夏立平、云新雷：《论构建中国特色新海权观》，《社会科学》2018年第1期，第4页。
⑦ 〔英〕杰弗里·蒂尔：《海上战略与核时代》，海军军事学术研究所翻译出版，1991，第5页。
⑧ 黄硕琳：《渔权即是海权》，《中国法学》2012年第6期，第62页。
⑨ Geoffrey Till, *Seapower, A Guide for the Twenty-first Century* (East Sussex: Psychology Press, 2004), pp. 3-5.

的解读，海权具有三方面的含义，即保证国家安全与发展的海洋实力、国际法和国际机制基础上的海洋权益以及国际机制与国家间互动中以和平方式施加的海洋权力。[1] 在国家实践层面，自20世纪90年代以来，世界海洋军事力量对比呈现"一超多强"的格局，美国海军在冷战结束后成为全球最强大的海上军事力量，不可否认，当今的国际海洋安全秩序带有较强的美国烙印。[2] 2007年美国《21世纪海上力量合作战略》指出，地区性强国的发展壮大威胁到了美国的霸权，来自弱小国家和"无统治"地区的挑战与威胁也在不断增加，该文件还提出慑止战争与赢得战争同样重要的观点；2015年新版《21世纪海上力量合作战略》提出"全方位进入"方针，表明其后美国海军、海军陆战队和海岸警卫队要在陆地、海洋、网络等空间取得控制权。[3] 2017年，美国海军水面舰艇部队发布《水面舰艇部队战略：重返海洋控制》，强调美国海军要通过推行"分布式杀伤"（distributed lethality）新型作战理念落实新的"海洋控制"战略，[4] 凭借强大的海空力量，采取武力和胁迫手段，不断以维护"航行自由"等名义保持其军事力量出入各大洋的自由[5]。以上海洋战略说明美国将海洋作为取得全球控制权的重要领域，在海洋安全领域推行全球扩张的霸权主义。美国对于海权的认识和国家实践，代表了全球部分国家对于海权的认识和实践。然而，冷战结束至今，和平发展进步力量不断增强，国际海洋秩序呈现平等参与、共同发展、共享成果的时代特征，全球经济相互依存度越来越高，长期保持竞争和对抗状态需要支付高昂成本，任何海上力量都已无力追求单极的全球霸权与秩序，仅靠海上军事力量、以战争的方式取得国际海上交通控制权的可行性大大降低。故而，对于国际海上交通安全与海权关系的认识，不应落入单边主义和强权政治的窠臼，而应当从多极化和全球化价值共识出发加以诠释。

---

[1] 孙璐：《中国海权内涵探讨》，《太平洋学报》2005年第10期，第83页。
[2] 张军社：《国际海洋安全秩序演进：海洋霸权主义仍存》，《世界知识》2019年第23期，第14页。
[3] 李双建、于保华等：《美国海洋战略研究》，时事出版社，2016，第222～223页。
[4] USA Naval Surface Force, "Surface Force Strategy: Return to Sea Control," https://www.public.navy.mil/surfor/Documents/Surface_Forces_Strategy.pdf, last visited 3 June, 2022.
[5] 沈雅梅：《是"航行自由"还是海洋霸权》，《光明日报》2017年8月25日，第10版。

首先，国家安全与发展需要一个安全的国际海上交通环境。国家安全与发展实力是主权国家利用总体资源影响他国的战略能力，是衡量一个国家基本国情和基本资源最重要的指标，也是衡量一国经济、政治、军事、技术实力的综合性指标。① 在国家安全需求方面，国际海上交通安全是国家之间进行海上人员、物资等交流活动的基石，没有国际海上交通安全，就无法保障国家在海洋领域的对外交往，更无法满足国内建设对于海外资源的需求，甚至会威胁国家安全。② 在国家发展实力需要方面，世界各经济体之间的实物贸易往来主要通过国际海上运输完成，海洋贸易通道已经成为绝大多数国家和地区经济与贸易的生命线。2021年联合国贸易和发展会议统计显示，全球超过80%的货物运输由国际海运完成，海运是多种货物运输方式中最高效、最具成本效益的国际运输方式。它为货物的全球流动提供了可靠、低成本方式，2020年，全球商业航运船队规模同比扩大了3%，100总吨及以上船舶达99800艘，到2021年1月，全球商业运力约21.3亿载重吨。③ 远离岸线的深海海洋资源开发，主要借助大型船舶、海上固定或浮动设施，这些大型船舶和设施自身具有一定的危险因素，在操作、管理不当的情形下可能出现倾覆、溢油等风险事故，当这些船舶、设施位于国际通航水域时，还会对海上其他交通活动造成影响。发展海洋经济、保障社会稳定需要一个安定的外部环境，在国际海洋争端日趋激烈的背景下，发展海洋经济、建设海洋强国要求国家增强对管辖海域的控制力，管控来自海洋的安全威胁，综合运用行政、法律、经济等手段，保障国际海上通道畅通，确保各项海上对外交往活动顺利进行。

其次，国际海上交通安全与国家海洋权益息息相关。海洋权益是一个很宽泛的概念，是国家在海上拥有的权利和利益的总称。④ 海洋权益中的权

---

① 楚树龙、耿秦主编《世界、美国和中国——新世纪国际关系和国际战略理论探索》，清华大学出版社，2003，第355页。
② Joyce C. H. Liu, Nick Vaughan-Williams, *European-east Asian Borders in Translation* (London/New York: Routledge Publishing, 2014), p. 109.
③ United Nations Conference on Trade and Development, "Review of Maritime Transport 2021," UNCTAD/RMT/2021 and Corr. 1, 2021, https://unctad.org>files>rmt2021summary_ch, last visited 3 June, 2022.
④ 薛桂芳：《〈联合国海洋法公约〉体制下维护我国海洋权益的对策建议》，《中国海洋大学学报》（社会科学版）2005年第6期，第18~19页。

利指国家享有或依法行使的主权、主权权利、管辖权和控制权；利益则指国家享有的或期望获得的海洋上的各种好处、恩惠。从海洋权益的内容上看，其应该包括海上安全权益、海洋经济权益、海洋生态环境权益等不同类型的海上权益。① 当代国家享有的海洋权益是建立在国际海洋法秩序上的，《海洋法公约》对各国享有的海洋权利和义务进行了全面、系统的规范，划分了国家在海上的管辖范围和管辖事项，而且极大地丰富和发展了国家管辖权的内容，国际海事公约等国际公约对国际海上航行、保护海上生命财产安全、便利海上运输等作出了明确、具体、系统的规定，并要求缔约国承担相关安全保障义务。要实现《海洋法公约》等国际公约在海上航行、海洋资源开发等领域赋予缔约国的诸多权利，就必须保障作为中间媒介的海上交通活动的安全，通过保障海上航行、停泊和作业安全保障国家开发海洋、利用海洋活动的顺利进行，切实保障国家海洋权益。②

最后，国家海洋实力在国际海上交通保障领域依然占有举足轻重的地位。一国进军海洋、走向深蓝，站在国家战略的高度去经略海洋，必然会涉及国际海上交通安全保障问题。尽管《联合国宪章》规定了以集体行动应对威胁和挑战，但是面对全球海洋公共产品总量供给不足、分布结构失衡及使用不尽合理等问题，③ 一国参与国际海上交通活动，在很大程度上需要依靠本国实力满足安全保障需要，只有在自身安全需求得到充分保障的情况下，才可能有"余力"在海上安全领域供给国际公共产品。在国际海上交通保障领域，国家海洋实力的投射包括"硬实力"和"软实力"两部分。就"硬实力"而言，现代科学技术的发展成就不断被应用于海上交通领域，引领海上交通从帆船时代进入机动船时代，从地文航海和天文航海时代进入电子航海时代，④ 从单纯海上航行利用走向海洋空间综合利用。通过船舶导航定位、船舶自动识别系统（AIS）、船舶交通管理系统（VTS）

---

① 张文木：《论中国海权》（第三版），海洋出版社，2014，第12~13页。
② Soren Laurentius Nielsen, Gary T. Banta, Morten Foldager Pedersen, *Estuarine Nutrient Cycling: The Influence of Primary Producers: The Fate of Nutrients* (Dordrecht/Heidelberg/New York/London: Springer Publishing, 2005), pp. 107-110.
③ 崔野、王琪：《全球公共产品视角下的全球海洋治理困境：表现、成因与应对》，《太平洋学报》2019年第1期，第60~71页。
④ 冯兴耿：《航海技术辩证法》，大连海事大学出版社，1995，第2~5页。

等海上交通安全信息化管理方式,一国将保障海上交通安全的空间范围由领海延伸至公海,由被动接收资讯转为对海上各项交通活动实施立体化、动态化监管,海上交通信息化管理水平代表了当代国家通过科技手段取得"海权"的能力与水平,彰显了国家海洋科技实力。马汉"海权论"中展现国家海洋影响力的方式是海上军事控制和国家海防,[1] 不可否认,时至今日,海洋军事力量建设依然是展现国家实力、保障国家海上交通安全的重要方式。但在此之外,随着海洋安全类型与内容的变化,通过保障海上交通安全展现国家海洋影响力的方式也趋于多样化,远海救助与国际通航海域应急事件处理、专属经济区海上遇难船舶搜救打捞等领域,无不展现一国参与国家海上交通活动、实现安全保障的硬实力。就"软实力"而言,在海洋和平利用与合理开发成为时代主旋律的国际背景下,现代国际海洋秩序是建立在和平与法治基础上的,以军事手段和暴力方式在国际机制及国家互动中宣示一国的海洋实力已被现代海洋法所抛弃,[2] 国际规则话语权的竞争成为国家间竞争的重要形式。当代国际海上安全秩序越来越依赖非武力性质的国际规则来建构,在国际条约编纂、国际通行标准制定等国际规则领域,争取和提升一国在国际规则制定中的话语权,将国家意志移植或转换为国际规则,成为各国展示海洋实力的新方式。例如,一些发达国家海上交通安全立法借助区域认同效应,对海上交通安全相关国际公约制定的影响力正在增强,尤其是发达国家针对船舶设施、防污等技术标准的立法,对相关国际条约的制定起到了助推和引领作用。[3]

三 国际海上交通安全与当代中国海权观

当代中国奉行合作共赢与共同发展的海权观。当今世界正经历百年未有之大变局,渲染强权控制、奉行单边主义、逃避共同责任无助于破解全球化进程中来自国际政治、经济、环境等方面的挑战。海洋关乎国家安全与发展,中国建设海洋强国需要海权的支撑,但是马汉的海权思想因过于

---

[1] Jonathan D. Caverley, Peter Dombrowski, "Too Important to Be Left to the Admirals: The Need to Study Maritime Great-Power Competition," *Security Studies*, Vol. 29, Iss. 4, 2020, p. 587.
[2] 《联合国宪章》第2条第4项,《海洋法公约》序言、第301条。
[3] 孟方:《欧盟海事立法的战略思维》,《中国船检》2010年第7期,第33页。

狭隘而落伍。① 近年来，中国倡导"总体国家安全观"，提出"加快建设海洋强国"的战略部署，以及构建"海洋命运共同体"等理念，其中蕴含着当代中国对于海权的理解和诠释，而这些战略部署或思想理念也从不同视角表达了中国对于国际海上交通安全的认识。

首先，"加快建设海洋强国"涉及多维度海上安全。党的十八大作出建设海洋强国的重大部署，党的十九大报告提出"坚持陆海统筹，加快建设海洋强国"②。中国近代历史发展表明，没有强大的海权就无法维护国家的海洋权益，国家的主权、安全和发展利益也会面临威胁，③ 参与国际海上交通活动、保障海上交通安全，离不开海上军事力量建设，建设强大的现代化海军是建设海洋强国的战略支撑。一方面，第二次世界大战结束后国家之间的海上对抗，甚至是海上武装冲突，依然时有发生。例如，英国与阿根廷围绕马尔维纳斯群岛的海战，中国与越南在西沙群岛、南沙群岛发生的海战，起因都是领土主权；20世纪80年代，伊朗与伊拉克因边境纠纷、宗教矛盾、民族仇恨爆发的战争延伸至海上，爆发"袭船战"，以打击对方经济力量，但是也殃及附近国际航行船舶；2018年，俄罗斯与乌克兰围绕刻赤海峡通行权爆发冲突，2022年，俄乌军事冲突中敖德萨海港也成为双方争夺的焦点。因此，国家之间在海洋领土争端和争夺有战略意义的海区和通道过程中，依然会爆发海上军事冲突，保持实战能力对于海上军事力量而言依然是必要的。另一方面，在平时状态下，打击海盗、远海搜救、商船护航需要海上军事力量发挥威慑、力量投送和海上安保的职能作用。④ 现代化的海洋经济是建设海洋强国的重要支撑，⑤ 2013年，中国提出共建"丝绸之路经济带"和"21世纪海上丝绸之路"（合称"一带一路"）的重

---

① 胡波：《后马汉时代的中国海权》，海洋出版社，2018，第2~3页。
② 习近平：《决胜全面建成小康社会 夺取新时代中国特色社会主义伟大胜利——在中国共产党第十九次全国代表大会上的报告》，人民出版社，2017，第33页。
③ 徐萍：《新时代中国海洋维权理念与实践》，《国际问题研究》2020年第6期，第4页。
④ 赵成国：《我国建设海洋强国的基本要素》，载曲金良主编《中国海洋文化研究》（第三卷），海洋出版社，2002，第9页。
⑤ 国家发展和改革委员会、自然资源部：《关于发展海洋经济 加快建设海洋强国工作情况的报告——2018年12月24日在第十三届全国人民代表大会常务委员会第七次会议上》，中国人大网，http://www.npc.gov.cn/npc/c12491/201812/83131907fb234bba96edd84b6cffd1f9.shtml，最后访问时间：2022年6月3日。

第二章 国际海上交通安全的情势变迁及保障机制演进

大倡议,旨在促进经济要素有序自由流动、资源高效配置和市场深度融合。发展海洋经济、共建"一带一路"离不开国际航运,而国际航运离不开国际海上交通安全保障,需要国家通过政治、军事等手段加强危机管控,通过国际合作和磋商构建双边和次区域危机管理机制或地区安全机制,保障国际海运重要通道安全畅通。① 海洋科技是建设海洋强国的技术支撑,国际航行船舶及国际交通活动是科技的复合体,离不开造船、导航、能源、测绘等科学技术的实践应用,掌握和运用海洋科技是参与国际海上交通活动的"入场券",要增强国家海上安全保障能力,还必须掌握核心技术,"实践反复告诉我们,关键核心技术是要不来、买不来、讨不来的。只有把关键核心技术掌握在自己手中,才能从根本上保障国家经济安全、国防安全和其他安全"②,"建设海洋强国是实现中华民族伟大复兴的重大战略任务。要推动海洋科技实现高水平自立自强,加强原创性、引领性科技攻关,把装备制造牢牢抓在自己手里"③。可见,一国不掌握关键核心技术,充其量是国际海上交通领域的参与者,既不可能有效达成国家海洋政策目标,也不可能真正掌握国际海事领域话语权和海上安全保障主动权,更难以提振国家海权、保护国家海洋权益。因此,保持在海洋科技领域的领先地位,也是中国当代海权观的一部分。

其次,"总体国家安全观"涵盖对于国内和国际安全的认识。总体国家安全观体现的是把安全与发展置于同等重要地位的新战略,国际海上交通关乎我国整体发展利益和国家安全,"当前和今后一个时期,我国对外工作要贯彻落实总体国家安全观"④,维护国家的长治久安。改革开放以来,中国深度参与国际商品的生产与交换,2021年中国货物贸易进出口总值为39.1万亿元,一般贸易进出口占比超过六成,⑤ 其中,出口21.73万亿元,

---

① 路阳:《合作维护海上通道安全》,《人民日报》2015年1月28日,第3版。
② 《习近平谈治国理政》(第三卷),外文出版社,2020,第248页。
③ 《习近平在海南考察时强调 解放思想开拓创新团结奋斗攻坚克难 加快建设具有世界影响力的中国特色自由贸易港》,《人民日报》2022年4月14日,第1版。
④ 习近平:《论坚持推动构建人类命运共同体》,中央文献出版社,2018,第201页。
⑤ 杜海涛、罗珊珊:《我国外贸额首次突破6万亿美元》,《人民日报》2022年1月15日,第2版。

进口17.37万亿元，中国进出口货运总量的90%是利用海上运输完成的①。国内对海外能源、原材料有着巨大需求，多种大宗商品对外依存度过高，有数据显示，我国铜精矿对外依存度超过85%，铁矿石对外依存度超过80%，原油对外依存度超过70%，②"海上通道是中国对外贸易和进口能源的主要途径，保障海上航行自由安全对中方至关重要"③。坚持统筹国内国际两个大局，是适应中国同国际社会的关系发生重大变化的必然要求，在统筹推进"总体国家安全观"过程中亦不例外。世界经济和政治格局的巨大变化、国际体系和国际秩序的深刻调整，不仅导致安全与发展的客观关系发生变化，也带来国际海上交通安全情势变迁，从而要求国家安全战略作出调整。在此过程中，"认清国家安全形势，维护国家安全，要立足国际秩序大变局来把握规律，立足防范风险的大前提来统筹"④。立足"总体国家安全观"来审视中国面对来自海洋的安全威胁和利益需求时所表现的理念和实践，可以发现，中国不仅"要坚持把国家主权和安全放在第一位，贯彻总体国家安全观，周密组织边境管控和海上维权行动，坚决维护领土主权和海洋权益，筑牢边海防铜墙铁壁"⑤，而且"要统筹维稳和维权两个大局，坚持维护国家主权、安全、发展利益相统一，维护海洋权益和提升综合国力相匹配"⑥。概言之，国家安全与国际海上交通安全的链接纽带在于中国已经是一个深度参与全球化的国家，国家经济结构无论是偏重出口导向还是偏重进口导向，都是通过国际海上交通方式完成的。正是基于统筹国内国际两个大局的治国理政经验，也是出于当前自身发展阶段的现实需要，中国将国际海上交通安全置于"总体国家安全观"的思考框架内，并且将其与海洋权益主张及安全需求联系在一起，以追求一定的国际政治地位、海上安全空间和有效的海上管控力量。

最后，构建海洋命运共同体倡导共商共建共享的安全观。海洋孕育了

---

① 郭威：《坚持稳中求进 开创高质量发展新局面》，《光明日报》2022年1月18日，第11版。
② 顾阳：《二〇二一年进出口规模首次突破六万亿美元 "十四五"外贸开局良好》，《经济日报》2022年1月15日，第1版。
③ 《习近平关于总体国家安全观论述摘编》，中央文献出版社，2018，第216页。
④ 《习近平关于总体国家安全观论述摘编》，中央文献出版社，2018，第12页。
⑤ 《习近平关于总体国家安全观论述摘编》，中央文献出版社，2018，第55页。
⑥ 《习近平关于总体国家安全观论述摘编》，中央文献出版社，2018，第42页。

生命，联通了世界，促进了发展。① 进入 21 世纪，海上非传统安全威胁等全球性海洋危机，严重制约着人类社会可持续发展，区域性海洋问题通过地缘政治、贸易体系、生态环境等系统要素向全球蔓延，扩展为全人类生存与发展的严重威胁，各国在全球海洋治理中也具有越来越广泛的共同利益。2019 年，习近平主席首次提出构建"海洋命运共同体"理念，指出"我们人类居住的这个蓝色星球，不是被海洋分割成了各个孤岛，而是被海洋连结成了命运共同体，各国人民安危与共"②。海洋命运共同体是人类命运共同体在全球海洋治理领域的延伸，构建海洋命运共同体秉持共商共建共享原则，倡导和平合作、开放包容的治理理念，寻求国际社会携手应对全球性海洋威胁与挑战。从构建"海洋命运共同体"理念出发，观察中国在国际海上交通安全保障中的国家实践，其中折射出的海权观，可以概括为如下几个方面。

一是建立包容性的国际海上交通安全秩序。"在经济全球化时代，各国安全相互关联、彼此影响。没有一个国家能凭一己之力谋求自身绝对安全，也没有一个国家可以从别国的动荡中收获稳定。"③ 以海洋命运共同体理念参与国际海上交通安全规则制定和保障机制构建，完善国际海洋安全秩序，"要倡导共同、综合、合作、可持续安全的理念，尊重和保障每一个国家的安全。不能一个国家安全而其他国家不安全，一部分国家安全而另一部分国家不安全，更不能牺牲别国安全谋求自身所谓绝对安全"④，以包容合作精神构筑共同安全，尊重和照顾彼此的海洋利益和关切⑤。"大国之间相处，要不冲突、不对抗、相互尊重、合作共赢。大国与小国相处，要平等相待，践行正确义利观，义利相兼，义重于利。"⑥ 基于历史经验和现实考量，必须承认不同国家在应对安全事务能力方面存在差距，稳定的海洋安全秩序

---

① 《习近平关于总体国家安全观论述摘编》，中央文献出版社，2018，第 42 页；《习近平致信祝贺二〇一九中国海洋经济博览会开幕强调　秉承互信互助互利原则　让世界各国人民共享海洋经济发展成果》，《人民日报》2019 年 10 月 16 日，第 1 版。
② 《习近平谈治国理政》（第三卷），外文出版社，2020，第 463 页。
③ 习近平：《论坚持推动构建人类命运共同体》，中央文献出版社，2018，第 254~255 页。
④ 习近平：《论坚持推动构建人类命运共同体》，中央文献出版社，2018，第 131 页。
⑤ 习近平：《论坚持推动构建人类命运共同体》，中央文献出版社，2018，第 254~255 页。
⑥ 习近平：《论坚持推动构建人类命运共同体》，中央文献出版社，2018，第 254 页。

离不开大国协调和大国贡献,① 大国应当承担更多国际责任。例如,根据联合国安理会第 1846 号决议及其后续决议,2008 年 12 月至 2022 年 1 月,中国向索马里亚丁湾海域派出的海军护航编队累计达 40 批,以保护在该海域航行的包括中国船舶在内的各国商船,以及世界粮食计划署等国际组织运送人道主义物资船舶免受海盗袭扰。

二是遵循《联合国宪章》的宗旨和原则,和平解决国际海洋争端。国际海洋争端范围广泛、类型多种多样,这些争端背后往往汇集着长期的历史根源、敏感的民族情感、重大的现实利益和长远的未来需求等多方面因素,当事国政府均不会轻言放弃。② 一些国家在面对海洋争端时,采取挑起事端、使用或威胁使用武力的行为,不仅无法从根本上解决国际争端与矛盾,还难以营造持久和平。《联合国宪章》明确规定禁止使用或威胁使用武力及其例外情形,③《海洋法公约》有关无害通过、过境通行和平利用海洋的条文,吸收了《联合国宪章》上述规定④。构建海洋命运共同体强调遵循《联合国宪章》有关武力使用的规则,尊重各国根据国际法在相互同意基础上自主选择和平方法与机制解决海洋争端的法律权利,"反对动辄使用武力或以武力相威胁,反对为一己之私挑起事端、激化矛盾,反对以邻为壑、损人利己"⑤。

三是通过多边协商制定国际海洋规则,体现发展中国家的利益关切。国际规则是全球海洋治理公平化、合理化的制度基础,也是规范国际海上活动的行为准则,个别国家在国际规则协商制定中推行实用主义、保护主义、孤立主义政策,是典型的逆全球化行为。⑥ "规则应该由国际社会共同制定,而不是谁的胳膊粗、气力大谁就说了算,更不能搞实用主义、双重标准,合则用、不合则弃","变革过程应该体现平等、开放、透明、包容精神,提高发展中国家代表性和发言权,遇到分歧应该通过协商解决,不

---

① 胡波:《中国海上兴起与国际海洋安全秩序——有限多极格局下的新型大国协调》,《世界经济与政治》2019 年第 11 期,第 22 页。
② 张海文:《全球海洋岛屿争端面面观》,《求是》2012 年第 16 期,第 56 页。
③ 《联合国宪章》序言、第 2 条、第 41 条、第 46 条、第 51 条。
④ 1982 年《海洋法公约》第 19 条第 2 款(a)项、第 39 条第 1 款(b)项、第 301 条。
⑤ 《习近平谈治国理政》(第三卷),外文出版社,2020,第 461 页。
⑥ 马峰:《国际规则应由国际社会共同制定》,《人民日报》2018 年 12 月 19 日,第 7 版。

能搞小圈子，不能强加于人"。① 国际海上交通安全保障追求国际社会整体的安全利益，国家不分大小、强弱、贫富，都是国际社会平等一员，都应该平等参与国际海洋规则制定。

四是善意、准确、完整地解释和适用国际海洋法，反对缔约国及相关国际组织或机构的滥权行为。国际公约是国家及国家集团利益折中的产物，《海洋法公约》等国际公约在制定过程中为了"求同"，对于一些短时间内无法形成合意的规则有意加以模糊，留下进一步解释的空间，留待国际实践去补充和发展。② 近年来"南海仲裁"案、"北极日出号"案等的国际裁决反映出少数缔约国滥用《海洋法公约》赋予的权利，个别国际争端解决组织利用其身份及《海洋法公约》体系的制度性缺陷，超越和扩大自身权限，损害国际法治权威。求助国际司法或仲裁的目的是和平解决争端，判决或裁决是法律宣告，不能以政治动机来确认自身之宣告。③ 根据《维也纳条约法公约》第31条、第32条，条约解释的目的是确定缔约方的共同意图而非某国或某些国家团体的个别意图。④ 别有目的地解释和适用《海洋法公约》之规定，只会动摇当事方对于国际法治的信仰，增加解决国际海洋争端的难度⑤。

第三节　国际海上交通安全保障的惯常机制及演进

海上交通安全由人、交通工具和通航环境三要素组成，保障海上交通安全即保障人的安全、交通工具安全及通航环境安全。交通工具是海上活动中人的载体，人是海上交通工具的操纵者与管理者，二者具有一体化特征，在安全保障中密不可分，故本书将海上交通工具及其上人员安全保障作为整体进行研究。通航环境是海上交通活动的外部载体，是海上交通活

---

① 《习近平谈治国理政》（第三卷），外文出版社，2020，第459页。
② 吴士存主编《国际海洋法最新案例精选》，中国民主法制出版社，2016，第1页。
③ United States Diplomatic and Consular Staff in Tehran (United States v. Iran), Judgment of 24 May, 1980, ICJ Reports, pp. 20-21, para. 36.
④ China-Measures Affecting Trading Rights and Distribution Services for Certain Publications and Audiovisual Entertainment Products, WT/DS363/AB/R, 21 December, 2009, p. 164, para. 405.
⑤ 马峰：《国际规则应由国际社会共同制定》，《人民日报》2018年12月19日，第7版。

动赖以存在的基础，也是影响海上交通安全的外部因素，故海上通航环境安全保障也属于海上交通安全保障范畴。相较于国内海上交通安全保障，国际海上交通安全保障机制是集体安全保障机制，将集体安全保障机制建立在法制基础上，用法律手段规范国际海上安全秩序、国家的对外行为和国家间的利益分配与协调，以集体强制力为后盾。在国际关系中以"个体"或"个体联盟"保障国际海上交通安全，显然不如法治化的国际机制更具稳定性，以国际法治的方式保障国际海上交通安全，才能实现海洋领域国际关系的合理化与有序化。

一 国际海上交通安全保障的惯常机制

在国际海上交通活动中遵循和适用国际规则。与国际海上交通安全保障相关的国际规则以技术规范为主，通过属人与属地管辖在全球范围内得到普遍适用。正如前文所言，国际海事公约普遍采用公约正文和附件组合的方式，公约正文普遍简短，大量具体的、有针对性的内容，是以议定书或附则的形式随公约一起出台实施的，尤其是公约附则中绝大部分内容都是技术性规范。在实践中，公约附则中规定的专业技术性规范，相当于一类统一适用的国际技术标准，缔约国在通常情况下没有必要再将这些技术标准和技术参数按照国内立法程序再行颁布。截至2022年6月3日，《国际海上避碰规则公约》缔约方为162个，缔约方船舶总吨位占全球船舶总吨位的98.88%；1974年《国际海上人命安全公约》缔约方数量为167个，缔约方船舶总吨位占全球船舶总吨位的98.89%；《便利国际海上交通公约》缔约方为125个，缔约方船舶总吨位占全球船舶总吨位的95.3%；《海员培训、发证和值班标准国际公约》缔约方数量为166个，缔约方船舶总吨位占全球船舶总吨位的98.88%。[1] 公约缔约方数量、缔约方船舶总吨位占比，足以说明国际海事公约确立的各项规则在保障国际海上交通安全中的普适性。而这些国际规则也对缔约方国内立法、缔结双边协定产生影响，例如中国1980年批准加入1972年《国际海上避碰规则公约》；1981

---

[1] International Maritime Organization, "Ratifications by Treaty," http://www.imo.org/en/About/Conventions/StatusOfConventions/Pages/Default.aspx, last visited 3 June, 2022.

年发布的《关于执行〈1972年国际海上避碰规则公约〉若干问题的通知》，明确规定"一切船舶在海上和海港航行或停泊时，其操作和显示信号应执行1972年《国际海上避碰规则》"①。即使对于军事船舶与公务船舶，公约确立的海上交通规则也往往得到认可，如1998年1月中国与美国签署的《关于建立加强海上军事安全磋商机制的协定》第2条申明《国际海上避碰规则》在军事船舶海上会遇规则中的有效性。国际海上交通规则与陆上交通规则相比，具有国际性与统一性，国际海上交通规则经由国际组织的推广，以国际公约和国际组织决议的形式在全球范围内得到普遍推广和适用，成为各国海上交通领域共同遵守的国际规则。

海上交通工具及其上人员安全保障基本上是通过船旗国管辖与港口国监督完成的。长期以来，在国家之间海上交往过程中，国家对国际航行船舶及其上人员的技术标准、资质等技术要件进行认证及监督检查，发现并预防相应的安全风险。船旗国管辖，指各国对在其领土内登记并取得该国国籍的船舶、船舶上的一切人和物及发生的事件所实行的管辖。从国际公约书面语言表述习惯看，船舶往往不作为财产或浮动领土，而是作为享有权利的实体被对待的。② 不但国家可以自由地授予船舶国籍，对其船舶进行登记管理，决定船舶的安全航行标准，而且船旗国在其船舶于公海或其他国家管辖海域航行时，能在许多问题上对其船舶进行"长臂管辖"。③ 船旗国管辖的内容有：船旗国政府有责任确保船舶符合要求的最低标准，包括必要的立法和约束手段；船旗国政府有绝对的权利对悬挂本国国旗的船舶实施本国的规定和法规，目的是确保船舶、船东及海员在船旗国的管理框架之内；船旗国管辖包括不同种类的监督检查内容和形式，例如检验、审核和不定期的检查；船旗国政府主管机关也可以将某些管辖权委托给经其认可的组织，代表船旗国政府执行监督检查。④ 可见，船旗国管辖不单是履行国际公约赋予的职责，加强对船舶的监督、管理，保障海上船舶安全和

---

① 参见胡正良主编《海事法》，北京大学出版社，2009，第20页。
② 赵建文：《海洋法公约对国家管辖权的界定和发展》，《中国法学》1996年第2期，第113页。
③ 张湘兰、郑雷：《论"船旗国中心主义"在国际海事管辖权中的偏移》，《法学评论》2010年第6期，第69页。
④ 王曦：《全面履行船旗国监督的职能》，《天津航海》2009年第1期，第30页。

防止海洋污染，同时也在保护本国船东、船员利益，推进本国航运及发展对外贸易方面起到积极的作用。港口国监督，是各港口国依照国际公约、本国规定或区域性协定，对抵港的外籍船舶实施专项检查，目的在于纠正或消除受检船舶存在的不符合标准的缺陷，以确保船舶航行、人员和账户的安全，以及保护海洋生态环境，港口国监督是国家对在其管辖范围内活动的外籍船舶的属地管辖权。海事管理界普遍认为港口国监督是保障国际海上交通安全的"最后一道防线"。[1] 港口国监督管理的法律依据主要来自国际公约，具体涉及《国际海上人命安全公约》《国际船舶吨位丈量公约》等8个国际公约，[2] 但是其中不包括《海洋法公约》，因为《海洋法公约》几乎没有任何关于港口国管辖权的规定[3]。公约中与国际海上交通安全保障最为密切的内容，涉及三个方面。一是依据《国际海上人命安全公约》检查船舶海上人命保障措施与认证资质。当船舶在另一缔约国时，其应接受该国政府正式授权的官员的监督，监督的目的是看证书是否有效及应采取的措施要求；该公约第九章第6条要求港口国主管机关验证与监督船舶安全管理体系是否正常运行；第十一章第4条"关于操作性要求的港口国监督"，要求港口国主管机关检查船长或船员对于与船舶安全有关的船上主要操作程序的熟悉程度。二是依据《国际海上人命安全公约》第 XI-2 章、《国际船舶和港口设施保安规则》、《港口国监督实施海上保安检查导则》对国际船舶实施保安监督，检查其中涉及的缺陷及缺陷处理。三是依据《海员培训、发证和值班标准国际公约》的要求对船员资质及值班工作进行检查。即港口国主管机关执行海员证书检查，具体包括监督程序、证书与安全配员、值班标准。可见，港口国监督是多角度、多方面的安全监管行为，体现了对海上交通工具及其上人员安全的全方位保障。

通过海上通航环境管理和养护保障海上交通安全。为了保障交通安全，对于通航海域，也需要如陆地上的公路、铁路等交通线一样，适时进行管

---

[1] 李创：《浅谈港口国监督中存在的问题》，《中国海事》2006年第3期，第53页。
[2] 费中强、鲍君忠：《港口国监督现状及实施中存在的问题》，《世界海运》2006年第5期，第19~21页。
[3] Bevan Marten, *Port State Jurisdiction and the Regulation of International Merchant Shipping* (New York: Springer International Publishing, 2014), p. 223.

理和养护，但是方式不同。海上通航环境管理和养护是改善海上通航区域的硬件设施、增加海上交通服务、清除通航水域内碍航物等，为各类海上交通工具的航行、停泊和作业提供安全的外部环境。沿海国运用海上交通规则，通过海上通航环境养护保障海上通航环境安全的常态化空间，通常不会超过领海。一方面，沿海国对在其领海内实施通航环境安全管理具有完全的主权，海上通航环境安全管理对外表现为对海上交通行为的监督与管理；沿海国对在领海之外实施海上通航安全管理，不享有完全的国家主权，需要受到诸多国际法规则约束。按照《海洋法公约》的规定，沿海国仅有权在毗连区海域"防止"和"惩治"在其领土内违反其海关、财政、移民或卫生四种法律和规章的行为，而在专属经济区内沿海国对其自然资源享有主权权利和其他管辖权，其他国家享有航行、飞越自由等。因此，沿海国既不能随意将适用于内水、领海的通航环境安全管理措施不加区分地适用于领海外，也不能随意在领海外限制国际航行活动或设置海上设施。另一方面，长期以来，沿海国在其领海外实施通航环境安全管理没有迫切需求。沿海国在其领海内实施通航环境安全保障或管理的现实原因是，领海内海上通航密度远大于领海外通航密度，领海内不仅有专门从事沿海运输的商船、往来沿海国港口的国际航行船舶、沿海作业船舶、渔船、娱乐性船舶等不同类型的船舶，还有众多海上养殖区、海上设施安全区、海洋环境保护区等海上限制性区域。在领海之外，海上交通活动较为单一，通航船舶以用于国际航行的商船与远洋渔船为主，通航密度小于领海内通航密度，也很少划定海上限制性区域、指定航道，海上通航环境较为安全，事故率也远低于领海内事故率，因而海上通航环境安全保障常态化空间集中在沿海国领海以内。海上通航环境养护措施通常包括如下两类。一是通过海上助航设施与信息化监管保障海上通航环境安全。海上助航设施的设置主要为确保海上航行之安全，提高航行中船舶的安全系数，为通航安全提供一定的保障。在国家管辖海域的重要航路、进出港航道均设置灯塔、导标、灯浮标，在重要灯塔、灯桩、转向点的航标上安装雷达应答器，提供包括目视航标、音响航标、无线电航标等多重综合助航服务和航标应急服务，是监督海上通航秩序、引导船舶安全航行的重要辅助手段。在设置助航标志的同时，通过信息化手段对管辖水域内的船舶实施安全监管、监督海上交通的运行状况、调节海上交通流量、指挥船舶通过交通密集区域，也是保障海上通航环境安全的重要内容，具体包括借助海事甚高频（VHF）通信覆盖沿海近岸水域，通过船舶交通管理系统对沿海主要港口和水道的船舶实施动态监管和服务。通过这些监管手段，能够实时、全面掌控海上交通动态，织就一张独一无二的"海上通航安全保障网"，增强海上通航环境安全保障的及时性和有效性。二是清除通航水域内的船舶残骸。"残骸"指海上事故发生后沉没或搁浅的船舶或部分船舶（包括当时或曾经在该船上的任何物品）及船舶在海上丢失后搁浅、沉没或漂浮在海上的任何物品（包括货物、集装箱等）。"船舶"指任何类型的海船，包括水翼艇、气垫船、潜水器、浮动航行器和浮动平台，但已经固定从事海床矿产资源的勘探、开采和生产的平台除外。① 海上交通事故不仅会造成海洋环境污染，事故中的沉没物、漂浮物还可能会阻塞航道，或形成碍航物，影响发生事故的周边海域海上交通工具正常航行与作业。残骸清除的对象多是妨碍船舶航行、航道整治或者工程建筑的沉船沉物，以及有修复使用价值或者虽无修复使用价值但有拆卸利用价值的沉船，② 通过海上救助与残骸清除，不仅可以排除海难事故引发的险情，还可以提高事故海域其他航行船舶及其上人员的安全系数，保障海上通航环境的安全与畅通。

搜寻和救助海上遇难船舶及其上人员。随着海洋经济的发展及经济全球化的加速，海上旅游业、养殖业及运输业规模不断扩大，随之而来的是海上各种突发事件的不断增多，以及公众对海上安全风险管理要求的不断提高。"搜寻"（search）指由救助协调中心或救助分中心协调的、利用现有的人员和设施来确定遇险人员位置的行动；"救助"（rescue）指拯救遇险人员，为其提供初步的医疗或其他所需要的服务，并将其转移到安全地点的行动。在中文表述中，搜寻与救助通常"合二为一"，合称为"搜救"，③ 但是在国际公约中二者的行为性质和内容是有所区别的。作为保障海上交通安

---

① 《残骸清除公约》第1条第2项、第4项。
② 刘俊辉：《关于完善救助打捞法规的研讨》，《中国商界》2008年第5期，第181页。
③ 例如《国务院办公厅关于加强水上搜救工作的通知》、《海上交通安全法》第67~72条、《海域使用管理法》第35条第4项。

全的重要方式，在全球范围内，海上搜救几乎每天都在发生。① 以中国为例，2020 年中国海上搜救中心累计组织协调救助行动 1758 次，成功救助中外遇险船舶 1110 艘、中外遇险人员 10834 人，搜救成功率为 95.8%，② 海上搜救机构平均每天要救助遇险人员 29 人。长期以来，政府主导的海上遇难船舶及其上人员搜救行为大多发生在沿海国领海之内，一方面是由于领海内的海上事故导致的船舶及其上人员遇难的数量较多；另一方面是由于沿海国在领海之外进行搜救受到相应技术条件与装备设施的限制，尤其是在恶劣海况条件下，沿海国收到领海外船舶求救讯号后，组织搜救力量前往事故海域需要一定的时间，故在领海外发生海难事故后，遇险人员不仅会求助于沿海国搜救服务机构，还会向周边海域过往船舶寻求救助，或者依靠自力实施人命搜救。

围绕海上交通工具及其上人员安全开展海上执法。海上执法，即一国为防止、减少和控制海上交通安全风险、威胁与非法侵害而执行法律规范的活动。海上执法措施通常表现为对海上交通活动进行监督，对违法行为进行处罚，进行海上巡航执法，对违法船舶采取紧追、登临、搜查、扣押、逮捕等。围绕海上交通工具及其上人员安全开展的海上执法属于海洋执法范畴，海洋执法脱胎于一般行政执法，但在执法内容和依据方面与陆上行政执法存在区别，海洋执法不仅针对侵害国家海洋权益的违法、犯罪行为，还肩负保障国家主权和管辖权的任务，执法相对人不仅包括本国公民、法人和其他组织，还包括他国公民、法人和其他组织，甚至无国籍人，国内法与沿海国缔结参加的国际公约均是海洋执法的依据。围绕海上交通工具及其上人员安全开展海上执法，一方面需要遵循国内法与国际条约有关海上交通安全保障方式、方法、执法限度、程序等的规定；另一方面需要尊重现代国际法确立的海洋秩序及赋予当事人无害通过、航行自由等海洋权

---

① "DGzRS. 1865–2015: The German Maritime Search and Rescue Service (DGzRS) Celebrates Its 150th Anniversary," http://www.muehle-glashuette.de/en/functional-wristwatches/nautical-wristwatches/sar-rescue-timer-150-jahre-dgzrs/, last visited 3 June, 2022.

② 《海上搜救工作情况》，中国交通运输部网站，https://www.mot.gov.cn/2021wangshangzhibo/2021fifth/zhibozhaiyao/202105/t20210527_3600139.html，最后访问时间：2022 年 6 月 3 日。

利,① 确保在执法中不干涉他方享有的合法权益。围绕国际海上交通安全保障开展的海上执法,是执法机关以国家主权和管辖权为基础,依据相关国内法及国际公约进行的,围绕海上交通活动中的人及交通工具实施的管理活动,具体包括两个方面。一是管理海上交通活动中的当事人。即沿海国依据国内法和《海洋法公约》等国际公约的规定,对在国家管辖海域内航行、停泊和作业的当事人,以及国家管辖海域外从事海上活动的本国公民进行监督与保护,对其实施的违反当事国国内法和国际公约的行为予以查处、制止和处罚,保护其免遭海上不法行为的侵害。二是管理海上交通活动中的交通工具。即围绕海上交通工具的运行轨迹,根据国内法与国际公约中有关海上交通规则,对其航行、停泊和作业活动进行监督与保护。②

利用船舶保安保障国际航行船舶及其上人员安全。船舶保安是为了保护船舶及船上人员、货物、设备和操作行为的安全,针对船舶、港口设施上或者船港界面活动、船到船活动中的任何可疑行为或者情况而实施的一系列安全保障行为或措施。2002年至今,国际海事组织通过1974年《国际海上人命安全公约》海上保安修正案、《国际船舶和港口设施保安规则》、《制止危及海上航行安全非法行为公约》议定书,对全球范围内的国际航行船舶保安(以下称"IMO船舶保安")进行规范和部署。船舶保安对象是国际航行商船及船上人员与财产,1974年《国际海上人命安全公约》第XI-2章和《国际船舶和港口设施保安规则》③ 对适用保安措施的船舶作出限制性规定,《国际海上人命安全公约》第XI-2章"加强海上保安的特别措施"第2

---

① 范晓婷、罗婷婷:《海洋维权执法的法律依据之辨》,《行政与法》2009年第12期,第77~78页。
② 刘俊辉:《关于完善救助打捞法规的研讨》,《中国海界》2008年第5期,第181页。
③ 2001年美国"9·11"恐怖袭击事件发生后,2001年11月国际海事组织召开第22届大会,成员一致同意修订《国际海上人命安全公约》,制定关于船舶和港口设施保安的新措施。2002年12月召开的1974年《国际海上人命安全公约》缔约国政府大会通过《国际船舶和港口设施保安规则》(International Ship and Port Facility Security Code, ISPS Code),该规则于2004年7月1日开始生效,是对于《国际海上人命安全公约》中船舶、港口及港口国政府机构最低安全(security)一项的修正案,规定港口国政府、船东、船上人员及港口/设施人员负有察觉安全威胁并且采取相应预防措施的责任,以防止安全事件影响从事国际贸易的船舶或港口设施。《国际船舶和港口设施保安规则》包括A部分与B部分,其中,A部分是强制性要求,B部分对A部分要求的实施提供指导。

条、《国际船舶和港口设施保安规则》A部分第3.1条将适用船舶的范围限定为从事国际航行的客船（包括高速客船）、500总吨及以上的货船（包括高速货船）和海上移动式钻井平台，①但不包括军舰、海军辅助船和由缔约国政府拥有或经营并且只用于政府非商业服务的其他船舶②。船舶保安应对的内容是保安事件，即"威胁船舶、港口设施或者船港界面活动、船到船活动安全的任何可疑行为或者情况"③。《船舶保安评估实施指南》第5.2.2项列举了8种危及船舶保安的行为或情况，④ 这些保安事件可以分为两类：一类是危及海上船舶及人命安全的不法行为，包括海盗、海上武装抢劫和海上恐怖主义行为，也包括一般犯罪分子以旅客身份登轮，并携带武器、爆炸装置或危险物质，或者直接从事非法行动，对船舶、人员或海上设施构成潜在或实质威胁的状况；⑤ 另一类是将船舶作为从事不法行为的媒介或工具，此类行为并不直接侵犯船舶、船上人员或财产，而是借助船舶的运输功能和船员的特殊身份从事非法行为，如恐怖分子伪装成船员、旅客，利用船舶装运违禁物品、爆炸装置和危险物质、大规模杀伤性武器⑥。1974年《国际海上人命安全公约》第Ⅺ-2章和2002年《国际船舶和港口设施保安规则》对改进船舶硬件保安配置提出了一系列要求，规定300总吨至5万总吨的船舶在2004年7月1日以后进行第一次安全设备检验之日或2004年12月31日（两者以较早者为准），必须安装船舶自动识别系统，⑦《国际船舶和港口设施保安规则》所适用的船舶必须具备永久性国际海事组织船

---

① 海上移动式钻井平台（MODU）指能从事勘探或开采液体或气体碳氢化合物、硫或盐等海床下资源的钻井作业的船舶。参见1974年《国际海上人命安全公约》第Ⅺ-2章第1.1.5条。
② 1974年《国际海上人命安全公约》第Ⅺ-2章第2.3条、2002年《国际船舶和港口设施保安规则》A部分第3.3条。
③ 《国际船舶保安规则》第4条第4项。
④ 2004年《船舶保安评估实施指南》第5.2.2项列举的8种危及船舶保安的行为或情况，包括恐怖事件、抢劫/劫持、海盗、偷窃、偷渡、运送大规模杀伤性武器、运送犯罪人员和设备、走私。
⑤ 2004年《船舶保安评估实施指南》第2.4项。
⑥ Victor V. Ramraj, Michael Hor, Kent Roach, *Global Anti-Terrorism Law and Policy*（Cambridge: Cambridge University Press, 2012), p. 650.
⑦ 1974年《国际海上人命安全公约》第Ⅴ章第19条。

舶识别代码（SIN）标记，① 安装船舶保安警报系统（SSAS）②。在船舶保安软规则措施方面，《国际海上人命安全公约》第Ⅺ-2章和《国际船舶和港口设施保安规则》要求船公司必须为其经营的每艘船舶取得《国际船舶保安证书》《船舶保安计划》《连续概要记录》等文件，并随船携带。船公司保安员按照《国际船舶和港口设施保安规则》的要求对负责的船舶进行安全评估，并根据评估结果制定或更新《船舶保安计划》，每艘船均应随船携带经船旗国或其认可的组织批准的《船舶保安计划》《连续概要记录》。③ 此外，国际海事公约对于国际航行船舶保安的要求具有系统化特征，例如，《国际船舶和港口设施保安规则》主要内容有三个方面，即对缔约国政府的要求（船旗国管辖）、对公司和船舶的要求以及对港口设施的要求（港口国管辖），《国际船舶和港口设施保安规则》A部分第18.1条要求港口设施保安官员须具备知识，接受培训，并顾及B部分所载的指引。2006年5月22日，国际海事组织海上安全委员会第1188号通函，为港口设施保安官员的培训及发证提供进一步指引。

二 国际海上交通安全保障的演进方向

国际海上交通安全保障具有时代性特征，安全保障机制的内容随着科技革新与海上风险因素的变化不断得到改进和调整，呈现多元化结构模式，新的安全保障方式、方法通过规则转化不断被纳入国际海上交通安全保障机制中。

海上交通工具及其上人员安全保障措施向多元化过渡。随着国际海上交通活动的增加，相应地，对海上安全保障的需求呈现增长态势，海上交通工具及其上人员安全保障措施向多元化模式过渡。一方面，安全保障措施逐步覆盖国际海上交通各个环节，交通工具及其上人员安全保障措施的发展，呈现渐进化的过程。例如，为了保障印度洋周边特定区域内从事特种业务而载运大量无铺位旅客的客船安全，国际海事组织对1974年《国际海上人命安全公约》的有关章节作出变通性规定，通过了《特种业务客船

---

① 1974年《国际海上人命安全公约》第Ⅺ-1章第3条。
② 1974年《国际海上人命安全公约》第Ⅺ-2章第6条。
③ 1974年《国际海上人命安全公约》第Ⅺ-1章第5条，2002年《国际船舶和港口设施保安规则》A部分第8条、第11条。

协定》和《特种业务客船舱室要求议定书》。为了统一国际海员管理工作，国际海事组织又制定了《海员培训、发证和值班标准国际公约》，[①] 面对海盗行为等海上非传统安全，国际海事组织又通过了 1974 年《国际海上人命安全公约》船舶保安修正案和《国际船舶和港口设施保安规则》予以应对；此外，《国际载重线公约》《国际船舶吨位丈量国际公约》等国际公约也包含大量安全保障措施，涉及船舶的建造、海上救助等方面。这些安全保障措施贯穿国际海上交通活动各个环节，保障对象既包括海上交通工具（主要是船舶）及其上人员，也包括受到海上交通活动直接影响的其他对象。而且，《海洋法公约》等国际海事公约之外的其他国际公约确立的制度，如迅速释放程序，也被船旗国应用。[②] 另一方面，海上交通安全保障国内法与国际法相互影响。这种影响不仅表现为一国通过"纳入"与"转化"的方式将国际公约中的安全保障措施引入国内法，同时还包括借助国际海事组织强制履约审核机制来促进各国海上交通安全国内法、保障措施、监督检查等各方面逐步统一和协调，[③] 确保国际海事组织频繁出台的各项强制规则和文件得到有效的实施[④]。在国际海事组织强制履约审核机制下，缔约国国内海上交通安全法律保障措施逐步"国际化"，并随着国际海事组织有关公约的发展而调整完善。

沿海国海上交通安全保障行为延伸至专属经济区。在沿海国领海内（不包括由沿海国内水出发、穿越领海）的航行船舶主要有两类：一类是从事沿海运输、捕捞的本国船舶，另一类是行使无害通过权的他国船舶。沿海国跨越领海，在毗连区、专属经济区实施的，具有代表性的海上交通安全保障行为，包括以下三类。

---

① 刘正江、吴兆麟、李桢：《国际海事组织海事安全类公约的最新发展》，《中国航海》2012 年第 1 期，第 61 页。

② Camouco Case (*Panama v. France*), Case No. 5, Judgment of 7 February, 2000, ITLOS Reports, paras. 56-58.

③ 国际海事组织各成员国在 2005 年底通过了《国际海事组织成员国自愿审核机制框架和程序》(IMO A. 24/Res 974)，2009 年 IMO 决定自 2015 年起所有成员国必须接受审核，推进审核机制的强制化，即作为 IMO 成员国，其接受审核将不具有选择性，而是一项强制性要求。参见周羽、沙正荣《关于 IMO 审核与海事履约管理体系建设的思考》，《中国水运》2011 年第 7 期，第 11 页。

④ 成纪麟：《IMO 成员国自愿审核机制介绍》，《航海技术》2007 年第 5 期，第 80 页。

第一，将船舶定线制的适用范围扩展至领海外。大部分国家在适用船舶定线制保障海上交通安全时，将定线制的适用范围限制在领海以内的海上通航环境，还有一些国家为了扩大海上交通安全管辖范围、降低海上交通事故对沿海国居民生活或生态环境的影响程度，将船舶定线制适用范围延伸至领海外，其适用的定线措施可以被分为航路管理措施和航区管理措施。航路管理措施包括分道通航制、环形道、双向航路、推荐航路、推荐航线和深水航路。此类定线措施是针对海上航线的调整与规范，通过分隔相反的交通流调整海上航线船舶运行轨迹和指定航道的宽度，引导或建议船舶沿其航行的一种规范措施。航区管理措施的适用范围，包括沿岸通航带、警戒区、避航区、禁锚区。航区管理旨在通过指定航行区域、规定进入特定区域的特殊航行规则或限制航行范围的方式要求船舶采用推荐的交通流方向，在水深不明或水深接近吃水的区域为船舶提供特殊指导，以减少搁浅的危险。船舶进入特定航区时必须特别谨慎地驾驶，避航区要求所有船舶或某些等级的船舶应避开该区域，除非是在船舶或人员面临紧迫危险的情况下，所有船舶或特定类型船舶应避免在禁锚区内锚泊。沿海国在领海外适用船舶定线制有两种方式。一种方式是当事国单方面在领海外适用船舶限定，要求过往船舶在航行中尊重沿海国划定的航路或航区管理措施；海岸相邻的国家间也可以通过协商方式在领海外适用两国共同的船舶定线制，如1983年加拿大与丹麦为保护地区海洋环境，签订合作协定，在戴维斯海峡（Davis Strait）、巴芬湾（Baffin Bay）的两国领海外地区适用船舶定线制。[①] 另一种方式是沿海国将适用于领海外的船舶定线制提交国际海事组织审议通过，通过国际海事组织决议的方式发布适用。[②]

[①] David Vander Zwaag, "Shipping and Marine Environmental Protection in Canada: Rocking the Boat and Riding a Restless Sea," in Donald R. Rothwell, Samuel Bateman (eds.), *Navigational Rights and Freedoms, and the New Law of the Sea* (Leiden/Boston: Martinus Nijhoff Publishers, 2000), p. 225.

[②] 例如，2020年1月国际海事组织航行安全、通信与搜救分委会（NCSR）第7次会议审议，同意挪威在其西北沿岸水域建立"特赖纳附近"（Off Træna）与"哈尔滕附近"（Off Halten）两处分道通航制的提议，并将已有的"挪威西海岸附近""挪威南海岸附近""挪威瓦尔德（Vardø）至勒斯特（Røst）海岸附近"三处船舶定线措施整合，形成连贯的覆盖挪威沿岸专属经济区的统一船舶定线制系统。参见中国出席NCSR7代表团《国际海事组织航行安全、通信与搜救分委会第7次会议（NCSR7）简报》，《国际海事公约研究》2020年第1期，第6页。

第二,"受影响国"在专属经济区实施船舶残骸清除。专属经济区实施通航环境安全保障,几乎不涉及在通航区域配置常态化硬件设施,① 也不会涉及航道的清淤或拓宽,主要任务是清除通航水域内碍航物。2007年国际海事组织通过《残骸清除公约》,首次对沿海国海上交通事故中的残骸清除作出统一规定,该公约主要适用于缔约国专属经济区内的残骸清除,是否适用于领海由各缔约国自行决定。《海洋法公约》仅规定沿海国对造成重大污染或污染威胁的船舶进行干预的权利,而《残骸清除公约》明确了沿海国对造成碍航或重大污染的残骸有清除的权利,强化了沿海国对专属经济区的管辖权。《残骸清除公约》定义的"残骸",指海上事故发生后沉没或搁浅的船舶或部分船舶(包括当时或曾经在该船上的任何物品)以及船舶在海上丢失后搁浅、沉没或漂浮在海上的任何物品(包括货物、集装箱等)。② 《残骸清除公约》没有使用《海洋法公约》中"沿海国"的表述,而代之以"受影响国"(affected state),即残骸位于其"公约区域"的国家。"公约区域"指一国根据国际法设立的专属经济区;如该国尚未设立专属经济区,则为该国根据国际法所确定的、在其领海之外并与其领海毗连的、从测量其领海宽度的基线向外延伸不超过200海里的区域。③ 由于《残骸清除公约》以残骸的位置来定位"受影响国",而"受影响国"可能为一个国家,也可能为数个国家,如对于一些身长三四百米的超大型船舶而言,一艘沉船横跨两国海上边界已非空想;对于集装箱货柜船、散货船而言,发生海上交通事故后,落海的集装箱、件杂货或船舶属具四散漂移进入不同国家的专属经济区,也会出现同一事故影响多个国家的情形。《残骸清除公约》为"受影响国"在专属经济区实施海上通航环境养护、清除船舶残骸、促进船舶海上航行安全和保护海洋环境提供了明确的国际法依据和程序。

第三,专属经济区遇难人员搜救需求持续增加。有数据显示,从2003年到2005年南海渔船遇难情况看,在中国领海外围100海里以外海域遇险

---

① 通常情况下,在专属经济区设立航标等海上设施主要是为应对海上事故船舶定位、配合海洋资源勘察等,具有临时性特点。
② 《残骸清除公约》第1条第2项、第4项。
③ 《残骸清除公约》第1条第1项、第10项。

人员有 1201 人，遇险船舶数及人数远远多于其他海区。① 而近十年来，海上交通安全险情和事故分布不断向远海延伸，发生在离岸 100 海里以外的险情年均 90 起，其中重特大海上交通险情占比约为 15%。② 在领海外发生海难事故，从岸上搜救基地到事故发生地动辄数十海里，甚至数百海里，几十米和百米长的失事船舶在茫茫大海上，从被发现到施救，耗时耗力。结合目前海上搜救的硬件配置看，一般飞行救助半径为 120 海里，飞行救助时间约为 1 个小时，政府搜救船舶以 20 节（约 37 千米/时）航速航行，驶至 200 海里边缘大概需要 10 个小时。一旦在远离沿海国近岸海域发生海难事故，无论是给予海上人命及时救助、提高遇险人员生存概率，还是国家海上救助力量进行优势互补，都需要国家间合作，以最短距离给予遇难人员最及时、最可靠的救助。为此，《国际海上搜寻救助公约》《国际救助公约》对遇难船舶及其上人员的搜救作了统一协调。《国际海上搜寻救助公约》的目的在于确立国际海上搜寻与救助计划，尽可能使搜救程序标准化，便利各国政府间和参与搜救工作各机构间的直接联络和有效合作，并为搜救机构开展工作提供指南，该公约要求各缔约国政府与邻近国家确定搜救责任区域，③ 若船舶及其上人员在搜救责任区域内遇险，其只要通过有效方式发出警报，沿海国搜救机构就有义务组织搜救行动。《国际救助公约》的主要目的在于确保对处于危险中的船舶和其他财产进行救助作业的人员能得到足够的物质鼓励，对救助遇难船舶的报酬作出新的规定，对防止海域污染的花费给予补偿。④

沿海国在海上执法中对船舶及船员使用武力的行为频频出现。使用武力属于海上执法中的非常态执法手段，在海上执法中使用武力是国内执法机关在具备海上执法资格后，在国内法的授权下使用武力进行执法的行为。海上执法中使用武力的情形包括自卫与排除妨碍，即在海上执法过程中，

---

① 王平庄：《海南海上搜救概况与分析》，《中国应急救援》2007 年第 1 期，第 13 页。
② 孙金莹、杨立波、刘胜利：《贯彻落实新海上交通安全法 推动海上交通安全管理向深远海延伸》，《中国交通报》2021 年 10 月 26 日，第 3 版。
③ 司玉琢主编《海商法大辞典》，人民交通出版社，1998，第 1024 页。
④ 危敬添：《〈1979 年国际海上搜寻救助公约〉与〈1989 年国际救助打捞公约〉的关系》，《中国远洋航务》2010 年第 3 期，第 56 页。

为了保障执法主体自身安全,或保护受到不法行为侵害或以侵害相威胁的海上交通工具及其上人员使用武力的情形。出于自卫目的使用武力反击属于执法中的制止性行为,在海上执法中以自卫为目的使用武力,常出现于应对危及海上航行安全的海盗、海上武装抢劫和海上恐怖主义袭击过程中,海上执法力量出于保护执法船及其上人员、财产的安全而使用武力。比较特殊的是,海上武装抢劫和海上恐怖主义有时为了制造政治影响,甚至以一国政府海上执法船舶或政府经营、管理的船舶为袭击对象,[①]此时海上执法主体使用武力完全是出于保障自身安全的需要。执法遇到阻碍而使用武力予以排除是针对海上执法中的保障性执法与预防性执法而言的。保障性执法是为保障海上安全秩序和执法活动正常进行,执法主体依法定职权对国家管辖海域进行巡查管理,或者依法对自然人、法人或其他组织遵守国内法与国际公约之规定、执行行政命令或决定的情况进行核查、监督。预防性执法指执法主体为实现海上交通安全保障目的,对国家管辖海域内海上活动或者国家管辖海域外海上活动中特定的相对人或交通工具,限制权利和科以义务的强制行为。然而,正是国际法对海上执法中使用武力的行为"网开一面",导致在海上执法中针对船舶、船员使用武力的案例屡见不鲜。仅就我国而言,2009 年"新星号"事件、2006 年"满春亿号"事件、2013 年"广大兴 28 号"事件等他国海上执法机构对我国船舶及船员使用武力的事件,无一不造成人员死伤。[②] 甚至在争议海域,争议当事国针对其他争议当事国船籍的船舶使用武力,成了一种变相的报复或惩罚行为。因而,在承认使用武力是国际法许可的海上执法方式的前提下,如何限制武力的使用,逐步成为保障海上交通工具及其上人员安全的焦点。

军事船舶护航国际海上航行船舶。军事船舶指属于一国武装部队、具备辨别军舰国籍的外部标志、由该国政府正式委任并名列相应的现役名册或类似名册的军官指挥和配备有服从正规武装部队纪律的船员的船舶,[③] 军

---

① 参见 Gal Luft, Anne Korin, "Terrorism Goes to Sea," *Foreign Affairs*, Vol. 83, No. 6, 2004, pp. 61-71。
② 傅崐成、徐鹏:《海上执法与武力使用——如何适用比例原则》,《武大国际法评论》2011 年第 2 期,第 1~3 页。
③ 1982 年《海洋法公约》第 29 条。

事船舶护航是针对海盗、海上武装抢劫行为等海上非传统安全威胁,对途经护航区域船舶实施的安全保障行为,参与护航的军事船舶包括军舰、潜艇等属于军事编制的在役船舶①。军事船舶护航与海盗、海上武装抢劫行为等对商船安全的威胁密切关联,护航行为不仅表现为其与商船相伴航行,更重要的是在护航过程中对海盗、海上武装抢劫行为等海上非传统安全威胁的制止与打击。② 军事船舶护航是应对海上非传统安全因素、保障国际海上航行安全的重要措施,护航的内容没有范围限定,而是根据航区因素③、海上恐怖活动、海盗行为等情况的变化不断进行调整和更新。④ 为了满足国际航行船舶安全保障的需要,各国和政府间国际组织已经开始寻求派出军事船舶保护悬挂本国旗帜的船舶或途经特定海域的外国籍船舶,使之在航行过程中免遭海上不法行为的侵害。

三 国际海上交通安全保障的变迁缘由

长期以来,海上通航环境安全保障空间被限定在领海以内的空间范围,⑤随着国家海洋利益的向外扩展,海上通航环境安全保障空间逐步突破领海,向毗连区、专属经济区及公海延伸。其原因在于,随着人类对海洋资源的开发和对海洋及其空间的综合利用由近海向远海扩展,在海上活动多样化、通航高密度化、船舶体量大型化和运输类型复杂化的影响下,领海外通航密度逐步增大,交通流复杂。在国际航行船舶中,客船航速较快,集装箱

---

① 邱永峥:《解放军派潜艇护航遭质疑 美国一直派潜艇反海盗》,环球网,http://mil.huanqiu.com/observation/2014-09/5154593.html,最后访问时间:2022年6月3日。
② 迟菲、崔家生:《海军护航行动中打击海盗面临的法律困境与对策分析》,《法学杂志》2010年第S1期,第51~54页。
③ 航区因素包括与海上保安有关的航区,包括恐怖主义地区、冲突地区、海盗地区、走私地区、标志性建筑地区等。参见2004年《船舶保安评估实施指南》第5.2.2项。
④ "IMO Adopts Comprehensive Maritime Security Measures," http://www.imo.org/blast/mainframe.asp? topic_id = 583&doc_id = 2689, last visited 3 June, 2022.
⑤ 如日本《海上交通安全法》第1条第2款规定:"本法规定在东京湾、伊势湾(包括接近伊势湾的湾口海域及三河湾中接近伊势湾的海域)及濑户内海中适用为如下各项规定海域以外的海域。这些海域与其他海域(除了如下各项规定海域以外)的界限按政令规定。"我国《海上交通安全法》第2条、第50条虽然规定海上交通安全保障国内法适用空间为国家"管辖海域",即国家管辖的内水、领海、毗连区、专属经济区和大陆架水域,但是其主体内容是围绕领海内国家海上交通安全行政管理设计的。参见魏明辉《从实施〈联合国海洋法公约〉谈〈海上交通安全法〉的修订》,《中国海事》2008年第3期,第31~33页。

船航速次之，危险品船和渔船等航速偏慢。如果不同航速的船舶在同一航线内密集分布，也表明该区域海上通航环境的复杂性。在一些国际通航海域，商船习惯航线与渔船作业路径频繁交会，① 在商船航行区域和渔船作业区域没有被有效隔开的情况下，大量商船不得不航经渔船密集作业区，导致该区域通航秩序更为复杂②。当领海外用于海上钻探的固定平台、科研考察平台位于海上航线途经区域或靠近海上航线时，其也具有适用警戒区、避航区等船舶定线措施、分隔海上作业区与航行区域的客观需求。

海难事故、海盗及海上武装抢劫等对国际通航环境的影响愈加凸显，尤其是对国际航行船舶及其上人员安全的影响正在扩大，对海上安全的危害更具国际性与全球性。20世纪80年代以后，以"阿希尔·劳洛"（Achille Lauro）案为标志，恐怖主义活动成为除自然风险和海盗之外的影响海上交通安全的一种新因素。③ 自《制止危及海上航行安全非法行为公约》和《制止危及大陆架固定平台安全非法行为议定书》生效实施以来，通过立法规制和防范海上运输领域的恐怖主义、保护海上通道安全，已成为国际共识。海上非传统安全威胁几乎不带有鲜明的军事、政治色彩，而以威胁"人的安全"为外在表征，其行为主体呈现多元化的扩展趋势。影响海上航行安全的威胁来源不一定是某个主权国家，大多是非国家行为体如个人、组织或集团，其影响具有全球性特征。例如，在亚丁湾海域、南海海域，航路所经海域广阔，海盗和海上恐怖主义活动越来越猖獗，袭击海上运输的辅助设备，劫持交通工具，严重威胁国际海上交通安全。当前，无论是从人员组织机构和战略战术角度，还是从武器与交通工具配置精良程度看，海盗、海上武装抢劫、海上恐怖主义活动都近似于一种准军事化状态。④ 相对于海上恐怖主义活动、海盗行为等非传统安全威胁力量，商船所采取的硬件措施、

---

① 郗林：《浅析商船与渔船碰撞事故原因及对策》，《中国水运》（下半月）2011年第11期，第24~25页。
② 栗倩云、曾省存：《商船与渔船碰撞问题研究》，《中国渔业经济》2012年第2期，第5~6页。
③ Lisa Otto, Suzanne Graham and Adrienne Horn, "Maritime Terrorism," in Lisa Otto (ed.), *Global Challenges in Maritime Security: An Introduction* (Dordrecht/Heidelberg/New York/London: Springer Publishing, 2014), pp. 145-159.
④ 曾向明、陈宝忠、顾磊：《全球海盗形势最新研究》，《中国航海》2009年第3期，第36~40页。

软规则安排等保安措施都无法与其相比。虽然国际海事组织通过《国际海上人命安全公约》海上保安修正案、《国际船舶和港口设施保安规则》、《制止危及海上航行安全非法行为公约》，对全球范围内的国际航行船舶保安进行规范和部署，但是对于《国际海上人命安全公约》第Ⅺ-2章第2条、《国际船舶和港口设施保安规则》A部分第3.1条规定之外的船舶保安，国际社会尚未形成统一的保安规则，[①] 而且在IMO船舶保安措施下，在索马里海域、中国南海海域等区域内海盗、海上武装抢劫仍然呈现高发态势，不断对过往船舶产生威胁。军事船舶以护航方式参与船舶保安是基于满足商船航行安全的现实需求出现的，在一定程度上减少了不同国家对海上私人武装保安态度的差异性引发的船舶保安危机。因此，国际海上交通安全风险考虑向非传统安全领域延伸是因应当前海上安全形势，针对海盗、海上武装抢劫、海上恐怖主义活动等非传统安全因素对海上交通活动产生的威胁所作出的回应。

国家利益向领海外延伸催生交通安全保障需求。在全球化背景下，海洋对当今社会的最大价值莫过于运输通道与海洋资源，海上运输通道是维系世界政治、经济和贸易的主要支柱，对一国的经济、军事和政治影响巨大，近代沿海国家战略防御中心由内陆逐步转向沿海，来自领海外的不安全因素已经对包括我国在内的诸多沿海国的国家安全造成过实质性损害或产生威胁。[②] 冷战结束至今，海上通道是国际贸易往来和能源运输的主通道，保障海上通道安全与保障海上通航环境安全关系密切，因此，使海上通航环境安全保障空间向领海外扩展也是满足国家保障海上通道安全的需要。国际公约在海上通航环境安全保障空间范围方面作出延伸式规定。《海洋法公约》规定沿海国在专属经济区内对建造和使用人工岛屿、进行海洋科学研究和保护海洋环境具有管辖权，规定沿海国在公海享有建造国际法所容许的人工岛屿和其他设施的自由，允许沿海国在人工岛屿或其他设施周边设置500米的安全地带。[③] 从海上通航环境安全保障角度看，上述规定为沿海国有条件地将海上通航环境安全保障空间延伸至专属经济区、公海

---

① 中国船级社（CCS）2012年通告第56号（总第218号）。
② 王历荣：《全球化背景下的海上通道与中国经济安全》，《广东海洋大学学报》2012年第5期，第2页。
③ 1982年《海洋法公约》第60条第5款、第87条第1款（d）项、第260条。

提供了国际法依据。

　　船舶大型化、多样化、信息化、智能化正在引领世界进入新一轮大航海时代。无论是国际航行的货船、客船（邮轮）还是工程船，船舶的体积越来越大、功能越来越多，船舶大型化增强了其抗风浪能力，延长了航行和作业的气象窗口期。20世纪50年代集装箱船运输问世以来，集装箱船船型已经从第1代发展到第6代，第1代集装箱船的载运能力仅为750~1500标箱，第6代集装箱船的载运能力已经达8000标箱。1912年"泰坦尼克号"载运的乘客及船员共计2224人，目前全球最大的邮轮"海洋绿洲号"（Oasis of the Seas）可以容纳8300人，是"泰坦尼克号"载运人员数量的近4倍。海上大型绞吸挖泥船作业海域由沿海、近海延伸到远海，挖掘土质从淤泥、硬质沙土拓展到坚硬岩礁，单船作业能力可以达6500米^3/时。① 与此同时，国际航行船舶的种类也越来越多，如散货船、集装箱船、超大型油轮（VLCC）、液化天然气船（LNG船）、特种货船、液体化学品船、海难救助船、科学考察船、破冰船、敷缆船等，而船舶动力也在发生变化，在燃油驱动之外，核动力驱动和电力驱动纷纷出现，化学动力船舶也在开发之中。在驾驶和操控方面，互联网技术与数据集成技术被应用于船舶制造，将船端和岸基置于同一系统，在船舶上可以通过控制平台实现船舶设备管理、卫星导航、备件物料管理、燃料管理等，并且通过船岸数据通信控制系统实现船岸数据共享。在人工智能技术的推动下，船舶信息化向智能化过渡，发展智能船舶已经成为国际航运界的共识。2017年12月，全球第一艘万吨级智能船舶通过伦敦船级社认证，正式交付使用。同年，挪威、日本等国宣布在2019年推出用于国际航行的无人驾驶船舶。美国等国家已联合向国际海事组织提交关于人工智能船舶立法范围的方案，国际海事委员会也已设立国际公约与人工智能船舶国际工作组（IWG），起草相关行为准则，全球范围的人工智能船舶时代已经到来。② 随着船舶大型化、多样化、信息化、智能化，国际公约中有关交通安全保障的规则和标准，也需要与时俱进，不断修正补充。

---

① 谭家华：《艨艟巨舰，海工中国——中国大型工程船科技迈向高水平自立自强》，《人民日报》（海外版）2022年4月11日，第9版。

② 马金星：《人工智能船舶引领国际海事规则体系变革》，《中国海洋报》2019年10月8日，第2版。

第三章　国际海上通航环境安全保障法律问题

海上通航环境安全保障具有属地性特征。随着各国对海洋资源的需求日趋强烈，国家海洋利益已经由近海延伸至远洋，海上通航环境安全保障在国家海洋利益扩张下，空间向领海外扩展，在安全保障措施上与国家海洋维权相配合。

第一节　航行自由与国家主权的法律联系

海上不存在管辖权"真空"领域。无论是在沿海国领海、毗连区、专属经济区航行，还是在公海（包括南北极海域）航行，船舶航行之处即受到属地管辖、属人管辖和普遍管辖的约束，每一类管辖权都是基于国家主权产生的。当代船舶在海上航行、停泊和作业的权利，都可以追溯至航行自由理念。对此，有学者指出，格劳秀斯在17世纪初提出的航行自由理念，结束了长久以来的海洋割据和垄断局面，开创了海上航行的新格局，《海洋法公约》出台后，航行自由已经发展成以公海航行自由和国家管辖水域中的航行自由为内容的综合性制度。[①] 国家主权与航行自由不互相排斥，航行自由是国家享有之海上权利，而国家主权是航行自由之权利源泉，二者都需要遵守以《联合国宪章》宗旨及原则为核心的国际法原则、规则和制度，将航行自由与国家主权置于对立面，是一种悖论。

[①] 张小奕：《试论航行自由的历史演进》，《国际法研究》2014年第4期，第22页。

一 航行自由的历史内涵解读

航行自由是海洋自由的主要内容。17世纪初雨果·格劳秀斯在《海洋自由论》中借助自然法理论，从葡萄牙对东印度无主权、无权垄断海洋和海上航行权及无权垄断国际贸易权三个角度来阐释其海洋自由和贸易自由理论。格劳秀斯认为，海洋的法律属性与人类自然需求是海洋自由的正义性基础：一方面，海洋在法律性质上属于人类共有物，应向所有国家开放，所有国家对其可以平等使用；另一方面，基于人类之间有进行交往和交换的自然需要，人类可以通过行使航行权建立相互联系，因此，所有国家都应当享有在海洋中航行和运输的自然权利。①

从历史演进角度看，围绕航行自由原则有两个焦点问题。一是"闭海论"和"海洋自由论"之间的纷争。雨果·格劳秀斯提到的海洋自由包括捕鱼自由和航行自由，一些学者在论及"闭海论"和"海洋自由论"之间的纷争时，笼统地认为1635年约翰·塞尔登出版的《闭海论》（De Mare Clausum）反对将海洋自由作为一项原则，但是，吕迪格·沃尔夫鲁姆（Rüdiger Wolfrum）等人在分析了《闭海论》之后认为，实际上约翰·塞尔登反对的是雨果·格劳秀斯提出的捕鱼自由，而不是航行自由。② 二是航行自由原则的国家实践及"法律确信"。一种观点认为，"18世纪末，欧洲爆发了工业革命，生产力大为提升，海外贸易和殖民地的开拓风靡一时，航行和贸易自由在当时符合欧洲所有国家的利益。因此，海洋割据转向海洋自由多为各国自发而为之"。③ 然而，在航行自由之争中，海上贸易因素与海上交战规则始终萦绕，并左右着航行自由理论及国家实践的发展方向。从17世纪至20世纪第一次世界大战之前，荷兰、英国、法国、西班牙、美国等传统海洋大国有关航行自

---

① 沈宗灵：《格劳秀斯的自然法和国际法学说》，载中国国际法学会主编《中国国际法年刊》（1983），法律出版社，1983，第56页。

② In particular, John Selden argued against the freedom of the sea as a principle in his treatise "De mare clausum" of 1635 but in fact he meant the freedom to fish, also proclaimed by Hugo Grotius, rather than the freedom of navigation. See Rüdiger Wolfrum, "Freedom of Navigation: New Challenges," in Myron H. Nordquist, Tommy Koh and John Norton Moore (eds.), *Freedom of Seas, Passage Rights and the 1982 Law of the Sea Convention* (Leiden: Koninklijke Brill NV Publishing, 2009), p. 81.

③ 张小奕：《试论航行自由的历史演进》，《国际法研究》2014年第4期，第25页。

由的立场不尽相同。荷兰作为"海上马车夫"与大多数其他欧洲国家缔结了包含"船舶自由,货物自由"原则(free ship, free goods)的双边条约,例如英国与荷兰1674年《威斯敏斯特条约》(Treaty of Westminster),1609年法国与奥斯曼帝国也签订过包含此类条款的条约。[①] 此后,由于荷兰为交战国运送物资,英国对荷兰船舶进行登临检查和扣押,1674年《威斯敏斯特条约》并没有被很好地执行。概言之,在第一次世界大战即将结束之前,航行自由主要聚焦于中立国在战时的贸易权问题,其含义与20世纪50年代以来国际条约中所载的航行自由的含义有着显著的区别。第一次世界大战末期,美国希望赋予航行自由以更广泛的含义,在海上建立战后国际新秩序。1917年1月22日美国总统托马斯·伍德罗·威尔逊(Thomas Woodrow Wilson)在致美国参议院的信中称,航行自由意味着每个国家都有权自由进入"面向世界商业的开放航路"(the open paths of the world's commerce)。而且,他接着说,"海上航路在法律上和事实上都必须是自由的。海洋自由是和平、平等和合作的必要条件"。1918年1月8日,威尔逊总统在《十四点和平原则》(Fourteen Points)中进一步阐述了航行自由的含义,即"各国在领海以外的海洋上应有绝对的航行自由,平时及战时均是如此,除非为执行国际公约而采取的国际行动可能会全部或部分关闭海洋"[②]。尽管《十四点和平原则》关于航行自由的阐述,其背后有着美国迫切的"经济利益需要",但是也在某种程度上打破了贸易和交战规则对航行自由概念的钳制。享有航行自由的主体由沿海国扩展至内陆国。1919年《凡尔赛条约》第27

---

① Llewellyn A. Atherley-Jones, *Commerce in War* (New York: Routledge Publishing, 2015), pp. 25, 251, 554.

② As stated by the president Thomas Woodrow Wilson in a message to the Senate on 22 January 1917, it would mean the right of every nation to have free access to "the open paths of the world's commerce". And, he went on to say, "the paths of the sea must alike in law and in fact be free. The freedom of the seas is the sine qua non of peace, equality, and co-operation". One year later, on 8 January 1918, Wilson further elaborated his concept of freedom of the seas in his Fourteen Points. The second of them called for "absolute freedom of navigation upon the seas, outside territorial waters, alike in peace and in war, except as the seas may be closed in whole or in part by international action for the enforcement of international covenants". See Armin Rappaport, William Earl Weeks, "Freedom of the Seas," in Alexander DeConde, Richard Dean Burns and Fredrik Logevall (eds.), *Encyclopedia of American Foreign Policy* (Vol. 1, 2nd Edition) (New York: Charles Scribner's Sons Press, 2002), p. 118.

条、1921年《巴塞罗那宣言》等开始承认在内陆国特定地区进行船舶注册的合法性，规定对悬挂沿海国或内陆国旗帜的船舶应当一视同仁。[1] 但直到1958年《公海公约》，内陆国过境权和出海权才有所突破，[2] 该公约明确提出"各无海岸国均应有权自由进入海洋"，但仍规定沿海国在"互惠"的基础上为内陆国提供过境自由，这使得内陆国在获取过境的便利时仍处于不利地位。总结航行自由原则演进的历史过程可以发现，格劳秀斯时代的航行自由与《十四点和平原则》、1958年《公海公约》中的航行自由，不仅在词语表达上有差别，甚至可以说是"同词不同意"。从格劳秀斯时代至20世纪中叶，海上活动规则的形成或塑造，与国家海上力量之间存在着正相关关系，以至于有学者认为，这一时期任何海上国际法新原则或规则，只有被海洋大国所接受，才能成为普遍适用的原则或规则。[3] 20世纪中叶以后，伴随殖民时代的终结，少数大国主导国际海洋规则的时代已成既往，国家通过国际机构集体行动制定和发展国际规则，成为国际海洋法演进的主旋律。[4]

第三次联合国海洋法会议在承继航行自由核心理念的基础上召开。《海洋法公约》对航行自由的制度进行了完善，最终完全确认了内陆国的航行自由，将沿海国主权水域中的航行权由单一的无害通过权拓展为无害通过权、过境通行权、群岛海道通过权三类，将航行自由由公海延伸至专属经济区并作出相应限制。[5] 此时，享有航行自由的主体不再区分内陆国与沿海国，航行自由的空间范围涵盖国家管辖海域与公海两个部分，航行自由的权利内容呈现层次性分布。从航行自由发端和发展的历史脉络看，可以得出如下几点结论。

---

[1] Upendra Nath Gupta, *The Law of the Sea* (New Delhi: New Delhi Atlantic Publishers, 2005), p. 39.

[2] 张小奕：《试论航行自由的历史演进》，《国际法研究》2014年第4期，第25页。

[3] James Kraska, *Maritime Power and the Law of the Sea: Expeditionary Operations in World Politics* (Oxford: Oxford University Press, 2011), pp. 39-50.

[4] Daniel Patrick O'Connell referred that "marine resources being exhaustible and in need of conservation; and that is the case again today, when the maritime powers coexist in equilibrium upon the pivot of mutual deterrence and cannot prevail over the host of small States that have tended to usurp their authority". See Daniel Patrick O'Connell, *The International Law of the Sea* (Vol. 1), edited by Ivan Anthony Shearer (New York: Oxford University Press, 1982), p. 1.

[5] Dale Stephens, "The Legal Efficacy of Freedom of Navigation Assertions," *Israel Yearbook on Human Rights*, Vol. 34, 2004, pp. 129-130.

第一，航行自由尚在发展中，权利内容不断得到完善。从"后格劳秀斯时代"至 19 世纪末，航行自由经由国家主张实践得以在习惯国际法中确立，① 进而得到各国普遍奉行，结束了长久以来海洋割据和垄断局面，开创了海上航行的新格局。但直至 20 世纪初，公海航行自由一直是航行自由的主要内容，这在相关国际司法裁判中均有体现，如 1921 年英国与美国"杰西号"案仲裁裁决指出，"除非有特别规定或在战时状态下，被悬挂外国旗帜的巡洋舰干扰，在公海上追逐从事合法职业的（行为）是毫无依据和非法的"②。在 1927 年"荷花号"（Lotus）案裁决中，常设国际法院也认为，"根据国际法，在公海上，除了船旗国以外，船舶不受其他国家管辖。根据海洋自由原则，公海上是没有领土主权的"。从 20 世纪初至《海洋法公约》生效实施的近一百年间，一方面，享有航行自由的主体范围发生调整，由沿海国逐步扩展至所有国家，继而"领海—公海"二元海域制度模式被打破，海域制度得到充实、完善，领海、毗连区、专属经济区和公海航行制度的内容被重新调整或补充规定；另一方面，《海洋法公约》虽然肯定和发展了航行自由，满足了沿海国扩大其海洋权益的要求，照顾了海洋大国航行自由的权利，但在很多问题上是模棱两可的，这为其后航行自由的理论塑造留下了理论发挥空间。

第二，航行是航行自由的外部行为表现，目的是享有航行所带来的运输便利。航行，指计划、记录并控制运载体从一个位置运动至另一个位置的过程，③ 所产生的直接效果是实现其上人员或（和）物品的空间位移。从大航海时代至今，航行自由一直是与贸易自由捆绑在一起的，没有航行自由，贸易自由就无法实现。在 20 世纪 30 年代常设国际法院的判决中，法院认为，"在普遍可接受的观念里，航行自由包括船舶运行自由，进入港口自由，使用设备和码头装卸、运输货物及旅客自由"。由此观点出发，航行包

---

① Military and Paramilitary Activities in and Against Nicaragua (*Nicaragua* v. *United States of America*), Judgment of 27 June, 1986, ICJ Reports, para. 214, p. 111.

② The Case of the Schooners Jessie, Thomas F. Bayard and Pescawha, Judgment of 2 December, 1921, UN Reports of International Arbitral Awards, Vol. Ⅵ, p. 58, https://legal.un.org/riaa/cases/vol_VI/57-60_Jessie.pdf, last visited 3 June, 2022.

③ Maritime Policy for a Future Global Navigation Satellite System (GNSS), IMO Resolution A. 860 (20), adopted on 27 November, 1997, Assembly 20th Session, Agenda Item 9.

括航海及内河运输商业活动,航行自由必然包括商业自由。① 第二次世界大战之后,出于打击海上恐怖主义、海盗、海上武装抢劫活动及护卫商船等需要,军事活动在海上航行活动中所占比重逐步增加,有关军舰享有航行自由的边界一直处于争议中。从"科孚海峡"案、"对尼加拉瓜进行军事和准军事行动"案等的国际司法裁判看,虽然近现代国际法没有将军舰排除在航行自由之外,但一国军事活动不得威胁沿海国人员、财产及航行安全,其中也包括第三国进出沿海国管辖海域人员、财产及航行安全。例如,国际法院在"对尼加拉瓜进行军事和准军事行动"案中认为,条约法及习惯国际法中的主权概念均扩及每个国家的内水、领海及领土上空,法院注意到布雷必定影响沿海国家的主权,如果进入港口的权利因另一个国家布雷而受到妨碍,则受到侵犯的是交通与海上贸易的自由。② 由此可见,在承认商船与军舰均享有航行自由的前提下,沿海国的安全利益始终是海上军事活动不可逾越的一条红线。

第三,对航行自由的保护与限制并存,随时代发展而调整。航行自由自在习惯国际法中确立以来,先后在《凡尔赛条约》《公海公约》《海洋法公约》等国际条约中被反复确认,承认和维护航行自由在近现代国际法编纂中具有不可撼动的地位,作为正常海洋活动的保障,世界各国都希望能够实现航行自由,迄今为止还没有哪一个国家公开表示反对航行自由,但是有关航行自由的限制却始终处于发酵中。在大航海时代影响航行自由的主要是海洋强国的干涉与封锁;工业革命后,蒸汽机逐渐被用于船舶动力系统,钢制船舶逐渐取代木质帆船,海上航行船舶数量与吨位持续攀升,武器与军舰技术的改良,使自由与安全之间的矛盾陡然增加,如何协调航行自由与航行安全、平衡航行自由与沿海国安全的利益关系,成为国际法编纂过程中不得不面对的问题。第二次世界大战结束至今,伴随着船舶大型化和多样化的发展趋势,船舶载重吨位持续攀升,国际航行船舶,尤其是方便旗船舶靠港数量不断增加。大型化学品船、液化天然气船、油轮和

---

① The Case of Oscar Chinn (*Britain* v. *Belgium*), Judgment of 12 December, 1934, PCIJ Reports, Series A/B, No. 36, p. 48.

② Military and Paramilitary Activities in and Against Nicaragua (*Nicaragua* v. *United States of America*), Judgment of 27 June, 1986, ICJ Reports, paras. 212-214, pp. 111-112.

核动力船舶的出现，使沿海国在保障航行自由的同时，不得不考虑沿海生态环境保护的问题，而军事监测技术的进步和海上远程打击能力的提升使12海里已经无法成为有效保障沿海国国家安全的屏障，正因为如此，《海洋法公约》《制止危及海上航行安全非法行为公约》《国际防止船舶造成污染公约》《残骸清除公约》等国际公约，开始从权利客体、行为内容等方面对航行自由进行规制。

二　航行自由与国家主权的相互关系

航行自由与国家主权关系密切。一种观点认为"航行自由和主权没有关系"①，而无论是在法律上还是在事实上，国家主权与航行自由从来没有分开过。

第一，航行自由的客体是悬挂一国旗帜的船舶。悬挂旗帜是船舶营运的基础条件，船舶要悬挂国旗首先应具有一国国籍，船旗所代表的国家与船舶国籍是一致的，船舶和船旗国之间应当有"真正的联系"。在船舶取得国籍后，船旗国就有义务向船舶颁发有关证明船舶身份的文件，有权利对船舶行使管辖权，对船舶进行注册登记、授予其国籍本身就属于国家主权范畴。船舶的国籍是其身份证明，如果在海上航行的船舶没有国籍，任何船舶都处于无法辨明身份、无人管辖的状态，那么海上航行安全就会受到威胁，沿海国管辖海域及公海的法律秩序将难以维持。在公海上航行的船舶，必须而且只被允许悬挂一个国家的国旗，而且除国际条约明文规定的例外情形外，在公海上应受该国的专属管辖。除所有权确实转移或变更登记的情形外，船舶在航程中或在停泊港内不得更换其旗帜。船舶若悬挂两个以上国家的旗帜航行，并视方便而换用旗帜，则对任何其他国家不得主张其中的任一国籍，将被视同无国籍船舶。② 无国籍船舶在公海上被视为海盗船，不受任何国家的保护。所以，航行自由与国家主权从未分开过，航行自由是只有悬挂一个国家旗帜的船舶才能享有的自由，不悬挂国旗的船舶是不能在海上自由航行的。

---

① United State Mission to Asean, "Ambassador Hachigian's Telephonic Press Briefing Transcript," http://asean.usmission.gov/statement12042015.html, last visited 3 June, 2022.

② 参见1958年《公海公约》第6条第2款、1982年《海洋法公约》第92条第2款。

第二，享有航行自由的主体是主权国家。主权国家（sovereign states），指一定范围的领土之上的居民在一个独立自主的政府之下组成的社会，国家是国际法上权利与义务的直接享受者和直接承担者。① 主权国家具有承受国际法上的全部权利和义务的能力，是最主要和最重要的国际法主体，与海上航行自由相关的全部国际法原则和规则均适用于主权国家，主权国家作为享有航行自由的主体，其国际法地位源于国际法制度本身的性质和结构。一方面，主权国家是海上航行国际规则的制定者与推行者。当代海上航行国际秩序是建立在以公约为基础的国际法渊源的基础上的，主权国家是这些公约的真正制定者，公约中确立的一系列航行监督管理制度也是经由国家意志与国家行为才得以具体贯彻实施的。另一方面，主权国家是航行自由权益的享有者。主权国家是与航行相关的国际公约的直接针对者（direct addressee），而不是享有有关公约所承认的权利的个人，如《海洋法公约》第17条规定的无害通过领海的权利，从表面上看似乎是所有国家的船舶直接享有的国际法上的权利，但实际上该公约只是以省略的方法规定沿海国直接承担国际法上的义务，即沿海国应允许一切国家的船舶无害通过自己的领海，该权利直接针对的对象仍然是国家。

第三，享有航行自由不存在国家管辖权真空地带。一般而言，国家管辖权包括属地管辖、属人管辖、保护性管辖和普遍性管辖，一国对在其领海内的人、物及事件，除了依据国际法规定享有外交特权与豁免以外，有权依本国法律实行管辖。船旗国管辖是属人管辖向海洋的延伸，每个国家应对悬挂该国旗帜的船舶有效地进行行政、技术及社会事项上的管辖和控制，船旗国对在公海上航行的本国船舶具有专属管辖权，军舰或专用于政府非商业性服务的船舶，在公海上享有不受船旗国以外任何其他国家管辖的完全豁免权。② 保护性管辖是对属地管辖的有益补充，指国家基于国际法规定对于发生在其领海以外的对国家或其国民的重大利益造成或即将造成损害的行为有采取预防性、补偿性、惩罚性或自卫性措施的权利。③ 在领海之外，沿海国按照《海洋法公约》第33条有权在毗连区海域"防止"和

---

① 刘长敏：《论非国家主体的国际法律地位》，《现代国际关系》2004年第2期，第34页。
② 1982年《海洋法公约》第92条、第94条、第95条、第96条。
③ 宋云霞：《国家海上管辖权理论与实践》，海洋出版社，2009，第13页。

"惩治"在其领土内违犯其海关、财政、移民或卫生法律和规章的行为，行使管制权。沿海国有权对本国专属经济区内的人工岛屿、设施和结构行使管辖权，必要时在这些人工岛屿、设施和结构周围设置不超过500米的安全地带，非经沿海国同意，其他国家不能在沿海国专属经济区内进行海洋科学研究。沿海国对专属经济区内倾倒造成的污染、来自船舶的污染及来自海底活动的污染拥有立法管辖权和执行管辖权。[1] 为了维护公海及其他国家管辖范围以外的地方的法律秩序，《海洋法公约》承认所有国家对严重破坏公海和平与安全的犯罪行为的管辖权，其明文授予各国普遍管辖权的事项有海盗行为、贩奴行为、非法贩运麻醉药品行为和非法广播行为。[2]

三 国家主权对军舰海上航行的规制

《海洋法公约》根据从事活动的性质将船舶分为商船、政府公务船舶和军舰。《海洋法公约》将"军舰"定义为"属于一国武装部队、具备辨别军舰国籍的外部标志、由该国政府正式委任并名列相应的现役名册或类似名册的军官指挥和配备服从正规武装部队纪律的船员的船舶"[3]。前述定义是从武装部队的维度进行界定的，军舰既包括海军船，也包括属于一国武装部队的其他船舶，后者通常为属于一国武装部队序列的海警执法船。从国家主权角度看，国际法对海上航行的军舰，既赋予一定豁免权，也作出相应的限制。

许多涉及海上活动的国际公约均将军舰排除在适用范围之外，或赋予军舰在海上活动中一定的豁免权。例如，《海洋法公约》第236条规定："本公约关于保护和保全海洋环境的规定，不适用于任何军舰、海军辅助船、为国家所拥有或经营并在当时只供政府非商业性服务之用的其他船只或飞机。但每一国家应采取不妨害该国所拥有或经营的这种船只或飞机的操作或操作能力的适当措施，以确保在合理可行范围内这种船只或飞机的活动方式符合本公约。"1965年《便利国际海上交通公约》规定了便利船舶抵达、逗留和离开的措施，但该公约第2条第3款规定："本公约的规定不适用于军舰和游艇。"1989年《国际救助公约》第4条第1款规定，"在不

---

[1] 1982年《海洋法公约》第56条。
[2] 1982年《海洋法公约》第99条、第100条、第108条、第109条。
[3] 1982年《海洋法公约》第29条。

影响第 5 条规定的情况下，除一国另有规定外，本公约不适用于军舰或国家所有或经营的、根据公认的国际法准则在发生救助作业时享有主权豁免的其他非商业性船舶"；第 2 款规定，"如一缔约国决定其军舰或本条第 1 款所述的其他船舶适用本公约，它应将此事通知秘书长，并说明此种适用的条款和条件"。1988 年《制止危及海上航行安全非法行为公约》第 2 条第 1 款规定，"本公约不适用于：（a）军舰……"，第 2 款规定，"本公约的任何规定不影响军舰和用于非商业目的的其他政府船舶的豁免权"。2002 年《国际船舶和港口设施保安规则》A 部分第 3.3 条规定："本规则不适用于军舰、海军辅助船或由缔约国政府拥有或经营并且只用于政府非商业服务的其他船舶。"从前述国际公约的规定可以看出，在海上活动领域，国际法对军舰和一般商船进行区分，二者有着不同的法律地位；在公约有关适用范围的表述中，通常会单独规定军舰，并明确表明公约规定是否适用于军舰，或者赋予军舰豁免权。目前为止，国际社会尚没有一部专门约束军舰、海军辅助船或政府公务船舶的国际公约，而大多通过双边或多边协定调整，如《中美海空相遇安全行为准则》《中国与东盟国家关于在南海适用〈海上意外相遇规则〉的联合声明》等。

军舰在领海内的无害通过制度在理论和实践中存在争议。军舰在领海内无害通过的争议焦点为，军舰是必须事先通知沿海国或得到沿海国的事先许可，还是可以自由航行。一方面，《海洋法公约》规定，任何军舰如果不遵守沿海国关于通过领海的法律和规章，而且不顾沿海国向其提出遵守法律和规章的任何要求，则沿海国可要求该军舰立即离开领海；军舰不遵守沿海国有关通过领海的法律和规章或不遵守该公约的规定或其他国际法规则，而使沿海国遭受任何损失或损害的，船旗国应负国际责任；军舰在公海上有不受船旗国以外任何其他国家管辖的完全豁免权。[1]另一方面，《海洋法公约》第 32 条规定："A 分节和第三十条及第三十一条所规定的情形除外，本公约规定不影响军舰和其他用于非商业目的的政府船舶的豁免权。"一种观点认为，《海洋法公约》第 32 条赋予军舰绝对的豁免权。[2]也

---

[1] 1982 年《海洋法公约》第 30 条、第 31 条、第 95 条。
[2] 李颖：《国家豁免例外研究》，知识产权出版社，2014，第 147 页。

有观点认为，公约虽然规定所有船舶都有无害通过权，但军用船舶的无害通过权并不是国际社会普遍接受的并公认为不许损抑的一般国际法强制规范，因而包括军用船舶在内的所有船舶的无害通过权的行使，都不得违背沿海国关于无害通过的法规。①而美国主张所有船舶（包括军用船只）只要不从事某些被认为是破坏沿海国家和平、良好秩序或安全的特定活动，就有无害通行的权利，可以迅速地通过领海。②而中国《领海及毗连区法》第6条第2款规定，外国军用船舶进入中国领海，须经中国政府批准；第10条规定，外国军用船舶在通过中国领海时，违反中国法律、法规的，中国有关主管机关有权令其立即离开领海，对所造成的损失或者损害，船旗国应当负国际责任。1996年中国在批准《海洋法公约》时重申，《海洋法公约》有关领海内无害通过的规定，不妨碍沿海国按其法律规章要求外国军舰通过领海必须事先得到该国许可或通知该国的权利。

军舰在专属经济区航行应当遵守"适当顾及"义务。《海洋法公约》将领海的宽度限制为从沿海国基线量起不超过12海里，并构建了毗连区和专属经济区制度，将沿海国领海与公海隔开。毗连区和专属经济区在海域制度中具有独立的法律地位，这种独立的法律地位，一方面表现为《海洋法公约》第55条、第86条在界定专属经济区和公海时已将二者明确区分，专属经济区与公海是两个独立的海域。另一方面，毗连区和专属经济区制度对航行自由作出了有别于公海航行自由的限制，《海洋法公约》第58条第2款将公海的部分制度引入专属经济区，但前提是"只要与本部分不相抵触"，尤其是该款将规定"公海自由"及其他六大自由的第87条排除适用于专属经济区。③其他国家在沿海国毗连区、专属经济区航行时还需要遵循《海洋法公约》有关沿海国防治船舶污染等的规定，因而，在《海洋法公约》设计的海域制度

---

① 赵建文：《联合国海洋法公约与有限豁免原则》，《政治与法律》1996年第2期，第43页；邵津：《关于外国军舰无害通过领海的一般国际法规则》，载中国国际法学会主编《中国国际法年刊》（1989），法律出版社，1990，第138页。
② Anastasia Telesetsky, "United States Practice Regarding Innocent Passage and Navigational Transit," in Ted L. McDorman, Keyuan Zou and Seokwoo Lee (eds.), *Regulation on Navigation of Foreign Vessels: Asia-Pacific State Practice* (Leiden: Brill/Nijhoff Publishing, 2019), pp. 180-183.
③ 邹立刚：《论国家对专属经济区内外国平时军事活动的规制权》，《中国法学》2012年第6期，第51页。

下,毗连区及专属经济区航行自由不同于公海航行自由,且比公海航行自由受到的约束更多。《海洋法公约》第 58 条第 3 款规定:"各国在专属经济区内根据本公约行使其权利和履行其义务时,应适当顾及沿海国的权利和义务,并应遵守沿海国按照本公约的规定和其他国际法规则所制定的与本部分不相抵触的法律和规章。"简言之,他国在沿海国专属经济区内行使权利和履行义务时必须"适当顾及"沿海国的权利和义务。① 对此,美国海军有其"独特"的立场。美国《海军行动法指挥官手册(2017 年版)》第 2.6.2 项规定,在专属经济区内"包括军舰和军用飞机在内的所有船舶和飞机都享有公海航行和飞越自由,以及与这些自由相关的、在这些水域内和上空对海洋进行其他国际合法使用的权利,海军指挥官不需要顾虑海军行动区中专属经济区的存在"②。因此,在美国海军的行为规范中,军舰在专属经济区航行与在公海航行,不存在区别。但是,《海洋法公约》有关"适当顾及"义务的规定,说明公约有意在航行自由与沿海国管辖权之间寻找一个平衡点,但该公约没有进一步解释"适当顾及"的含义,导致各国对军舰在专属经济区航行规范方面的理解兼具共识与差异。

四 国际法对军舰海上航行的行为约束

当代国际法对于商船、渔船等商业性服务船舶的约束要远远大于对军舰,商业性服务船舶是航行自由规则的直接受益者,也是海上航行中被保

---

① 余敏友、冯洁菡:《美国"航行自由计划"的国际法批判》,《边界与海洋研究》2020 年第 4 期,第 22 页。

② 2.6.2 "Exclusive Economic Zones", Commander's Handbook on the Law of Naval Operations, Edition August 2017: "The coastal State's jurisdiction and control over the EEZ are limited to matters concerning the exploration, exploitation, management, and conservation of the resources of those international waters. The coastal State may also exercise in the zone jurisdiction over the establishment and use of artificial islands, installations, and structures having economic purposes; over marine scientific research (with reasonable limitations); and over some aspects of marine environmental protection. Accordingly, the coastal State cannot unduly restrict or impede the exercise of the freedoms of navigation in and overflight of the EEZ. Since all ships and aircraft, including warships and military aircraft, enjoy the high seas freedoms of navigation and overflight and other internationally lawful uses of the sea related to those freedoms, in and over those waters, the existence of an EEZ in an area of naval operations need not, of itself, be of operational concern to the naval commander."

护的对象，但对于军舰而言，海上航行只是其行为方式而非目的，并且被绝大多数与航行相关的国际公约排除在适用范围之外。仅就航行行为而言，国际法对军舰的约束既源于国际公约的规定，也源于国际法一般原则。中美两国围绕南海"航行自由"问题存在的争端，仅限于军舰及政府公务船舶在南海的航行活动，而非泛化至所有性质的海上船舶。尽管国际法中关于海军海上航行的法律规则极度缺失并严重碎片化，[①] 但是军舰在海上的航行并非享有绝对自由，不仅要遵守《海洋法公约》等国际公约的规定，还要尊重包括《联合国宪章》规范在内的国际法公认原则。

不得违反《海洋法公约》有关无害通过的规定。就军舰在他国领海的航行行为而言，根据《海洋法公约》第18条、第19条的规定，军舰"通过"领海，指穿过领海但不进入内水，或为了驶入或者驶出内水而通过领海的航行。这种航行必须继续不停和迅速前进，且不包括停船和下锚，不包括停靠泊船处和港口设施，但通过航行所附带发生的停泊和下锚，或者因不可抗力、遇难所必要，或者为援助遇险或遭难的人员、船舶或飞机则是被允许的。并且其"通过"行为必须是"无害"的，即不损害沿海国的和平、良好秩序或安全。《海洋法公约》通过列举的方式对"无害"作了具体规定，依《海洋法公约》第19条第2款，包括军舰在内的外国船舶在他国领海内进行下列任何一种活动，其通过就不是无害通过：（1）对沿海国的主权、领土完整或政治独立进行任何武力威胁或者使用武力或者以任何其他违反《联合国宪章》所体现的国际法原则的方式进行武力威胁或使用武力；（2）以任何种类的武器进行军事操练或演习；（3）任何目的在于搜集情报使沿海国的防务或安全受损害的行为；（4）任何目的在于影响沿海国防务或安全的宣传行为；（5）在船上起落或接载任何飞机；（6）在船上发射、降落或接载任何军事装置；（7）违反沿海国海关、财政、移民或卫生的法律或规章，上下任何商品、货品或人员；（8）任何故意和严重的污染行为；（9）任何捕鱼活动；（10）进行研究或测量活动；（11）任何目的在于干扰沿海国任何通信系统或者任何其他设施或设备；（12）与通过没有直接关系的任何其他活动。

[①] 肖锋：《对海军"海上实际存在"国际法规则的理论探析——航行自由VS存在自由》，《边界与海洋研究》2020年第6期，第39~40页。

在前述《海洋法公约》第 19 条第 2 款规定中,第 2 项至第 11 项为具体行为,第 12 项为"兜底"条款,需要进一步探讨的是该款第 1 项规定的"禁止威胁使用武力"。禁止使用或威胁使用武力原则是 19 世纪末 20 世纪初后逐步由协定国际法确立的,其已经发展成一项习惯国际法规范,同时也属于协定国际法范畴,以至于有学者将其归入国际强行法。① 就军舰航行行为本身而言,很难直接将其与威胁使用武力直接联系在一起;航行行为与威胁发动攻击随时可以发生之间,也非必然的等同关系。在考察军舰行使领海无害通过权与"威胁使用武力"的关系时,至少应当注意两个要点。一是规则的形成与时代的变迁。《海洋法公约》关于领海"无害""通过"的定义基本沿袭了 1958 年《领海及毗连区公约》第 14 条第 2 款和第 4 款的规定。② 在过去近一百年间,军事技术的进步使海洋已经无法作为守卫沿海国国家安全的天然屏障,以 2021 年 2 月 5 日未经中国政府批准擅自闯入西沙群岛领海的美军"麦凯恩号"(USS John S. McCain)导弹驱逐舰为例,该军舰航速超过 30 节(约 55.56 千米/时),其从沿海国 12 海里领海外部边界驶抵领海基线,只需要约半个小时,在海洋控制力不均衡的国家之间,一国具备远程打击能力的军舰非经另一国许可而在其领海内自由进出和游弋,本身就是对沿海国及沿岸人员安全的威胁。还有美国学者主张,在许多沿海国缺乏强大海上执法能力之时,依靠沿海国行使主权并不是保障海上安全的最佳办法。相反,通过支持军舰在沿海区域的航行自由,以及参加联合执法计划或许更能促进海上安全这一目标的实现。③ 如果真如上述学者所言,那么中国南海、西非海岸和西印度洋等各国海军活动频繁区域所发生的海盗袭击商船事件就不可能连年持续增加,④ 之所以出现这种情况,是因为一些国家假借航行自由的名义,不断介入他国之间的海洋争端,挑战他

---

① 黄瑶:《论禁止使用武力原则:联合国宪章第二条第四项法理分析》,北京大学出版社,2003,第 1 页。
② 1958 年《领海及毗连区公约》第 14 条第 2 款规定:"通过是指穿越领海的航行,其目的或是穿过领海,但不进入内水,或是驶往内水或自内水驶往公海。"第 4 款规定:"通过只要不损害沿海国的和平、良好秩序或安全,就是无害的。这种通过的进行应符合本公约和其他国际法规则。"
③ 〔美〕路易斯·B. 宋恩、克里斯汀·古斯塔夫森·朱罗、约翰·E. 诺伊斯等:《海洋法精要》,傅崐成等译,上海交通大学出版社,2014,第 295 页。
④ Reports on Acts of Piracy and Armed Robbery Against Ships Annual Report 2013, IMO MSC.4/Circ. 208, 1 March, 2013, para. 5.

国拥有的海洋主权和管辖权，甚至进行军事威慑和挑衅。二是规则的理解与威胁的判定。军舰是必须事先通知沿海国或得到沿海国的事先许可，还是可以自由航行，是理解《海洋法公约》关于军舰行使领海无害通过权的焦点。自1982年《海洋法公约》出台至今，近40年的国家实践并没有使该规则的解释趋向一致，美国频繁进行"航行自由"行动反而证明公约有关规定存在空白和冲突。在评价是否构成"威胁使用武力"时，联合国《威胁、挑战和改革问题高级别小组的报告》（2004年）认为，"除了合法性问题外，还有从审慎也就是正当性的角度出发的是否应采取这种预防性行动的问题；其中最重要的是，是否有可靠证据表明有关威胁确实存在（既要考虑能力，也要考虑具体意图）"①。1999年国际法院在《以核武器进行威胁或使用核武器的合法性咨询意见》中指出，禁止使用武力原则并不局限于特定的武器，一种本身已经非法的武器不会因为根据《联合国宪章》被用于合法目的而变得合法，②这意味着只要某种手段的使用可以被理解为一种交战形式，且这种手段用以破坏生命和财产，即可以被认定为属于使用武力。因此，在沿海国已经规定军舰通过领海需要通知、批准的前提下，他国军舰未履行前述条件，擅自进入沿海国领海，对其具体意图的判定更具有主观性与单方性；从公约规则本身的解读出发，无法厘清行为的客观目的和正当性。此时，对于"威胁使用武力"的判定更需要考虑沿海国与军舰船旗国之间的状态与关系、军舰的行为方式、威胁的紧迫性等因素。

禁止在沿海国管辖海域搜集情报。《海洋法公约》第五部分和第七部分规定了航行、飞越自由及沿海国对专属经济区内的科学研究活动的管辖权，却未规定军事测量和侦查活动是否属于科研活动，亦未说明此类行为是否适用航行和飞越自由。显然，军事测量和侦查活动与科学研究在本质上是不同的，且不论二者行为目的的差异性，单就外部表现形式而言，科学研究应当是公开的，并且根据《海洋法公约》第246条第2款应得到沿海国同意，专为和平目的及为增进关于海洋环境的科学知识以谋全人类利益，

---

① Report of the High-level Panel on Threats, Challenges and Change, UN Doc. A/59/565, 2 December, 2004, https://undocs.org/A/59/565, last visited 24 January, 2023.
② Legality of the Threat or Use of Nuclear Weapons, Advisory Opinion of 8 July, 1996, ICJ Reports, p. 22, paras. 38-39.

所得的科研数据应当具备公众分享性，① 研究的内容当然不包括沿海国军事力量、信号通信等。在进行航道或水文测量时，行为的目的应当属于《国际水道测量组织公约》所指，通过对海图和文件的改进使航行在全世界更加方便和安全。反之，在未经沿海国同意的情况下秘密进行并保有数据，研究测量范围也非以和平使用为目的，或测量范围不属于国际航行船舶通航范围时，该行为就不属于以科学研究为目的的测量活动，而属于军事测量或侦查。

此外，海洋是供全人类开发的客观存在的空间，和平利用海洋是每一个沿海国家应有的权利和应尽的义务，② 军舰在主张航行自由时必须遵循"和平利用海洋原则"，在妥善顾及所有国家主权的情形下，尊重《海洋法公约》等国际公约遵循习惯国际法为海洋构建的法律秩序，以便利国际交通和促进海洋的和平用途、海洋资源公平而有效的利用、海洋生物资源的养护以及研究、海洋环境的保护和保全，在享有航行自由所带来的便利的同时，恪守权利的边界，而非以维护航行自由为名、行权利滥用之实。

第二节　领海外适用船舶定线制的法律问题

船舶定线制（ships' routeing system）是航行规则的"集大成者"，③ 指有关船舶在水上某些区域航行时所遵循或采用的航线、航路或通航分道的

---

① 但是，2021年4月22日《美国海军在外国管辖区域军事数据收集活动的外交许可》（Diplomatic Clearance for U.S. Navy Marine Data Collection Activities in Foreign Jurisdictions, OPNAVINST 3128.9G）第4条（b）项也明确地指出，军事测量（military survey）是为了军事目的在领海、群岛水域、用于国际航行的海峡、专属经济区、大陆架以及公海的军事数据（无论是否保密）收集活动（通常不向公众或科学界公开）。军事测量包括海洋学、水文学、海洋地质学、地球物理学、化学、生物学、声学和其他相关数据。See Art. 4（b）Diplomatic Clearance for U.S. Navy Marine Data Collection Activities in Foreign Jurisdictions, OPNAVINST 3128.9G, 22 April 2021: "Military survey refers to activities undertaken in territorial seas, archipelagic waters, straits for navigation, the EEZ, high seas and on the continental shelf involving marine data collection (whether or not classified) for military purposes (not normally available to the general public or scientific community). Military surveys can include oceanographic, hydrographic, marine geological, geophysical, chemical, biological, acoustic and related data."
② 田勇编著《大国崛起：中国海洋之路》，河北科学技术出版社，2013，第178~180页。
③ 刘功臣：《船舶定线制在我国的成功实践》，《中国水运》2005年第2期，第6页。

一种规则，是对海上交通繁忙区域实施有效管理的主要手段，也是对航路进行合理规划、有效利用的重要方法和改善海上通航环境的重要措施。船舶定线制是一条或数条航路的任何制度或定线措施，包括分道通航制、环形道、沿岸通航带、双向航路、推荐航路、推荐航线、深水航路、警戒区、避航区、禁锚区等定线措施，这些定线措施可根据沿海国实际需求被单独或组合使用。① 船舶定线制的运用，有效简化了交会海域的交通流形式，减少或避免了船舶对遇局面的发生，② 改善了交通流汇聚区，交通密度大的区域或者水域受限、存在碍航物、水深受限或气象条件不宜等使船舶操纵受到限制的区域的航行安全，③ 降低了海上交通事故发生的概率。1974 年《国际海上人命安全公约》第五章规定了分道通航制等船舶定线措施，④ 此后，1985 年国际海事组织第 A.572（14）号决议通过了《关于船舶定线制的一般规定》，对向国际海事组织申请指定船舶定线制的国家或国际组织进行解释和说明⑤。《关于船舶定线制的一般规定》的内容分为目的、定义、程序和责任、方法、规划、设计标准、临时调整和中止、定线制的使用及海图表示等九部分，详细规定了建立船舶定线制的有关细节及要求，是目前各国规划、设计和建立定线制的主要参考依据。⑥ 以我国成山角海域为例，在综合运用船舶定线制等海上交通规则之下，10 年间海上交通事故率下降了88%，⑦ 由此可见船舶定线制在保障海上通航环境安全方面的巨大功效。《海洋法公约》第 58 条第 1 款规定所有国家在一国专属经济区内享有《海洋法公约》第 87 条所规定的各项自由，超越领海范围适用船舶定线制即面

---

① 《船舶定线制和报告制》，中华人民共和国海事局译，大连海事大学出版社，2003，第 2 页。
② 邵哲平、李爱林、熊振南等：《厦门湾附近水域船舶定线制的研究》，《中国航海》2005 年第 4 期，第 53~54 页。
③ 颜江峰：《船舶定线制对提高通航效率的作用》，《船海工程》2006 年第 4 期，第 83~84 页。
④ 《船舶定线制和报告制》，中华人民共和国海事局译，大连海事大学出版社，2003，第 3~4 页。
⑤ General Provisions on Ships' Routeing, IMO Resolution A.572（14）, adopted on 20 November, 1985, Assembly-14th Session, Agenda Item 10（b）.
⑥ 范中洲、吴北麟、洪碧光等：《成山角水域船舶定线制的修订研究》，《航海技术》2013 年第 4 期，第 2~3 页。
⑦ 陆琦：《船舶定线制：打造海上平安通道》，科学网，http://news.sciencenet.cn/htmlnews/2012/1/258115.shtm，最后访问时间：2022 年 6 月 3 日。

临对航行自由的限制,当以国家海事组织决议的形式申请指定领海外船舶定线区域时,还面临国际海事组织决议的外部效力问题。故在领海外适用船舶定线制应确保具有减小通航密度的实际需求,需要平衡船舶定线制适用与航行自由之间的关系。

一 领海外适用船舶定线制行为的法律属性

领海外适用船舶定线制行为属于国家行为。领海外适用船舶定线制行为,是国家海上交通安全主管机关依据国内法或权力机关的授权实施的行政管理行为。从行政法角度看,领海外适用船舶定线制行为既包括沿海国海上交通安全主管机关在国家行政管理活动中行使职权,针对特定的管辖海域内的行政相对人,就特定的事项,作出有关该行政相对人权利义务的单方行为,也包括海上交通安全主管机关或沿海国立法机关就领海外适用船舶定线制的具体内容制定行政法规、行政规章或行政措施,作出具有普遍约束力的决定和命令。沿海国在领海以外的毗连区、专属经济区内通过区域管理制度对海上航行行为进行约束,是当事国要求他国单方面自我牺牲或利益割舍的行为。[①] 领海外不属于国家领土组成部分,不完全处于国家的主权管辖之下,因而沿海国仅对特定目的的活动享有主权权利。根据《海洋法公约》第58条第1款的规定,所有国家在该公约有关规定的限制下,享有该公约第87条所指的航行和飞越的自由,铺设海底电缆和管道的自由,以及与这些自由有关的海洋其他国际合法用途。有别于领海的航行限制,该公约专门对专属经济区内的航行规定了不同于无害通过的航行制度。虽然沿海国对专属经济区享有主权权利,但这并非完整意义上的主权。在专属经济区内的航行活动,应参照公海海域的航行自由制度,同时"适当顾及沿海国的权利和义务",并遵守沿海国制定的与《海洋法公约》规定不相抵触的法律和规章。[②] 因此,领海外适用船舶定线制行为是当事国单方面要求他国对其享有的航行自由进行牺牲或割舍。

对于沿海国(群岛国)限制领海外船舶航行区域,存在一些指导性规

---

① 龚迎春:《专属经济区内的管辖权问题研究——特别区域、冰封区域和特别敏感海域》,《中国海洋法学评论》2009年第2期,第6~7页。

② 袁发强:《国家安全视角下的航行自由》,《法学研究》2015年第3期,第198页。

定。例如，《海洋法公约》第 60 条第 4 款、第 5 款规定，沿海国可于必要时在其专属经济区人工岛屿、设施和结构的周围设置合理的安全地带，并可在该地带采取适当措施以确保航行及人工岛屿、设施和结构的安全。这种地带从人工岛屿、设施或结构的外缘各点量起，不应超过这些人工岛屿、设施或结构周围 500 米的距离；但是，为一般接受的国际标准所许可或主管的国际组织所建议者除外。对于上述规定，可以作如下理解：沿海国通过单方面决定即可在其专属经济区人工岛屿、设施和结构的周围设置不超过 500 米的安全区，并且妥为通知安全区范围，不需要得到其他国家同意，也不需要得到国际海事组织等国际组织的批准。"为一般接受的国际标准所许可或主管国际组织所建议者"是例外性规定，但是对于具体采纳、适用程序，该公约并没有规定。与之可以对比的是《海洋法公约》对分道通航及群岛海道通过制度的规定，该公约第 41 条第 4 款规定海峡沿岸国在指定或替换海道、规定或替换分道通航制以前，应将提议提交主管国际组织，以期得到采纳。该组织仅可采纳同海峡沿岸国议定的海道和分道通航制，在此以后，海峡沿岸国可对这些海道和分道通航制予以指定、规定或替换。该公约第 53 条第 9 款有关群岛国指定或替换海道、规定或替换分道通航制的规定，与上述第 41 条第 4 款的制度设计基本相同。在《海洋法公约》上述规定之外，《国际海上避碰规则》第 10 条具体规定了分道通航具体规则，该条与《海洋法公约》第 53 条第 9 款、第 41 条第 4 款一起构成了一个完整的适用规则链条，即沿海国（群岛国）向国际组织提出建议，国际组织与沿海国（群岛国）商议后，通过组织决议的方式使建议成为一种具有国际普遍约束力的航行规则，此后沿海国（群岛国）可对这些海道和分道通航制予以指定、规定或替换。对比《海洋法公约》第 60 条与第 53 条第 9 款、第 41 条第 4 款可以发现，《海洋法公约》第 60 条第 5 款"但书"的规定与《国际海上人命安全公约》附件第五章第 10 条"船舶定线制的划定"之间，缺少一个过渡性规定。具体而言，《海洋法公约》第 60 条第 5 款"但书"授权主管国际组织可以在一国专属经济区人工岛屿、设施和结构的周围划定超过 500 米的安全区。在划定此安全区后，即面临区域内海上活动的管理问题。如果依据《国际海上人命安全公约》适用船舶定线制管理此安全区，那么后续管理则顺理成章地适用该公约的规定。此时，回顾《海洋法公约》

第 60 条第 5 款的规定可以发现，公约只是作了一个笼统性的授权规定，缺少组织选择、申请、批准程序。此时，只能作出如下推论，即默认授权给哪个国际组织划定超过 500 米的安全区，哪个国际组织就有权（或者依据沿海国申请）决定法律适用。作此推论的直接原因是《海洋法公约》与《国际海上人命安全公约》之间缺少完善、具体的衔接规定。当然，一种观点认为，《海洋法公约》第 60 条规定的安全区与《国际海上人命安全公约》附件第五章第 10 条规定的船舶定线制是有区别的，因为国际海事组织决议中有关安全区的讨论是针对近海设施或结构的，而《海洋法公约》中人工岛屿、设施和结构的安全区位于专属经济区，① 但是就在交通安全保障中的功能而言，二者是没有区别的。

二 领海外适用船舶定线制面对的现实问题

前已述及，超越领海范围适用船舶定线制即面临对航行自由的限制，当以国际海事组织决议的形式申请指定领海外船舶定线区域时，还面临国际海事组织决议的外部效力问题。

领海外航行管理与航行自由平衡的问题。1974 年《国际海上人命安全公约》与 1985 年《关于船舶定线制的一般规定》没有对船舶定线制适用的空间范围作出规定，1974 年《国际海上人命安全公约》第五章 1995 年修正案，对公约中有关船舶定线制的规定作了修正，规定"如果两个或多个政府对某一特定海域有共同的兴趣，它们应该在达成协议的基础上对那里的定线制系统的范围界定和使用提出联合建议。在接到此建议后，本组织应确保在对其审议通过之前，把建议的细节散发给对该海域有共同兴趣的政府，包括邻近所建议的船舶定线制系统的国家"，"所有已被通过的船舶定线制系统和为实施该系统所采取的行动应与国际法相一致，包括与 1982 年《海洋法公约》有关条款相一致"。根据国家主权原则，国家对领海及其资源具有所有权并对其中的人、物和事具有管辖权，可以自由选择在领海内

---

① "Where traffic patterns warrant it, consider, as appropriate, the establishment of safety zones around offshore installations or structures, or the establishment and charting of fairways or routeing systems through exploration areas." See Safety Zones and Safety of Navigation Around Offshore Installations and Structures, IMO Resolution A. 671 (16), adopted on 19 October, 1989, para. 1 (c).

适用船舶定线制并加以管理。对于能否在领海以外规划船舶定线，1985年《关于船舶定线制的一般规定》和1974年《国际海上人命安全公约》没有明确提及，但在实践中存在超越领海适用船舶定线制的事例。① 1974年《国际海上人命安全公约》第五章1995年修正案一方面对国家之间合作适用船舶定线制海域的法律地位作了模糊处理，另一方面又要求已经设定的或未来可能被适用的措施符合《海洋法公约》。根据《海洋法公约》第58条第1款的规定，"在专属经济区内，所有国家，不论为沿海国或内陆国，在本公约有关规定的限制下，享有第八十七条所指的航行和飞越的自由"。对于沿海国的安全利益与各国航行自由的关系，《海洋法公约》仅有原则性规定，各国在专属经济区内根据该公约行使其权利和履行其义务时，应适当顾及沿海国的权利和义务。② 在缺少国际法依据或国际组织（例如国际海事组织）明确授权的前提下，在领海外适用海上交通安全管理措施，对过往船舶航行进行规制与管理，无疑会对其享有的航行自由进行限制，甚至会遭到他国以航行自由受到干涉为由的抵制。故而，在领海外适用船舶定线制，即面临如何平衡海上通航环境安全保障与航行自由的问题。

有关国际海事组织决议的外部效力存在认知冲突。有学者认为，《国际法院规约》第38条是对国际法渊源的权威说明，但该条所列的国际法渊源并未包含国际组织决议，而且国际组织决议的类型、内容和性质纷繁复杂，虽然可将其视为一种"法的确认"，但很难将其视为国际法渊源而赋予其法律效力。③ 所以，在国际海事组织框架内通过的决议虽然对组织成员有一定的拘束性，但决议并不具有法律约束力。也有学者认为，国际组织的决议可作为国际法的渊源，但是只局限在一定范围内。④ 国际组织决议是否能够成为国际法渊源，取决于该国际组织组织法或基本法赋予该决议之法律地

---

① 如2014年我国成山角船舶定线制新增区域一直延伸到了距我国领海基线24海里的毗连区。参见董理《山东修订"成山角船舶定线制" 明年7月1日起实施》，中国山东网，http://news.sdchina.com/show/3149386.html，最后访问时间：2022年6月3日。

② 1982年《海洋法公约》第58条第3款。

③ Jochen Frowein, "The Internal and External Effects of Resolutions by International Organization," *Zeitschrift für ausländisches öffentliches Recht und Rechtsvergleichung*, Vol. 49, 1989, p.788.

④ 王铁崖主编《国际法》，法律出版社，1995，第18页；李浩培：《国际法的概念和渊源》，贵州人民出版社，1994，第131页。

位、决议内容等标准,① 依此推论,国际海事组织是联合国下属的、国际海运领域各类海事公约的制定者和航运实用信息的提供者,国际海事组织大会也是国际海运界规模最大、规格最高、最具深远影响力的会议,国际海事组织有关决议,反映了海上航行管理领域的国际法原则、规则和制度,而且在国际法的发展中起着一定的作用,故国际海事组织有关海上交通安全管理的决议应当属于国际法渊源。综合上面的不同观点来看,国际海事组织海上交通安全管理决议是否具有普遍约束力,在国际法层面尚未达成完全一致认识。成员国依照国际海事组织决议设置相应的管护措施、管理海上航行行为,即面临对非国际海事组织成员国的适用与效力问题,导致二者之间就国际海事组织决议的实效性发生冲突。

三 领海外适用船舶定线制遵循的基本路径

在领海外适用船舶定线制应参考1985年《关于船舶定线制的一般规定》,需要考虑适用海域的法律地位以及区位因素,只有经国际海事组织审议通过的领海外船舶定线制,才对其他国家海上运营的船舶发生普遍强制适用效力。由于1974年《国际海上人命安全公约》第五章第10条第3款规定"制定定线制的起始工作由有关的一国或多国政府负责",而且船舶定线制获国际海事组织通过并生效后,有关的一国或多国政府还有保障定线制有效实施的职责。在领海外适用船舶定线制不能延伸至公海,当沿海国在领海之外主张专属经济区时,适用船舶定线制的最外部空间边界只能止于一国专属经济区,在专属经济区外适用船舶定线制,无疑是将公海的一部分置于一国或多国政府管辖之下,与《海洋法公约》第87条、第89条相悖。

第一,领海外适用船舶定线制必须具有减小通航密度的需求。在沿海国领海外适用船舶定线制,要结合海上交通工具的密集度,以及这些交通工具载运货物的种类与属性进行综合判断。本书认为,判断领海外通航密度包括三个步骤。一是领海外主航道的船舶流量。船舶流量指单位时间内通过海域中某一地点的所有船舶的数目(艘次),其大小直接反映该海域交通的规模和繁忙程度,并在一定程度上反映该海域船舶交通的拥挤和危险程度。一般而

---

① 赵明义:《当代国际法导论》,台北五南图书出版股份有限公司,2002,第36~37页。

言,某一海域船舶流量越大,则该海域船舶交通流越复杂,发生水上交通事故的可能性越大。① 二是相似船舶流量下领海内交通管理措施。即在相似或相同船舶流量下,对领海内的可航水域是否采取船舶定线制,如果没有,则意味着在领海外适用船舶定线制将面临合理性质疑。三是船舶交通流对遇冲突和航迹线交错情况。领海外惯常航线的走向和位置直接决定海域内船舶交通流的位置和方向,② 如果领海外惯常航线内同时具有大量不同方向的船舶交通流,或不同传统航线或不同性质船舶航线交叉分布,则表明领海外可航区域具有通过船舶定线制疏导船舶交通流的必要性。

第二,在领海外适用船舶定线制应避免将海上建筑物囊括其中。《关于船舶定线制的一般规定》第3.12条指出,"各国政府尽实际可能确保不要在国际海事组织通过的定线制的通航分道中或其端点附近建立钻井装置、勘探平台和其他类似建筑物。对于强制定线制,各国政府应确保不将钻井装置、勘探平台和其他阻碍航行且不作为航标的建筑物建立在属于强制定线制一部分的分道通航制的通航分道内"。反过来说,若某一区域已设置上述设施,则规划定线制时应注意避开它们,若实在无法避开,则不宜在该区域适用定线制。③《关于船舶定线制的一般规定》第3.12条作此规定是从技术层面要求当事国对适用船舶定线的空间范围加以筛选。一方面,钻井装置、勘探平台和其他类似建筑物位于航道之中,本身就挤占了航道资源,对过往船舶造成障碍。另一方面,其他类似建筑物夜间灯火设施对夜航船舶构成海上光污染,当船舶航经海上光污染严重的水域时,船舶驾驶员眼睛受到强光影响,视觉环境背景亮度强,会使驾驶员的色觉功能受到严重影响,主要表现在:(1)当使用号灯判断船舶会遇态势时,强光使驾驶员色觉功能受限,可能导致他对船号灯的判断失误,由此可能发生会遇态势、碰撞危险判断失误;(2)当利用助导航标志确定航路、航向时,可能产生对助导航标志的辨认失误,由此可能导致操纵失误;(3)当遇到小船时,由于号灯

---

① 刘钊、刘敬贤、周锋等:《船舶交通流行为特征及其在海上交通组织中的应用》,《大连海事大学学报》2014年第2期,第23页。
② 刘敬贤、韩晓宝、易湘平:《基于排队论的受限航道通过能力计算》,《中国航海》2008年第3期,第261~268页。
③ 朱志强、袁林新:《国际法框架下船舶定线水域的选择》,《上海海事大学学报》2005年第2期,第88页。

水平高度较低，小船号灯容易被忽视，从而导致对会遇局面的判断失误。①因此，在领海外适用船舶定线制应避免将钻井装置、勘探平台和其他类似建筑物囊括其中。

第三，领海外船舶定线制普遍约束力的取得需要借助国际海事组织决议。领海意味着国家主权，属国家领土组成部分，根据国家主权原则，国家对领海及其资源具有所有权并对其中的人、物和事具有管辖权。在领海外的毗连区和专属经济区，沿海国只能在毗连区行使特定的管制权而不能行使完全的主权，因此，外国船舶在毗连区一般可以自由航行，但需要接受沿海国所制定的有关海关、财政、移民和卫生的法律及规章的约束。②沿海国在专属经济区中仅享有主权权利和特定事项的管辖权，而此种管辖权不包括同意船舶进入及通航的权利，船舶在沿海国专属经济区中享有航行自由。领海外适用船舶定线制是对航行自由的部分限制，《关于船舶定线制的一般规定》第3.11条指出，"如果新建或修正的定线制所在水域超出一国或数国领海，则该国或这些国家需要与国际海事组织协商，以便该定线制获得国际海事组织通过以供全世界使用"，也就是说，国际海事组织通过的船舶定线制水域可超出沿海国的领海范围，但所有经国际海事组织审议通过的船舶定线制和为实施区域管理所采取的行动应符合国际法，尤其应符合1982年《海洋法公约》有关规定，不得损害各国政府根据国际法或国际航行海峡及群岛海道的法律制度所具有的权利和义务。③此外，《关于船舶定线制的一般规定》第3.11条有关船舶定线制适用范围的说明，还透露出缔约国在领海外实施的船舶定线制只有提交国际海事组织审议，经国际海事组织审议通过，才对其他缔约国及海上运营的船舶发生普遍强制适用效力。④换言之，没有经国际海事组织通过的领海外船舶定线制，不能对区域内过往船舶产生强制约束力，此时，沿海国规定的船舶定线制更类似于

---

① 翁建军、周阳：《海上光污染对船舶夜航安全的影响及对策分析》，《武汉理工大学学报》（交通科学与工程版）2013年第3期，第551页。
② 罗国强：《理解南海共同开发与航行自由问题的新思路——基于国际法视角看南海争端的解决路径》，《当代亚太》2012年第3期，第64页。
③ 1974年《国际海上人命安全公约》附件五第10条第9款。
④ 1974年《国际海上人命安全公约》附件五第10条第1款、第3~5款、第7款。

《关于船舶定线制的一般规定》中的推荐航路，即沿海国以"推荐形式指定船舶在水上某些区域航行时所遵循或采用的航线"①。

第四，国际海事组织有关船舶定线制的决议部分具有外部法律约束力。国际海事组织有关船舶定线制的决议，可以分为两类：一类是《关于船舶定线制的一般规定》，另一类是国际海事组织海上安全委员会审议通过的有关船舶定线制具体适用的决议。对于前者而言，由于《国际海上人命安全公约》第五章第10条第1项、第6项和第8项已经确认包括海上避航区在内的船舶定线制有利于海上人命安全、航行安全及效率和（或）海洋环境保护，建立包括海上避航区在内的船舶定线系统是各国政府的责任，该公约规定缔约国政府可以采纳和实施国际海事组织制定的决定或指南，建议所有船舶遵守海上避航区规定，也可以强制某些类型船舶或载运某些货物的船舶遵守海上避航区规定。《关于船舶定线制的一般规定》不是《国际海上人命安全公约》的附件，其也不属于在没有条约和习惯的情况下船舶定线制所适用的法律，而且《关于船舶定线制的一般规定》也没有对《国际海上人命安全公约》中的规定进行引证，其仅是对国际海事组织成员国依据《国际海上人命安全公约》适用船舶定线制的一种指导，故《关于船舶定线制的一般规定》不具有外部法律约束力。对于国际海事组织海上安全委员会审议通过的有关船舶定线制具体适用的决议，本书认为，其具有外部法律约束力，这种约束力源于国际海事公约普遍奉行的"不给予非缔约国船舶更优惠待遇"原则。具体而言，在《国际海上人命安全公约》1988年议定书第1条第3款限制下，② 根据该公约第五章第10条建立的船舶定线制，无论是对公约缔约国船舶，还是对非缔约国船舶，均具有约束力，非缔约国船舶进入《国际海上人命安全公约》缔约国适用船舶定线制海域范围内，也需要遵守相关海上航行规定，否则当事国就可以依据《国际海上人命安全公约》及其议定书的各项必要的规定，对违反

---

① 朱志强、袁林新：《国际法框架下船舶定线水域的选择》，《上海海事大学学报》2005年第2期，第86~87页。
② 1974年《国际海上人命安全公约》1988年议定书第1条第3款规定："对于悬挂非公约和本议定书缔约国旗帜的船舶，本议定书缔约国应实施公约及本议定书的各项必要的规定，以保证不给予此类船舶予以更为优惠的待遇。"

船舶定线制规定的船舶"采取一切必要的其他措施,使本公约得以充分和完全实施"①。在此基础上,国际海事组织海上安全委员会审议通过的有关船舶定线制设立、变更的决议,对于非《国际海上人命安全公约》缔约国同样具有约束力。

第三节 专属经济区船舶残骸清除的法律问题

《残骸清除公约》将沿海国海上通航环境安全保障管辖权延伸至专属经济区。早在1982年《海洋法公约》通过前,政府间海事协商组织已经将船舶残骸清除问题列入议程,② 在1994年国际海事组织法律委员会(LEG)第73届会议上,德国、英国和荷兰再次敦促就船舶残骸清除问题采取进一步行动③。2007年,国际海事组织在联合国内罗毕办事处(UNON)总部举行国际残骸清除会议,并于同年5月18日通过了《残骸清除公约》。2014年4月14日,《残骸清除公约》的批准国家数量达到要求(10个)、满足生效条件,于2015年4月14日生效。④ 该公约提供了一个法律基础,使各国能清除或请人清除其海岸线及沿海水域中对航行安全或海洋环境构成危害的残骸。为达到这些目的,该公约列入了关于报告和确定船舶及残骸位置的规定和确定残骸构成的危害的标准,包括评估对海洋环境的损害。它还规定便利残骸清除的措施及船舶所有人承担船舶和残骸的定位、标记和清除费用的义务,要求登记船舶所有人维持强制保险或其他经济担保,以根据该公约承担义务。与《海洋法公约》显著的区别在于,《残骸清除公约》以"受影响国"代替"沿海国"的表述,"受影响国"是《残骸清除公约》规定的残骸清除主体之一,但对于"受影响国"残骸清除行为的强制性有不同的认识,当残骸位于专属经济区划界争议区域时,还面临"受影响国"

---

① 1974年《国际海上人命安全公约》第1条第2款。
② Peter Ehlers, Rainer Lagoni (ed.), *Enforcement of International and EU Law in Maritime Affairs* (Münster: LIT Verlag, 2008), p.150.
③ Patrick Griggs CBE, "Law of Wrecks," in David J. Attard, et al. (eds.), *The IMLI Manual on International Maritime law* (Vol. Ⅱ) (Oxford: Oxford University Press, 2016), pp.502-503.
④ 2007年《残骸清除公约》规定,其自第十个国家签署并对批准、接受或核准无保留,或者已经向秘书长交存批准书、接受书、核准书或加入书之日后十二个月,生效实施。

之间的管辖权协调问题。

一 专属经济区残骸清除行为的法律属性

专属经济区残骸清除行为的法律性质因责任主体和清除行为内容而异。有学者认为，船舶所有人实施的残骸清除行为属于私法上的"排除妨碍"，而"受影响国"主管机关实施的残骸清除行为属于行政强制行为。[1] 事实上，"残骸清除"是一个概括性概念，[2] 具体包括打捞清除和海难救助两种不同法律性质的行为。事实上，对有救助价值的海上交通事故残骸进行救助，在客观上也实现了将残骸拖离事故海域，该行为究竟属于海难救助行为抑或打捞清除行为，需要依据行为人的主观目的进行判定。

第一，残骸清除行为属于打捞清除。对于打捞清除的客体，国内法与国际法中一般没有特别的限制，[3] 呈现开放性特征。《残骸清除公约》中的残骸不仅指已沉入水中的船舶本身，还包括船上物品或者从该船丢入海中并已搁浅、沉没或处于危险中的物品；同时，由于碰撞、搁浅或其他航行事故将要或者可合理预见成为残骸的船舶也被列入该范围。[4] 显然，《残骸清除公约》的残骸清除范围没有逾越打捞清除的客体范围。依据打捞清除主体的不同，打捞清除可以被分为强制打捞和商业打捞。强制打捞，即船舶及其上属具、物品在海上发生灭失或损毁后，由于船舶沉没的地点和落海物品的性质对外界构成威胁，例如，遇难船舶漂浮、沉没于航道之中，或者船舶装载的是油类或化学品、危险品，对海洋环境或其他船舶航行安全构成危险。在这些情况下，沉船所有人在法定期限内不履行打捞清除义务的，国家主管机关会责令船方限期打捞，或由国家主管机关委托打捞公司打捞。[5] 商业打捞，指海难事故发生后，残骸不会对海上通航环境造成影

---

[1] 赵月林：《残骸强制打捞清除法律制度之研究》，博士学位论文，大连海事大学，2007，第50~55页。

[2] 杨星、田五六、翟久刚等：《我国加入残骸清除公约利弊分析》，《中国航海》2013年第1期，第125~130页。

[3] 黄昭伟：《〈2007年国际船舶残骸清除公约〉的评析》，《航海技术》2008年第6期，第76~77页。

[4] 2007年《残骸清除公约》第1条第4项。

[5] 毕丹华：《沉船沉物强制打捞清除中的若干法律问题》，《水运管理》2007年第1期，第31~34页。

响，但考虑到残损船舶或其上货物仍具有价值，或者为了调查事故的需要，或者根据国家主管机关的指令不得不进行打捞，因而由打捞公司进行打捞清除。① 判断残骸清除行为属于强制打捞抑或商业打捞，具体需要参照执行残骸清除行为的主体、目的等因素进行综合判断。

第二，残骸清除行为属于海难救助。海难救助指对遭遇海难的船舶、财产等进行救助的行为或活动。② 也有学者从法律关系角度出发，认为海难救助指在他方之船舶或货物及人命遇到危险时，对其施以救助而获得报酬的法律关系。③ 残骸清除行为构成海难救助必须满足三方面的要求。首先，待救残骸处于遇险阶段，即有理由确信残骸有严重和紧急危险而需要立即救援。④ 1989年《国际救助公约》对1979年《国际海上搜寻救助公约》的救助范围作了拓展，将由残骸引起的污染、火灾、爆炸或类似的重大事故，对人身健康以及沿海、内水或其毗连区域中的海洋生物、海洋资源所造成的重大的有形损害也纳入救助范畴，⑤ 即环境救助，因而当待救残骸可能因为溢油或载运的危险化学品泄漏而危害海洋生态环境时，该待救残骸也被视为处于遇险阶段。其次，清除的对象为法律所认可。救助对象的范畴受到国际公约或相关国内法的限制，超出救助对象范围实施的救助行为不被视为海难救助。⑥ 最后，清除不属于基于既有义务的行为。即海难救助是自愿而为的施救行为，不能是基于法定或约定的既有的义务实施的，沿海国救助主管机关对遇难船舶、残骸实施的救助行为被视为国家行为或人道主义行为，或者基于事先签订的合同对遇难船舶、残骸实施的救助行为。

二 专属经济区残骸清除的潜在问题

《残骸清除公约》没有强制要求"受影响国"履行残骸清除义务，由于残骸清除行为的概括性，"受影响国"残骸清除行为并不能被直接认定属于

---

① 马延辉、王琦：《水上交通事故中沉船打捞问题探讨》，《中国水运》（下半月）2009年第8期，第70~71页。
② 张丽英、邢海宝编著《海商法教程》，首都经济贸易大学出版社，2002，第196页。
③ 吴焕宁主编《海商法学》，法律出版社，1996，第256页。
④ 1979年《国际海上搜寻救助公约》第1.3.11条。
⑤ 1989年《国际救助公约》第1条（d）项。
⑥ 1989年《国际救助公约》第1条（b）项、（c）项。

自愿行为的范畴。当需要清除的残骸位于专属经济区划界争议区域内时，"受影响国"间还涉及管辖权的分配与协调。

第一，"受影响国"专属经济区残骸清除行为强制性问题。《残骸清除公约》第9条和第10条规定，残骸强制打捞清除的最初责任和最终责任的承担者均为船舶登记所有人，即"登记所有人"须对残骸的"定位、标记和清除残骸的各项费用负责"，只要残骸危害航行安全或环境，无论造成海难事故的责任方是否为船舶所有人，也不论该船舶所有人对事故是否负有责任，船舶所有人都要先承担残骸清除责任。① 《残骸清除公约》在表述"受影响国"清除残骸行为的条款中均使用"可以"（may），② 只有在负责灯塔或其他助航设备保障的政府或其他主管当局在行使其职能中的疏忽或其他过错行为造成残骸事故的情况下，③ 才能排除船舶所有人的责任，换言之，是否能将"受影响国"残骸清除理解为一种非强制的责任？由于专属经济区残骸清除行为的法律性质因责任主体和清除行为内容而异，在不同行为性质模式下，"受影响国"执行救助或打捞义务的来源也不同，相应地，行为强制性也不同，因而，对"受影响国"专属经济区残骸清除行为强制性，应当依据义务来源作区分讨论。

第二，专属经济区划界争议中残骸清除国家管辖权的分配。《残骸清除公约》未涉及划界争议海域残骸清除管辖权的分配，该公约无关于专属经济区的表述，④ 只对"公约区域"作出补充规定。由于《残骸清除公约》以残骸的位置为判断"受影响国"的单一标准，在专属经济区划界主张冲突或重叠区域外，沿海国即为《残骸清除公约》中的"受影响国"，进而完全享有对残骸进行清除的公约权利。而对于在专属经济区划界主张冲突或重叠区域内的残骸，基于《残骸清除公约》确定的"受影响国"标准，划界争议当事国均为"受影响国"。《残骸清除公约》对"受影响国"如此规定，实际上是忽略或绕开了专属经济区划界争议所带来的海上管辖权分配问题，将是否享有残骸清除管辖权交由专属经济区划界主张当事国自行判

---

① 2007年《残骸清除公约》第10条。
② 2007年《残骸清除公约》第2条第1款、第9条第7款、第8款。
③ 2007年《残骸清除公约》第10条第1款。
④ 2007年《残骸清除公约》第1条第10项。

断。由于该公约赋予"受影响国"在残骸确定、标识和清除方面的权利，很难想象当事国在强化专属经济区管辖权过程中，会主动放弃对划界争议海域内残骸的管辖权，进而也就会出现相应的管辖权冲突。由于《海洋法公约》规定了沿海国对造成重大污染或污染威胁的船舶进行干预的权利，即使残骸不位于各方共同主张的专属经济区范围内，因残骸溢油污染而其他划界争端国同样可能依据该公约主张管辖权。对于专属经济区划界争议，"受影响国"中哪一方在残骸清除管辖权上更具优势，很难对此进行具体的排序。当事故中的残骸所有人或船舶实际控制人为"受影响国"国民时，只能说该国在行使《残骸清除公约》赋予的权利方面更为直接和具体，但并不会减损其他"受影响国"依据该公约拥有的管辖权。因此，专属经济区划界争议中各"受影响国"在残骸清除管辖方面是平等的，均享有残骸清除管辖权，当各"受影响国"均主张残骸清除管辖时，即形成管辖权冲突。

三 专属经济区残骸清除国家管辖的法律平衡

《残骸清除公约》并没有强制要求"受影响国"在专属经济区履行残骸清除义务。对于"受影响国"是否具有残骸清除义务，应当根据其国内法或《残骸清除公约》之外"受影响国"缔结参加的国际海事公约加以判定。"受影响国"在残骸清除管辖中应把握必要的限度，对于专属经济区划界争议区域内的残骸清除，可以借助海洋划界前临时安排加以协调。

对于"受影响国"是否有义务清除专属经济区内残骸，应当区分判定。《残骸清除公约》仅明确"受影响国"对专属经济区内造成碍航或重大污染的残骸有清除的权利，没有强制要求其履行残骸清除义务，"受影响国"在残骸清除中的义务属性应视情况而定。应当依据"受影响国"国内法判断其残骸清除义务的属性。以我国《海上交通安全法》规定为例，《海上交通安全法》第51条第1款规定："碍航物的所有人、经营人或者管理人应当按照有关强制性标准和技术规范的要求及时设置警示标志，向海事管理机构报告碍航物的名称、形状、尺寸、位置和深度，并在海事管理机构限定的期限内打捞清除。碍航物的所有人放弃所有权的，不免除其打捞清除义务。"根据我国《海上交通安全法》第2条有关适用范围的规定，只要在我国管辖海域范围内出现的船舶残骸属于影响海上交通安全的"碍航物",国家主管机关即有权责令碍航物的所有人、经营人或者管理人在限定期限内打捞清除,因此,我国专属经济区内的船舶残骸清除,可以适用上述规定。在上述规定基础上,至少有两个问题需要进一步探讨。

第一,残骸清除的义务主体范围。《残骸清除公约》中的残骸不仅指已沉入水中的船舶本身,还包括船上物品或者从该船丢入海中并已搁浅、沉没或处于危险中的物品;同时,由于碰撞、搁浅或其他航行事故将要或者可合理预见成为残骸的船舶也被列入该范围。① 如此一来,对于船舶未沉没,但船载货物(例如集装箱、木材)或者装置设备掉落碍航的情况,如果套用我国《海上交通安全法》第51条第1款的规定,那么清除义务主体就应当是船载货物或装置设备的所有人、经营人或者管理人。在航行期间,船载货物的所有人理论上可以通过海运提单判定,但是实际上,大量海商纠纷表明识别货物所有人并非易事;船载货物的管理人,即为该船舶的管理人。结合我国《海上交通安全法》第7条的规定,② 只能说我国《海上交通安全法》明确了当船舶自身为残骸时清除碍航物的义务主体,对于船上物品或者从该船丢入海中并已搁浅、沉没或处于危险中的物品的清除义务主体,立法并没有给予一个清晰的责任主体范围。

第二,"受影响国"(沿海国)是否负有强制清除义务。一旦发生海难事故,清除搁浅或沉没的船体及船载油料、货物,往往费用高昂,位于国际航道的沉没或搁浅船舶还可能给过往船舶的航行安全带来风险。例如,清除2011年在新西兰陶兰加(Tauranga)附近搁浅的集装箱船"瑞纳号"(Rena)货物和船体花费约6.5亿美元,移除在意大利海域搁浅的"歌诗达协和号"的费用约为15亿美元。③ 2002年12月,巴哈马籍集装箱船"卡里巴号"(Kariba)在敦刻尔克以北约20海里处的法国专属经济区与挪威籍汽

---

① 2007年《残骸清除公约》第1条第4项。
② 《海上交通安全法》第7条规定:"从事船舶、海上设施航行、停泊、作业以及其他与海上交通相关活动的单位、个人,应当遵守有关海上交通安全的法律、行政法规、规章以及强制性标准和技术规范;依法享有获得航海保障和海上救助的权利,承担维护海上交通安全和保护海洋生态环境的义务。"
③ Nicholas Gaskell, Craig Forrest, *The Law of Wreck* (London: Informa Law from Routledge Publishers, 2019), p. 491.

车运输船"三色号"(Tricolor)相撞,"三色号"沉没,此后至 2003 年 1 月,荷兰籍船舶"尼古拉号"(Nicola)、土耳其籍油轮"维姬号"(Vicky)相继撞上沉船。① 在发生海难事故后,碍航物的所有人不仅会放弃所有权,也会因为破产等原因无法履行清除义务,此时,"受影响国"是否有义务采取强制打捞清除措施呢?如果国内法中没有规定国家主管机关的强制清除义务,或要求国家主管机关履行残骸强制清除义务的空间范围不包括专属经济区,则在国内法与《残骸清除公约》框架下,无法强制要求"受影响国"履行专属经济区残骸清除义务。此时,还可以依《残骸清除公约》之外"受影响国"缔结参加的国际海事公约判断其残骸清除义务属性。在船舶发生海难事故后,当遇难船舶发生燃油或货油泄漏,或船舶装载的"有毒有害物质"②发生泄漏,如果"受影响国"是 1990 年《国际油污防备、反应和合作公约》③、2000 年《有毒有害物质污染事故防备、反应与合作议定书》④等国际海事公约的缔约国,无论船舶所有人是否在《残骸清除公约》法定期限内履行打捞清除义务,则上述公约的缔约国均有义务从防治海洋污染角度出发,清除专属经济区内的残骸,消除残骸产生的污染。当"受影响国"非上述国际海事公约的缔约国,且残骸对专属经济区内航行或渔场作业也不具有实害时,"受影响国"主管机关有权选择是否对残骸强制打捞清除。

"受影响国"在残骸清除管辖中要有必要的限度。参考《残骸清除公约》第 2 条第 3 款的规定,"受影响国"在专属经济区划界争议区域内实施残骸清除时,受到三方面的限制。一是残骸清除措施不得超出清除构成危害的残骸的合理的必要限度,这些措施包括为预防、减轻或消除残骸造成的危害而采

---

① Francis Kerckhof, Patrick Roose and Jan Haelters, "The Tricolor Incident: From Collision to Environmental Disaster," *Atlantic Seabirds*, Vol. 6, Iss. 3, 2004, pp. 85-94.

② 2000 年《有毒有害物质污染事故防备、反应与合作议定书》第 2 条第 2 项规定:"'有毒有害物质'系指除油类以外的、如果进入海洋环境便可能对人类健康造成危害、对生物资源和海洋生物造成损害、对宜人环境造成破坏或对海洋的其他合法使用造成干扰的任何物质。"

③ 1990 年《国际油污防备、反应和合作公约》第 1 条第 1 款规定:"各当事国承诺,按照本公约及其附件的规定,各自或联合地对油污事故采取一切适当的防备和反应措施。"

④ 2000 年《有毒有害物质污染事故防备、反应与合作议定书》第 1 条第 1 款规定:"各当事国承诺,按照本议定书及其附件的规定,独自或联合采取一切适当措施对有毒有害物质污染事故做出防备和反应。"

取的各种措施，包括起浮、爆破或销毁残骸，对残骸进行勘察定位、设定标志，预防污染，等等。二是残骸被清除后立即停止所有上述措施，不应再实施与残骸清除无关的海上行动，在残骸被清除后，需要及时移除为清除行为设置的平台、设施等。三是残骸清除措施不得对包括船舶登记国在内的其他缔约国、任何有关人的权利和利益造成不必要的干扰。① 因而，"受影响国"在专属经济区划界争议区域内设置的残骸清除设施应当是一次性的、临时性的，残骸清除行为应当与残骸对海上通航环境构成的威胁相称，对于为实施残骸清除行为而在专属经济区划界争议海域内设置的海上构造物，以及在残骸清除期间实施的海上交通管制或划定的避航区，应当在清除行为结束后及时拆除或解除，避免干涉专属经济区内的航行自由。

可以借助海洋划界前临时安排协调专属经济区划界争议范围内"受影响国"的残骸清除管辖权。海洋划界前临时安排，是在最终解决领土争端和缔结划界协议前，《海洋法公约》第74条和第83条要求相关国家遵守的义务。以"海洋划界前临时安排"的形式协调专属经济区划界争议中残骸清除的国家管辖冲突，既与区域划界争议无关，也不影响当事国之间有关海域权利归属的主张，而且通过协商方式在划界争议海域协调残骸清除行为不是单一国家主权行为，不构成对一国划界争议区域的实际控制。对此，可考虑以如下步骤推进"受影响国"间达成专属经济区划界争议区域内残骸清除临时安排。一是诚实进行磋商，缔结行动准则框架协议。划界争议当事国应通过对话、谈判等方法协商，以减少争议分歧、互通信息。在诚意履行磋商义务的基础上，继续努力与当事国就残骸清除行动缔结类似"合作协议"等的兼具可操作性和法律约束力的制度性规范。二是在框架协议的基础上，配套相应的执行机制。即在已达成的框架协议的基础上，由当事国海上交通安全主管部门就专属经济区划界争议区域内残骸清除程序中的标记、定位、危害确定、船舶登记国通知、清除残骸便利措施等事项，② 直接进行细致磋商，缔结具体化的合作协议。三是建立争议磋商机制，解决残骸清除过程中的纠纷。在海上交通事故处理过程中，残骸清除

---

① 黄昭伟：《〈2007年国际船舶残骸清除公约〉的评析》，《航海技术》2008年第6期，第76~77页。

② 2007年《残骸清除公约》第7条、第8条、第9条。

通常与防治船舶油污相伴发生，而且残骸清除过程中还需要视情况进行海上交通管制、水下作业，甚至需要建造用于打捞作业的海上浮动平台。对于残骸清除过程中的纠纷，要求各方面对争议现状，不采取单方面的行为和措施，保持克制，避免争议进一步升级。可考虑借鉴海上溢油监测和通报机制，在当事国海上交通安全主管部门间设置专门的联络窗口或联络热线，避免因单方实施过激行为而加剧划界争议海域地区紧张局势。

第四节 争议海域通航环境安全保障国家管辖权问题

争议海域的产生是历史因素和现代海洋法制度共同作用的结果。属地管辖是国际法中最基本的管辖权，也是国家海上管辖权的首要根据，争议海域因其法律地位的特殊性而对国家海上属地管辖权造成冲击。由于海上通航环境安全保障依托属地管辖而存在，争议海域直接影响海上通航环境安全保障国家管辖的属地基础。由于国际公约确立的国家有关海上事务的管理制度，无不是基于国家领土主权和管辖权进行设计的，一个国家行使海上通航环境安全管辖的权利，是以它的领土主权和海上管辖权为依据的。当海域主权或管辖权争议明确后，通过国家行为在争议海域实施海上通航环境安全保障措施，实施对争议海域"实际展示控制目的的行为"[1]，为强化地区控制、支持本国划界主张而不断地对争议区域内海上交通行为进行管辖或干扰，以巩固本国的权利主张，阻却其他争议当事国单方面采取措施，避免他国形成在立法或管辖上对争议海域保持"和平且无间断"的有效占有或实际控制，往往将通航环境安全保障问题推向复杂化和政治化。

一 争议海域通航环境安全保障国家管辖权冲突的原因

海洋问题复杂而敏感，尤其是在海洋领土主权问题上，相关国家一般很难作出妥协和让步，当代国家在执行海上通航环境安全保障措施的过程

---

[1] Surya Prakash Sharma, *Territorial Acquisition, Disputes, and International Law* (Leiden/Boston: Martinus Nijhoff Publishers, 1997), pp. 100–104.

中，逐步倾向于将海上通航环境安全保障路径与国家海洋战略相联系，海上通航环境安全保障国内立法及相应保障措施的具体规划和实施，在时间与空间两个层面配合国家海洋维权行动，服从国家海洋战略的全局性安排。① 以日本为例，《海洋基本法》是反映其国家海洋战略的主要国内法，该法正文只有38条，但其中第6条、第20条、第21条、第26条的规定均涉及保障海上运输安全，第26条更将"离岛"（或称"孤岛"）保护与海上交通安全相联系，剑指中日、韩日和俄日间的岛屿争端。② 传统国际法认为国家领土内一切人和物都属于国家属地权的支配范畴，在当事国之间因海域权利主张冲突或重叠而爆发争议时，该争议必然涉及区域内当事国对特定事项的管辖，尤其是当争议区域位于领海、毗连区、专属经济区和大陆架时。③ 海上通航环境安全保障国家管辖权冲突的根源就在于领土归属和海域划界争端。

  立法冲突是引起管辖权冲突的表层原因。立法冲突指当事国依据一定职权和程序，运用一定技术，制定、认可和变动法律权能与内容的冲突，④ 包括国内冲突与国际冲突两种类型。引起争议海域通航环境安全保障国家管辖权冲突的立法冲突是典型的国际冲突，直接表现为争议当事国之间就海上交通安全保障相关国内立法内容的冲突和管辖权的差异。由于国家领土主权所有特征在立法上都有所反映，威慑以领土为中心的领域，⑤ 因而立法冲突普遍发生在岛礁归属与海域划界争端当事国之间。由于各国为了保护自己的利益在一定程度上都赋予了法律域外效力，尤其受到属人法的影响，国家管辖海域外的非本国国民实施的某一行为侵犯了本国海上通航环境管理秩序或违背了相应的海上交通规则，⑥ 第三国通过行使属人管辖或

---

① 丁厚德：《建设创新型国家——新时期国家战略的选择》，《科学学研究》2006年第S1期，第1~3页。
② 《日本〈海洋基本法〉》，庄玉友译，《中国海洋法学评论》2008年第1期，第129~131页。
③ Keohane R and J. Nye, *Governance in a Globalizing World* (Washington D. C.: Brookings Institution, 2000), p. 176.
④ 黄进：《论宪法与区际法律冲突》，《法学论坛》2003年第3期，第55页；周旺生：《立法学》（第二版），法律出版社，2009，第3页。
⑤ 杨利雅：《立法管辖权对冲突法的影响》，《政法论坛》2010年第2期，第104页。
⑥ Art. 402 The Fourth Restatement of the Foreign Relations Law of the United, Jurisdiction-Tentative Draft No. 1 2014.

保护管辖与争议海域当事国之间在争议海域内同样能够发生立法冲突，这种立法冲突引发的执法冲突通常表现为第三国对争议海域当事国海上通航环境安全保障立法的质疑、对执法行为的抗拒或对执法权合法性的否认。由于立法内容和模式决定执法的内容与行使方式，因而只要争议海域当事国间就海上通航环境安全保障存在立法冲突，就必然有管辖权冲突。

  领土归属与海域划界争端是引发管辖权冲突的根源。领土主权是国家主权的重要组成部分，在"陆地统治海洋"原则的支配下，国家领土主权是国家获取海洋权利的基础，也是国家主张属地管辖的最基本条件，因此领土状况是确定沿海国海洋权利的出发点。① 近代国际海洋法编纂以来，② 海上交通活动的权利范畴相继得到国际公约的统一规定，海上通航环境安全保障方式与内容等也相继得到国际公约的确认，一系列有关海上通航环境安全保障的国际法制度得以确立和发展，国际社会制定了数量庞大的专门性公约对国际海上通航环境安全保障行为予以调整。而公约确立的权利范畴与海上通航环境安全保障制度，都是基于国家领土主权或海上管辖权来设计或贯彻的，一个国家保障其海上通航环境安全、行使相应管辖内容的权利，是以它的领土主权和海上管辖权为依据的，保障海上通航环境安全是国家主权和海上管辖权在海上交通安全领域的具体化。无法有效或明确划定领土归属，就无法解决海域划界问题，进而也不可能化解国家海上管辖权冲突，更无法划定国家在保障海上通航环境安全中的权利边界。因此，领土归属与海域划界争端是当今海上通航环境安全保障中国家管辖权冲突的最主要根源。

---

① Judgment on the Case Concerning Maritime Delimitation and Territorial Questions Between Qatar and Bahrain (*Qatar* v. *Bahrain*), Judgment of 16 March, 2001, ICJ Reports, para. 185; Judgment on the Case Concerning Territorial and Maritime Dispute Between in the Caribbean Sea (*Nicaragua* v. *Honduras*), Judgment of 8 October, 2007, ICJ Reports, para. 113.
② 有关海洋法发展历史阶段划分的观点不尽相同。其中，主流观点认为，近代海洋法的断代时间为公元 17 世纪到 1945 年第二次世界大战结束，1945 年之后的海洋法被称为现代海洋法。参见〔日〕古贺卫《近代海洋法的发展过程》，载〔日〕栗林忠男、杉原高岭主编《海洋法历史的展开》，东京有信堂高文社，2004，第 25～56 页；薛桂芳编著《〈联合国海洋法公约〉与国家实践》，海洋出版社，2011，第 13～14 页。

二 争议海域通航环境安全保障国家管辖权冲突的表现

管辖权是因国家对领土的控制而确立的。海上通航环境安全保障国家管辖权依附于国家主权和管辖权,当事国在争议海域的权利主张依据各异,由此导致当事国在保障海上通航环境安全过程中出现管辖权冲突。

争议海域通航环境安全保障国家管辖权积极冲突,即两个或两个以上的当事国同时对争议海域通航环境进行监督和管理,制定、发布和实施适用于争议海域的海上交通安全保障制度或措施,对同一海上交通安全行为或事件主张管辖权,进而导致管辖权交叉或重叠的现象,如当事国各自颁布适用于争议海域的海上交通规则、在争议海域设置航标等助航设施等。积极冲突是争议海域通航环境安全保障国家管辖权冲突的常态化表现形式,也是目前发生频率最高、范围最广的海上交通安全管辖权冲突,其主要原因不仅在于一国主动保障其在争议海域的海洋权益,更重要的是当海域主权或管辖权争端明确化后,通过对特定事项主张管辖可以有效巩固本国的海洋权利主张,阻却其他争议当事国单方面采取措施,避免他国在立法或管辖上对争议海域形成"和平且无间断"[①] 的有效占有或实际控制。

争议海域通航环境安全保障国家管辖权消极冲突,即对争议海域通航环境安全,当事国在国内立法、海上执法或国内司法中均主张没有管辖权的情形,其结果是争议海域通航环境安全保障出现真空状态,发生在争议海域内的海上交通行为或事件不能得到有效的行政监管,海上通航环境安全无法获得保障。在争议海域内出现海上通航环境安全保障管辖权消极冲突,固然不排除一国基于外交、国际关系等政治因素的考虑,但是也有相应的法律问题,包括海上通航环境安全保障缺少国内法管辖依据,或当事国缔结参加的国际公约中没有相关的责任条款对其加以约束,或面临高昂的司法成本等,从而当事国不主张管辖权。

三 争议海域通航环境安全保障国家管辖权协调的基础

争议海域不是国家管辖权真空区域,已有国际条约及习惯国际法中也

---

① Randall Lesaffer, "Argument from Roman Law in Current International Law: Occupation and Acquisitive Prescription," *The European Journal of International Law*, Vol. 16, No. 1, 2005, p. 50.

没有禁止当事国在争议海域内保障海上通航环境安全的规定。从逻辑上看，争议海域的出现就是国家主权或海上管辖权冲突的结果，反过来，协调争议海域通航环境安全保障管辖权还要以主权和海上管辖权为基础，二者间似乎存在法理悖论，但如果否认主权与海上管辖权在争议海域内的存在，则争议海域也就没有"争议"了。事实上，一味排除国家在争议海域行使海上管辖权，不仅无助于争议的最终解决，还会直接影响海上通航环境安全保障，放纵威胁海上交通安全的因素肆意滋长。

已有的与海上通航环境安全保障密切相关的多边条约、双边条约和国际习惯中，没有关于禁止当事国在争议海域内保障通航环境安全的规定。虽然部分国际海事公约顾及了争议海域对通航环境安全保障的影响，[①] 但多数公约依然认为争议区域也是两国或两国以上政府具有"共同利益"（common interest）[②] 的特定区域，当事国在该特定区域内实施保障海上通航环境安全的措施时，应在达成协议的基础上制定联合提案，明确说明其对该区域海上通航环境安全保障措施的使用。国际海事公约的规定只是从形式上规范当事国在争议海域内保障通航环境安全的权利，而非否认当事国在争议海域拥有的管辖权。

协调争议海域通航环境安全保障管辖权冲突属于事务性合作范畴。从逻辑上讲，海上通航环境安全保障管辖权冲突基于国家在特定海域主权或海域管辖权主张的冲突或重叠，将海上通航环境安全保障管辖权冲突协调置于优先序位似乎"舍本逐末"，违背了基本的法理逻辑，然而实际上，优先协调海上通航环境安全保障管辖权冲突更具实际意义。一方面，主权是国家进行统治的绝对和永久的权力，是一切法律的最终源头，要从根本解决争议海域通航环境安全保障管辖权冲突，只有化解国家在争议海域内

---

① 1974年《国际海上人命安全公约》第五章第10条第5项。
② 如1974年《国际海上人命安全公约》第五章第10条第5款、第11条第5款的规定，但是该公约并没有对"共同利益"进行界定和解释。本书认为，"共同利益"至少应当包括两个及两个以上政府对其环绕、包围和邻接的同一海域，基于主权、主权权利或管辖权产生的利益，而不论这种利益是冲突型利益还是共生型利益。但是，国际海事公约中的"共同利益"与国际法中的"人类共同利益"尚有不同之处，国际海事公约将"共同利益"的主张者限定为政府，"共同利益"与"人类共同利益"并非同一概念。有关"人类共同利益"的论述，参见许健《论国际法之"人类共同利益"原则》，《北京理工大学学报》（社会科学版）2011年第5期，第112~116、131页。

的主权或海域管辖权争议这一条途径,这条途径无疑是艰巨、漫长且复杂的。解决争议海域通航环境安全保障管辖权冲突属于事务性合作范畴,尤其是在最终解决岛礁归属或海域划界形成的争议海域问题之前,以务实的态度和不损及国家主权的精神优先解决事务型冲突更具可操作性和现实需求性。[①]另一方面,对争议海域通航环境安全保障管辖权冲突予以协调,既不会改变争议海域的法律地位,也不会对争议海域形成单方面实际控制。因此,在短时间内无法解决国家领土归属与海域划界争议的情况下,应考虑先行在事务合作层面协调海上通航环境安全保障管辖权冲突。

当事国对争议海域法律地位的认同是协调区域内通航环境安全保障管辖权冲突的必备要件。当事国对争议海域法律地位的认同有两层含义。一层含义是承认当事国在该海域内存在主权、管辖权主张冲突或重叠。《海洋法公约》生效后,国家的海上管辖权从内水、领海扩展至毗连区、专属经济区、大陆架和公海区域。在《海洋法公约》中,沿海国对这些新扩展区域的权利被公约表述为"必要的管制权""专属的管辖权""主权性质的权利"等,这表明《海洋法公约》并不认为争议海域具有特殊的法律地位,能够超越其关于海域法律地位的划分而独立存在。由于海上通航环境安全保障管辖权冲突是争议海域内一种客观存在的事实状态,只有争议海域当事国承认在该海域内存在国家主权、海上管辖权主张冲突或重叠,才具有协调冲突的需求与内动力。在无法对国家主权和海上管辖、争议海域与海上通航环境安全保障三者进行分割的情况下,否认在争议海域内存在主权、管辖权主张冲突或重叠,无异于否认协调海上通航环境安全保障的必要性与合法性。另一层含义是当事国对争议海域在《海洋法公约》中的法律地位存在共识。《海洋法公约》对海域的法律地位作梯级划分,在主权与管辖权争议之外,如果争议海域当事国就该海域的法律地位达成共识,则在协调海上通航环境安全保障管辖权冲突中更容易找到当事各方均能接受的争议协调方式及法理基础。尤其是在因划界产生的争议海域中,当事国争议的内容往往是海上边界线的位置和因划界产生的海域归属问题,对争

---

① 〔加〕威廉·泰特雷:《国际冲突法:普通法、大陆法及海事法》,刘兴莉译,法律出版社,2003,第8~9页。

议海域依《海洋法公约》中海域制度而享有的法律地位,则普遍存在共识,如尼加拉瓜诉哥伦比亚领土和海洋争端①、中日东海划界争端中,当事国对争议海域属于专属经济区和(或)大陆架的法律地位是不具有认知差别的。所以,无论当事国哪一方在争议海域内主张海上通航环境安全保障权利,都要遵从《海洋法公约》有关专属经济区和大陆架内管辖权的规定。

四 争议海域通航环境安全保障国家管辖权协调的路径

争议海域通航环境安全保障国家管辖权冲突协调合理可行。由于争议海域通航环境安全保障国家管辖权冲突中极少出现消极冲突的情形,因而以下仅讨论管辖权积极冲突的协调问题。

第一,争议海域通航环境安全保障国家管辖权冲突协调应遵守国际公约中"限制性"条款的规定。"限制性"条款,指国际公约对相应的国际法主体设定义务,不允许依照其意志进行变更的条款,此类条款的适用具有普遍性。根据协调内容不同,将争议海域通航环境安全保障国家管辖权冲突协调基本准则的"限制性"条款分为三类。一是规定管辖权冲突中的通知义务。争议海域内当事国保障海上通航环境安全时,尤其是对违反公约义务的行为进行管辖时,出现属人、属地等管辖权冲突的,应对管辖权冲突方履行通知义务,如《经1978年议定书修订的1973年〈国际防止船舶造成污染公约〉》第4条第3款②、《控制和管理船舶压载水和沉积物国际公约》第8条第1款③。二是规定行为准则。此类行为准则通常被国际公约

---

① Report of the International Court of Justice, 1 August, 2011 – 31 July, 2012, UN General Assembly Official Records, Sixty-seventh Session, Supplement No. 4, 2012, pp. 30-31.
② 《经1978年议定书修订的1973年〈国际防止船舶造成污染公约〉》第4条第3款规定:"如有关某一船舶违反本公约事件的情况或证据已提交该船的主管机关,则该主管机关应迅速将其所采取的行动通知提供上述情况或证据的缔约国和本组织。"
③ 2004年《控制和管理船舶压载水和沉积物国际公约》第8条第1款规定:"应禁止对本公约要求的任何违犯;无论违犯事件在何处发生,均应根据有关船舶的主管机关的法律确定处罚。如果主管机关得知此种违犯事件,则应对此事进行调查,并可要求报告的当事国提供被指称的违犯事件的额外证据。如果主管机关确信有充分证据对被指称的违犯事件提起诉讼,则应按照其法律尽快提起此种诉讼。主管机关应将所采取的任何行动立即通知报告违犯事件的当事国以及本组织。如果主管机关在收到信息后一年内未采取任何行动,则应将此种情况通知报告指称违犯事件的当事国。"

表述为公认的国际法准则、一般国际法的规则和原则、符合国际法的措施等,[①] 在当事国出现管辖权冲突时应当贯彻或遵守此类准则,如1989年《国际救助公约》第9条[②]、《国际船舶和港口设施保安规则》B部分第4.34条[③]。至于行为准则的具体内容,需要依靠公约解释或通过国际司法机构对具体案件的裁决阐明。三是规定管辖权冲突的解决方式。即面对已经出现或可能出现的管辖权冲突,国际公约要求当事国应当首先履行协商义务,在尊重主权和平等互利的基础上,通过外交或其他途径与相关国家建立协商和沟通机制,通过缔结双边或多边协定的方式调和争议海域通航环境安全保障国家管辖权冲突。协商不成时,再行根据公约预设的前提条件,在当事国共同缔结参加的国际公约框架内,依据公约有关争端解决机制的规定,以及当事国是否依据公约规定对争端解决机制作出保留或声明,诉诸国际争端解决机制进行公断。

第二,通过联合申请的方式保障争议海域通航环境安全。1974年《国际海上人命安全公约》第五章第10条第5款、第11条第5款要求,如果两国或两国以上政府在某一特定区域具有共同利益,应在它们之间达成协议的基础上制定联合提案,明确说明它们对该区域船舶航线划定系统、船舶报告系统的表述和使用。收到此提案并开始考虑是否通过该提案之前,国际海事组织应确保把该提案的详细内容分发给在此地区具有共同利益的国家,包括在此船舶航线划定系统附近的国家及在船舶报告系统覆盖的区域内具有共同利益的那些缔约国。可见,虽然当事国一方可以单方面通过设置船舶定线制、船舶报告系统管理争议海域通航环境,然而对于单方行为是否对其他国家具有普遍约束力,至少是存在疑问或不确定因素的,而且

---

① 1988年《制止危及大陆架固定平台安全非法行为议定书》序言。
② 1989年《国际救助公约》第9条规定:"本公约中的任何规定,均不得影响有关沿海国的下述权利:根据公认的国际法准则,在发生可以合理地预期足以造成重大损害后果的海上事故或与此项事故有关的行动时,采取措施保护其岸线或有关利益方免受污染或污染威胁的权利,包括沿海国就救助作业作出指示的权利。"
③ 2002年《国际船舶和港口设施保安规则》B部分第4.34条规定:"第Ⅺ-2/9条不影响缔约国政府在船舶虽符合第Ⅺ-2章和本规则A部分的要求,但仍认为其构成保安风险的情况下,采取以国际法为基础或符合国际法的措施,确保人员、船舶、港口设施或其他财产的安全和保安。"

单方在争议海域实施通航环境安全保障措施，通常被视为强化争议海域实际控制的手段。故依据1974年《国际海上人命安全公约》第五章第10条第5款、第11条第5款，当事国如果希望通过船舶定线制、船舶报告系统管理争议海域通航环境，就必须进行联合申请。至于如何联合申请，《国际海上人命安全公约》并没有在形式上作出具体限制，对此，争议海域当事国可以就个案达成联合申请协议。例如，2002年10月在德国与荷兰未对注入瓦登海（Wadden Sea）的埃姆斯河口水域划定各自领海范围的情况下，荷兰、德国和丹麦通过向国际海事组织申请获准在瓦登海设定强制深水航道，[①] 联合申请方不仅在该区域有共同的利益或关切，而且还存在主权和划界争议。争议海域当事国也可以考虑签订"合作备忘录"，说明通过联合申请的方式保障争议海域通航环境安全在事实上或法律方面的细节，明确争议海域内的管辖内容与管辖方式。

第五节 北极航道国际航行安全保障法律问题

极地海域包括南极海域与北极海域。目前对于南极海洋资源的利用主要集中在渔业及海洋科考方面，《南极海洋生物资源养护公约》第2条规定养护包括合理利用，[②] 从1982年至今，南极海洋生物资源养护委员会依据基于生态系统的管理方法，以渔业配额的形式允许在南极特定海域实施商业捕捞，捕捞对象为南极犬牙鱼和磷虾[③]。就南极辐合带（antarctic convergence）海域而言，既不存在商业化的远洋运输航线，也无对海洋矿产资源进行商业开

---

① 埃姆斯河位于德国与荷兰的边界，在流经代尔夫宰尔后，注入瓦登海（北海的一部分）。目前两国尚未就河流入海口各自领海范围达成约定。Benjamin Dürr, "Offshore Project Stirs up German-Dutch Border Dispute," http：//www.spiegel.de/international/europe/ewe-wind-park-riffgat- caught-up-in-german-dutch-border-dispute-a-843419. html, last visited 5 June, 2022.
② Article 2 (2) Convention for the Conservation of Antarctic Marine Living Resources.
③ 南极磷虾捕捞活动被限定在南大洋48.1~48.4、48.6、58.4.1和58.4.2分区（subareas）。其中，48.1~48.4、58.4.1和58.4.2分区为常规渔业区，48.6分区为探索性渔业区，而商业捕鱼只在48.1~48.4分区进行。南极犬牙鱼商业捕捞被限定在48、58和88分区。See Commission for the Conservation of Antarctic Marine Living Resources, "Krill Fisheries," https：//www.ccamlr.org/en/fisheries/krill, last visited 5 June, 2022.

发利用①的活动，在南极海域通常只有少量的远洋渔船、救助船以及科学考察船。北极航道包括东北航道、西北航道和中央航道，全球变暖使北极航道有望成为国际贸易的重要运输干线。② 北极航道商业利用将改变以巴拿马运河和苏伊士运河连接太平洋和大西洋的航运格局，不仅能使航程大大缩短、减少运输成本，还可以避免太平洋和印度洋海盗的威胁。2001 年开通的苏伊士运河公路大桥净高为 68 米，一旦船舶装载的大型货物超过桥身净高，即需要绕道航行；2021 年 3 月末至 4 月初发生的"苏伊士运河堵塞事件"，更加凸显北极航道的重大商业价值和战略意义。北极海域东北航道夏季是 7 月中旬到 11 月中旬，冰雪开始融化，导致气温接近 0℃。随着各区域夏秋季转换，气温降到 0℃ 以下，喀拉海和拉普捷夫海北部与东西伯利亚海中部的夏秋季转换期在 8 月下旬；喀拉海和拉普捷夫海中部以及楚科奇海和巴伦支海北部夏秋季转换期在 9 月下旬。巴伦支海西南部气温在 11 月中旬之前可能不会降到冰冻温度。在正常气候条件下，东北航道夏季气温不会低于 -10℃。③ 加拿大北极群岛内海冰密集度沿着海冰分布边界由低纬度向高纬度逐渐增大，在同一纬度上，海冰密集度分布仍存在较大差异，通航情况取决于阿蒙森湾、维多利亚海峡、巴罗海峡等 17 个重要海湾或海峡的海冰密集度，一般情况下仅在 8~9 月的沿岸海域出现狭窄的无冰海域，可用于通航，但是通航适宜性存在显著的年际变化。④ 2021 年夏季，中远海运特种运输股份有限公司共安排 13 艘船舶完成了 14 个北极航次（东、西行航次各 7 个），其中 4 个航次在部分航段雇请破冰船护航，10 个航次为全程独立航行，1 艘船舶执行北极往返航次。⑤ 由于北极航道沿线国家能源、资源开发及基础设施建设，北极航道的商业价值和利用率远高于南极，也是目前国家关注的重点区域。

---

① 《关于环境保护的南极条约议定书》禁止在南极条约区域从事除科学研究以外的任何与矿产资源有关的活动。See Article 7 Protocol on Environmental Protection to the Antarctic Treaty.
② 《中国的北极政策》第四部分第 3 项。
③ 中国船级社《2016 年极地船舶指南》第 1.2.3.6 段。
④ 周雪飞、徐嘉、张绪冰：《基于 Sentinel-1 卫星数据的北极西北航道通航适宜性分析》，《冰川冻土》2022 年第 1 期，第 117、132 页。
⑤ 陆海鸣：《2021 年商船北极东北航道航行回顾及思考》，《世界海运》2022 年第 1 期，第 4~5 页。

一 北极航道的法律地位及国家管辖权

北极航道是穿越北冰洋、连接北太平洋和北大西洋的最短航线,包括东北航道、西北航道和中央航道。东北航道大部分航段位于俄罗斯北部的北冰洋离岸海域。西北航道以白令海峡为起点,向东沿美国阿拉斯加北部离岸海域,穿过加拿大北极群岛直到戴维斯海峡,大部分航段位于加拿大北极群岛水域。中央航道是从加拿大丘吉尔港出发,穿过北冰洋高纬度海域,到达俄罗斯摩尔曼斯克港的航道。[1] 目前具备商业利用价值的首先是东北航道,其次为西北航道,中央航道常年受海冰影响,通航价值远逊于前二者。目前,各方对于东北航道、西北航道的法律地位存在争议。

北极海域及航道的法律地位同样需要遵守《海洋法公约》的规定。航道是服务于航行的,不同法律地位的海域有着不同的航行制度,沿海国及其他国家享有相应的海洋权利。北极不存在超脱于《海洋法公约》海域法律制度的海域,北极航道沿岸国均为《海洋法公约》缔约国,依据该公约的规定可以主张划定内水、领海、毗连区、专属经济区和大陆架。相应地,在《海洋法公约》的限制下,所有国家的船舶均享有无害通过领海的权利;[2] 在专属经济区内享有该公约第87条所指的航行和飞越的自由。但是,《海洋法公约》的规定并没有消弭对于东北航道、西北航道法律地位的争议。

东北航道是绕过斯堪的纳维亚半岛北端,穿越巴伦支海、喀拉海、拉普捷夫海、东西伯利亚海和楚科奇海,到白令海峡的海上航道。东北航道不是一条固定的航线,而是根据冰期的情况由不同的航道组成的一个区域。俄罗斯将东北航道沿该国离岸海域往返太平洋与北冰洋之间的部分,称为"北方海航道"(Northern Sea Route)。2009年北极理事会《北极海运评估报告》区分了"东北航道"与"北方海航道","东北航道"是西起挪威北角(North Cape),沿欧亚大陆和西伯利亚的北方沿海,向东穿过白令海峡,直到太平洋的航线;"北方海航道"是东北航道的一部分,指西起喀拉海峡,东到

---

[1] 梁昊光:《北极航道的"新平衡":战略与对策》,《人民论坛·学术前沿》2018年第22期,第92页。

[2] 1982年《海洋法公约》第17条。

白令海峡,长度约为2551海里的航线。① 2012年修订的俄罗斯《商船法》(Merchant Shipping Code) 第5.1条规定,北方海航道水域是毗连俄罗斯联邦北部海岸的水域,涵盖俄罗斯联邦内水、领海、毗连区和专属经济区,东起与美国的海域划界线和白令海峡的杰日尼奥夫角(Мыс Дежнёва)平行线,西起热拉尼亚角(МысЖелания)的子午线至新地群岛(Новая Земля),新地群岛的东部海岸线和马托奇金沙尔海峡、卡尔斯基沃罗塔海峡、尤戈尔斯基沙尔海峡的西部边界。② 2020年9月18日,俄罗斯发布《北方海航道航行规则》(Rules of Navigation in the Water Area of the Northern Sea Route),其中第3条、第4条规定,未取得北方海航道航行许可的船舶,不得进入北方海航道;许可证由联邦海运和河运局或其下属机构在获得总局同意情况下签发;船东、船东代表或船长应以俄语和(或)英语,向授权机构提交电子版申请表。③《北方海航道航行规则》第26条规定,为了确保船舶航行安全、避免船舶事故,保护北方海航道水域的海洋环境,实施船舶冰面引航。《北方海航道航行规则》第11条规定了两项拒绝发放许可证的条件:一是船舶不符合准入标准④;二是如果根据准入标准要求必须由俄方强制配备破冰船护航服务,但是申请人不签署合同、不提交破冰船护航服务合同副本。2014年《北方海航道水域破冰船护航费用规则》第2条、第3条规定,护航费适用于在北方海航道水域接受破冰护航服务的船舶,根据船舶总吨位、

---

① Arctic Council, "Arctic Marine Shipping Assessment 2009 Report," https://oaarchive.arctic-council.org/handle/11374/54, last visited 5 June, 2022.

② Статья 5.1 Кодекс торгового мореплавания (КТМ РФ): "Под акваторией Северного морского пути понимается водное пространство, прилегающее к северному побережью Российской Федерации, охватывающее внутренние морские воды, территориальное море, прилежащую зону и исключительную экономическую зону Российской Федерации и ограниченное с востока линией разграничения морских пространств с Соединенными Штатами Америки и параллелью мыса Дежнева в Беринговом проливе, с запада меридианом мыса Желания до архипелага Новая Земля, восточной береговой линией архипелага Новая Земля и западными границами проливов Маточкин Шар, Карские Ворота, Югорский Шар."

③ Paras. 4, 5 Rules of Navigation in the Water Area of the Northern Sea Route, approved by the Russian Federation Government Decree dated September 18, 2020, No. 1487.

④ 准入标准规定在《北方海航道航行规则》第5条第1~9项、第6条,包括提供按照2001年《国际燃油污染损害民事责任公约》和1969年《国际油污损害民事责任公约》签发的船舶污染损害民事责任保险或其他财务担保证书的副本、《国际极地水域营运船舶规则》所要求的极地船舶证书副本等。

冰级、护航距离和航行时间的不同，对其适用不同的费率。由于北方海航道是东北航道的主体部分，完全沿着俄罗斯海岸走向，根据目前的航线设计，通过北方海航道的所有船舶其实都是在俄罗斯的内水、领海、专属经济区内航行。但是，航线的设计取决于船舶吨位、季节、北冰洋冰情等多方面的因素，同一航道内可以有不同的航线。《北方海航道航行规则》既没有承认航行自由，也没有适用无害通过，而且将破冰船护航作为他国船舶通过北方海航道的"捆绑"条件。

西北航道途经美国（阿拉斯加）、加拿大、丹麦（格陵兰）三国管辖海域，贯穿加拿大北部群岛水域，途经戴维斯海峡、加拿大北极群岛、美国阿拉斯加北部波弗特海。目前关于航道法律地位的争议，集中在加拿大管辖海域内。加拿大北极周围的航道被大约36000个岛屿环绕，[1] 1985年加拿大通过立法的形式在北极群岛水域的外缘划定直线基线，主张西北航道位于其内水，因此任何进入该航道的船舶，都受加拿大法律和主权的约束[2]。2010年7月1日生效的《加拿大北方船舶交通服务区规定》（Northern Canada Vessel Traffic Services Zone Regulations）、《航运安全控制区令》（Shipping Safety Control Zones Order）采取船舶通航的强制报告制度，船舶在西北航道航行时需提交通航计划、地理位置、进出信息和偏离航线情况等四类报告。[3] 根据北极理事会的统计报告，2013~2019年，西北航道内有6条经常被使用的航线，途经西北航道从事国际运输的船舶涉及邮轮、化学品船、一般散货船、游轮（cruise ship）等，归属于巴拿马、利比里亚等约27个船旗国，航行船舶数量由2013年的112艘增长至2019年的160艘，其中，25000~49999总吨、10000~24999总吨的远洋船舶，分别占2019年通行船舶数量的30%、20%。[4]

围绕东北航道、西北航道法律地位的争议依然存在。[5] 围绕东北航道、

---

[1] Arctic Council Working Group, "Shipping in the Northwest Passage: Comparing 2013-2019," https://oaarchive.arctic-council.org/handle/11374/2734, last visited 5 June, 2022.

[2] Frederic Lasserre, "The Geopolitics of the Northwest Passage in an International Relations Perspective," *Relations Internationales*, Vol. 170, Iss. 2, 2017, pp. 107-108.

[3] Articles 5-10 Northern Canada Vessel Traffic Services Zone Regulations, SOR/2010-127, Canada.

[4] Arctic Council Working Group, "Shipping in the Northwest Passage: Comparing 2013-2019," https://oaarchive.arctic-council.org/handle/11374/2734, last visited 5 June, 2022.

[5] Robin R. Churchill, Alan Vaughan Lowe, *The Law of the Sea* (3rd Edition) (Manchester: Manchester University Press, 1999), p. 102.

西北航道（北方海航道）的争议一方面源于北极地缘政治，另一方面源于北极航道的商业价值。2018年《中国的北极政策》指出，"北极域外国家在北极不享有领土主权，但依据《海洋法公约》等国际条约和一般国际法在北冰洋公海等海域享有科研、航行、飞越、捕鱼、铺设海底电缆和管道等权利"，"中国尊重北极国家依法对其国家管辖范围内海域行使立法权、执法权和司法权，主张根据《海洋法公约》等国际条约和一般国际法管理北极航道，保障各国依法享有的航行自由以及利用北极航道的权利"。换言之，中国并没有直接肯定或者否定俄罗斯、加拿大的权利主张，而是认为《海洋法公约》关于海域法律地位和航行制度的规定，是北极域外国家主张航行权利的直接依据。自20世纪60年代以来，苏联（俄罗斯）和美国在东北航道（北方海航道）法律地位方面一直存在争议，在1982年《海洋法公约》通过之前，美国认为东北航道沿线的一些海峡，特别是喀拉海峡、德米特里·拉普捷夫海峡和桑尼科夫海峡，都是用于国际航行的海峡，适用过境通行制度；1964年7月21日，苏联向美国提交了一份关于美国在北极地区从事海洋调查活动的备忘录，称德米特里·拉普捷夫海峡和桑尼科夫海峡在历史上就属于苏联，但是美国直接否认苏联对上述海峡享有历史性权利。[1] 1982年《海洋法公约》通过之后，美国在其与北极有关的国家政策和法案中重申上述立场。[2] 对于西北航道而言，美国不承认加拿大将其归入内水的做法，认为西北航道是用于国际航行的海峡，船舶应享有过境通行权。[3] 而在北极航道问题上，俄罗斯（苏联）与加拿大则采取相互支持、相互配合的方式。1985年苏联驻渥太华大使声明，苏联"支持加拿大关于西北航道属于加拿大内水的立场，如同苏联相信东北航道属于苏联所有一样"，并保证苏联潜艇不再进入加拿大北极群岛水域。事实上，厘清航

---

[1] United States Department of State Bureau of Oceans and International Environmental and Scientific Affairs, "United States Responses to Excessive National Maritime Claims," *Limits in the Seas*, No. 112, 1992, pp. 21-22.

[2] National Security Presidential Directive and Homeland Security Presidential Directive NSPD-66 / HSPD-25 on Arctic Region Policy (9 January, 2009), https：//irp.fas.org/offdocs/nspd/nspd-66.htm, last visited 5 June, 2022.

[3] Nathan Read, "Claiming the Strait: How U.S. Accession to the United Nations Law of the Sea Convention Will Impact the Dispute Between Canada and the United States over the Northwest Passage," *Temple International & Comparative Law Journal*, Vol. 21, No. 2, 2007, pp. 413-417.

道海域法律地位是解决北极海域国际航行安全保障的基础,当事国适用何种安全保障措施、享有哪些权利义务,都与航道海域法律地位密切相关。①

二 北极海域国际航行安全保障法律框架

北极海域国际航行安全保障法律框架主要由《海洋法公约》、国际海事公约构成和区域协定构成。在《海洋法公约》确立的海域法律制度中,南极和北极地区并不具有特殊法律地位,相关海域适用内水、领海、毗连区、专属经济区、大陆架及公海制度。虽然《海洋法公约》第234条(冰封区域条款)规定,沿海国有权制定和执行非歧视性的法律和规章,以防止、减少和控制船只在专属经济区范围内冰封区域对海洋的污染,但是该条规定的着眼点在于保护冰封区域海洋生态环境,而非保障冰封区域的航行安全。国际海事公约有关北极海域国际航行安全保障的规定,尤其是2014年国际海事组织通过的《国际极地水域营运船舶规则》,对于航行安全保障更具实际效用。与国际航行安全密切相关的区域协定为2011年北极理事会通过的《北极海空搜救合作协定》(Agreement on Cooperation on Aeronautical and Maritime Search and Rescue in the Arctic)。

国际海事组织一直推动极地水域船舶安全保障规则由软规则向强制性规则转变。2002年12月,国际海事组织通过《在北极冰覆盖水域内船舶航行指南》(Guidelines for Ships Operating in Arctic Ice-Covered Waters),② 该指南包括四部分十六章,在船舶建造、设施配备、驾驶规则、环境保护四方面,以规则建议的方式补充了极地航行船舶安全保障规则。2009年5月,国际海事组织海上安全委员会第86届会议批准美国等国家提出的关于制定"船舶极地水域作业强制性规则"的建议,并将其列为船舶设计与设备分委会(DE)的高优先级项目;同年12月,国际海事组织通过《在极地水域内船舶航行指南》(Guidelines for Ships Operating in Polar Waters)③。2010年2

---

① 郭培清等:《北极航道的国际问题研究》,海洋出版社,2009,第94~95页。
② Guidelines for Ships Operating in Arctic Ice-Covered Waters, IMO MSC/Circular.1056, adopted on 23 December, 2002.
③ Guidelines for Ships Operating in Polar Waters, IMO Resolution A.1024(26), adopted on 2 December, 2009.

月,"极地水域船舶航行国际准则"起草工作正式启动,2014年国际海事组织海上安全委员会第94届会议通过《国际极地水域营运船舶规则》,该规则于2017年1月1日生效,适用对象为该准则生效后建造的新船舶,该准则生效前建造的船舶被要求在2018年1月1日之后,通过首次中期检验或换证检验,规则内容涵盖了与极地水域航行作业船舶相关的设计、建造、设备、操作、培训、搜救和环境保护事宜。2016年11月25日,国际海事组织海上安全委员会通过了1978年《海员培训、发证和值班标准国际公约》修正案(第MSC.416 [97] 号决议),该修正案规定了极地水域航行作业船舶的船长和船员资质的最低要求,于2018年7月1日生效。总结《国际极地水域营运船舶规则》等规则及国际海事公约修正案的规定,可以发现,国际海事公约绕开了航道沿岸国与其他国家围绕航道法律地位的争议问题,转而以国际海事公约一贯的操作方式在全球范围内推行极地航行安全保障规则。

《北极海空搜救合作协定》是北极理事会主导的第一份具有法律约束力的协定,该协定于2013年1月19日生效。《北极海空搜救合作协定》以《国际海上搜寻救助公约》和《国际民用航空公约》为基础,① 旨在加强北极地区的航空和海上搜救合作与协调,为此,每个成员国都被分配了一个搜寻和救援责任区,并且该公约规定"搜救责任区的划定不涉及也不应损害国家间任何边界的划定或其主权、主权权利或管辖权"②。《北极海空搜救合作协定》附录二还具体规定了缔约国负责执行搜救的国家机构。值得注意的是,《北极海空搜救合作协定》要求提供援助的各方应迅速确定它们是否有能力提供援助以及提供援助的条件,但是没有具体说明各方有强制搜救义务,"本协定的实施应以相关资源的可用性为前提"③。此外,《北极海空搜救合作协定》第11条规定,在重大联合搜救行动结束后,各方搜救机构可对协调行动一方牵头的行动进行联合审查,从文本解释角度看,该条

---

① Article 7 (1) Agreement on Cooperation on Aeronautical and Maritime Search and Rescue in the Arctic.
② Article 3 (2) Agreement on Cooperation on Aeronautical and Maritime Search and Rescue in the Arctic.
③ Article 7 (3) (e), 12 (2) Agreement on Cooperation on Aeronautical and Maritime Search and Rescue in the Arctic.

规定的联合审查可能不限于"联合"搜寻与救助行动。①

总结上述规定内容,可以得出如下结论。首先,北极海域国际航行安全保障法律规范突出了北极地区航行面临的危险性因素。船舶在北极航行会面对比在惯常海域航行更多的危险和挑战,包括海冰、地理位置偏远及严酷而变化迅速的天气条件,过低的气温可能会对船舶推进系统造成额外负担,降低船上设备的可操作性,航行海域的偏僻位置则使搜救工作非常困难,费用昂贵。因此,船舶在北极水域航行过程中面临的安全危险,不仅包括船体与浮冰碰撞对船体结构强度的影响,而且还包括低温天气可能导致的船舶管路冰冻、航行设备失效、船舶稳性减弱和船员操作执行力下降。《国际极地水域营运船舶规则》等在相关船舶的设计、建造、设备、航行、培训、搜救方面规定了明确的目标和要求。其次,强制性规定增强了相关规则在北极地区的普遍适用性。国际海事组织在处理极地水域海事规则方面,依然采取从建议性指南到强制性、综合性国际规则的发展路径,《国际极地水域营运船舶规则》通过《国际海上人命安全公约》新增的第十四章"极地航行船舶安全措施"来强制实施,后者于2017年1月1日实施,适用于所有在极地水域操作的客船和500总吨及以上船舶。《国际极地水域营运船舶规则》由引言、Ⅰ-A和Ⅱ-A部分及Ⅰ-B和Ⅱ-B部分组成,根据《国际海上人命安全公约》第十四章第1条第1款、第2条第3款的规定,《国际极地水域营运船舶规则》引言和I-A部分中与安全相关的条款应按照该公约第8条适用于附则(除第一章外)的修正程序通过、生效和实施,规则I-B部分由国际海事组织海上安全委员会按其议事规则通过。在应用《国际极地水域营运船舶规则》I-A部分时,应考虑该规则I-B部分中的补充导则。《国际海上人命安全公约》第十四章第2条第5款规定"本章的任何内容均不得损害各国根据国际法所具有的权利或义务",换言之,《国际海上人命安全公约》第十四章和《国际极地水域营运船舶规则》具有补充性,在适用层面可以与《海洋法公约》有关航行制度的规定和冰封区域条款相互配合。但是也有学者认为,即便在法律规定上冰封区域条款一直存在,但在实际应用中,

---

① Yoshinobu Takei, "Agreement on Cooperation on Aeronautical and Maritime Search and Rescue in the Arctic: An assessment," *Aegean Rev Law Sea*, Vol. 2, Iss. 1-2, 2013, pp. 82-90.

随着冰封区域条款作为弥补国际规则不足的安全网的作用逐渐减弱，援引这一条款的必要性会降低，这一条款可能最终会过时。① 最后，国内法与国际规则的博弈将长期存在。具有代表性的观点认为，《海洋法公约》是确保北极航运安全的国际法基础，因此各国应在联合国框架下推动北极航道开发，而不应以严苛的国内管辖制度来阻碍各国的北冰洋航运自由。② 由于加拿大、俄罗斯在北极地区提出不同程度的主权、主权权利和管辖权主张，部分国家对过境航行船舶实行强制性申请和报告制度，围绕北极航道法律地位、同行规则等的争议问题，在短时间内是不会消失的。③ 美国《2021年战略竞争法案》首次提出要构建北极航道管理、非北极国家过境北极水域等多边治理机制；《中国的北极政策》主张尊重北极国家依法对其国家管辖范围内海域行使立法权、执法权和司法权，并且根据《海洋法公约》等国际条约和一般国际法管理北极航道，保障各国依法享有航行自由及利用北极航道的权利。

三 用于国际航行的海峡的认定与国家实践

有关北极水域东北航道和西北航道法律地位的讨论，都涉及用于国际航行的海峡的认定问题。《国际极地水域营运船舶规则》与《北极海空搜救合作协定》都规避了围绕沿海国主权和管辖权的争议，从技术规则和事权角度分配填补了北极水域航行安全保障的规则"缺口"，而没有解决航道的法律地位问题。认定北极水域相关国际海峡是否属于用于国际航行的海峡，目的在于明确这些海峡是否适用过境通行制度，进而回应沿海国的单边管控行为。

对于俄罗斯与加拿大适用直线基线所涉相关海峡是否为用于国际航行的海峡，存在争议。1958年《领海及毗连区公约》第16条第4款规定："在公海之一部分与公海另一部分或外国领海之间供国际航行之用之海峡中，不得停止外国船舶之无害通过。"《海洋法公约》发展了上述规定，在公海或专属经济区的一部分和公海或专属经济区的另一部分之间的用于国际航行的海峡

---

① 刘惠荣、李浩梅：《北极航行管制的法理探讨》，《国际问题研究》2016年第6期，第103~104页。
② Willy Østreng, *National Security and International Environmental Cooperation in the Arctic—The Case of the Northern Sea Route* (Dordrecht: Springe Publishing, 1999), pp. 252-260.
③ 密晨曦：《新形势下中国在东北航道治理中的角色思考》，《太平洋学报》2015年第8期，第71~79页。

中,所有船舶和飞机均享有过境通行的权利,过境通行不应受阻碍;但如果海峡是由海峡沿岸国的一个岛屿和该国大陆形成的,而且该岛向海一面有在航行和水文特征方面同样方便的一条穿过公海或专属经济区的航道,过境通行就不应得到适用,在这种航道中,适用该公约有关部分关于航行和飞越自由的规定。① 采取过境通行制是为了抵消由于领海扩大而对他国船舶和飞机享有的航行和飞越自由的影响,相较于无害通过权,过境通行权的权利空间更大。在 1958 年《领海及毗连区公约》通过之前,1945 年"科孚海峡"案中,国际法院即已经围绕"用于国际航行的海峡"的概念及通行权作出相关裁决,国际法院以地理标准和功能标准判定用于国际航行的海峡,即海峡两端连接的是否为公海,以及海峡是否被用于国际航行,是否在和平时期有未经沿海国许可的他国航行实践。阿尔巴尼亚提出的在事先得到它允许的条件下船只才能通过的主张与被普遍承认的原则相冲突,这一原则即是在和平时期,各国有权派军舰通过两部分公海之间用于国际航行的海峡,如果这种通过是无害的。国际法院认为,科孚海峡在地理上属于这一范畴,即使在它不是两部分公海之间的必须通过的航道这个意义上,它只有第二等重要性,而且不论通过该海峡的来往船只数量有多少。特别重要的一个事实是,它构成了阿尔巴尼亚和希腊之间的一条边界,并且该海峡的一部分完全在这两个国家的领水之内。事实上,阿尔巴尼亚和希腊没有保持正常关系,希腊已对该海峡沿岸的一部分地区提出了领土要求。不过,国际法院认为,由于这些特殊情况,阿尔巴尼亚发布通过海峡的规则是有道理的,但禁止由此通过或通过须经专门允许则没有道理。② 此后,在国际法委员会有关领海和公海的法律制度的编纂中,用于国际航行的海峡被纳入,1958 年《领海及毗连区公约》第 16 条的规定,即以国际法委员会《海洋法(草案)》第 17 条为基础。③ 1982 年《海洋法公约》有别于《领海及毗连区公约》的设计,将"用于国际航行的海峡"规定在第三部分,以区别于《海洋法公约》第二部分"领海和

---

① 1982 年《海洋法公约》第 36 条至第 38 条。
② Corfu Channel (*United Kingdom of Great Britain and Northern Ireland v. Albania*), Judgment of 9 April, 1949, ICJ Reports, pp. 28, 49.
③ Alexandros X. M. Ntovas, "Straits Used for International Navigation," in David Joseph Attard, et al. (eds.), *The IMLI Manual on International Maritime Law* (Vol. 1) (London: Oxford University Press, 2014), p. 76.

毗连区",这表明用于国际航行的海峡的制度的独立性,即海峡制度不同于领海制度。①

东北航道和西北航道的两端都连接着公海、专属经济区。"北方海航道"的海峡与西北航道中的海峡,并非皆可以作为国际航道,能够成为惯常航道的海峡只是那些构成"咽喉要道"的重要海峡。一些地理位置偏僻或宽度过窄的海峡,通常是不会成为国际航道的,除非这些海峡在冰情方面比所谓"咽喉要道"的海峡更适宜航行。有学者统计,在"北方海航道"沿线,比较重要的海峡包括基尔丁(Kildin)海峡等43个海峡,其中,有29个海峡完全位于直线基线内,5个海峡的宽度大于24海里,有20个海峡位于大陆与海岛之间。② 加拿大在北极群岛划定直线基线,并将直线基线内的水域都视为加拿大的内水。如果按照加拿大的立场,那么西北航道就在东西向穿越加拿大内水。考虑到每个海峡都具有独特的地理特征,并非西北航道和东北航道沿线的所有海峡都满足地理标准的要求。而地理标准中却也隐含着法律标准,即只有沿海国划定了领海和(或)专属经济区,才能划定海峡位于"公海或专属经济区的一个部分和公海或专属经济区的另一部分之间",对于海峡法律地位的质疑往往会牵涉沿海国主张管辖海域的依据或划定方式。而以功能标准判定用于国际航行的海峡,是主观的和动态的,并且会随着航道状况、地缘政治、气候、商业利益等现实条件的变化而变化。即便将地理标准与功能标准结合在一起,在某些情况下也没有办法划定某一个海峡是不是用于国际航行的海峡,因为,地理标准与功能标准本身就存在一定的瑕疵。可见,在《海洋法公约》框架下,认定某一海峡是否属于用于国际航行的海峡,其目的在于明确海峡使用的通行制度。因此,在地理因素、航行和水文便利性等之外,海峡沿岸国更多地考虑国家安全、主权与管辖权、防治污染等问题。在《海洋法公约》相关条款磋商谈判过程中,没有有效解决一些实际发生的争议,国家之间经过妥协所

---

① John Norton Moore, "The Regime of Straits and the Third United Nations Conference on the Law of the Sea," *The American Journal of International Law*, Vol. 74, No. 1, 1980, pp. 77, 90; Tommy T. B. Koh, "Territorial Sea, Contiguous Zone, Straits and Archipelagoes Under the 1982 Convention on the Law of the Sea," *Malaya Law Review*, Vol. 29, No. 2, 1987, p. 180.

② William V. Dunlap, "Transit Passage in the Russian Arctic Straits," *Maritime Briefing*, Vol. 1 No. 7, 1996, pp. 26-34.

形成的文本出现了内容缺失和条文模糊的问题,进而产生条约解释问题。①与之相伴的问题是过境通行是否具有习惯法地位,② 该问题关乎《海洋法公约》非缔约国享有的权利③。对此,有观点认为,在国际海峡行使过境通行权已经属于习惯国际法,但是也有观点认为,在国家实践中没有大量证据支持这一主张。④ 未来,随着国家实践、国际法的编纂及国际争端的解决,用于国际航行的海峡的认定及过境通行制度将得到进一步发展,国际海峡的过境通行权最终有可能被视为习惯国际法的一部分。

---

① Edward J. Frank, "UNCLOS Ⅲ and the Straits Passage Issue: The Maritime Powers Perspective on Transit Passage," *NYLS Journal of International and Comparative Law*, Vol. 3, No. 2, 1982, p. 254.

② Tullio Treves, "Notes on Transit Passage Through Straits and Customary Law," in A Bos and H Siblesz (eds.), *Realism in Law-Making: Essays on International Law in Honour of Willem Riphagen* (Leiden/Boston: Martinus Nijhoff Publishers, 1986), pp. 247-259.

③ Ronnie Ann Wainwright, "Navigation Through Three Straits in the Middle East: Effects on the United States of Being a Nonparty to the 1982 Convention on the Law of the Sea," *Case Western Reserve Journal of International Law*, Vol. 18, Iss. 3, 1986, p. 361.

④ William T. Burke, "Customary Law of the Sea: Advocacy or Disinterested Scholarship," *Yale Journal of International Law*, Vol. 14, Iss. 2, 1989, p. 512.

第四章　国际海上交通工具及其上人员安全法律保障

海上交通工具及其上人员安全是保障国际海上交通安全的基本内容。海上交通工具及其上人员安全保障的方式或措施多种多样，共性与个性内容相互交织。在国际海上交通中，人的安全处于核心位置，无论是交通工具安全还是通航环境安全，最终指向的都是人的安全，交通工具是从事海上活动的载体，通航环境是交通工具的穿梭空间，而这些都围绕人的安全展开。相较于国内海上交通工具及其上人员安全而言，国际海上交通工具及其上人员面临的安全风险更为多样化，其中的法律问题也更为复杂。

第一节　沿海国海上执法中对船舶及船员使用武力问题

海上执法是国家执法机关围绕海上活动中的人、事件和环境实施的管理活动。海上执法是管理海上交通工具及其上人员的重要方式，而使用武力是海上执法的方式，沿海国海上执法中对船舶及船员使用武力需要遵循国内法与国际公约设定的条件和限制性规定，保持合理的和必要的限度，不应对海洋环境造成危害。通常情况下，海上执法阻碍来自相对人对保障性执法与预防性执法的阻挠与反抗，此时，海上执法主体使用武力，是依法对海上交通活动中的特定事务或对象单方面采取的能直接产生法律效果的行为，是执法主体依法行使职权的需要。使用武力是行使国家主权的象征，虽然国际法并不禁止"合法"使用武力，但在一国海上执法中哪些机构能够使用武力，必须由国内法作出具体规定，如加拿大、日本等国家的法律都明确授权海上执法人员在一定条件下可以使用武力。① 只有得到国内法的明确授权，相应执法主体才能使用武力进行海上执法。使用武力进行海上执法是一种羁束行为，执法的范围、条件、程度、方法等由国内法或国际公约设定，执法机构只能依法作为或不作为。在海上执法中，对船舶及船员使用武力的行为具有不可逆性，使用武力是为了消除相对人对保障性执法与预防性执法的阻挠与反抗，而不是为了消灭相对人。使用武力的对象不论是商船上的船员还是渔船上的渔民，乃至海盗，都享有基本的人权，而且其享有的基本人权不会因为其违反沿海国法律、对抗沿海国海上执法，甚至实施海上武装抢劫行为，被彻底剥夺。《公民权利和政治权利国际公约》第2条第1款规定："本公约缔约国承允尊重并确保所有境内受其管辖之人；无分种族、肤色、性别、语言、宗教、政见或其他主张民族本源或社会阶级、财产、出生或其他身份等，一律享受本公约所确认之权利。"随着国际人权运动的发展，增进和保护人权已经成为国际社会的共识，受到国际社会的普遍尊重和承认，《公民权利和政治权利国际公约》等公约中的一些基本规则已经发展成国际强行法，具有普遍的法律效力。② 国际海上交通活动中的每个人，包括侵害海上交通安全的海盗，都享有基本人权。在海上执法中针对海上交通工具及其上人员所使用的武力应以促使其上人员放弃抵抗执法、投降、释放人质或实施逮捕为限，不得使用会引起过分伤害和不必要痛苦的武力，一旦相对人服从海上执法者的执法要求，就不得再对其使用武力。

一 国际法中有关海上武力使用的一般规定

海上武力使用可以分为平时武力使用和战时武力使用，本部分讨论沿海国海上执法中对船舶及船员使用武力，仅限于平时武力使用。讨论国际法中的武力使用问题，必然要涉及《联合国宪章》的规定。《联合国宪章》第2条第4项明确禁止会员国彼此使用或威胁使用武力，只允许两个例外：第51条

---

① Marc Weller, *The Oxford Handbook of the Use of Force in International Law* (London: Oxford University Press, 2014), pp. 1370-1373.
② 万鄂湘、高翔：《论海盗的国际法律地位——兼论打击海盗国际行动中对海盗合法权益的保护》，《法学杂志》2011年第4期，第4~5页。

规定的自卫；安理会针对"任何和平之威胁、和平之破坏或侵略行为"，根据第七章批准（以及由此类推，区域组织根据第八章批准）的军事措施。联合国成立后，安理会只根据《联合国宪章》第七章通过了为数不多的几项决议，且很少能凭借《联合国宪章》第 51 条提供令人信服的假定理由，大多数的情形是个别会员国违反这些规定使用武力。在《联合国宪章》第 2 条第 4 项明确规定不得使用武力威胁或使用武力的背景下，当代国际法仍然承认在海上执法中使用武力的合理性与必要性，海上执法中使用武力不属于军事行动和国际报复手段，而属于非常态执法手段，不在《联合国宪章》禁止使用武力之列。①

根据对象不同，使用武力可以分为两类：一类是一国对另一国使用武力，或国家之间互相使用武力；另一类是一国对自然人使用武力。而海上执法中的武力使用就属于后者，其中牵涉外交保护和国际法对个人的保护之间的关系。在通常情况下，一国执法机构对本国从事海上作业的公民使用武力的执法依据源于国内法，所产生的不利法律后果包括民事责任、行政责任和（或）刑事责任，体现的是一国维持法律与秩序的责任。当一个国家对它管辖海域内或境外的其他国家公民使用武力时，国家必须考虑到受伤者或遇害者的人权，外交保护本身并不是人权机制。②

使用武力执法存在实体及程序要件。"执法人员"一词包括行使警察权力，特别是行使逮捕或拘禁权力的所有司法人员，无论其是被指派的还是选举的。在警察权力由不论是否穿着制服的军事人员行使或由国家保安部队行使的国家里，执法人员应被认为包括这种机构的人员。③ 使用武力是海上执法中的例外情形，而非常态化的执法方式，执法人员在海上执法中应尽量避免使用武力，在

---

① Malcolm N. Shaw, *International Law* (6th Edition) (Cambridge: Cambridge University Press, 1997), p. 500.
② "The State must take into consideration the human rights of the injured person. Diplomatic protection was not a human rights institution per se." See Study of State Practice Recommended, as Review of International Law Commission Report Continues, Fifty-sixth General Assembly, Sixth Committee, 22nd Meeting, GA/L/3194, 7 November, 2001, https://www.un.org/press/en/2001/gal3194.doc.htm, last visited 5 June, 2022.
③ Article 1 Code of Conduct for Law Enforcement Officials, adopted at 17 December 1979, UN General Assembly Resolution 34/169.

不得已使用武力执法前,要遵循一定的通知及警告程序。① 首先,存在使用武力执法的迫切情况。对此,《制止危及海上航行安全非法行为公约》《执法人员使用武力和火器的基本原则》等均规定,只有具有保护执法人员安全的迫切需求,或执行经授权的行动时受到阻碍,② 最后不得已才可求诸使用武力③。2007 年,在"圭亚那与苏里南海域划界"案中,仲裁庭将使用武力执法的前提归纳为"不可避免的、合理的以及必要的"④。然而,对于何谓存在安全保护需求,如何判断执法行为受到阻碍的情况已经符合使用武力的情形,以及"不得已""不可避免"等表述的含义是什么,上述国际法文件及判例并未给予回答,事实上,参考"塞加号"案的判决,可以看出,对于使用武力合法性的判断,通常需要根据执法的时间、地点、对象、船舶类型及载货性质、使用武器的类型及方式等因素具体综合考虑,在个案中进行甄别。其次,使用武力执法前需要发出警告。发出使用武力的警告具有程序性要求,执法人员先要向相对人表明自身身份,并且明确地向对方发出使用武力的警告,之后,应当给予相对人足够时间,让其注意到执法人员的警告并依据执法要求改变或终止自己的行为。⑤ 在"塞加号"案中,国际海洋法法庭认为,在以往海上执法中,先要使用国际公认的听觉或视觉信号,要求正在航行的船舶停航接受检查,未果时方可采取包括越过船首射击等适当措施。海上执法人员未发出任何信号和警告而使用实弹射击该船,是过分和不合理的,也疏于人道主义的考虑。⑥ 最后,使用武力是最后的执法手段。即只有在采取适当措施,无法阻止相对人继续侵害法益,或不足以排除妨碍执法的行为,或无助于消除相对人违法行为造成的

---

① Douglas Guilfoyle, "Interdicting Vessels to Enforce the Common Interest: Maritime Countermeasures and the Use of Force," *The International and Comparative Law Quarterly*, Vol. 56, Iss. 1, 2007, pp. 69-70.
② 1988 年《制止危及海上航行安全非法行为公约》第 8 又条第 9 款。
③ 1990 年《执法人员使用武力和火器的基本原则》第 1 条、第 4 条。
④ 何志鹏:《从强权入侵到多元善治——武力干涉领域国际法的现存框架与演进方向》,《法商研究》2011 年第 4 期,第 112~115 页。
⑤ 1990 年《执法人员使用武力和火器的基本原则》第 10 条。
⑥ E. D. Brown, "The Saiga Ease on Prompt Release of Detained Vessel: The First Judgment of the International Tribunal for the Law of the Sea," *Marine Policy*, Vol. 22, Iss. 4-5, 1998, pp. 325-326.

危险状态时，执法人员才可以使用武力。① 除非这样做会使执法人员面临危险，或在当时情况下显然是不合适的或毫无意义的，否则执法人员不可以在发出明确警告前使用武力。② 因此，使用武力应当是沿海国海上执法众多可选方式中，排序最为靠后的一类。

二 海上执法中对船舶及船员使用武力的行为属性

海上执法中使用武力属于国际法承认的执法手段。海上执法过程中应"尽量避免使用武力"，这意味着武力的使用只能是例外，而非常态化执法方式。③ 海上执法中使用武力合法性的依据，可以从两方面寻找。一是国际成文法的规定。国际成文法也认可在海上执法中使用武力，《海洋法公约》没有就沿海国在行使执法权时是否能使用武力的问题作出明文规定，但该公约第111条允许一国军舰对涉嫌违反本国法律的外国船舶行使紧追权的规定，暗示《海洋法公约》承认沿海国在海上执法过程中可以使用武力的。④《制止危及海上航行安全非法行为公约》则明确承认各国海上执法人员在一定条件下使用武力的权力，⑤ 1979年联合国《执法人员行为守则》和1990年《执法人员使用武力和火器的基本原则》也对执法人员使用武力作了指导性规定，⑥ 1979年《执法人员行为守则》第3条规定执法人员只有在确有必要并为其执行公务所必需的情况下方能使用武力，⑦ 1990年《执法人员使用武力和火器的基本原则》第1条、第4条规定，各国政

---

① The M/V Saiga Case (No.2), Judgment of 1 July, 1999, ITLOS Reports, paras. 83, 156.
② 1990年《执法人员使用武力和火器的基本原则》第10条。
③ Tarcisio Gazzini, *The Changing Rules on the Use of Force in International Law* (Manchester: Manchester University Press, 2005), pp. 233-234.
④ 高健军：《海上执法过程中的武力使用问题研究——基于国际实践的考察》，《法商研究》2009年第4期，第23页。
⑤ 1988年《制止危及海上航行安全非法行为公约》第8又条第9款规定："在进行本条规定的经授权的行动时，应避免使用武力，除非是确保其官员和船上人员的安全所必需者，或官员们在执行经授权的行动时受到阻碍。依照本条使用的任何武力不应超过在该情况下所必需和合理的最低武力程度。"
⑥ 1979年《执法人员行为守则》和1990年《执法人员使用武力和火器的基本原则》没有设定具有法律约束力的义务，属于通常所说的"软法"，仅对于执法过程中与维持法律与秩序有关的具体问题具有指导性作用。
⑦ 1979年《执法人员行为守则》第3条。

府和执法机关应制定和执行关于执法人员对他人使用武力和火器的规章条例,在执法时应尽可能采用非暴力手段,最后不得已才求诸使用武力或火器①。二是国际判例法的规定。国际司法机构的判例也明确承认在海上执法中可以使用武力,如2007年仲裁庭在"圭亚那与苏里南海域划界"案中明确指出,"如果该武力是不可避免的、合理的以及必要的话,执法活动中可以使用武力"②。

海上执法行动与敌对行动存在区别。一国在海上使用武力的行为的定性更多地取决于该行为的背景、依据和方式,③而非行为主体和行为权限在国内法中的定位,使用武力行为在海上执法中并不被禁止。海上执法行动与敌对行动之间既存在明确区别,也存在模糊之处。"敌对行动"指的是冲突各方伤害敌人(集体)诉诸的手段和方法,构成敌对行动一部分的个人行为被称为直接参加敌对行动,无论该个人是平民还是武装部队成员。④红十字国际委员会《国际人道法中直接参加敌对行动定义的解释性指南》第二部分"直接参加敌对行动的概念"提出,个人直接参加敌对行动是自发、零星或无组织的,还是作为一分子为属于冲突一方的有组织的武装部队或团体承担持续性职责,对于构成直接参加敌对行动而言没有影响。这说明直接参加敌对行动这一概念所针对的不是一个人的地位、职责或隶属关系,而是其所从事的具体敌对行为。对某一特定船旗国的商船进行登临、检查和捕获,并不足以证明相关国家的行为已从执法行动上升为交战行动,红十字国际委员会《日内瓦第二公约评注》指出:"依照国际海洋法,在海上特定情形下,国家有权对他国所有或运营的,或者在该国境内登记的船舶合法使用武力。例如,一国海岸警卫队发现涉嫌违反该国渔业法的行为,试图登临船舶,却遭遇抵抗,就属于此种情况。在此种情形下

---

① 1990年《执法人员使用武力和火器的基本原则》第1条、第4条。
② Award of Maritime Boundary Delimitation Case (*Guyana v. Suriname*), Award of the Arbitral Tribunal of 17 September, 2007, para. 445, p. 147.
③ 2007年"圭亚那与苏里南海域划界"案裁决中关于"苏里南以武力制止并驱离了圭亚那授权的石油探勘船之合法性"的论述,参见 Award of Maritime Boundary Delimitation Case (*Guyana v. Suriname*), Award of the Arbitral Tribunal of 17 September, 2007, paras. 425–432, pp. 140–141.
④ 参见《日内瓦四公约关于保护国际性武装冲突受难者的附加议定书》第43条第2款、第51条第3款、第67条第1款第5项、第13条第3款。

或其他类型海上执法中使用武力,应遵守与人权法规制武力使用类似的法律概念①。原则上,此类执法行动并不引发船旗国之间的国际性武装冲突,针对私人船舶实施武力时,情况更是如此。然而,除了落实海洋管理制度之外,并不能排除一国在海上使用武力还有其他动机。根据具体情况,此类情势可能会构成国际性武装冲突。"②

就海上执法行动与敌对行动的差异性而言,海上执法中使用武力是基于自卫与排除妨碍,即保护受到海上不法行为威胁或侵害的海上交通活动的当事人、执法人员,排除相对人阻碍海上执法的行为,而《联合国宪章》第51条所指的是单独或集体的自卫,第42条指的是联合国采取或授权采取的武力行动及区域机关采取的自卫行动。在海上执法中使用武力来进行自卫的直接目的在于保障国家立法确立的海上交通安全秩序,沿海国使用武力登临和逮捕本国以外的船舶属于执法行为,并不构成侵害船旗国的领土完整或政治独立。《联合国宪章》第51条、第42条规定的自卫针对的是国际关系中的军事活动,通常在敌对行动中,一方主张自卫的目的是,使用武力保卫国家免受外来侵略,保障本国领土完整或政治独立。③ 因而,在海上执法中出于自卫使用武力是行使执法权的表现,而《联合国宪章》第51条、第42条规定的武力自卫是国家行使自保权的手段。敌对行动中合法使用武力的依据只能是《联合国宪章》第51条、第42条的规定,一国突破《联合国宪章》使用武力将构成侵略行为。④ 此外,海上执法与敌对行动在使用武力的依据方面也不同,海上执法使用武力的依据可以是国内法,也可以是国际公约,如《制止危及海上航行安全非法行为公约》第8又条第9

---

① Anna van Zwanenberg, "Interference with Ships on the High Seas," *International and Comparative Law Quarterly*, Vol. 10, No. 4, 1961, pp. 785–817.

② International Committee of the Red Cross, *Commentary on the Second Geneva Convention—Convention (Ⅱ) for the Amelioration of the Condition of Wounded, Sick and Shipwrecked Members of Armed Forces at Sea* (Cambridge: Cambridge University Press, 2017), para. 249, pp. 79–81.

③ Douglas Guilfoyle, "Interdicting Vessels to Enforce the Common Interest: Maritime Countermeasures and the Use of Force," *The International and Comparative Law Quarterly*, Vol. 56, No. 1, 2007, pp. 69–70.

④ 余敏友、孙立文、汪自勇等:《武力打击国际恐怖主义的合法性问题》,《法学研究》2003年第6期,第130~131页;何志鹏:《从强权入侵到多元善治——武力干涉领域国际法的现存框架与演进方向》,《法商研究》2011年第4期,第112~115页。

款。有学者认为，理论上可以对交战权行使与海上执法行动加以区分，例如只有针对某一特定国家的商船实施捕获行动，才可能引发国际性武装冲突。国家开展此类捕获行动，意味着将相关船旗国视为敌对国，对船旗国船舶的捕获行动则可视作行使交战权而非仅为海上执法行动。但这种区分在实践中很难做到，因为相关措施——登临、检查、捕获——在某种程度上具有相似性。① 而且，沿海国海上执法力量，不仅包括政府行政执法船，一些国家的海军也承担海上执法任务，在海上从事活动的不仅包括普通的商船、渔船，还包括海上群众性武装组织（民兵）。尤其是在因海上主权和管辖权争议而爆发的冲突中，对峙、冲撞、冲突可能就发生在海警执法船、海军、海上民兵之间，由这些主体参加的武装对抗同样可能引发国际性武装冲突。② 因此，确定一国是否诉诸交战权，要取决于当时的情境，目前尚无明确或约定俗成的客观标准使国家能够明确区分海上执法行为与交战行为。③

三 海上执法中对船舶及船员使用武力的改进需求

虽然当代国际法承认在海上执法中使用武力的合理性与必要性，但并没有对使用武力的程度给出清晰化的界定标准。在海上执法中，由于执法对象是各种类型、性质的海上交通工具，还需要权衡武力使用与海洋环境保护之间的关系。

第一，海上执法武力使用的程度，存在进一步细化的空间。目前的国际条约并没有提供一个可供遵循的规则，即使是国际习惯法，也只有一个原则要求，即使用武力的程度应与外来攻击的程度相当。④ 对于使用武力的

---

① Wolff Heintschel von Heinegg, "The Difficulties of Conflict Classification at Sea: Distinguishing Incidents at Sea from Hostilities," *International Review of the Red Cross*, Vol. 98, No. 2, 2016, pp. 461-462.

② International Committee of the Red Cross, *Commentary on the Second Geneva Convention—Convention (Ⅱ) for the Amelioration of the Condition of Wounded, Sick and Shipwrecked Members of Armed Forces at Sea* (Cambridge: Cambridge University Press, 2017), para. 248, pp. 76-143.

③ Wolff Heintschel von Heinegg, "The Difficulties of Conflict Classification at Sea: Distinguishing Incidents at Sea from Hostilities," *International Review of the Red Cross*, Vol. 98, No. 2, 2016, pp. 461-462.

④ 陈晓明：《比例原则与国际争端中的武力使用》，《法治研究》2013年第12期，第10页。

方式或强度，有学者总结，有"不得超出根据情况为合理和必要的程度""不能超过根据情况为合理需要的程度""最低限度的使用武力""不应超过根据情况为必要和合理的最低限度的武力"等表述。但是，出于避免使用武力的考虑、"人道主义考虑"及"尽一切努力确保不致危害生命"的考虑，上述表述应被视为具有相同的含义从而对使用武力的程度进行严格限制。① 事实上，一方面，上述文字表述并没有对在海上执法中使用武力给出一个明确的标准，尤其是有关"合理""必要"等词语的运用，有待于进一步通过条约解释或司法判例加以阐释和说明。在缺乏这种权威性解释的情况下，国际条约的"含义已经由国家的行为及反应和政治家及学者的观点所决定了"②，这种观点在海上执法方面往往被行为国基于其使用武力背后的利益偏好、对国际条约中有关使用武力限制的表述加以发挥与阐释。另一方面，国际争端解决机制对海上执法武力使用的程度作了个案解读，值得注意的是，在所有提交国际司法或仲裁的案例中，造成人员伤亡或使其人身安全受到威胁的武力使用无一例外地被认定为非法，③ 当然也有观点不认可对人员伤亡或使其人身安全受到威胁与武力使用程度的合理性，以"一刀切"的方式判断的做法。至于何种观点更为合理，有待于进一步检验，但至少确定的是，在海上执法武力使用的程度问题上缺少一个清晰且实用的判断标准。

第二，海上执法武力使用与海洋环境保护之间的平衡需要进一步明确。海上武力执法与陆上武力执法的最大区别在于，海上执法中面对的均是海上航行、停泊或作业的交通工具，主要是各种类型的船舶。随着海上运输中船舶大型化、多样化的发展趋势，油轮、液化天然气船、化学品船等船舶运载量不断增加，油轮与石油转运设施载重吨已经超过 50 万吨，集装箱船单船载箱量已经突破 2 万标箱，矿石船单船载重量已达 40 万吨级，④ 在

---

① 高健军：《海上执法过程中的武力使用问题研究——基于国际实践的考察》，《法商研究》2009 年第 4 期，第 27 页。
② Louis Henkin, et al., *Right V. Might: International Law and the Use of Force*（New York/London：Council on Foreign Relations Press, 1989），p.40.
③ 高健军：《海上执法过程中的武力使用问题研究——基于国际实践的考察》，《法商研究》2009 年第 4 期，第 27 页。
④ 孙光圻等：《船舶大型化时代终至》，中国港口网站，http：//www.port.org.cn/info/201412/181591.htm，最后访问时间：2022 年 6 月 3 日。

已发生的船舶溢油事故中,3万多吨货油泄漏可以污染1100公里的海岸线。①《海洋法公约》第192条将"保护和保全海洋环境的义务"作为各国一般义务,第194条第2款要求各国应采取一切必要措施,确保在其管辖或控制下的活动的进行不使其他国家及其环境遭受污染的损害,并确保在其管辖或控制范围内的事件或活动所造成的污染不扩大到其按照该公约行使主权权利的区域之外。沿海国在其管辖海域内进行海上执法,应当属于该公约所称的一国管辖或控制范围内的活动。平衡海上执法武力使用与海洋环境保护关系,反映了环境保护主义对当代海上武力使用国际规则的潜在影响,这与环境保护地位的提升和国际公约对国家海洋环境保护义务的确认有关,凸显了当今对保护海洋生态环境和合理限制沿海国海上管理行为的反思。

第三,限制海上执法中预防性使用武力行为。为对付潜在的、非迫在眉睫的甚至假想的威胁而"预防性"使用武力行为,在国际关系层面的武力使用与国家对自然人武力执法中都存在。有学者将预防性行动与先发制人进行对比,指出预防性行动比先发制人行动走得更远。先发制人行动是为防备迫在眉睫的危险或威胁而使用武力,而预防性行动则是为防备一个也许在将来可能会使用武力攻击自己的敌人而使用武力。可以说,预防性行动是扩大化的先发制人行动。② 在海上执法中针对船舶及船员采取预防性使用武力行为,也面临标准模糊、主观随意性和潜在危险性问题,在处理国际关系方面,代表性观点是,"预先自卫"或"预防性使用武力"的做法不可取,使用武力必须得到安理会的授权。③ 但是在海上执法中,是否绝对禁止针对船舶及船员采取预防性使用武力行为,并没有一个明确的答案,各国国内法的规定也不一致。例如,中国《海警法》第49条规定:"海警机构工作人员依法使用武器,来不及警告或者警告后

---

① 《外媒:中国打造本国超大型油轮船队》,中国日报网,http://caijing.chinadaily.com.cn/2014-08/25/content_18479453.htm,最后访问时间:2022年6月3日。
② 黄瑶:《国际反恐与先发制人军事行动》,《法学研究》2006年第1期,第149页。
③ 《王光亚大使在联大非正式磋商名人小组报告时发言》,中国常驻联合国代表团网站,http://un.china-mission.gov.cn/zgylhg/lhgzyygg/200501/t20050128_8354889.htm 最后访问时间:2023年1月17日。

可能导致更为严重危害后果的,可以直接使用武器。"结合该法第47条、第48条[①]关于武器使用范围的规定,在执行海上反恐怖任务、处置海上严重暴力事件时,可以有条件地不经警告直接使用武器,其中是否包含着"预防性使用武力"的情形呢?该法没有正面回答,需要通过国家实践验证。

四 海上执法中对船舶及船员使用武力的限制要件

借助海上执法保障海上交通安全是实现国家保障海上交通安全职能的方式。沿海国针对船舶及船员使用武力执法时,应受到合理原则与比例原则约束,不得对他国军事船舶、国家所有或经营并专用于政府非商业性服务的船舶使用武力,执法中使用武力不应对海洋生态环境造成危害。当事国在执法中超越武力使用的限制,危及他国海上交通安全的,将构成国际不法行为,甚至被视为对他国领土完整或政治独立的侵犯或武力威胁。

海上执法中使用武力应遵循合理原则与比例原则。合理原则与比例原则是使用武力执法普遍应遵循的国际法原则,在海上执法中同样要遵循合理原则与比例原则。以武力方式实施海上执法,其行为后果具有不可逆性与不可控性,是对相对人最为严厉和最具危险性的执法方式,因而,在海上执法中使用武力必须受合理原则与比例原则的约束。依据合理原则,仅仅在为了使海上执法相对人完全或部分遵循执法要求,且不被国际法禁止的情况下,才能使用武力。[②] 比例原则,指手段不得与所追求的目的不成比例,或手段必须与所追求的目的保持适当、正当、合理或均衡的匹配关系。[③] 依据比例原则在海上执法使用武力时,必须保持两方面的平衡:一方面是预期的相对人伤亡及对海上交通工具的损坏,另一方面是预期的具体、

---

① 《海警法》第47条规定:"有下列情形之一,经警告无效的,海警机构工作人员可以使用手持武器:(一)有证据表明船舶载有犯罪嫌疑人或者非法载运武器、弹药、国家秘密资料、毒品等物品,拒不服从停船指令的;(二)外国船舶进入我国管辖海域非法从事生产作业活动,拒不服从停船指令或者以其他方式拒绝接受登临、检查,使用其他措施不足以制止违法行为的。"第48条规定:"有下列情形之一,海警机构工作人员除可以使用手持武器外,还可以使用舰载或者机载武器:(一)执行海上反恐怖任务的;(二)处置海上严重暴力事件的;(三)执法船舶、航空器受到武器或者其他危险方式攻击的。"

② Martin D. Fink and Richard J. Galvin, "Combating Pirates off the Coast of Somalia: Current Legal Challenges," *Netherlands International Law Review*, Vol. 56, Iss. 3, 2009, pp. 367-388.

③ 许玉镇:《比例原则的法理研究》,中国社会科学出版社,2009,第68页。

第四章 国际海上交通工具及其上人员安全法律保障

直接的执法利益。禁止实施预期会附带造成相对人与海上交通工具遭受过分伤害或损害的攻击。① 在"塞加号"案件中,国际海洋法法庭认为,按照国际法的基本准则为捍卫权利或实施法律而使用武力应符合比例性要求,使用武力的程度不应超出当时情况下的合理需求。② 可见,在使用武力进行海上执法时,合理原则与比例原则对执法行为的约束往往相伴而生,二者是判断执法中使用武力合法性的最主要依据。

海上执法在使用武力前需要发出警告。海上执法中对海上交通工具及船员使用武力前,应当根据当时的情况采用声讯设备和信息指示设施向嫌疑交通工具及其上人员发出警告,责令其停止航行、放弃违法行为或接受登临检查,履行执法人员发出的命令。根据《执法人员使用武力和火器的基本原则》第10条,执法人员在表明其身份并发出使用武力的明确警告后,应当并且留有足够时间让对方注意到该警告,除非这样做会使执法人员面临危险,或者在当时情况下显然是不合适的或毫无意义的。③ 在"塞加号"案中,国际海洋法法庭认为,在以往海上执法中要求正在航行的船舶停航检查时,先要使用国际公认的听觉或视觉信号让船舶停止航行,未果时则可采取包括越过船首射击等一系列适当措施,只有在采取适当措施无效后,执行紧追的执法船才可以使用武力来作为最后手段。④ 几内亚海上执法人员使用武力的对象是几乎满载燃油、最大速度为10海里/时的船舶,海上执法人员未发出任何信号和警告而使用实弹射击该船,是过分的和不合理的,也疏于人道主义的考虑。⑤ 可见,按照国际海洋法法庭的观点,执法人员在进行有效射击前至少需要发出"停驶信号""警告性射击""实弹射击警告"三次不同类型的警告信号。⑥ 因此,在海上执法中,除非情况特别紧急,在使用武力之前须遵照一定程序,

---

① Judith Gardam, *Necessity, Proportionality and Use of Force by States* (Cambridge: Cambridge University Press, 2004), p. 1.
② The M/V Saiga Case (No. 2) (*Saint Vincent and the Grenadines* v. *Guinea*), Judgment of 1 July, 1999, ITLOS Reports, paras. 153-155, pp. 61-62.
③ 1990年《执法人员使用武力和火器的基本原则》第10条。
④ The M/V Saiga Case (No. 2), Judgment of 1 July, 1999, ITLOS Reports, para. 156.
⑤ E. D. Brown, "The Saiga Case on Prompt Release of Detained Vessel: The First Judgment of the International Tribunal for the Law of the Sea," *Marine Policy*, Vol. 22, Iss. 4-5, 1998, pp. 307-326.
⑥ 高健军:《海上执法过程中的武力使用问题研究——基于国际实践的考察》,《法商研究》2009年第4期,第28页。

对于实施非法行为或阻碍执法的海上交通工具及其当事人首先应发出停驶信号,未果时可进行追逐,追逐中其仍拒绝停驶则可发出将要使用武力的警告,未果时须进行警告射击,在其他一切手段均无效后方可使用武力。①

海上执法中使用武力不应对海洋环境造成危害。海上执法中面临的海上交通工具类型繁多,不同交通工具载运的货物性质和途经海域的生态状况也千差万别。执法中使用武力不应对海洋环境造成危害包含两层含义。一层含义是,使用武力进行海上执法,应考虑到武力打击对象可能对海洋环境造成的影响或损害,遵守《海洋法公约》第225条"行使执法权力时避免不良后果的义务"的规定,即"在根据本公约对外国船舶行使执行权力时,各国不应危害航行的安全或造成对船舶的任何危险,或将船舶带至不安全的港口或停泊地,或使海洋环境面临不合理的危险"。这一规定既是对海上执行权力的限制,同时也是对海上执法中使用武力的限制。另一层含义是,海上执法中使用的武力应当属于国际法许可范围内的常规武器,②禁止使用对自然环境产生影响和破坏的武器,同时采取一切必要措施,防止、减少并控制武力执法行为对海洋环境的污染和对海洋生态造成的影响或破坏③。

第二节 专属经济区内遇难人员搜救法律问题

遇难人员搜救是保障海上交通工具上人员安全的重要方式。海上搜救的对象仅限于人员,有关海上遇险船舶、财货等"财产"的保全属"打捞"(salvage)行为。在专属经济区内搜救遇难人员的过程中,搜救对象不同,沿海国的义务来源也不同,搜救海域不同,搜救船只进入的程序也有所不同。本节结合《国际海上人命安全公约》《国际海上搜寻救助公约》等国际

---

① The M/V Saiga Case (No. 2), Memorial Submitted by Saint Vincent and the Grenadines of 19 June, 1998, para. 83.
② 常规武器,指除了核武器、生物武器、化学武器等大规模毁伤性武器以外的各种武器的总称。2014年12月24日生效的联合国《武器贸易条约》(The Arms Trade Treaty)第2条第1款将常规武器范围限制为作战坦克、装甲战斗车、大口径火炮系统、作战飞机、攻击直升机、军舰、导弹和导弹发射器、小型武器和轻型武器。"UN General Assembly Approves Global Arms Trade Treaty," http://www.un.org/apps/news/story.asp? NewsID=44539&Cr=arms+trade&Cr1#. VMJHE7AcTIW, last visited June 5, 2022.
③ 卢卫彬、张传江:《海上执法中武力使用问题研究》,《太平洋学报》2013年第5期,第12~13页。

公约，仅从法律义务角度讨论沿海国专属经济区内遇难人员搜救问题，不涉及沿海国基于国际人道主义实施的海上搜救及相应的道德义务，以及法人实体实施的、以取得报酬为目的的商业搜救行为。

一 沿海国在专属经济区内搜救遇难人员的义务来源

沿海国搜救海上遇难人员属于积极作为，而积极作为的义务来源包括法律明确规定的义务、法律行为引起的义务、职务上或业务上的要求和先行行为引起的义务。其中，法律明确规定的义务包括沿海国国内法规定的搜救义务和沿海国缔结参加的相关国际公约规定的搜救义务。法律行为引起的义务的存在前提是沿海国在专属经济区海上搜救中存在法律规范所确认、发生法律效力的行为，在海上搜救遇难人员时作出单方承诺属于典型的引起义务的法律行为。职务上或业务上的要求通常指沿海国海上搜救机关的职能配置，如果该职能配置在其国内法中存在相应规定，则职务上或业务上的要求也属于法律明确规定的义务范畴，如果该职能配置在其国内法中没有被具体规定，则属于沿海国海上搜救机关的单方承诺。先行行为所引起的义务，即行为主体先前实施的行为（先行行为）使某种合法权益处于危险状态时，该行为主体负有防止损害结果发生的义务。沿海国在专属经济区的某种行为导致过往船舶遭遇海难、处于危险状态存在理论可能，但实际上专属经济区内的海难事故大致只有两类，一类是外部自然风险导致海难，另一类是海上交通工具内部结构或状况导致海难事故，由沿海国先行行为导致的海难事故在实践中找不到相应的案例，因此，沿海国在专属经济区搜救遇难人员的义务主要源于法律规定与单方承诺[①]。

第一，沿海国基于法律规定在专属经济区搜救遇难人员。这里的法律规定既包括沿海国国内法有关海上搜救的规定，也包括沿海国缔结参加的国际公约中的相关规定。就后者而言，《国际海上人命安全公约》第五章第7条要求各缔约国政府承担义务，确保为其负责区域内的遇险通信和相互协调，以及营救其海岸附近的海上遇险者作出必要的安排。考虑到海上交通

[①] 对于单方承诺行为究竟属于国际法的渊源还是国际义务的渊源，理论上一直存在争议，本书采国际义务说。相关讨论参见周忠海、张卫华《试论国家单方法律行为的若干基本问题》，《河南省政法管理干部学院学报》2007年第6期，第104~105页。

的密度和航行障碍物的密度，这些安排应包括被视为实际可行和必要的搜救设施的建立、运转和保障，并应尽可能提供足够的搜寻和营救设备。《国际海上搜寻救助公约》附件第2.1.1条要求缔约国负责当局于收到任何人在海上遇险或可能遇险的信息时，应采取紧急步骤，确保提供必要的援助，具体内容包括以下几点。首先，提供救助服务。缔约国负责当局在收到遇险事故信息后，应立即采取初步行动，及时通知负责事故区域搜救的协调中心或救助分中心，应当持续进行搜救行动，直至救助幸存者的所有合理希望均破灭。① 其次，与其他当事国合作进行搜救。各当事国须对其搜救组织进行协调，必要时均应与邻国的搜救组织协调搜救行动，并应在适当的情况下与其他国家缔结协议，以授权其负责当局与其他国家的负责当局一起作出搜救合作和协调的行动计划及安排。② 最后，为海上获救人员提供安全场所。在"坦帕号"事件中，澳大利亚依据《边境保护法案》和国内移民政策拒绝"坦帕号"上人员在其境内靠岸，而当时1974年《国际海上人命安全公约》和2004年修订之前的《国际海上搜寻救助公约》中也没有规定缔约国有义务给予海上获救人员安全场所，③ 2004年修订《国际海上搜寻救助公约》附件时，针对"坦帕号"事件暴露出的问题，规定每一当事国应授权其救助协调中心与其他救助协调中心合作来作出必要安排，以便为海上遇险人员确定最合适的下船地点，尤其是实际负责在搜救区域提供海难救助的当事国，应承担确保开展这种协调与合作的首要责任，以使受援的幸存者能从施救船舶上岸并被送往安全场所④。

第二，沿海国基于单方承诺在专属经济区搜救遇难人员。单方承诺是沿海国向相对人（方）作出的为自己设定某种义务，使相对人（方）取得某种权利的意思表示，是沿海国单方的意思表示。单方承诺的内容是为自己设定某种义

---

① 1979年《国际海上搜寻救助公约》附件第4.8.1条。
② 1979年《国际海上搜寻救助公约》附件第3.1.1条、第3.1.8条。
③ 2001年"坦帕号"事件后，国际海事组织对1974年《国际海上人命安全公约》和1979年《国际海上搜寻救助公约》进行了修订，修正案规定缔约国有义务协助船长给海上获救人员提供一个安全场所。2004年，国际海事组织又通过了《海上获救人员待遇的导则》（Guidelines on the Treatment of Persons Rescued at Sea），给予成员国在国际法下履行给海上获救人员提供安全场所的义务更为详细的指导。
④ 1979年《国际海上搜寻救助公约》附件第3.1.6.4条、第3.1.9条。

务，使相对人（方）取得某种权利，单方承诺一般向社会上不特定的人发出。首先，沿海国基于单方承诺在专属经济区搜救遇难人员属于单方法律行为。国际法中的单方法律行为，指国家意图单方引起国际法上的后果的行为，① 沿海国可以根据本国政治、经济等的需要，为自己单方面设定义务，主动对在专属经济区遇难的人员进行搜救，沿海国一旦作出承诺的意思表示，即应恪守信用。其次，沿海国单方承诺的方式包括作出单方声明或在国内海上搜救主管机关职能规则中明示。单方声明能够对国家产生约束力的条件是，国家具有相应的意图，同时该声明根据国际法作出并且符合国际法，至于采取口头方式还是书面方式，不具有决定性意义。② 目前，沿海国在没有法律规定的前提下通过单方声明方式实施搜救的事例非常少见，大多是沿海国基于他国请求，承诺进入他国专属经济区协助搜救的情形。对于缺少海上搜救国内立法或没有加入相关国际公约的国家，如果该国设置了海上搜救专门机关，且在该机关履职范围内规定其在专属经济区内的搜救职能，则此种情形亦应被视为沿海国单方承诺。最后，沿海国针对专属经济区搜救遇难人员的单方承诺可以被撤销或修改。有学者指出，对于国际法主体作出的单方法律行为，该主体以后是否有权加以修改或撤回，"虽然没有一个适用于一切情况的一般答复，但这种行为似乎是可以撤回的，除非国际法的某项规则有相反的规定。这主要取决于对每项单方行为作出或者有意作出修改或撤回的特定情况，包括其他国际法主体是否可以依据该行为而改变他们的立场的范围"③。

第三，搜救区域的划分影响沿海国专属经济区内搜救遇难人员义务的判断。《海洋法公约》没有对沿海国在专属经济区内的救助行为作出安排，仅在第七部分"公海"中规定了国家海上搜救责任与义务。④《国际海上搜寻救助公约》及其附件虽然对海上搜救作出了具体安排，但并没有规定其适用范围及沿海国在不同海域搜救义务的属性。《国际海上搜寻救助公约》附件将"搜救区域"（search and rescue region）定义为与某一个救助协调中心相关

---

① 周忠海、张卫华：《试论国家单方法律行为的若干基本问题》，《河南省政法管理干部学院学报》2007年第6期，第99页。
② 周忠海、张卫华：《试论国家单方法律行为的若干基本问题》，《河南省政法管理干部学院学报》2007年第6期，第102~103页。
③ 李伯军：《简论国际法中的单方法律行为》，《理论界》2006年第7期，第226页。
④ 1982年《海洋法公约》第98条。

联的并在其中提供搜救服务的划定明确范围的区域。① 搜救区域不具有独立的法律地位,搜救区域的划分不涉及并不得损害国家之间边界的划定。② 从1985年国际海事组织划定的各国海上搜救区域及一些国家单方面宣布的搜救区域看,如中国海域的海上搜救区域为北纬10°以北、东经124°以西的海域,③ 日本本土东南方向海上搜救区最远至1200海里;就我国而言,北纬10°线横穿南沙群岛中部,就日本而言,其搜救区域已经远超过其主张的专属经济区范围;可见,搜救区域与沿海国专属经济区在空间范围上不必然一致。在沿海国搜救遇难人员义务中,与搜救区域密切相关的是法律明确规定的义务。一般情况下,国内立法适用范围为国家管辖海域,即国家管辖的领海、毗连区、专属经济区和大陆架海域,越过国家管辖海域的海上搜救区域超出了国内立法适用的空间范围,国内立法规定是否属于国家在该区域搜救遇难人员的义务来源是值得商榷的,但只要遇难人员所处海域属于沿海国搜救区域,该国就有义务依照其缔结参加的相关国际公约履行搜救义务。搜救区域的划定不影响沿海国以单方承诺的方式负担专属经济区内搜救遇难人员的义务,无论遇难人员所处海域是否属于沿海国专属经济区或搜救区域,只要沿海国作出单方承诺,就有义务搜救海上遇难人员。

二 沿海国在专属经济区内搜救遇难人员的行为性质

沿海国在专属经济区内搜救遇难人员行为属于国家行为。一般认为,判断一个行为是否属于国家行为,需要结合授权主体、授权依据与授权内容来判断。④ 国家的主体资格一旦得到国际法确认,国家就负有与其国际地位相关的义务,也就满足了构成国家行为的主体要素,进而其实施的行为

---

① 1979年《国际海上搜寻救助公约》附件第1.3.4条。
② 1979年《国际海上搜寻救助公约》附件第2.1.7条。
③ 史春林、李秀英:《中国参与南海搜救区域合作问题研究》,《新东方》2013年第2期,第25~26页;王杰、李荣、张洪雨:《东亚视野下的我国海上搜救责任区问题研究》,《东北亚论坛》2014年第4期,第16~17页。
④ 国家行为在不同的国家有着不同的称谓。英国称之为"国家行为"(act of state),法国和日本称之为"统治行为"(acte de gouvernement),德国称之为"政府行为"(regierungsakte),美国称之为"政治行为"或"政治问题"(political questions)。参见胡锦光、刘飞宇《论国家行为的判断标准及范围》,《中国人民大学学报》2000年第1期,第83页。

才有可能成为国家行为,然而国家行为只是一个抽象的概念,国家行为必须由代表国家的个人、团体或组织的行为表现出来。沿海国在专属经济区搜救遇难人员的行为是一种客观的行为,而不是思想活动、立法活动等,其具体方式的形成根源,在于法律赋予行为主体义务的形式。然而沿海国在专属经济区内搜救遇难人员时,是否存在一国承认或追认的其他主体实施的行为?对此,虽然有国内学者在有关行政执法的理论探讨中对此进行过分析,[1]但该情形是否能延伸到海上交通安全保障领域,仍有进一步探讨的空间,由于没有发现相应具有说服力的事例,故不将一国承认或追认的其他主体实施的行为作为讨论专属经济区内搜救行为的要点,而仅讨论国家机关的行为与受国家指挥或控制的行为。

第一,沿海国在专属经济区内搜救遇难人员的行为属于国家机关的行为。一般情况下,沿海国在专属经济区内搜救遇难人员的实施机关,必须是法定的具有公共行政管理职能的行政机关,表现为以国家名义对海上遇难的人和交通工具进行全面搜寻与救助。虽然各国海上搜救管理模式不同,一些国家立法赋予执行海上搜救职能的组织是本国军事力量或准军事力量,还有一些国家根据海上交通活动的内容与空间范围,通过国内法将海上搜救职能拆分给不同性质的国家机构,[2]但是这并不影响对海上搜救机构(力量)行为性质的认证。原因在于,上述机构(力量)在专属经济区内搜救遇难人员,源自一国政府或国会的授权,授权的依据一般是国内宪法、法律、立法机构或总统颁布的授权法案。[3]因此,海上搜救国家机关在权限及性质上的差异,对其行为性质认定不产生实质性影响。

第二,沿海国在专属经济区内搜救遇难人员的行为属于受国家指挥或控制的行为。受国家指挥或控制的行为,即主体是按照国家的指示或在其

---

[1] 即具有合法权限的行政机关或其他主体,对不具备合法权限的行政机关或其他主体的行政行为进行追认的情形。参见柳砚涛、孙子涵《论行政行为的追认》,《行政法学研究》2008年第3期,第29页;徐以祥《违法行政行为效力矫治制度的困境与应对策略》,《河北法学》2009年第11期,第110~111页。

[2] 赵晋:《论海洋执法》,博士学位论文,中国政法大学,2009,第80~81页。

[3] Stuart Kaye, Lowell Bautista, "The Naval Protection of Shipping in the 21st Century: An Australian Perspective," *Papers in Australian Maritime Affairs*, No. 34, 2011, pp. 47-48.

实际指挥或控制下行事，其行为应被视为国际法所指的一国的行为，① 包括在国家策划、资助、指挥和监督下进行的行为②。在专属经济区内搜救遇难人员时，国家主管机关在不具备搜寻或救助能力的情况下，通常指挥、控制其他主体（如救助公司）进行搜寻或救助。③ 虽然对于受国家指挥或控制的行为，国内法层面有"行政委托说""见义勇为说"等不同观点，④ 但在国际法层面，参考《国家责任条款草案》第 8 条的规定，国家主管机关指挥或控制的海上救助行为，应属于国家行为。

三 进入他国专属经济区内搜救遇难人员的行为限制

当沿海国专属经济区出现重大海难事故或遇难船舶位于不同国家搜救区域重叠部分时，往往会出现两个以上国家参与搜救的情形，此时即面临他国进入沿海国专属经济区内搜救遇难人员的情况。《国际海上搜寻救助公约》附件第 3.1.2 条、第 3.1.3 条、第 3.1.5 条、第 3.1.6 条仅对他国进入沿海国领海内进行搜救作了相应规定。只有在沿海国批准的情况下，他国才能进入沿海国领海内搜救遇难人员，但《国际海上搜寻救助公约》附件及《国际救助公约》并没有要求他国进入沿海国专属经济区内搜救遇难人员也需要沿海国的批准或履行通知义务。现实中，当事国一方在收到船舶或人员遇险报警的情况下，如果遇难船舶或人员位于当事国搜救区域重叠部分，或需要他方协助，方有义务立即采取初步行动，及时通知事故在其区域中发生的相关搜救协调中心或救助分中心。如 2007 年《中国与韩国政府海上搜寻救助合作协定》第 4 条规定，收到遇难报警的缔约一方如需对方援助，应由其执行机关向对方执行机关发出请求，缔约一方执行机关在收到请求时，应立即与对方执行机关进行协调，以确定最有力和有效的搜

---

① 《国家责任条款草案》第 8 条。
② Case Concerning the Military and Paramilitary Activities in and Against Nicaragua (*Nicaragua v. United State of America*), Judgment of 27 June, 1986, ICJ Reports, p. 14.
③ 王玉宁：《论国家主管机关从事或控制下的海难救助》，《世界海运》2013 年第 6 期，第 44~45 页。
④ 王天华：《行政委托与公权力行使——我国行政委托理论与实践的反思》，《行政法学研究》2008 年第 4 期，第 92 页；曾大鹏：《见义勇为立法与学说之反思——以〈民法通则〉第 109 条为中心》，《法学论坛》2007 年第 2 期，第 78 页。

救方式。但是从搜救行为内容及相关公约规定看，进入他国专属经济区内搜救遇难人员需要遵守相应的限制性规定。

他国进入沿海国专属经济区内搜救遇难人员应顾及沿海国享有的管辖权。从遇难人员搜救行为内容看，他国进入沿海国专属经济区内虽然不需要通知沿海国或经沿海国批准，但应顾及沿海国享有的管辖权。原因在于，在海上搜救遇难人员过程中，可能涉及在搜救对象附近放置临时浮标、发布通航警告等一些辅助海上搜救的行为，此时，就需要尊重沿海国对其专属经济区享有的管辖权。而根据《海洋法公约》第60条，沿海国对其专属经济区内的人工岛屿、设施和结构有专属管辖权，包括有关海关、财政、卫生、安全和移民的法律和规章方面的管辖权，对于这种人工岛屿、设施或结构的建造，必须妥为通知，并维持永久性的警告方法。已被放弃或不再使用的任何设施或结构，应予以撤除。① 海上搜救过程中设置的设施、结构往往都是临时性的，虽然他国在沿海国执行海难救助行为本身不需要取得沿海国的许可，但是他国在进入沿海国专属经济区内搜救遇难人员时，需要顾及沿海国依据《海洋法公约》享有的管辖权，遵守沿海国按照公约和其他国际法规则所制定的法律和规章。可以说，沿海国对他国进入其管辖的专属经济区内进行搜救所具有的管辖权，是针对特定行为的管辖权，而非普遍的管辖权。

沿海国对其专属经济区内他国搜救遇难人员的行为有权进行监督管理。在发生可以合理地预期足以造成重大损害后果的海上事故或与此项事故有关的行动时，沿海国有采取措施保护其岸线或有关利益方免受污染或污染威胁的权利，包括沿海国就救助作业作出指示的权利。沿海国对其专属经济区内他国搜救遇难人员行为进行监督管理，表现在防止搜救过程中出现环境污染方面。一是监督他国在搜救过程中的防污染处置。在船舶海上遇难过程中，污染事件通常会相伴发生，其污染源或者来自船舶燃油、货油的泄漏，或者来自船舶装载的危险化学品、放射性物质，② 在他国执行海上搜救过程中，沿海国出于对本国管辖海域"海洋环境的保护和保全"③ 的考

---

① 1982年《海洋法公约》第60条第2款、第3款。
② 1993年《装载包装型放射性核燃料、钚与高放射性废弃物的国际航运安全准则》。
③ 1982年《海洋法公约》第56条。

虑，有权对他国执行海上搜救过程中的防污染措施，如设置围油栏等，进行监督和管理，保护本国管辖海域海洋生态环境。二是对他国在搜救过程中的防污染处置进行干预。一旦他国在搜救过程中，没有针对已经发生的环境污染或潜在的污染风险采取相应防治措施，或者怠于采取防污染措施，或者所采取的防污染措施不足以制止环境污染的发生及蔓延，沿海国就有权依据《海洋法公约》第 56 条第 1 款（b）项，对他国的救助行为进行指示或干预，要求其履行相应的防污染义务，或直接参与海上搜救，防治船舶污染。

第三节 专属经济区外籍船舶碰撞刑事管辖权问题

依据船舶国籍不同，发生在沿海国专属经济区的船舶碰撞包括三种情况，即沿海国国籍船舶之间发生碰撞、沿海国国籍船舶与他国国籍船舶之间发生碰撞、非沿海国国籍船舶之间发生碰撞。在上述三种情形中，沿海国专属经济区是一个恒定的地理空间，而船舶碰撞发生在悬挂不同国家旗帜的船舶之间。专属经济区与领海的法律地位不同，不是沿海国享有完全排他性主权的空间范围，但上述《海洋法公约》有关沿海国主权权利和管辖权的规定表明，该区域依然属于国家主权延伸区域。[①] 对于前述三类发生在专属经济区的船舶碰撞，沿海国国籍船舶之间发生碰撞引发的刑事管辖权问题适用沿海国刑法，而沿海国国籍船舶与他国国籍船舶之间发生碰撞、非沿海国国籍船舶之间发生碰撞（本部分称之为"专属经济区外籍船舶碰撞"）引发的刑事管辖权不仅牵涉沿海国国内法，还受到国际法的约束。《海洋法公约》第 58 条第 2 款通过"纳入"的方式将公海航行事故管辖规则纳入专属经济区制度，[②] 该条款规定，《海洋法公约》"第八十八条至第一百一十五条以及其他国际法有关规则，只要与本部分不相抵触，均适用于专属经济区"。由此推论，只要属人管辖与专属经济区制度不相抵触，在专属经济区发生的船舶碰撞就应当遵循国籍原则，由肇事船舶船旗国或行为

[①] 金永明：《专属经济区与大陆架制度比较研究》，《社会科学》2008 年第 3 期，第 123~124 页。
[②] Anne Bardin, "Coastal State's Jurisdiction over Foreign Vessels," *Pace International Law Review*, Vol. 14, Iss. 1, 2002, pp. 40-43.

人国籍国专属管辖。如果单纯从《海洋法公约》上述规定看，专属经济区船舶碰撞刑事管辖权专属于肇事船舶船旗国或行为人国籍国，但是实践中并非如此。判断船长或任何其他为船舶服务的人员是否承担刑事或纪律责任、谁是受害方谁是肇事者，需要借助刑事司法或行政调查；进一步而言，在沿海国专属经济区实施刑事司法调查，就涉及国家管辖权。国际航行船舶中存在大量方便旗船舶，同一艘船上的船员（包括船长）也并非都来自一个国家，专属经济区外籍船舶碰撞引发的刑法管辖冲突既包括积极冲突与消极冲突，也潜藏国内法与国际法的适用关系问题。外籍船舶碰撞与同一国籍船舶碰撞在碰撞构成要件方面并无二致，因而，讨论专属经济区外籍船舶碰撞刑事管辖权的核心是明确沿海国在专属经济区依法享有的刑事管辖权的范围，理顺国内法与国际公约之间的适用关系。

一 专属经济区外籍船舶碰撞刑事管辖权的法律构成

国家行使管辖权是主权的表现，是法律发挥功能并付诸实施的方式。刑事管辖权属于国家主权范畴，是国内法与国际法相交织的问题。[①] 一国主张刑事管辖权通常基于属人管辖、属地管辖、普遍管辖和保护管辖原则，通常情况下船舶碰撞属于航行事故范畴，是最为常见的海上交通肇事行为，不涉及国际罪行。即便涉及国际罪行，船舶碰撞行为也仅是实现其他国际罪行的手段，碰撞行为本身并不属于国际罪行，不涉及普遍管辖的问题。[②] 因此，专属经济区外籍船舶碰撞刑事管辖权可能涉及属地、属人和保护管辖问题，以及《海洋法公约》第58条第2款、第97条第1款与沿海国刑事立法之间的适用关系。

《海洋法公约》第58条第2款、第97条第1款的规定。《海洋法公约》第58条第2款并入公海制度的部分内容，在《海洋法公约》公海制度部分共有三个条款涉及船舶碰撞，[③] 其中只有第97条第1款规定碰撞事项或任何

[①] 邵维国：《刑事管辖权含义辨析》，《广州大学学报》（社会科学版）2007年第11期，第42页。

[②] 马金星：《论我国专属经济区涉外船舶碰撞刑事管辖权》，《中国海洋大学学报》（社会科学版）2019年第6期，第75~76页。

[③] 1982年《海洋法公约》共有5条规定涉及船舶碰撞，分别为第21条第4款、第94条第3款及第4款、第97条第1款、第98条第1款和第221条第2款。其中，第94条第3款及第4款、第97条第1款、第98条第1款规定在公海制度中。

其他航行事故的刑事管辖权，该条款规定："遇有船舶在公海上碰撞或任何其他航行事故涉及船长或任何其他为船舶服务的人员的刑事或纪律责任时，对此种人员的任何刑事诉讼或纪律程序，仅可向船旗国或此种人员所属国的司法或行政当局提出。"《海洋法公约》第97条第1款的规定是在公海自由的制度框架内赋予船旗国或涉事人员国籍国以专属管辖权，《海洋法公约》第58条第2款通过"纳入"的方式将公海航行事故管辖规则纳入专属经济区制度。由此推论，只要属人管辖与专属经济区制度不相抵触，专属经济区发生的外籍船舶碰撞就应当遵循国籍原则，由肇事船舶船旗国或行为人国籍国专属管辖。反之，《海洋法公约》第97条第1款规定的属人管辖就不具有排他性。因此，《海洋法公约》第58条第2款、第97条第1款规定的碰撞事项或任何其他航行事故的刑事管辖，属于有条件的属人管辖。根据《维也纳条约法公约》所阐明的原则，缔约国必须诚信履行《海洋法公约》所规定的义务，不得援用其国内法的规定来为其不履行条约义务进行辩解。① 在《海洋法公约》第58条第2款、第97条第1款已经就专属经济区船舶碰撞刑事管辖权作出规定的前提下，尊重《海洋法公约》承认的权利并且确保在其领土内和受其管辖范围内履行公约义务，对于所有缔约国均具有约束力，缔约国政府的所有部门（执法、立法和司法部门）均应承担缔约国的责任。如果无法证明属人管辖与专属经济区制度相抵触，而径自适用属地管辖，则存在违反缔约国义务并导致承担相应国际责任的可能。

在沿海国刑事司法审判中，发生在专属经济区的外籍船舶碰撞案件并不鲜见，但是各国的司法处理方式并不统一。1926年法国籍船舶"荷花号"与土耳其籍船舶"博兹库特号"（Bozkurt）的碰撞事故，是国际法中讨论船舶碰撞引发刑事管辖权争议的经典案例。该案件中，1926年8月2日，"荷花号"在地中海的公海与"博兹库特号"发生碰撞，"博兹库特号"被撞沉，八名土耳其人死亡。在"荷花号"抵达伊斯坦布尔港之后，土耳其政府对该事件进行刑事调查，以过失杀人罪逮捕了"荷花号"法国籍大副戴蒙，土耳其法院判处其短期监禁并罚款，但是法国对此提出抗议，要求释放戴蒙，或者将该案移交法国法院审理。1926年10月，两国达成协定，同

---

① 1969年《维也纳条约法公约》第26条、第27条。

意将此案提交常设国际法院。1927年，常设国际法院裁决认为，船旗国通常有刑事管辖权，但是这不代表船旗国根据国际习惯法是"唯一"有刑事管辖权的国家，司法管辖权虽确实不可由受害者国籍而定，但该案中的受害者国籍并非决定因素，受害船之国籍才是决定因素。在该案中，若将受害船视为土耳其领土之延伸，该犯罪也可视为在土耳其领土上所为。① 其实，在"荷花号"案之前，一些国内法院也处理过类似争端。例如，1876年一艘德国籍船舶"弗朗科尼娜号"（Franconia）在苏格兰近岸三海里以内与英国籍船舶"斯特拉斯克莱德号"（Strathclyde）相撞，该船舶碰撞导致一名英国乘客溺水而亡，在英国中央刑事法院（Central Criminal Court）受理该案后，各方围绕法院是否有管辖权展开辩论。② 虽然该案发生在苏格兰近岸三海里范围内，但是法院认为，对于什么是领海没有一个完全一致的定义，"为了使一名外国人受到肇事地国家法律的管辖，他的犯罪行为必须发生在英国陆地领土内，或者航行于海上的英国船舶上"③。概言之，如今审视"荷花号"等类似案件的裁决，要兼顾其时代背景、遵循时际法原则，裁决中的有些内容已经被后来的国际公约修改，而有些内容却被编纂进国际公约。

从1926年"荷花号"案至今近一百年间，海洋法规则发生了重大变化，不变的是海上频繁发生的船舶碰撞事故以及沿海国丰富的司法实践。2015年1月16日，在韩国釜山以东约10海里处海域也发生了一起类似案件。利比里亚籍集装箱运输船"海明威号"（Hemingway）与一艘韩国籍渔船"吉永号"（Geunyang-ho）发生碰撞，导致韩国籍渔船船长和一名船员死亡，以及渔船燃油泄漏。事发海域在韩国领海④之外，经海事调查证实，

---

① The Case of S.S. Lotus（*France* v. *Turkey*），PCIJ（Ser. A）No. 10，7 September，1927，pp. 10-12.

② *The Queen* v. *Keyn*（*The Franconia*），1876，2 L. R. Ex. D. 202.，http：//www.uniset.ca/other/cs5/2ExD63.html, last visited 5 January，2023；Daniele Fabris，"Jurisdiction：Current Issues of International Law of the Sea Awaiting the 'Enrica Lexie' Decision，" *Amsterdam Law Forum*，Vol. 9，No. 2，2017，p. 11.

③ 47 *The Queen* v. *Keyn*（*The Franconia*）Judgment, The Spectator，18 November，1876，p. 9，http：//www.uniset.ca/other/cs5/2ExD63.html, last visited 5 January，2023.

④ 韩国领海基线采用混合基线体系，在海岸平缓地区采用正常基线，即海岸最低潮潮线；而在海岸曲折或海岸附近有众多岛屿的地区，则采用直线基线。韩国主张12海里领海，但在朝鲜海峡（釜山海峡）主张3海里领海。

"海明威号"菲律宾籍驾驶员负有责任,釜山地方检察厅向釜山地方法院起诉"海明威号"两名菲律宾籍船员,因为他们在碰撞后没有履行救援义务反而逃跑,而釜山地方法院和釜山高等法院均援引《海洋法公约》第 97 条第 1 款裁定对该案中碰撞造成的人身伤亡无管辖权,但认为对碰撞导致的燃油泄漏而造成的海洋污染具有管辖权,并处以罚款。① 在审理过程中,韩国法院认为,对于被告履职过失导致他人死亡和船舶沉没的事实,该国法院不具有刑事管辖权,因为这些事实符合《海洋法公约》第 97 条第 1 款所规定的"公海船舶碰撞及其他航行事故",应当适用属人管辖原则,由肇事船舶国籍国或肇事者国籍国行使管辖权。但是韩国学者崔锡胤(Suk Yoon Choi)认为,由于利比里亚和菲律宾实际上已经放弃了对该案的管辖权,因此韩国法院对过失致人死亡、环境污染等三项指控都行使管辖权的做法是合理的。②

而中国法院在处理马耳他籍"卡塔利娜号"(Catalina)与山东荣成石岛籍"鲁荣渔 58398"轮碰撞事故中的做法,与韩国法院存在显著不同。2016 年 5 月 7 日,马耳他籍"卡塔利娜号"与山东荣成石岛籍"鲁荣渔 58398"轮在浙江象山沿海南韭山岛东偏北约 72 海里附近(29°33.1′N,123°35.4′E)海域发生碰撞,③ 造成 14 名中国船员死亡、5 名中国船员失

---

① Changwoo Ha, "Criminal Jurisdiction for Ship Collision and Marine Pollution in High Seas-Focused on the 2015 Judgement on M/V Ernest Hemingway Case," *Journal of International Maritime Safety, Environmental Affairs, and Shipping*, Vol. 4, Iss. 1, 2020, p. 31.

② Sukyoon Choi, et al., "A Study on the Penal Jurisdiction in Cases of Incident of Ship Collision on the High Seas-commentary on Busan District Court Tuling '2015gohap 52' Decided on 12 June 2015," *Maritime Law Review*, Vol. 27, No. 3, 2015, p. 2.

③ 2013 年宁波中级人民法院审理的"科塔娜布拉号"(Kotanebula)轮与"浙普渔 75185"渔船碰撞案,是我国法院审理的首例涉外海上交通肇事案,但该案发生在我国领海内。2017 年宁波海事法院审理的马耳他籍"卡塔利娜号"与中国山东籍"鲁荣渔 58398"碰撞事故案(以下简称"'鲁荣渔'案"),是我国法院审理的首例发生在我国专属经济区的涉外海上交通肇事案。2018 年,在我国专属经济区发生的巴拿马籍"桑吉号"与中国香港籍"长峰水晶号"碰撞事故(以下简称"'桑吉号'案"),造成"桑吉号"燃爆并最终沉没,船上 3 名人员死亡,29 名人员失踪,"长峰水晶号"严重受损。在《"桑吉号"和"长峰水晶号"碰撞事故安全调查报告》中,依据中国调查结论,"桑吉号"没有采取让路行动是造成事故的直接原因、承担主要责任,"长峰水晶号"作为"权利船"承担次要责任。目前"桑吉号"案尚未在我国法院启动刑事程序。参见 Maritime Safety Administration of P. R. China, Report on the Investigation of the Collision Between. M. T. SANCHI and. M. V. CF CRYSTAL in East China Sea on 6 January 2018, https://www.mardep.gov.hk/en/msnote/pdf/msin1817anx1.pdf, last visited 17th January, 2023.

踪、"鲁荣渔58398"轮沉没。经中国海事部门认定,"卡塔利娜号"菲律宾籍驾驶员(二副)艾伦·门多萨·塔布雷(Allen Mendoza Tablate)在此次事故中负主要责任。宁波海事法院于2017年6月5日立案,并于同年8月21日以交通肇事罪判处被告人艾伦·门多萨·塔布雷有期徒刑三年六个月。在该案件中,碰撞发生在我国专属经济区,对于该区域,不存在划界争议,肇事船舶的国籍国为马耳他,肇事者国籍国为菲律宾,受害者全部为中国籍渔民,一起船舶碰撞刑事案件牵涉三个主权国家。我国《刑法》第6条至第9条分别规定了属地、属人、保护和普遍管辖,在主张刑事管辖权时是可以上述原则中的任何一项或任何一种组合为依据的。专属经济区外籍船舶碰撞刑事管辖权主要涉及属地、属人和保护管辖问题,只有当肇事行为引发的罪行属于我国缔结或者参加的国际条约所规定的罪行时,才可能对其适用《刑法》第9条的规定。依据我国《刑法》来主张专属经济区外籍船舶碰撞刑事管辖权,可以从属地、属人和保护管辖三个方面探讨。首先,专属经济区属于我国"领域"是主张属地管辖的前提。《刑法》第6条第1款规定,"凡在中华人民共和国领域内犯罪的,除法律有特别规定的以外,都适用本法";第2款规定,"凡在中华人民共和国船舶或者航空器内犯罪的,也适用本法"。《中华人民共和国刑法释义》(以下简称《刑法释义》)在解释我国"领域"时,将其空间范围限定为我国国境以内的全部区域,具体包括领陆、内水和领海及其下的地层,以及领陆和领水之上的领空。"除法律有特别规定的",主要是指《刑法》第11条关于享有外交特权和豁免权的外国人的刑事责任的特别规定,《刑法》第90条关于民族自治地方制定的变通或补充刑法的规定,以及其他法律中作出的特别规定,如我国香港、澳门特别行政区基本法中的有关规定等。① 专属经济区是介于领海与公海之间、具有独立法律地位的海域,沿海国在其专属经济区享有主权权利和管辖权。依据《刑法释义》的观点,专属经济区属于国家管辖范围内的海域,但不属于《刑法》第6条中的我国"领域"。宁波海事法院在"鲁荣渔"案中依据《刑法》第6条属地原则确定案件管辖权,但是没有解释为何适用属地管辖,也没有说明排除保护管辖的理由。其次,属人

---

① 王爱立主编《中华人民共和国刑法释义》,法律出版社,2021,第10页。

管辖针对的犯罪行为人为我国公民。《刑法》第7条第1款是关于我国公民在我国领域外犯罪,如何适用我国《刑法》的规定。但是只有一种例外,就是所犯的罪,按照刑法分则的规定,最高刑为三年以下有期徒刑,可以不追究其刑事责任。在"鲁荣渔"案中,肇事船舶及行为人均非我国国籍,但受害者均为我国公民,事故发生于我国专属经济区。如果依据《刑法》第7条第1款主张刑事管辖权,至少包含三层含义,即行为人为我国公民,专属经济区不属于《刑法》第6条第1款中的我国"领域",以及我国船舶与他国船舶在我国专属经济区发生的碰撞事故,依照《刑法》第133条规定构成交通肇事罪;如果最高刑为三年以下有期徒刑的,可以不追究其刑事责任。可见,对于发生在专属经济区的船舶碰撞行为而言,依据《刑法》不同管辖权条款,其处理后果也存在明显不同。最后,保护管辖针对的犯罪行为发生在我国领域外。构成《刑法》第8条保护管辖需要满足三个条件,即对我国或我国公民犯罪、按照《刑法》之规定最低刑为三年以上有期徒刑,并且根据犯罪地的法律也认为是犯罪的,应当给予刑事处罚。有观点认为,"鲁荣渔"案中我国渔民和船舶在专属经济区遭遇外籍船舶不法侵害,司法机关应根据《刑法》第8条保护管辖的规定,对该案行使刑事管辖权。① 然而,依据《刑法》第8条行使保护管辖权也存在相应的前提。一是我国"领域"的范围。只有认定《刑法》第6条第1款我国"领域"范围不包括专属经济区,方存在适用《刑法》第8条来主张保护管辖权的可能。二是法律责任问题。《刑法》第133条规定交通肇事罪最低刑为三年以下有期徒刑或者拘役,对于"鲁荣渔"案等类似海上交通肇事案件,如果外国籍和无国籍人在我国专属经济区的交通肇事行为符合《刑法》第133条的量刑规定,或者其行为依照其国籍国法律仅受行政或纪律处罚,则我国司法机关无法依据《刑法》第8条主张保护管辖权。

有学者认为,《海洋法公约》在第92条的基础上,又将船舶碰撞事故管辖权单独规定在第97条,一方面是考虑随着沿海国管辖海域范围不断扩张,需要平衡沿海国与船旗国之间的海上管辖权;另一方面,《海洋法公

---

① 王玫黎、袁玉进:《最密切联系原则在专属经济区刑事管辖权冲突中的适用——以"卡塔利娜"轮案为视角》,《西南政法大学学报》2018年第1期,第55页。

约》第 92 条并不绝对排除在船舶碰撞之外的其他刑事案件中沿海国与船旗国均享有的刑事管辖权。① "海明威号"碰撞案与"鲁荣渔"案的意义在于,《海洋法公约》缔约国在适用第 58 条第 2 款、第 97 条第 1 款的规定时,并不一致,且各自在司法判决中给出了理由。不同的国家实践表明,对于《海洋法公约》第 58 条第 2 款、第 97 条第 1 款的解释和适用,依然存在探讨空间。

二 专属经济区外籍船舶碰撞刑事管辖权的法律困境

条约缔约国必须确保本国国内法符合条约的规定,这是国际法的一项基本原则。② 除已经将《海洋法公约》之规定纳入国内法的情况外,缔约国必须在批准《海洋法公约》时对其国内法律作出适当修订,确保其符合《海洋法公约》。《海洋法公约》第 58 条第 2 款在规定船舶碰撞刑事管辖适用属人原则的同时,也设定了相应的条件;只有船旗国属人管辖与沿海国专属经济区制度相抵触,沿海国才存在适用属地管辖、保护管辖等其他管辖原则的法律空间。在探讨《海洋法公约》第 58 条第 2 款、第 97 条第 1 款适用时,可以从现实与法理两个层面着手。

在现实境遇下,专属经济区外籍船舶碰撞刑事管辖适用属人原则,可能会加剧解决争端的困难。以"鲁荣渔"案和中国《刑法》的规定为例,在该案中,肇事地为中国专属经济区,肇事船舶的国籍国为马耳他,肇事船员的国籍国为菲律宾,受害者为中国籍公民,在不考虑《海洋法公约》第 58 条第 2 款规定的前提下,如果径行适用《海洋法公约》第 97 条第 1 款的规定,结论只能是中国受害者向马耳他或菲律宾司法机构或行政当局提起刑事诉讼。而且,《海洋法公约》第 97 条第 3 款规定:"船旗国当局以外的任何当局,即使作为一种调查措施,也不应命令逮捕或扣留船舶。"该条款规定反映了 1952 年《统一船舶碰撞或其他航行事故中刑事管辖权方面若干规则的国际公约》

---

① Arron N. Honniball, "The Exclusive Jurisdiction of Flag States: A Limitation on Pro-active Port States?," *International Journal of Marine and Coastal Law*, Vol. 3, Iss. 3, 2016, pp. 499-519.
② United Nations Department of Economic and Social Affairs, OHCHR and the Inter-Parliamentary Union, From Exclusion to Equality: Realizing the Rights of Persons with Disabilities (Geneva, 2007), http://www.ohchr.org/Documents/Publications/training14en.pdf, last visited 15 May, 2022.

所采取的处理办法,1956年,国际法委员会即在《海洋法(草案)》第35条沿用了《统一船舶碰撞或其他航行事故中刑事管辖权方面若干规则的国际公约》的处理办法,并指出其是为了在船舶于公海发生碰撞时,保护船舶和船员免受外国法院刑事诉讼的风险,因为这类诉讼可能对国际航行造成难以忍受的干扰。① 按照《海洋法公约》上述规定的逻辑,在碰撞事故发生后,中国海事部门不能因为调查碰撞事故而扣留马耳他籍"卡塔利娜号",除非马耳他当局授权中国相关部门扣留,或者中马两国通过联合执法扣留"卡塔利娜号"。扣留之后,在通过海事调查②证明"卡塔利娜号"为肇事船舶、菲律宾籍驾驶员(二副)艾伦·门多萨·塔布雷为肇事者后,马耳他和菲律宾法院都对此次碰撞事故具有刑事管辖权。如果被害及失踪的中国籍渔民想要将嫌疑人绳之以法、获得相应的赔偿,可以选择前往马耳他和菲律宾提起刑事诉讼,这就意味着被害人家属需要从中国前往马耳他和菲律宾,雇用熟悉该国法律、具有出庭辩护资格的律师,预先支付律师费,甚至还需要多次往返中国与马耳他和菲律宾。同时,由于事发地在中国,有关船舶碰撞的证据也是在中国形成的,因而,如果由马耳他法院管辖,那么证据、肇事者艾伦·门多萨·塔布雷都需要移交至马耳他法院,由马耳他司法或行政当局进行保管和羁押。如果由菲律宾法院管辖,同样需要将艾伦·门多萨·塔布雷遣送其国籍国,并履行相应的证据移交手续。如果中国籍受害人家属对法院判决不服,此后还需要根据当事国法律进行上诉。如此做法,是否合理? 是否会给受害人及家属带来诉累? 是否符合公平正义原则? 是否能够体现对弱势群体的人文关怀? 是不是一条经济、有效的诉讼维权途径? 想必并不难分辨。根据联合国贸易和发展会议《2021年海运述评》以及波罗的海航运公会(BIMCO)与国际航运公会发布的《2021年海员劳动力报告》的统计,菲律宾、俄罗斯、印度尼西亚、中国和

---

① 〔斐济〕萨切雅·南丹、〔以〕沙卜泰·罗森原书主编,吕文正、毛彬中译本主编《1982年〈联合国海洋法公约〉评注》(第三卷),海洋出版社,2016,第148~149页。

② 1982年《海洋法公约》第94条第7款规定:"每一国家对于涉及悬挂该国旗帜的船舶在公海上因海难或航行事故对另一国国民造成死亡或严重伤害,或对另一国的船舶或设施、或海洋环境造成严重损害的每一事件,都应由适当的合格人士一人或数人或在有这种人士在场的情况下进行调查。对于该另一国就任何这种海难或航行事故进行的任何调查,船旗国应与该另一国合作。"

印度是排名前五的海员供应国，占全球海员供给总量的44%；① 根据联合国贸易和发展会议2022年船旗国（地区）统计数据，在巴拿马、利比里亚、马绍尔群岛、中国香港、新加坡登记的船舶总量，约占全球商船船队的52%。其中，巴拿马、利比里亚和马绍尔群岛是主要的商船国籍注册登记国。② 从概率层面看，如果径行依据《海洋法公约》第97条第1款的规定，当肇事者或肇事船舶的国籍属于巴拿马、利比里亚、马绍尔群岛、中国、新加坡、菲律宾、俄罗斯、印度尼西亚和印度时，那么这些国家的司法及行政当局可能承办全球半数以上的专属经济区外籍船舶碰撞刑事纠纷，甚至还可能出现国家管辖权的竞合。此外，船舶登记国与船东（所有人）国籍国、船舶实际控制国不一致的现象在国际海事领域普遍存在，根据联合国贸易和发展会议2021年的统计数据，2021年初日本实体（法人组织和自然人）拥有的所有船舶中，有一半以上在巴拿马注册，悬挂巴拿马旗帜；希腊实体拥有的船舶中，25%船舶在利比里亚注册，22%的船舶在马绍尔群岛注册。③ 举例来说，如果一艘日本渔船与一艘日本船东实际控制、船籍注册地为巴拿马、肇事驾驶员为菲律宾国籍的船舶在日本专属经济区碰撞，那么按照《海洋法公约》第58条第2款、第97条第1款的逻辑，能够扣留和调查船舶的只能是巴拿马，实施刑事司法管辖的只能是巴拿马和菲律宾司法及行政当局。在专属经济区船舶碰撞事故发生后，有些肇事船舶企图通过逃逸避免承担法律责任，例如，2020年8月30日，利比里亚籍散货船"珀尔修斯号"（Perseus）在自马来西亚甘马挽港驶往上海途中，在平潭岛正东45海里、台湾海峡海域（25°24.74′N，120°41.28′E）与中国福建泉州晋江籍钢质渔船"闽晋渔05119"轮发生碰撞，"珀尔修斯号"配员20人全部为菲律宾籍，事故发生时的当值船员为阿奈兹·弗朗西斯·利姆（Arnaiz Francis Lim），此次事故造成"闽晋渔05119"轮沉没，船上中国籍

---

① United Nations Conference on Trade and Development, "Review of Maritime Transport 2021," https://unctad.org/files/rmt2021summary_ch, last visited 17 January, 2023.
② United Nations Conference on Trade and Development, "Ocean Trade," https://unctadstat.unctad.org/EN/Index.html, last visited 5 June, 2020.
③ United Nations Conference on Trade and Development, "Major Flags of Registration," https://hbs.unctad.org/merchant-fleet/#Ref_8IVYHP88, last visited 5 June, 2022.

公民 12 人失踪、2 人获救。^① 在肇事船舶逃逸的情况下，沿海国想要追究肇事的责任更为困难，更遑论受害者的家属或代理人依据国际公约的要求去船旗国、肇事者国籍国寻求法律救济。

在法理层面，关于沿海国是否对专属经济区外籍船舶碰撞享有管辖权，既涉及《海洋法公约》第 58 条第 2 款的解释，也涉及沿海国国内法的规定。专属经济区外籍船舶碰撞刑事管辖是否适用属人原则，由船旗国或行为人国籍国享有排他性管辖权，取决于《海洋法公约》第 58 条第 2 款设定的条件。专属经济区外籍船舶碰撞属人管辖是否与专属经济区制度相抵触，属于国际法问题而非国内法问题，《海洋法公约》没有作出更为详细的规定。从条约解释层面分析该问题，至少可以得出如下结论。一是《海洋法公约》第 58 条第 2 款存在例外情形。即《海洋法公约》第 97 条第 1 款规定的属人管辖与《海洋法公约》第五部分专属经济区制度相抵触。对于《海洋法公约》第 58 条第 2 款例外情形的解释有赖于条约解释的方法，而条约解释的基础是"条约案文必须假定为缔约国意图的权威表述，……将其用语的通常含义、条约背景、目的和宗旨及国际法一般规则，连同缔约国的作准解释作为解释条约的主要标准"^②，解释方法包括文本解释、目的解释、缔约准备和嗣后实践。文本解释要求依据条约的实际文本的规定进行解释，"抵触"（incompatible）是《海洋法公约》第 58 条第 2 款文本解释的核心词，指船旗国依据《海洋法公约》第 97 条第 1 款享有的专属管辖权，与沿海国依据《海洋法公约》专属经济区制度或其他国际法规则所享有的权利不一致。从国家主权的角度讲，当一国在其管辖范围内行使刑罚权时，牵连另一国的国家主权，就会产生刑法适用中的冲突问题，这些冲

---

① 《中华人民共和国海事局关于"8·30""珀尔修斯"轮与"闽晋渔05119"轮碰撞事故调查结案的通知》（海安全〔2021〕24 号），中国交通运输部网站，https://www.msa.gov.cn/page/article.do? articleId = 52FCD7CE - 9363 - 48E0 - 9A07 - 8ABB865924F1，最后访问时间：2023 年 1 月 17 日。

② UN Doc. A/5809, pp. 204-205, para. 15; UN Doc. A/CN. 4/167 and Add. 1-3, pp. 58-59, para. 21; Lloyd's List, "Top 10 Flag States 2021," https://lloydslist.maritimeintelligence.informa.com/LL1138531/Top-10-flag-states-2021, last visited 5 June, 2022.

突主要来自国际法及其他具有特别效力的国际规则对刑法适用的约束。① 于文本解释而言,《海洋法公约》第 58 条第 2 款只能表明沿海国管辖与船旗国管辖之间存在冲突的可能,《海洋法公约》在适用中设立专门性条款来排除这些冲突,但是不能明晰冲突所包括的例外情况,而这往往借助于条约目的解释和缔约准备来实现。《维也纳条约法公约》将条约的目标、宗旨及背景作为解释内容,是为了防止对条约案文作出狭义的字面解释。《海洋法公约》第 58 条第 2 款是平衡沿海国资源权利与公海自由的折中方案,② 各国在谈判过程中是以妥协方式解决问题的。根据《海洋法公约》第 87 条第 1 款(a)项和第 58 条第 1 款,所有国家,不管是沿海国还是内陆国,都享有在公海和专属经济区上航行的自由,船旗国行使航行自由及管辖权不仅有义务按照《海洋法公约》和其他国际法准则行事,也必须适当考虑沿海国在专属经济区的权利和义务。由于国家刑事管辖权具有平等性和独立性,《海洋法公约》没有具体规定船旗国或行为人国籍国在他国专属经济区刑事管辖权的方式及必要限度,沿海国主张刑事司法管辖权与干涉他国内政的边界并不清晰,"因为干涉权和反措施国际法制度仍然漏洞百出,换句话说,法律制度不健全是问题的一部分"③。二是沿海国嗣后实践并未遵循解释性协调原则。《维也纳条约法公约》未直接提到解释性协调原则,但该公约第 31 条第 3 款(c)项总体上保证了这一原则,其中规定进行系统性的解释,要求解释者考虑"适用于当事国间关系之任何有关国际法规则"④,即解释和适用《海洋法公约》有关规则过程中,各国应"尽可能……以协调一致的方式解释和适用有关规则","以便产生一套一致的义务"。⑤ 虽然

---

① 刘方、单民、沈宏伟:《刑法适用疑难问题及定罪量刑标准通解》,法律出版社,2016,第 7 页。
② 〔斐济〕萨切雅·南丹、〔以〕沙卜泰·罗森原书主编,吕文正、毛彬中译本主编《1982 年〈联合国海洋法公约〉评注》(第二卷),海洋出版社,2014,第 507、520 页。
③ M. Mejía, *Maritime Security and Crime* (Sweden: WMU Publications Malmo Published, 2010), p. 159.
④ United States-Import Prohibition of Certain Shrimp and Shrimp Products, WT/DS58/AB/R, 12 October, 1998, para. 158, and footnote 157; *Al-Adsani v. the United Kingdom*, Application No. 35763/97, ECHR 2001-Ⅺ, para. 55.
⑤ Shinya Murase, Fourth Report on the Protection of the Atmosphere, ILC Doc. A/CN. 4/705, 31 January, 2017, p. 9, para. 17.

《海洋法公约》第 58 条第 2 款、第 97 条第 1 款已经对船舶碰撞刑事管辖作出指向性规定，但相关国家嗣后实践仍然存在较大差异。例如，冰岛《海上交通服务法》在规定专属经济区内船舶碰撞刑事管辖权时同样采取属地原则，① 该法第 18 条第 1 款、第 2 款规定违反该法或根据该法通过的规则将被处以罚款或两年以下监禁，在企图进行和参与船舶碰撞的情况下应适用《普通刑法》的规定，并根据经修订的《海事法》第 238 条，酌情吊销船长、航行员或轮机员证书②。澳大利亚《海上犯罪法案》第 6 条第 4 款规定，如果犯罪行为发生后，船舶停靠的第一个国家或人员登陆的第一个国家是澳大利亚，该行为适用澳大利亚《刑法》。③ 美国虽然并非《海洋法公约》缔约国，但是将专属经济区制度和公海自由作为习惯国际法加以遵守，即便如此，在处理公海上发生的涉及美国公民的刑事案件时，也没有遵循《海洋法公约》确立的船旗国专属管辖，而是以犯罪行为对美国本土产生实质性影响为由行使管辖权。④ 上述国家专属经济区船舶碰撞刑事管辖立法及司法实践的差异表明，各国在解释和适用《海洋法公约》第 58 条第 2 款方面尚未形成合意。

就沿海国而言，尤其是对于《海洋法公约》缔约国而言，针对外籍船舶碰撞行使刑事管辖权属于属地管辖。属地管辖在陆地（大陆）领域与海洋领域有着不同的内涵，目前全球范围内陆地领域不存在脱离国家主权支

---

① Article 2 Act on the Maritime Traffic Service: "The objective of this Act is to ensure the safety of navigation within the Icelandic exclusive economic zone (EEZ), the safety of ships, passengers and crews and enhance measures to prevent marine pollution from ships."

② Article 18 (1) (2) Act on the Maritime Traffic Service: "A violation of this Act or rules adopted hereunder is subject to fines or imprisonment for a period of up to two years. Provisions of the general penal code shall be applied in case of attempt and participation; If an infringement of this Act or rules adopted hereunder leads to a grounding of a ship, collision of ships or other marine casualties the person concerned shall be subjected to punishment and, where appropriate, the loss of certification as master, navigating officer or engineer officer, pursuant to Article 238 of the Maritime Act No. 34/1985, as amended."

③ Article 6 (4) Application of Australian Criminal Law Outside the Adjacent Area, Crimes at Sea Bill 1999.

④ *United States v. Roberts*, 1 F. Supp. 2d 601 (E. D. La. 1998).

配的无主地，① 不同国家之间陆地领域可以"无缝衔接"。但《海洋法公约》将广阔的海洋划分为领海、毗连区、专属经济区和大陆架、公海，并赋予国家在不同海域层次化的主权、主权权利及管辖权。以"鲁荣渔"案为例，宁波海事法院依据《刑法》第6条对"鲁荣渔"案主张管辖权，从司法层面肯定了专属经济区属于《刑法》第6条规定的我国"领域"，但判决未充分阐述主张属地管辖的法理依据，也未说明判决的依据为《刑法》第6条第1款抑或第2款，以及为何排除适用《海洋法公约》第58条第2款、第97条第1款。此外，《专属经济区和大陆架法》也没有对我国专属经济区、大陆架范围内的犯罪行为的司法管辖权作出明确规定。除我国"领域"外，"管辖海域"也是界定我国《刑法》空间效力的一种表达。"管辖海域"指沿海国拥有主权、主权权利和管辖权的海域，"管辖海域"不仅包括内水和领海，也包括领海之外的毗连区、专属经济区、大陆架。《最高人民法院关于审理发生在我国管辖海域相关案件若干问题的规定（一）》（以下简称《司法解释》）对"管辖海域"的界定，② 与国际法对于"管辖海域"的认定是一致的，但该司法解释在表述上并没有出现"领域"一词。对比上述解释可以发现，除内水和领海外，《司法解释》中所述其他"管辖海域"均不属于我国"领域"。一种观点认为，在一个国家的船舶驶出船旗国领域后，该船舶被视为该国领土的延伸，船旗国对船舶内发生的犯罪行为享有刑事管辖权。《刑法》第6条第2款所指情形是，行驶或停泊在我国领域外的中国船舶（如停泊在外国港口的船舶等），其所在地域属于外国领域，在这样的船舶内犯罪，则适用我国《刑法》。上述将船舶视为"浮动领土"的"领土拟制说"导致两个领土主权并存从而与领土主权之排他性相冲突，因而受到了学界的批判。③ 据此，援引《刑法》第6条第

---

① 目前关于无主地的争议主要集中在南北极地区，北极地区中心地带为冰盖，不具有领土属性；虽然《南极条约》冻结了主权国家对南极领土的主张，但是澳大利亚、阿根廷、智利、法国、新西兰、挪威和英国依然保有南极陆地领土主权主张。
② 《最高人民法院关于审理发生在我国管辖海域相关案件若干问题的规定（一）》第1条规定："本规定所称我国管辖海域，是指中华人民共和国内水、领海、毗连区、专属经济区、大陆架，以及中华人民共和国管辖的其他海域。"
③ 阎二鹏：《海洋刑法学视阈下船旗国刑事管辖原则辨析》，《河南财经政法大学学报》2015年第3期，第25页。

3款，认为船舶碰撞犯罪行为或者结果有一项发生中国籍船舶内，即属于在我国领域内犯罪，也存在同样的法理瑕疵。然而，对于船舶碰撞引发的交通肇事是否属于"我国船舶内犯罪"，也存在疑问。如果不考虑"浮动领土"的"领土拟制说"，而是直接依据《刑法》第6条第2款判断管辖权，也涉及"我国船舶内犯罪"的认定问题。《刑法》第6条第2款的自洽性要求，违反海上交通运输管理法规，发生船舶碰撞重大事故，致人重伤、死亡或者使公私财产遭受重大损失的行为地或结果地位于我国船舶内。船舶碰撞包括直接碰撞和间接碰撞，① 直接碰撞包括船舶之间的碰撞、船舶与非船舶设施之间的碰撞两类情形，"桑吉号"案、"鲁荣渔"案皆属于船舶之间因实际接触发生的碰撞。船舶与非船舶设施之间的碰撞，主要指航行于专属经济区的船舶与区域内的钻井平台等海上设施发生碰撞。② 间接碰撞是船舶之间没有直接接触，但是因航行速度不当而掀起浪涌致使他船倾覆或与第三船碰撞（又称为"浪损"），此时，肇事者与受害者的船舶之间虽然没有直接的接触，却导致了与直接碰撞相同的客观效果。就实践而言，目前在国内外发生的船舶碰撞刑事案件中，直接碰撞最为常见，船舶之间没有直接接触的碰撞引起刑事责任的事例极为罕见。直接碰撞是相互行为，并非一方进入另一方船舶内实施肇事行为。即便认定船舶碰撞肇事行为属于"我国船舶内犯罪"，从行为发生地视角出发，对于在我国专属经济区内发生的中国籍船舶与外籍船舶、外籍船舶之间发生接触而造成损害的事故，碰撞行为既被视为发生在我国船舶内，也应当被视为发生在外籍船舶内。在主权平等原则下，以《刑法》第6条第2款的规定排除外籍船舶船旗国

---

① 一般认为，《海商法》第165条只是针对船舶碰撞造成财产损失的情形，对于船舶碰撞造成的人身伤亡则不适用，《刑法》中的船舶碰撞较《海商法》的定义更为宽泛。有关船舶碰撞概念的讨论，参见曲涛《船舶碰撞概念正义》，《中国海商法研究》2012年第3期，第34~43页。

② 例如，2017年12月31日，葡萄牙籍化学品船"艾尔莎·埃斯伯格号"（Elsa Essberger）在登海尔德北部与停用的海上无人平台相撞；2013年6月14日，美国籍供应船"塞莱斯特·安号"（Celeste Ann）在墨西哥湾与海上钻井平台相撞。See "Damaged Elsa Essberger Sails to Rotterdam Port," World Maritime News, https://worldmaritimenews.com/archives/239628/damaged-elsa-essberger-sails-to-rotterdam-port/, last visited 5 June, 2023; "NTSB Report: 2013 Allision and Sinking of the OSV 'Celeste Ann' in Gulf of Mexico," https://gcaptain.com/ntsb-report-2013-allision-and-sinking-of-the-osv-celeste-anne-in-gulf-of-mexico/, last visited 5 June, 2023.

管辖权的理由是不充分的。从结果发生地视角出发,《刑法》第 6 条第 2 款要求船舶碰撞致人重伤、死亡的结果发生在我国船舶内,而不是发生在船外海域内。由此推论,在我国专属经济区内发生的中国籍船舶与外籍船舶碰撞事故中,中国籍船舶的船员重伤、死亡的结果发生在我国船舶内则适用属地管辖;反之,船员重伤、死亡的结果发生在我国船舶外海域内则适用其他管辖原则。然而,以上推论将同一碰撞行为管辖权基础作割裂处理,显然不足以支撑管辖权自洽性,以及法律效果与社会效果的衡平性。宁波海事法院在"鲁荣渔"案中依据《刑法》第 6 条主张管辖权,这表明法院在判定刑事管辖权时适用了属地原则,而《海洋法公约》第 58 条第 2 款、第 97 条第 1 款规定的是属人原则,由船旗国或行为人国籍国专属管辖。就同一船舶碰撞刑事案件而言,如果依据《海洋法公约》第 58 条第 2 款主张属人管辖与专属经济区制度相抵触,则只能依据属地、保护、普遍管辖等原则确定管辖权;反之,《海洋法公约》第 58 条第 2 款、第 97 条第 1 款规定的属人管辖具有排他性,其他管辖权自动丧失适用的可能。一种观点认为,沿海国对专属经济区的管辖应属于广义的"属地管辖",即专属经济区发生的犯罪案件属于《刑法》第 6 条第 1 款"法律有特别规定的"情形,其虽然发生在我国领域外,但是可以根据属地原则适用我国《刑法》的规定。① 综上,在处理专属经济区外籍船舶碰撞案件时,不仅要考虑沿海国国内刑事立法的规定,也要顾及当事国缔结参加的国际公约,适用国内法处理管辖权问题不能与当事国承担的履约义务相冲突。

三 专属经济区外籍船舶碰撞刑事管辖权理性化分配

专属经济区虽然不同于领海,沿海国在专属经济区不享有排他性主权,但是沿海国依然对其专属经济区享有主权权利和管辖权。基于海域法律地位的多层次性,陆地"领域"非此即彼式的区分方式不适用于厘定国家海上管辖权范围。沿海国对其专属经济区外籍船舶碰撞案件主张刑事管辖权,不仅需要符合其国内法的规定,也需要满足《海洋法公约》设定的条件。

---

① 陈忠林:《关于我国刑法属地原则的理解、适用及立法完善》,《现代法学》1998 年第 5 期,第 9 页。

国际法没有否认沿海国在专属经济区刑事管辖的合法性，因此只要存在合法依据，按照国内法对专属经济区外籍船舶碰撞行使刑事管辖权具有可行性。《海洋法公约》以属人管辖不与专属经济区制度相抵触①为适用条件，在缺少作准解释和主权平等的基础上，条件成立与否的解释权应当属于缔约国在《海洋法公约》框架内享有的"剩余权利"。一种观点认为，如果船旗国和被指控犯罪者国籍国不行使刑事管辖权，则沿海国行使补充管辖权是合理的。② 但是将该原则付诸实践，即面临如何解释船旗国"不行使刑事管辖权"的问题，而且依然无法避免前文提到的对沿海国国籍的受害人及其家人造成的维权困境和诉累。并且，《海洋法公约》没有明确规定授予船舶国籍的先决条件以及在船舶和国家之间没有"真正联系"的情况下所产生的后果。参照国家海上刑事管辖立法及司法实践，可以将"真正联系"原则与"最密切联系"原则，作为适用属地管辖的连接点，有限度地承认沿海国属地管辖。

以"真正联系"为适用属人管辖的前提条件。"真正联系"（genuine link），指授予国籍的国家与欲取得国籍者之间的事实联系。③ 在1958年《公海公约》之前，涉及船舶国籍的条约中没有使用"真正联系"或类似术语。1960年国际法院《政府间海事协商组织海上安全委员会的组成》咨询意见，针对当时《政府间海事协商组织公约》第28条（a）项④之解释作出裁定，法院在解释"最大船舶所有国"（largest ship-owning nations）时，认为最大船舶所有国将根据船舶吨位选定。唯一的问题是：该公约第28条

---

① 《海洋法公约》第97条第1款、第58条第2款。
② Changwoo Ha, "Criminal Jurisdiction for Ship Collision and Marine Pollution in High Seas-Focused on the 2015 Judgement on M/V Ernest Hemingway Case," *Journal of International Maritime Safety, Environmental Affairs, and Shipping*, Vol. 4, Iss. 1, 2020, p. 31.
③ Nottebohm Case（2nd Phase）（*Liechtenstein v. Guatemala*），ICJ Judgement of 6 April, 1955, ICJ Reports, p. 4.
④ 《政府间海事协商组织公约》第28条（a）项对海上安全委员会的组成及成员的指定方式作了规定："海上安全委员会应由十四名成员组成，由大会从成员，即对海上安全有重大利益的国家的政府中选出，其中至少八名应为最大船舶所有国，其余成员之选举应能确保充分代表各成员，即对海上安全有重大利益的其他国家的政府，例如利益在于提供大量海员或运送大量有铺位及无铺位的乘客的国家的政府和各主要地理区域国家的政府。"1974年10月国际海事组织第5届特别会议，对该公约第28条进行了修订，原有条款被替换为"海上安全委员会应由所有成员组成"，新条款被规定在《国际海事组织公约》第27条。

(a) 项规定船舶应由这些国家所有或属于这些国家,是从何种意义上讲的? 利比里亚、巴拿马认为,唯一的检验标准是注册吨位,而某些国家则认为,对该条的正当解释要求船舶应属于船旗国。国际法院比较了该公约第 60 条与第 28 条 (a) 项的规定,并参考政府间海事协商组织大会在执行该公约第 17 条时的做法,认为在拟定第 28 条 (a) 项时,不可能考虑除注册吨位以外的任何标准。此外,这一标准实际、确定和容易被应用,最符合国际惯例、海事惯例及其他国际海事公约。国际法院得出的结论是,最大船舶所有国是那些拥有最大注册船舶吨位的国家。[1] 莫雷诺·金塔纳 (Moreno Quintana) 法官持不同意见,认为"商船队的所有权……反映了一种国际经济现实,这种现实只有在船主和船旗国之间存在真正联系的情况下才能令人满意地确定"[2]。此外,在"巴塞罗那电车公司"(Barcelona Traction Co.) 案中,菲力普·杰赛普 (Philip C. Jessup) 法官同意如下观点,即"真正联系"的概念对于个人、船舶和公司的国籍来说是共同的,并且"如果一个国家声明将授予某艘船舶该国国籍、允许该船舶悬挂该国国旗,但是该国不保证对该船舶行使必要的管理、所有权、管辖权和控制等,其他国家没有义务承认该船声称的国籍"[3]。1986 年《联合国船舶登记条件公约》规定了"真正联系"的三项经济内容。(1) 在船舶所有权方面,船旗国应有资金参与的事实,大多数国家要求船舶所有权应全部或大多部分

---

[1] Constitution of the Maritime Safety Committee of the Inter-Governmental Maritime Consultative Organization, Advisory Opinion of 8 June, 1960, ICJ Reports, 1960, pp. 150-171.

[2] Constitution of the Maritime Safety Committee of the Inter-Governmental Maritime Consultative Organization, Advisory Opinion of 8 June, 1960, Dissenting Opinion of Judge Moreno Quintana, ICJ Reports, 1960, pp. 177-178.

[3] "If a state purports to confer its nationality on ships by allowing them to fly its flag, without assuring that they meet such tests as management, ownership, jurisdiction and control, other States are not bound to recognize the asserted nationality of the ship." See Barcelona Traction, Light and Power Company, Limited (Belgium v. Spain), Judgment of 5 February, 1970, Separate Opinion of Judge Jessup, ICJ Reports, 1970, para. 46, pp. 188-189. 但是,菲力普·杰赛普法官也指出,有的国内法院认为,在这种情况下,适用船旗国法仍然是适当的,例如美国联邦最高法院审理的"麦卡洛克诉洪都拉斯国家海运公司"案。See McCulloch v. Sociedad Nacional de Marineros de Honduras, U.S. Supreme Court, Decided in February 18, 1963, 83 S. Ct. (U.S.) 671; Barcelona Traction, Light and Power Company, Limited (Belgium v. Spain), Judgment of 5 February, 1970, Separate Opinion of Judge Jessup, ICJ Reports, 1970, p. 188.

归本国公民或本国法人组织所有。① （2）船旗国应在其船上配备本国船员，并存在船上工作的事实。② 一些国家立法对本国和外籍船员比例作出了限制，还有一些国家立法规定高级船员必须由本国公民担任。③ （3）船舶所属公司主营业地位于船旗国，或者位于船旗国以外，但由船旗国公民担任代表人或管理人，并依照登记国法律和规章承担船舶所有人的责任。④ 对此，国际法委员会进一步指出："国家对船舶的管辖权以及它应当行使的控制……，只有在国家和船舶之间实际上存在关系，而不是仅仅登记或仅仅颁发登记证明时，才是有效的。"⑤ 适用《海洋法公约》第97条第1款属人管辖的前提为船舶与船旗国存在真正联系，船舶与其船旗国的连接在于，在他国管辖海域活动的船舶除遵守当地法律外，还需要服从船旗国法律。主流观点认为，船旗国因授予船舶国籍而获得相应的管理权与控制权，从功能主义出发，船旗国拥有最为完整的法律资源以确保船上秩序安宁，因而无论船舶驶往何处，船旗国管辖权皆不会改变。⑥ 即使船舶位于公海，船旗国仍可以对其行使管辖权，并借此维持海洋秩序和保障航运畅通。可见，国籍是《海洋法公约》第97条第1款航行事故属人管辖原则的法律基础，船旗国与船舶之间存在真正联系是在《海洋法公约》框架内取得船籍的必要条件，缺少"真正联系"意味着《海洋法公约》第94条第1款规定的船旗国义务落空，犯罪行为与船旗国属人管辖之间缺少必要的连接点。

对专属经济区外籍船舶碰撞刑事管辖有条件地适用属人原则。《海洋法公约》第58条第2款在纳入第97条第1款属人管辖时，同样纳入了适用《海洋法公约》第97条第1款的前提条件，即专属经济区外籍船舶碰

---

① 1986年《联合国船舶登记条件公约》第8条。
② 1986年《联合国船舶登记条件公约》第9条。
③ 蔡壮标：《论船舶登记中的"真正联系"原则》，《天津航海》2006年第3期，第29页。
④ 1986年《联合国船舶登记条件公约》第10条第2款。
⑤ Report of the International Law Commission on the Work of Its Eighth Session, 23, 4 July, 1956, Official Records of the General Assembly, Eleventh Session, Supplement No. 9 (A/3159), pp. 278-279.
⑥ Maria Gabunelē, *Functional Jurisdiction in the Law of the Sea* (Leiden/Boston: Martinus Nijhoff Publishers, 2007), p. 5.

撞刑事管辖适用属人原则时，不仅需要满足船舶与船旗国存在真正联系的条件，也需要满足适用属人管辖与专属经济区制度不相抵触的条件。只有同时满足以上两个条件，发生在专属经济区的外籍船舶碰撞刑事管辖方可以适用属人原则。对于前一条件而言，1986年《联合国船舶登记条件公约》的规定具有明确的指向性；对于后一条件而言，则涉及《海洋法公约》第58条第2款的解释。在理解《海洋法公约》有关专属经济区制度的规定时，不但必须对《海洋法公约》具体条文进行考虑，而且还必须从整体上进行考虑。依据《海洋法公约》第58条第2款，如果遵循国籍原则主张刑事管辖权，必须借助船旗国行使排他性关系权，证明船旗国管辖与沿海国管辖相抵触。如果不能满足上述限制条件，《海洋法公约》第58条第2款的属人管辖就不具有强制约束力。从缔约准备过程看，在专属经济区制度协商过程中，公海航行事故刑事管辖权借由《海洋法公约》第58条第2款被概括性地"纳入"专属经济区制度。这种纳入的基础是考虑到其他国家可能需要在沿海国专属经济区从事某些非经济性公海活动，① 至于哪些非经济性公海活动可能与专属经济区制度冲突，《海洋法公约》第五部分并没有规定。由此推论，在《海洋法公约》第56条规定的沿海国管辖权之外，《海洋法公约》专属经济区制度部分依然存在大量的没有明文规定或规定模糊的权利，即专属经济区剩余权利（residual rights in the EEZ）。有学者指出，"《海洋法公约》第58条第2款设想了一种情况，即其他国家可能需要在专属经济区从事某些非经济性公海活动，如紧追、反海盗、援助和救援任务以及打击贩毒"②。一般认为，在平衡国内法与《海洋法公约》之间的关系时，《海洋法公约》第59条是解决专属经济区剩余权利归属冲突的基础，③ 该条并没有偏袒沿海国或其他国家，对

---

① Jon M. Van Dyke, "Military Ships and Planes Operating in the Exclusive Economic Zone of Another Country," *Marine Policy*, Vol. 28, Iss. 1, 2004, p. 36.
② Maria Gabunelē, *Functional Jurisdiction in the Law of the Sea* (Leiden/Boston: Martinus Nijhoff Publishers, 2007), pp. 5, 37.
③ 1982年《海洋法公约》第59条规定："在本公约未将在专属经济区内的权利或管辖权归属于沿海国或其他国家而沿海国和任何其他一国或数国之间的利益发生冲突的情形下，这种冲突应在公平的基础上参照一切有关情况，考虑到所涉利益分别对有关各方和整个国际社会的重要性，加以解决。"

于剩余权利归属，应当在个案中予以处理。① 《海洋法公约》不是国内立法的替代品，主张属地管辖不必然违反《海洋法公约》第 58 条第 2 款的规定。缔约国不得侵犯条约所承认的权利，只有在符合条约有关条款的情况下才能对其中任何权利进行限制。在进行限制时，缔约国必须说明其必要性及合法性依据。以《海洋法公约》未规定沿海国专属经济区刑事管辖权具体适用条件为由，否定当事国依据属地原则对外籍船舶碰撞案件主张刑事管辖权，理由是不充分的。《海洋法公约》第 97 条第 1 款与专属经济区制度的抵触就是一种客观存在的事实，尤其是当冲突的发生不涉及资源的勘探或开发等非经济利益问题时，其他国家的利益或国际社会的利益需要被纳入考量范围。反推之，当专属经济区外籍船舶碰撞事故牵涉到沿海国利益或国际社会利益时，以《海洋法公约》第 97 条第 1 款规定的属人管辖排除沿海国管辖，本身就是一种冲突。

　　普遍性意味着并非单个国家在刑事立法及司法中适用真正联系原则；由此可以推论，普遍性意味着"许多国家"将真正联系原则作为专属经济区外籍船舶碰撞属人管辖的前提条件；进一步推论，如果围绕真正联系原则，国家刑事立法及司法存在普遍性，则真正联系原则作为专属经济区外籍船舶碰撞属人管辖的前提条件则具备了"习惯法"的特征，即特定数量国家刑事立法及司法不仅必须足够普及和有代表性，还必须是一贯的。事实上，由于不同国家刑事立法及司法的差异性，从中很难识别真正联系原则在国际领域内适用的普遍性。并且，对于如何判断特定数量、代表性等标准，本就存在争议，由此也很难证明真正联系作为适用属人管辖的前提，存在普遍性。但是，从 2001 年塞浦路斯籍"室女星号"（Virgo）船舶与美国渔船碰撞案等国内司法实践出发，② 至少可以证明《海洋法公约》第 58 条第 2 款、第 97 条第 1 款规定的船旗国属人管辖并没有得到沿海国的严格

---

① Yoshifumi Tanaka, *The International Law of the Sea* (Cambridge: Cambridge University Press, 2015), p. 136.
② 2001 年塞浦路斯籍"室女星号"船舶与美国渔船在美国海岸外 113 海里处发生碰撞，并导致渔船上的三名渔民死亡。随后，"室女星号"在加拿大纽芬兰被扣押，美国指控驾驶"室女星号"的三名俄罗斯船员涉嫌杀人，要求加拿大引渡上述船员。肇事船员在加拿大被拘禁 18 个月，并缴纳 10 万元保证金后被允许返回俄罗斯，以确保加拿大采取进一步的法律行动。有关该案的讨论，参见 Alla Pozdnakova, *Criminal Jurisdiction over Perpetrators of* （转下页注）

遵守。美国联邦最高法院的判例也明确，即使被告不在法院管辖区域内，如果其与法院辖区之间存在某些真实的、最低的联系，从而使审理该案不会违反公平对待和实质公正，法院同样享有管辖权。② 故而，以真正联系为适用属人管辖的前提存在可行性。

以最密切联系原则补强属地管辖。在沿海国主张专属经济区刑事管辖权的前提，是以某种形式宣布划定专属经济区并说明其宽度。在沿海国未宣布建立其专属经济区制度时，可能出现两种后果：一是该国领海外的空间仍被视为公海，适用公海制度中有关刑事管辖的规定；二是该国领海外的空间被他国专属经济区全部或部分覆盖。因此，沿海国未划定专属经济区，或者其权利主张超越《海洋法公约》专属经济区制度的规定，都不会形成合法有效的专属经济区国家管辖权，也就不可能产生相应的刑事管辖权。就排他性而言，专属经济区刑事管辖权是基于专属经济区的属地性产生的，是从主权派生而出的，反映了国家主权在海上的延伸，③ 而非主权内容的扩张。因此，专属经济区刑事管辖权属于特定的、有限的国家管辖权。在沿海国专属经济区外籍船舶碰撞引发的交通事故中，被害人既可以为沿海国国民，也可能为外国人或无国籍人。沿海国主张海上刑事管辖权面临的平衡之维在于：一方面，在主权平等原则约束下，当事国的刑事管辖权在法律上是平等并且平行存在的，一国根据其主权确立的海上刑事管辖权具有独立性和排他性；另一方面，专属经济区不是国家享有绝对主权的区域，《海洋法公约》第 58 条第 2 款、第 97 条第 1 款的规定表明，沿海国、船旗国和肇事者国籍国刑事管辖权平行存在。④ 此种情况下，为了避免不同国家在国内法适用上的冲突，可以采用最密切联系原则，具体分析不同情况下具有并行管辖权的国家在适用本国刑法方面的利害关系，或者说案件与有关国家联系的紧密程度，从而适用与案件有密切联系国的刑法。⑤ 概言

（接上页注②） *Ship-Source Pollution*: *International Law, State Practice and EU Harmonisation* (Leiden/Boston: Martinus Nijhoff Publishers, 2012), p. 123。

② *Burger King Corp. v. Rudzewicz*, 471 U.S. 462, 474-475 (1985), 326 U.S. 310, 316 (1945)。

③ 邹立刚、王崇敏：《国家对专属经济区内外国科研活动的管辖权》，《社会科学家》2012 年第 11 期，第 15 页。

④ 郑泽善：《网络犯罪与刑法的空间效力原则》，《法学研究》2006 年第 5 期，第 76 页。

⑤ 张旭主编《国际刑法——现状与展望》，清华大学出版社，2005，第 109 页。

之，在专属经济区外籍船舶碰撞刑事案件中，以最密切联系原则补强沿海国属地管辖权的法理基础，可以归纳为两点。一是沿海国在专属经济区享有有限的刑事管辖权。属地管辖权专属行使是国家主权的必然结果，并且具有与禁止干涉他国内部事务、充分尊重国家领土完整相同的作用，遵循属地管辖原则事实上等于保障一国独立行使它认为属于它自身保留范围内的国家管辖权和职能。[①] 专属经济区虽然不具有领土地位，但是并不能否认其作为沿海国管辖海域的法律地位。《海洋法公约》赋予沿海国在其专属经济区的主权权利及管辖权，进而也就赋予其相应的刑事、民事及行政管辖权。尽管专属经济区刑事管辖权弱于领土内的刑事管辖权，但其同样具有空间性和排他性特征。因此，专属经济区应当作为"准领域"，适用沿海国立法中属地管辖权的规定。二是"顾及义务"（due regard）对沿海国刑事管辖权的约束。刑事管辖权属于国家主权范畴，将刑事管辖权转化为国家的具体权利，需要国内法在国际法框架内具体规定国家行使权利的内容和方式。《海洋法公约》第56条第2款对缔约国行使权利或者履行义务作出了约束，规定沿海国在专属经济区内根据该公约行使其权利和履行其义务时应遵守"顾及义务"。一般认为，"顾及义务"在本质上是一种"诚信"义务，从行使权利或者履行义务的角度看，沿海国司法机关依法行使侦查、起诉、审判等刑事司法管辖权时，应当诚信履行义务，不得恶意行使权利或者规避法律义务。[②]

但是，有观点认为最密切联系原则与实害或者影响关联性标准类似，如此灵活、弹性、开放的管辖规则在刑法中表现为一种极强的不确定性，使得刑法效力空间形态多变。[③] 对此，有学者指出，一国以最密切联系原则解决国际犯罪管辖权冲突，使相关国家合法行使管辖权，本质上是基于国家和犯罪之间的一种密切的联系，这种联系通过一种或多种可被接受的连接因素而被最恰当地构建起来。[④] 从相关国家实践看，在法律未就专属经济

[①] 刘方、单民、沈宏伟：《刑法适用疑难问题及定罪量刑标准通解》，法律出版社，2016，第6~7页。

[②] 张卫华：《专属经济区中的"适当顾及"义务》，《国际法研究》2015年第5期，第48页。

[③] 刘艳红：《论刑法的网络空间效力》，《中国法学》2018年第3期，第89~90页。

[④] Paul Arnell, "The Proper Law of the Crime in International Law Revisited," *Nottingham Law Journal*, Vol. 9, Iss. 1, 2000, p. 42.

区刑事管辖作出特别安排的前提下,除非存在令人信服的其他因素导致沿海国行使管辖权不具备合理性,① 否则最密切联系原则往往作为打击发生于沿海国领海以外其他管辖海域内,已经对该国境内产生实质影响的犯罪行为的管辖原则②。运用最密切联系原则解决犯罪管辖权冲突的关键是确定"最密切联系地",它涉及对最密切联系原则中的"最密切"的理解。通常认为,确定"最密切"主要依据犯罪地、被告人的国籍、被害人的国籍、受害国、普遍保护利益五个连接点,并将具有最多连接点的国家认定为最密切联系地,由该国行使刑事管辖权。③ 当外籍船舶碰撞事故中的被害人为外国籍或无国籍人,且肇事船舶非中国籍船舶时,可能出现五种情形:被害人、加害人、肇事船舶国籍相同;被害人国籍与加害人国籍相同,与肇事船舶国籍不同;被害人与肇事船舶国籍相同,与加害人国籍不同;加害人与肇事船舶国籍相同,与被害人国籍不同;被害人、加害人、肇事船舶国籍均不同。其中,第一种情形具有最多连接点的国家为被害人国籍国,应认定该国为与犯罪有最密切联系的国家,由其行使刑事管辖权。第二种情形为同一国公民在该国领域外犯罪,案件与加害人、被害人国籍国联系的紧密度高于船旗国与沿海国联系的紧密度,对船舶碰撞行为是否构成犯罪以及量刑标准的认定,应当适用其共同的属人法来确定。在第三种情形中,被害人与肇事船舶国籍相同,沿海国与船旗国具有同等数量的连接点,但是在属人原则和客观属地管辖原则(objective territoriality)的支配下,④ 船旗国对案件联系的紧密程度比沿海国更高,只有在船旗国不采取实际行动进行管辖时,非船旗国方可以对案件进行管辖。第四种情形涉及沿海国、船旗国、被害人国籍国管辖权,即存在属地管辖权、属人管辖权和保护管辖权的竞合。由于上述国家与犯罪的连接点数量相同,且属人管辖权和保护管辖权平行存在,从保护利益出发,船旗国、被害人国籍国的管辖意愿显然强于沿海国。此时,应当遵循《海洋法公约》第97条第1款规定,由船旗国享有刑事管辖权;如果船旗国为方便旗国,或者由于某种原因而不

---

① *Burger King Corp. v. Rudzewicz*, 471 U.S. 462, 477 (1985).
② *F. T. C. v. Compagnie De Saint-Gobain-Pont-a-Mousson*, 636 F. 2d 1300, 1316 (D. C. Cir. 1980).
③ 张旭主编《国际刑法——现状与展望》,清华大学出版社,2005,第113~114页。
④ 贾宇:《国际刑法学》,中国政法大学出版社,2004,第109~110页。

愿或不能行使刑事管辖权，则最合理的方法就是由被害人国籍国行使管辖权。在最后一种情形中，沿海国具有的连接点要多于其他当事国，由于属地管辖是以主权的域内效力为基础而确立的刑事管辖权，所以属地管辖权同其他管辖权相比具有优先性。[①]

综上，《海洋法公约》在分配沿海国专属经济区刑事管辖权时，没有作出明确而统一的规定，由于《海洋法公约》第97条第1款规定的属人管辖具有限定性，《海洋法公约》第58条第2款不能绝对排除沿海国刑事管辖权，解决《海洋法公约》与沿海国刑事管辖权之间的冲突，必须对公约内容和国家实践进行具体分析。在相关国家立法及司法实践中，对于仅以航行为目的通过沿海国管辖海域的外籍船舶，只有相关罪行或结果危及沿海国本国或本国公民，涉及侵犯国家安全和扰乱社会秩序，或者船旗国外交代表或领事请求协助，沿海国才能行使刑事管辖权。

第四节 他国管辖海域内军事船舶护航法律问题

军事船舶进入他国管辖海域护航属于非常态化情形。军事船舶进入他国管辖海域护航与海盗、海上武装抢劫行为对商船安全的威胁密切关联，目前有关军事船舶护航的焦点集中在海盗与海上武装抢劫活动频繁的亚丁湾护航区域。索马里海盗可以攻击距离索马里海岸897海里的商船，这凸显继续提供海上护航的重要性。[②] 2021年11月3日联合国秘书长《索马里沿海海盗和海上武装抢劫活动的有关情况》报告指出，欧盟海军部队（EUNAVFOR）和海上联合部队在打击索马里海盗行动方面保持了其在索马里沿海的力量。海上联合部队是由联合国34个会员国组成的多国海军联盟，在红海、亚丁湾、阿拉伯海、索马里海盆和北印度洋开展打击海盗行动。自2008年12月以来，中国海军根据联合国安理会有关决议，定期派出舰艇到该海域执行护航任务，截至2023年1月10日，中国海军共派出42批130艘舰艇执行护航行动，保护了包括世界粮食计划署船舶在内的7000余艘中

[①] 贾宇：《国际刑法学》，中国政法大学出版社，2004，第76页。
[②] Report of the Secretary-General on the Protection of Civilians in Armed Conflict, UN Doc. S/2021/920, 11 November, 2010, para. 32, p. 26.

外船舶的安全。①

一 军事船舶护航行为的法律属性

军事船舶护航涉及的空间范围包括国家管辖海域和公海，涉及的行动可能包括巡逻、护航和使用武力等。② 军事船舶护航属于海上非战军事行动，在本质上是一种权利保障行为，军事船舶护航不属于IMO船舶保安范畴，护航行为在不同情况下具有国家行为或法律行为的属性。

军事船舶护航行为属于海上非战军事行动。海上非战军事行动，指海军部队或以海军部队为主的其他力量参与的，在非战争状态下为保障国家安全和社会稳定，保障国际和平与区域海上安全，确保国家海洋战略推进和海洋权益维护，消除危机、遏制战争，而在海上采取的行动。③ 军事船舶护航是在非战争状态下实施的行动，护航国或船旗国与威胁来源国之间不属于交战国关系，国家与国家之间不存在外交关系的断绝、领事活动的停止、某些条约的废止和暂停执行等。④ 军事船舶在护航过程中对海盗、海上恐怖主义等威胁实施的火力打击、封锁作战、登陆作战等战役和战术行动，不是常规战争状态下的军事冲突⑤。军事船舶护航的目的是保障海上人命和财产安全，而战争军事行为的目的包括政治目的、经济目的和心理目的，通常情况下上述三个目的是不可分的。⑥ 军事船舶护航的最主要目的是心理目的，军事船舶护航本身并不能直接产生经济价值或获取经济利益，军事船舶护航目的中的心理目的与政治目的、经济目的是可以分离的。军事船

---

① 唐思宇、吴亢慈：《中国海军第43批护航编队起航赴亚丁湾》，《解放军报》2023年1月11日，第4版；徐涛涛、杨戈、马玉彬：《逐浪大洋见证中国担当》，《解放军报》2022年12月24日，第4版。
② 黄惠康：《军舰护航打击索马里海盗：法律依据和司法程序安排》，《中国海商法年刊》2011年第1期，第3页。
③ 宋云霞、张林：《海军非战争军事行动中的国际法运用》，《西安政治学院学报》2009年第1期，第54页。
④ 常璐、杨成梁：《"紧急状态"、"战争状态"概念及辨析》，《当代法学》2005年第2期，第131页。
⑤ 朱之江：《论非战争军事行动》，《南京政治学院学报》2003年第5期，第83~84页。
⑥ Agnieszka Jachec-Neale, *The Concept of Military Objectives in International Law and Targeting Practice* (London/New York: Routledge Publishing, 2014), pp. 308-310.

舶护航的行动对象是海上非传统威胁因素，这些因素充其量只能被归入某种人为矛盾激化而导致的突发事件和危机，既不属于国家间的武力敌对行为，更无法发展为交战国行为。①

军事船舶护航行为属于国家行为或法律行为。一类是国家行为。目前执行商船护卫的军事船舶护航行为绝大部分属于保护船员生命与航运公司资产的行为，其行为源自一国政府或国会的授权，授权的依据一般是国内宪法、军事法规、立法机构或总统颁布的授权法案，② 相关文件对军事船舶护航的内容、管理权限和行动范围进行具体规定。授权军事船舶实施护航不同于一般行政授权行为，军事船舶在护航中是以国家的名义实施的有关国防和外交事务的行为，不受司法审查。另一类是法律行为。法律行为是以发生私法上效果的意思表示为要素的一种适法行为。③ 具体而言，目前业已发生的军事船舶护航，并非皆属于以国家的名义实施的有关国防、外交事务的行为或由联合国安理会授权的行为，在军事船舶护航中还有一类以合同为纽带的护航行为。例如，英国海上保安服务公司"亚丁湾集团运输有限公司"（Gulf of Aden Group Transits Ltd., GoAGT）与也门海军签订商业合同，安排也门军舰为驶经亚丁湾的商船提供护航服务，船东需为每艘船舶每航次支付护航费，这是首次由国家海军向驶经亚丁湾的商船提供收费护航服务。④ 此时，保安公司、护航国家与被护航船舶的船东之间实际上形成一种合同关系，即保安公司与护航国家形成委托合同关系，护航国家作为受托人，在委托人保安公司授权范围内，以自己的名义向作为第三人的船东提供护航服务，第三人在接受护航服务时知道受托人与委托人之间的合同关系。此时，军事船舶的法律地位虽然没有改变，但其行为的性质无疑是一种建立在要约与承诺基础上的法律行为，接受护航服务的船东与保安服务公司是护航法律关系当事方，军舰（队）向船舶提供护航服务的依

---

① 周健、尹争艳：《法律战：战争法》，海潮出版社，2004，第93页。
② Stuart Kaye, Lowell Bautista, "The Naval Protection of Shipping in the 21st Century: An Australian Perspective," *Papers in Australian Maritime Affairs*, No. 34, 2011, pp. 47-48.
③ 郑玉波：《民法概要》（第七版），台北东大书局，2000，第51~59页。
④ Michelle Wiese Bockmann, "Yemen Navy Piracy Protection Available—At a Price," https://lloydslist.maritimeintelligence.informa.com/LL066856/Yemen-Navy-piracy-protection-available-at-a-price, last visited 13 January, 2023.

据是船东与保安服务公司订立的护航合同。此时，护航军舰是否还具有豁免权，则需要根据保安公司与护航国家之间的约定来确定，在双方合同没有约定或约定不明时，护航军舰基于其国家财产的属性仍然享有豁免权，不能成为财产保全或强制执行的对象。①

军事船舶护航行为不属于 IMO 船舶保安范畴。国际海事公约中并没有关于军事船舶护航的内容，军事船舶护航与 IMO 船舶保安作为国际海上航行船舶的安全保障措施并行存在，二者既有区别，也有联系。首先，军事船舶护航与 IMO 船舶保安管辖权基础不同。军事船舶对悬挂本国旗帜的船舶护航，体现了船旗国管辖中保护性的一面，是按照相关公约的规定对本国船舶予以管理、控制和保护的表现。② 对海盗与海上武装抢劫行为，军事船舶有权依据《海洋法公约》③《制止危及海上航行安全非法行为公约》④《联合国打击跨国有组织犯罪公约》⑤ 的规定，行使普遍管辖权。而 IMO 船舶保安体现的是一种履约义务，《国际海上人命安全公约》《国际船舶和港口设施保安规则》对于船舶保安所规定的安全适用对象是公约缔约国船舶，缔约国在根据《国际海上人命安全公约》《国际船舶和港口设施保安规则》对船舶保安进行监督检查时，只能依据船旗国管辖或属地管辖对悬挂本国旗帜的船舶或港口国监督中靠泊本国的外国籍船舶进行管辖。其次，军事船舶护航措施不及 IMO 船舶保安措施丰富。军事船舶护航在保护过往商船航行安全中，只能采取相伴航行、对袭击或意图袭击商船的海盗进行驱赶或武力攻击、发布通航警告等措施，而 IMO 船舶保安的措施包括外部措施与内部措施。船舶保安国际规则呈现系统化特征，而国际社会尚未对海军涉外非战争军事行动作出统一的法律安排，《海洋法公约》《制止危及海上航行安全非法行为公约》等与航行安全保障相关的国际公约中也没有有关护航的规定。最后，军事船舶护航与 IMO 船舶保安的适用对象范围不同。军事船舶护航

---

① The ARA Libertad Arbitration (*Argentina v. Ghana*), Provisional Measures, Order of 15 December, 2012, ITLOS Reports, paras. 95, 98, pp. 348-349.
② 邢广梅：《海军护航反海盗行动涉法问题研究》，《西安政治学院学报》2009 年第 2 期，第 91~92 页。
③ 1982 年《海洋法公约》第 100 条。
④ 1988 年《制止危及海上航行安全非法行为公约》第 3 条。
⑤ 2000 年《联合国打击跨国有组织犯罪公约》第 3 条。

的对象具有开放性特征,凡是进入护航海域或提出护航申请的海上交通工具均属于军事护航的对象。《国际海上人命安全公约》《国际船舶和港口设施保安规则》对适用保安措施的船舶作了限制性规定,《国际海上人命安全公约》第Ⅺ-2章第2条与《国际船舶和港口设施保安规则》A部分第3.1条外的船舶或移动平台,不属于IMO船舶保安的对象,但是,只要这些船舶进入军事船舶护航海域,即属于军事护航的对象。

二 军事船舶护航中沿海国让与的内容问题

2008年10月7日和12月16日,联合国安理会分别通过第1838(2008)号决议、第1851(2008)号决议,鼓励各国加强合作,打击和遏制海盗行为,授权外国军队经索马里政府同意后进入索马里领海打击海盗及海上武装抢劫活动。军事船舶进入他国管辖海域护航的问题并非表现为一种法律冲突或权利冲突,而是基于对护航行为的认知与认可,对授权中沿海国让与内容的探究与分析。

针对军事船舶护航中沿海国让与内容的问题,有学者将国家主权让渡(让与)和国家职能让渡放在一起讨论,① 使人产生疑惑:军事船舶护航中沿海国让与的是其享有的主权还是其国家职能?主权让渡,指主权国家以国家主权原则为基础,将国家的部分主权权利转让给他国或国际组织行使的一种主权行使方式。② 主权让渡支持者认为,各国参与海上安全保障、保护本国海上通道安全,要遵守一系列条约、协定、机制和国际法规则,也就要求各国的国内海上交通安全管理规则与国际接轨,这就意味着,一部分原来完全是一国所拥有的权利在抑制海上非传统安全威胁时必须被让渡,使其成为国际社会共同拥有的权利。③ 即如大前研一(Kenichi Ohmae)在《民族国家的终结》(The End the Nation State)中认为,"全球化的规则正在成为国际法,国家主权平等原则和不干涉内政原则正在向干涉权、国际

---

① 詹真荣:《欧洲一体化中的国家主权和职能的让渡现象研究》,《当代世界与社会主义》2000年第4期,第55~57页;刘凯:《国家主权让渡问题研究综述》,《东岳论丛》2010年第11期,第155~156页。
② 李慧英、黄桂琴:《论国家主权的让渡》,《河北法学》2004年第7期,第154~155页。
③ 刘凯:《国家主权让渡问题研究综述》,《东岳论丛》2010年第11期,第155~156页。

监护、有限主权等概念转化。国家只有相互让渡主权,才符合国家发展的总体利益"①。从国家职能角度看,国家在社会领域体现的基本职能是供给秩序,在军事领域体现的基本职能是保障国家安全,在军事护航中,沿海国显然没有在其管辖海域内履行预防及惩治海盗、海上武装抢劫行为的基本职能,负责打击海盗与海上武装抢劫行为、保护过往船舶安全的是执行护航任务的国家。由此,需要明确军事船舶护航中沿海国让与的内容。

三 军事船舶护航中沿海国让与的实现路径

透过亚丁湾军事护航实践可见,在应对海上非传统安全因素的过程中,对军事船舶护航空间范围与内容作出调整,具备现实性与可操作性。

军事船舶护航中沿海国让与的内容是其享有的部分海上防务和安全职能。海上防务和安全职能,指国家在安全保障领域应承担的职责和应发挥的功能。军事船舶进入他国管辖海域执行护航时,护航区域不仅包括领海,还包括沿海国管辖的毗连区、专属经济区。依据《海洋法公约》,沿海国对毗连区和专属经济区不享有主权,只在毗连区进行某些方面的管制,包括防止在其领土内违犯其海关、财政、移民或卫生法律和规章;惩治在其领土内违犯上述法律和规章的行为。沿海国在其专属经济区内享有勘探和开发、养护和管理海床和底土及上覆水域的自然资源的主权权利;利用海水、海流和风力生产能源等的主权权利;对建造和使用人工岛屿、进行海洋科学研究和保护海洋环境的管辖权。换言之,沿海国在毗连区都不具有完整的主权,自然也就不存在主权的让渡。② 进一步而言,当他国军事船舶进入沿海国领海执行护航时,是否存在主权让渡?对此可以认为,此时国家让与的不是主权,而是沿海国享有的部分海上防务和安全职能。其一,军事船舶护航中沿海国的让与行为与国家将部分主权权利转让给他国或国际组织的行为不同。在索马里海域军事护航中,联合国安理会 2008 年 12 月 16 日的决议指出,在索马里领海行使第三国管辖权须事先征得索马里政府的同意,而且这类协议或安排不影响《制止危及海上航行安全非法行为公约》

---

① 卢凌宇:《挑战国家主权的思潮》,《光明日报》2001 年 2 月 20 日,第 C4 版。
② 虽然沿海国对其专属经济区拥有经济主权,但是由于护航行为或者其他海上安全保障行为与经济主权并没有直接关系,本书所谓的"不存在主权的让渡"是基于此角度提出的。

的有效执行,①联合国对授权国家的选择,是那些已由索马里政府事先知会秘书长的、合作打击海盗和海上武装抢劫行为的国家,因此,允许他国进入沿海国执行军事船舶护航不是一种主权权利转让行为,②而是沿海国的一种授权行为,而且沿海国并没有因此丧失或暂时失去授权内容,依然具有行为的独立性与自主性。他国在沿海国管辖海域内,尤其是领海内,执行护航行为的具体范围与管辖内容,必须以沿海国的授权为限。其二,军事船舶护航中沿海国让与的内容是其部分海上防务和安全职能。每个国家的国情不同、拥有的海洋利益不同,各自所面临的非传统安全因素和亟待解决的问题的轻重缓急程度也各不相同,在沿海国没有能力履行反海盗国家责任,或国家应具备的海上防务和安全功能部分失灵的情况下,允许他国军事船舶进入本国管辖海域护航,是被护航区域的沿海国基于自愿或同意,转移了部分其应享有的海上防务和安全职能,通过单方授权要求其他国家完全替代或部分替代沿海国履行相应的安全保障职能。沿海国让与其部分海上防务和安全职能不意味着相应国家职能的丧失,当让与国嗣后具备反海盗、打击海上非法抢劫行为等能力后,可撤销先前的授权行为,自行履行海上防务和安全保障国家职能。

军事船舶护航中的沿海国国家职能让与以"出让国"与"受让方"同意为限定条件。军事船舶护航中的让与方只能是国家,没有国家也就无所谓国家职能,让与也就失去了存在的前提,"受让方"包括主权国家与区域组织。"出让国"让与其国家职能不仅是一种主动积极的自愿行为,也是一种法律行为和现实状态,以表明国家海上防务和安全职能的出让、转移。让与行为并不意味着沿海国将权利让与第三方行使后完全丧失所让与的国家职能,而是一种主动积极的行为,③"出让国"让与其有关保障海上交通安全的部分职能,不是放弃其国家职能,而是一国根据国情和独

---

① 联合国安理会:《安理会再度就打击索马里海盗问题通过决议》,联合国网站,http://www.un.org/chinese/focus/somalia/pirates.shtml,最后访问时间:2022年6月5日。
② 李慧英、黄桂琴:《论国家主权的让渡》,《河北法学》2004年第7期,第154~155页。
③ 易善武:《主权让渡新论》,《重庆交通学院学报》(社会科学版)2006年第3期,第24~25页。

立自主需要作出的,是一国行使主权的表现。在联合国安理会决议中,[①]军事船舶护航中的国家职能受让方可以是主权国家,也可以是类似欧盟、阿拉伯国家联盟等的区域组织,但是否包括其他政府间国际组织?对此可以认为,运用军事船舶护航是对武装力量的合法使用,其前提是拥有军事船舶的合法性,虽然主权国家、交战团体和叛乱团体均可以拥有包括军舰在内的武装力量,但上述主体中仅有主权国家才能接受"出让国"让与国家职能,[②] 因为,接受沿海国国家职能让与后实施的军事船舶护航不仅是事实行为,同时也是国防或外交行为,交战团体和叛乱团体不是国防或外交行为的合法主体,故也就不能成为军事船舶护航中国家职能的"受让方"。类似国际海事组织等政府间国际组织具备国际法主体资格,可以配合国家海上军事船舶护航,但自身不具备参加军事护航的硬件配置。军事船舶护航中国家职能的受让方包括区域组织,原因在于区域组织是若干国家为实现特定目的而依据条约建立的国家联盟或国家联合体,享有参与国际事务活动的独立地位,具有直接承受国际法权利和义务的能力,并能够依据成员间订立的国际条约支配或授权成员国运用其军事船舶执行护航行动。非政府间国际组织不是适格的国际法主体,既无法承担主权国家让渡的部分国家职能,也不具备执行护航的船舶条件,更无法支配或调动其他主权国家执行商船护航行动。军事船舶护航中的沿海国国家职能让与不仅需要"出让国"同意,也需要"受让方"同意,这里的同意应当是基于自愿作出的一种明示的、清晰的意思表示,具体形式包括双边或多边条约、外交声明等。

---

① 联合国安理会:《安理会再度就打击索马里海盗问题通过决议》,联合国网站,http://www.un.org/chinese/focus/somalia/pirates.shtml, last visited 5 June, 2022。
② 黄瑶:《从使用武力法看保护的责任理论》,《法学研究》2012 年第 3 期,第 195~208 页。

第五节　国际航行商船使用私营海上武装保安法律问题

私营海上武装保安（private armed maritime security）① 是以自力救济的方式，保护船舶及其上人员、财产不受非法侵害的行为，通常由私营保安公司提供此类服务，通常情况下有武装保安人员随船护航和武装保安船舰伴航两种方式，服务提供方既包括私营公司，例如美国阿卡德米公司，也包括一国海军或政府公务船舶，例如前文提到的也门海军。私营海上武装保安与前文所述他国管辖海域内军事船舶护航最大的区别在于，私营海上武装保安是基于"支付费用—提供服务"模式的合同行为，他国管辖海域内军事船舶护航多属于外交行为或国际社会集体行动。私营海上武装保安与私营军事保安（雇佣军）不同，前者发生在和平时期，主要目的是防止海盗、海上武装抢劫等侵害商船财产及其上人员人身安全，而后者则是武装冲突的直接参与者，属于交战方之一，其行为不仅涉及军事训练、情报搜集、给养运送，也涵盖在武装冲突中直接对敌方使用武力。在论及私营海上武装保安时，部分学者将其与反海盗直接对应，实际上私营海上武装保安涉及的内容不仅包括反海盗，还涉及反海上武装抢劫、反劫持、防盗、防偷渡等其他内容。实际上，还有一些对商船构成威胁的行动或因素，但是其性质在短时间内无法确定，例如2021年7月底，悬挂利比里亚旗帜的"默瑟街号"（Mercer Street）油轮在靠近阿联酋的阿曼州海岸附近的阿拉伯

---

① 不同学者或文献资料对于 "private maritime armed security" 的翻译略有不同，有的将其翻译为 "私营海上武装安保"，有的则称之为 "私营海上武装保安"，相关表述参见李卫海《中国海上航运的安保模式及其法律保障——以应对21世纪海上丝路的海盗为例》，《中国社会科学》2015年第6期，第131~151页；任宪龙《论私营海上武装保安使用武力的法理基础》，《人民论坛》2015年第36期，第124~126页。本部分在处理 "private maritime security" "private maritime armed security" 译名时，为了保持与《国际船舶和港口设施保安规则》等国际文书中文译名的一致性，采用 "私营海上武装保安" 的表述。对于已经使用 "安保" 表述并为学者所遵循的国际文件（如2010年《私营安保服务供应商国际行为守则》），本部分在引用时，不再将其文件名或条款中的 "安保"（security）修改为 "保安"。

海遭遇无人机武力袭击,两名船员死亡。① 该事件发生以来,尚没有充足证据确定发动袭击的主体及此次袭击的性质。私营海上武装保安的目标是在和平时期维持船舶航行、停泊和作业的安全状态,预防或制止外部袭扰,因而不宜将私营海上武装保安的目标或内容限定为反海盗、反武装抢劫等。私营海上武装保安既涉及公法问题也涉及私法问题,既涉及国内法也涉及国际法问题。本部主要结合相关国家国内法、国际条约及国际软法,讨论国际航行商船使用私营海上武装保安过程中涉及的相关公法问题。

一 私营海上武装保安现状及国际海事组织立场变化

私营海上武装保安通常由私营海上保安公司提供。国际海事组织将"私营海上保安公司"(private maritime security company)定义为"向客户提供武装和非武装的保安人员,登上客户的船舶、实施反海盗行为的私营保安服务提供者";"合同制私营武装保安人员"(privately contracted armed security personnel)是指"私营海上保安公司的武装雇员"。② 国际海事组织给出的上述定义,可以反映出两个问题:一是国际海事组织对"私营海上保安公司"的定义是一种狭义的定义,海上保安公司的业务范围除了反海盗,还包括应对其他威胁的保安服务;二是国家海事组织有意区别私营海上保安与私营军事服务。一些学者根据服务(行为)内容不同,将此类公司分为私营军事公司(private military company)和私营保安公司(private security company),有时也将此类公司合称为"私营军事和保安公司"(private military and security companies)。③ 私营军事公司通常提供与军事行动直接相关的服务,包括使用武力、情报搜集等,或者是专业军事训练、军事后勤(给养)保障等。私营保安公司

---

① International Maritime Organization, "MV Mercer Street," https://www.imo.org/en/MediaCentre/SecretaryGeneral/Pages/MV-Mercer-Street.aspx, last visited 20 February, 2023.
② Para. 2.1 subpara. 2 and 3 Revised Interim Guidance to Shipowners, Ship Operators, and Shipmasters on the Use of Privately Contracted Armed Security Personnel on Board Ships in the High Risk Area (MSC.1/Circular.1405/Rev.2, 25 May 2012):"Private maritime security companies (PMSC): Private contractors employed to provide security personnel, both armed and unarmed, on board for protection against piracy";"Privately contracted armed security personnel (PCASP): armed employees of PMSC".
③ 宋世锋:《私人军事和安全公司的国际法地位述评》,《探索与争鸣》2009年第3期,第67页。

主要是以保护人员和（或）财产为目的，提供警戒、巡逻、看守、预警等服务。① 有学者在分析私营保安公司发展历程时指出，其早期的形成与发展与雇佣军密切相关，尤其是为了适应现代社会或规避某些法律障碍，其利用建立公司实体的方式，对外声称属于"私人承包商"，早在20世纪80年代，类似公司就开始相继成立，例如英国的"防务系统有限公司"（Defense Systems Ltd.，1982年）、美国的"军事专业资源顾问公司"（Military Professional Resources Incorporated，1987年）等。② 在实际营运中，提供私营海上武装保安服务的公司，不仅可能是私营保安公司也可能是私营军事公司，换言之，私营海上武装保安可能只是私营军事公司的一项业务。海上安全形势和市场需求，是推动海上私营武装保安产业发展的主要动力，例如，英国政府鉴于索马里海域海盗对国际航行船舶的威胁，自2011年起允许悬挂英国旗帜的、500总吨以上的国际航行客轮和货轮使用私营海上武装保安。③ 与此同时，一些国家的国内法也对私营保安公司的服务范围作了明确限制，例如西班牙第 PRE/2914/2009 号法令规定了私营保安公司所有权、控制权、运营管理和获取武器的条件，该法令第1条规定在西班牙籍船舶上提供保安服务的公司，只能是在西班牙境内成立、在该国内政部注册并得到授权的保安公司。④ 就目前的海上安全形势而言，在国家力量满足

---

① Adam White, "Private Security/Private Military: One Phenomenon or Two?," in Marti Gill (ed.), *The Handbook of Security* (3rd Edition) (London: Palgrave Macmillan Publishing, 2022), pp. 123-143.

② Jordi Palou-Loverdos, Leticia Armendáriz, "The Privatization of Warfare, Violence and Private Military & Security Companies: A Factual and Legal Approach to Human Rights Abuses by PMSC in Iraq," Nova-Social Innovation, https://novact.org/2012/09/the-privatization-of-warfare-violence-and-private-military-and-security-companies-novact-international-institute-for-nonviolent-action/?lang=en, last visited 11 February, 2023.

③ 在此之前，英国政府、保险公司和海军部门都认为，遵循国际航运公会等组织编纂的《防范索马里海盗袭击的最佳管理做法》所包含的自我保护措施，是国际航运界防止海盗劫持船舶的最佳做法和第一道防线。See Andrew Murdoch, "Piracy and the UK," in Panos Koutrakos, Achilles Skordas (eds.), *The Law and Practice of Piracy at Sea: European and International Perspectives* (Oxford and Portland, Oregon: Hart Publishing, 2014), p. 218.

④ Primero. Ámbito de aplicación, Orden PRE/2914/2009, de 30 de octubre, que desarrolla lo dispuesto en el Real Decreto 1628/2009, de 30 de octubre, por el que se modifican determinados preceptos del Reglamento de Seguridad Privada, aprobado por Real Decreto 2364/1994, de 9 de diciembre, y del Reglamento de Armas, aprobado por Real Decreto 137/1993, de 29 de enero, BOE-A-2009-17309, de 2 de noviembre de 2009.

国际航行船舶海上安全保障时效需求之前，海上私营武装保安不会退出国际航运市场，国内立法、行业认证则是监管海上私营武装保安的主要途径。① 围绕私营海上武装保安国际规则的磋商，有助于为该领域塑造具有普遍性和统一性的技术、法律标准。

　　国际海事组织在私营海上武装保安问题上有着显著的立场变化。1993年6月18日，国际海事组织海上安全委员会通过《针对船舶的海盗和武装抢劫行为：船东和船舶经营人、船长和船员预防和制止针对船舶的海盗和武装抢劫行为的指南》，该指南附件第40段指出，"强烈反对携带和使用火器用于个人或船舶保护"，第41段指出，"在船上携带武器可能会鼓励攻击者携带火器，从而使已经很危险的局势升级，而在船上携带的任何火器，本身也可能成为引诱攻击者的目标对象。使用火器需要特殊的训练和能力，船上携带火器发生事故的风险很大。在一些司法管辖区，杀死一国的国民可能会产生不可预见的后果，即使行为人认为前述行为属于自卫"。② 从国际海事组织海上安全委员会上述表述看，该组织不仅完全不赞成使用私人海上武装保安，也不赞成船长及船员在航行期间携带武器；指南第40段、第41段使用了"火器"（firearms）和"武器"（arms）两个词，参考《布莱克法律词典》的词义解释，国际海事组织不仅反对携带枪械类武器上船，也反对在船上携带其他类型武器。③ 2009年6月26日，国际海事组织海上安全委员会通过《向各国政府提出的关于预防和制止海盗和持械抢劫船舶

---

① Theodore T. Richard, "Reconsidering the Letter of Marque: Utilizing Private Security Providers Against Piracy," *Public Contract Law Journal*, Vol. 39, No. 3, 2010, pp. 411-412.

② IMO, Piracy and Armed Robbery Against Ships: Guidance to Shipowners and Ship Operators, Shipmasters and Crews on Preventing and Suppressing Acts of Piracy and Armed Cobbery Against Ships, MSC/Circ. 623, June 18, 1993, Annex, para. 40, "the carrying and use of firearms for personal protection or protection of a sbip is strongly discouraged"; para. 41, "carriage of arms on board ship may encourage attackers to carry firearms thereby escalating an already dangerous situation, and any firearms on board may themselves become an attractive target for an attacker. The use of firearms reguires special training and aptitudes and the rish of accidents with firearms carried on board ship is great. In some jurisdictions, killing a national may bave unforeseen consequences even for a person who believes be has acted in self defence".

③ "Firearm means a weapon that expels a projectile (such as a bullet or pellets) by the combustion of gunpowder or other explosive." See Bryan A. Garner (ed. in chief), *Black's Law Dictionary* (9th Edition) (Toronto/Stamford: Thomson Reuters Corporation, 2009), p. 710.

行为的建议》，该建议附件第 5 段指出，"出于法律和安全方面的考虑，船旗国应坚决不鼓励海员为保护个人或船舶而携带和使用火器。海员是平民，使用火器需要特殊的训练和能力，在船上携带火器发生事故的风险很大。在船上携带武器可能会鼓励攻击者携带火器或更危险的武器，从而使危险升级。而在船上携带的任何火器，本身也可能成为引诱攻击者的目标对象"，第 6 段指出，"使用非武装保安人员是由各船东、船公司和船舶经营人决定的事情，以这种方式提供增强的瞭望能力应该是完全可以接受的"。① 对比国际海事组织海上安全委员会前述两个决议可以发现，一方面，国际海事组织希望借助于船旗国管辖的方式，执行反对船长及船员在航行期间携带武器的建议；另一方面，国际海事组织显然注意到了船东、船公司和船舶经营人雇用私营保安的现象，但是在航行期间携带武器立场方面没有变化。

2011 年以后，国际海事组织关于私营海上武装保安的立场逐渐缓和。2011 年 5 月，国际海事组织海上安全委员会第 88 届会议重申既不赞成也不谴责在商船上使用私人武装保安的立场，认为私营武装保安人员在船上提供服务是受船旗国法律约束的个人行为，② 但是为了回应航运界实践和成员国提议，同意就使用私营海上武装保安议题起草相关指南和建议，③ 该届会议通过了《船东、船舶经营人和船长在高风险海域航行的船上使用私营武

---

① IMO, Recommendations to Governments for Preventing and Suppressing Piracy and Armed Robbery Against Ships, MSC. 1-Circ. 1333, Annex, June 26, 2009, para. 5, "for legal and safety reasons, flag States should strongly discourage the carrying and use of firearms by seafarers for personal protection or for the protection of a ship. Seafarers are civilians and the use of firearms requires special training and aptitudes and the risk of accidents with firearms carried on board ship is great. Carriage of arms on board ships may encourage attackers to carry firearms or even more dangerous weapons, thereby escalating an already dangerous situation. Any firearm on board may itself become an attractive target for an attacker"; para. 6, "the use of unarmed security personnel is a matter for individual shipowners, companies, and ship operators to decide. It should be fully acceptable to provide an enhanced lookout capability this way".

② IMO, "IMO Approves Further Interim Guidance on Privately Contracted Armed Security Personnel," https://www.imo.org/en/OurWork/Security/Pages/Private-Armed-Security.aspx, last visited at 11 February, 2023.

③ IMO, Report of the Maritime Safety Committee on Its 89th Session, MSC 89/25, Agenda Item 25, 37 May, 2012, para. 18 (38).

装保安人员的暂行指南》（以下简称《船东、船舶经营人和船长暂行指南》）①、《关于在高风险海域航行的船上使用私营武装保安人员的船旗国暂行建议》（《船旗国暂行建议》）②。同年9月，海上安全委员会第89届会议对上述两份文件进行了修订，并通过了一份新的建议，即《关于在高风险海域航行的船上使用私营武装保安人员的港口国和沿海国暂行建议》（以下简称《港口国和沿海国暂行建议》）③，海上安全委员会还通过了一项决议，将国际航运公会等多个组织编纂的《防范索马里海盗袭击的最佳管理做法》（第四版）(Best Management Practices for Protection against Somalia Based Piracy, BMP4) 作为附件分发给成员国，请成员国政府及船东、船公司和船舶经营人考虑上述管理做法，并采取相应行动④。《防范索马里海盗袭击的最佳管理做法》（第四版）对私营海上武装保安采取中立态度，认为是否雇用私营海上武装保安，是船舶运营管理方在评估航行风险、得到船旗国批准（与否）基础上，自行决定的事情；即使适用私营海上武装保安，也不能替代前述最佳管理做法中的各项措施。⑤ 2012年海上安全委员会第90届会议再次将私营海上武装保安纳入会议议题，通过了《关于在高风险海域航行的船上使用私营武装保安人员的暂行指南》，⑥ 会议指出"目前不存在规制私营海上保安公司提供安全保障服务的国际准则或标准"⑦，制定、修订关于船旗国、港口国、沿海国、船东、船舶运营人和船长在高风险海

---

① Interim Guidance to Shipowners, Ship Operators and Shipmasters on the Use of Privately Contracted Armed Security Personnel on Board Ships in the High Risk Area, MSC.1/Circ.1405, 23 May, 2011.
② Interim Recommendations for Flag States Regarding the Use of Privately Contracted Armed Security Personnel on Board Ships in the High Risk Area, MSC.1/Circ.1406, 23 May, 2011.
③ Interim Recommendations for Port and Coastal States Regarding the Use of Privately Contracted Armed Security Personnel on Board Ships in the High Risk Area, MSC.1/Circ.1408, 16 September, 2011.
④ IMO, Piracy and Armed Robbery Against Ships in Waters off the Coast of Somalia: Best Management Practices for Protection Against Somalia Based Piracy", MSC.1/Circ.1339, 14 September, 2011.
⑤ Section 8.15 Armed Private Maritime Security Contractors, Best Management Practices for Protection Against Somalia Based Piracy, 4th Edition, August, 2011.
⑥ IMO, Interim Guidance to Private Maritime Security Companies Providing Privately Contracted Armed Security Personnel on Board Ships in the High Risk Area, MSC.1/Circ.1443, 25 May, 2012, Annex.
⑦ IMO, Interim Guidance to Private Maritime Security Companies Providing Privately Contracted Armed Security Personnel on Board Ships in the High Risk Area, MSC.1/Circ.1443, 25 May, 2012, Annex, para.1（1）.

域使用私营海上武装保安,以及私营武装保安公司业务能力、保安人员招募、审查和培训、指挥和控制、武器弹药存放和部署、保安记录等内容的指南,① 有助于改善治理,降低发生事故的可能性,并促进在海上采取合格、安全和合法的行为,并协助这类公司向船东表明它们的能力和专业水平②。该届会议还对《船东、船舶经营人和船长暂行指南》《船旗国暂行建议》《港口国和沿海国暂行建议》进行了修订。国际海事组织呼吁成员国政府向航运界、私营武装保安供应商和其他成员国公布关于私营海上武装保安人员登船、登岸、携带武器及其他安保设备的政策和程序,以便使船旗国能够采取相应行动。③ 然而,国际海事组织再次明确,私营海上武装保安只能作为特殊情况下的例外措施,而且只能在高风险海域使用,船上使用私营武装保安不应当制度化;④ 国际海事组织不支持私营海上武装保安公司自我认证或自我监管,认为国际标准化组织(ISO)最适合制定相关行业标准,此后在2012年11月,国际标准化组织发布了私营海上保安行业管理体系标准(ISO/PAS 28007:2012)。2013年6月,海上安全委员会第92届会议敦促缔约国政府及港口相关方提供或更新相关信息,其中就包括海上保安有关通信指定接收人的联系信息,例如负责船舶保安的国家主管机关、负责港口设施保安的国家主管机关、船舶保安警报系统接收者、获得认证的保安组织及其权限等;鼓励各成员国的国内标准制定机构、私营海上武装保安公

---

① The (Revised) Guidances included: Revised Interim Guidance to Shipowners, Ship Operators and Shipmasters on the use of Privately Contracted Armed Security Personnel on Board Ships in the High Risk Area (MSC. 1/Circ. 1405. Rev 2), Interim Guidance to Private Maritime Security Companies Providing Privately Contracted Armed Security Personnel on Board Ships in the High Risk Area (MSC. 1/Circ. 1443), Interim Guidance for Flag States on Measures to Prevent and Mitigate Somalia-based Piracy (MSC. 1/Circ. 1444), Updates of existing guidance, guidelines. i. e MSC. 1/Circ. 1406/Rev. 1, MSC. 1/Circ. 1408, MSC. 1/Circ. 1333 or MSC. 1/Circ. 1334-No substantive amendments were made to these circulars, however, references to the new Draft Interim Guidance will be inserted into all of these documents.

② IMO, Interim Guidance to Private Maritime Security Companies Providing Privately Contracted Armed Security Personnel on Board Ships in the High Risk Area, MSC. 1/Circ. 1443, 25 May, 2012, Annex, para. 2 (3).

③ IMO, Report of the Maritime Safety Committee on Its 90th Session, MSC 90/28, Agenda Item 28, 31 May, 2012, para. 20 (11) (3).

④ Felicity Attard, "IMO's Contribution to International Law Regulating Maritime Security," *Journal of Maritime Law & Commerce*, Vol. 4, No. 4, 2014, p. 559.

司、船东及其他相关方关注和实施国际标准化组织前述标准。① 2015 年海上安全委员会第 95 届会议再次修订《船旗国暂行建议》，建议私营海上保安公司的武装保安人员具备有效的、符合国际标准（ISO 28007-1：2015）的资质，② 或满足相关国家的要求，并且决定对海上浮动武库（floating armouries）开展调查③。2016 年海上安全委员会第 97 届会议没有将"私营海上（武装）保安"设置为一个独立议题，而是代之以"制定'浮动武库'的国际监管框架"的议题，委员会审议了印度提交的制定监管浮动武库准则的建议（MSC 97/19/11），然而大多数参会代表认为，没有证据证明有必要就该事项制定强制性监管文书。因此，委员会同意不将拟议此类文书列入委员会未来两年的会议议程。然而，也有一些代表支持就海上"浮动武库"议题制定非强制性指南，海上安全委员会邀请成员国和相关国际组织在"海盗行为和武装抢劫船舶"议程下提交相关材料，供该组织进一步审议。④ 此后，在 2017 年海上安全委员会第 98 届会议上，美国反对就海上"浮动武库"制定任何国际文书，认为此举可能干涉公海航行自由，制定相关监管规则属于《海洋法公约》调整范畴，应当由船旗国自行决定，就前述事项制定国际文书超出了国际海事组织的职能范围。海上安全委员会同意将问题列入下一届会议议程，并就该问题向联合国相关机构征询意见和建议，同时敦促成员国反馈该组织发放的、有关海上私人武装保安的信息调查表。⑤ 2018 年海上安全委员会第 99 届、第 100 届、第 101 届会议继续敦促成员国提供本国关于私营海上保安公司规制的相关信息，认为针对私营海

---

① IMO, Report of the Maritime Safety Committee on Its 92nd Session, MSC 92/26, Agenda Item 26, 30 June, 2013, paras. 4 (2), 18 (4).

② IMO, Report of the Maritime Safety Committee on Its 95th Session, MSC 95/22, Agenda Item 22, 19 June, 2015, para. 15 (41): "The Committee approved MSC.1/Circ.1406/Rev.3 on Revised interim recommendations for flag States regarding the use of privately contracted armed security personnel on board ships in the High Risk Area, which includes amendments related to certification of PMSC, to address publication of International Standard ISO 28007."

③ IMO, Report of the Maritime Safety Committee on Its 95th Session, MSC 95/22, Agenda Item 22, 19 June, 2015, para. 15 (30).

④ IMO, Report of the Maritime Safety Committee on Its 97th Session, MSC 97/22, Agenda Item 22, 2 December, 2016, para. 19 (1).

⑤ IMO, Report of the Maritime Safety Committee on Its 98th Session, MSC 98/23, Agenda Item 23, 28 June, 2017, paras. 15 (18) – (20).

上保安公司认证的国际标准（ISO 28007）同样可以适用于浮动武库的认可认证；鉴于联合国毒品和犯罪问题办公室当时正在讨论海上浮动武库法律规制，在办公室得出结论之前，海上安全委员会认为其对该议题的讨论为之过早。① 一些代表在 2021 年海上安全委员会第 103 届会议②上指出，相关国际组织有关防止和打击西非几内亚湾海域海盗和海上武装抢劫、使用私人武装保安的讨论缺乏普遍适用性。③

总结国际海事组织海上安全委员会关于私营海上武装保安问题的讨论，可以发现如下几个特点。一是国际海事组织的立场由"强烈反对"，到认可私营海上武装保安只能作为在高风险海域、特殊情况下的例外措施，与海上安全形势的变化有直接关系。主权国家按照联合国安理会有关决议实施的军事护航不能满足地区海上安全需求，国际航行的商船雇用私营海上武装保安护航已经成为航运界的普遍现象，国际海事组织作为负责海上航行

---

① IMO, Report of the Maritime Safety Committee on Its 99th Session, MSC 99/22, Agenda Item 22, 5 June, 2018, paras. 17（2）&（3）; IMO, Report of the Maritime Safety Committee on Its 100th Session, MSC 100/20, Agenda Item 20, 10 January, 2019, para. 14（1）; IMO, Report of the Maritime Safety Committee on Its 101st Session, MSC 101/24, Agenda Item 24, 12 July, 2019, para. 18（4）.

② 国际海事组织海上安全委员会第 102 届会议报告中没有关于私营海上（武装）保安和海上浮动武库的讨论内容。第 104 届会议继续敦促成员国反馈该组织发放的、有关海上私人武装保安的信息调查表。第 105 届会议因为时间限制，将有关海上安全、海盗和武装抢劫船舶、不安全的海上混合移民和安全评估事项的讨论推迟到第 106 届会议。第 106 届会议总结了前几届会议有关海上安全问题的讨论情况，继续敦促成员国反馈该组织发放的、有关海上私人武装保安的信息调查表。See IMO, Report of the Maritime Safety Committee on Its 102nd Session, MSC 102/24, Agenda Item 24, 30 November, 2020; IMO, Report of the Maritime Safety Committee on Its 104th Session, MSC 104/18, Agenda Item 18, 19 October, 2021, para. 8（11）（6）; IMO, Report of the Maritime Safety Committee on Its 105th Session, MSC 105/20, Agenda Item 20, 19 May, 2022, para. 20（4）（9）; IMO, Report of the Maritime Safety Committee on Its 106th Session, MSC 106/19, Agenda Item 19, 30 November, 2022, para. 7（4）.

③ IMO, Report of the Maritime Safety Committee on Its 103rd Session, MSC 103/21, Agenda Item 21, 25 May, 2021, para. 10（19）: "During the discussion of the proposed terms of reference for the Working Group（MSC 103/WP. 4）, prepared by the Secretariat in consultation with the Chair of the Working Group on Piracy, Captain Derrick Attachie（Ghana）, a number of delegations expressed concerns and suggested amendments, including omitting references to navies as this was deemed outside the remit of the Organization; concern about possible duplication of work between working groups under the G7++ Friends of the Gulf of Guinea; and concern about lack of universal applicability if the group were to discuss requirements for the use of privately armed security personnel in territorial waters in the region."

安全的联合国专门机构，无法回避国际航运界越来越多的此类实践活动。二是有关私营海上武装保安国际规则的拟定，不仅涉及国际海事组织职权范围问题，还牵涉港口国及沿海国管辖权、《海洋法公约》的解释及适用、人权保护等问题。三是从 2018 年之后国际海事组织海上安全委员会历届会议讨论结果看，过去五年有关私营海上武装保安问题的讨论似乎并没有太多进展，从海上安全委员会反复催促成员国反馈信息调查表来看，大部分成员国对于在《船旗国暂行建议》之外制定其他国际文书并不积极。

二 与私营海上武装保安相关的国际规范性文件分析

与私营海上武装保安相关的国际规范性文件，可以分为两类：一是指南等国际软法文书，如 2008 年《武装冲突期间各国关于私营军事和安保服务公司营业的相关国际法律义务和良好惯例的蒙特勒文件》（以下简称《蒙特勒文件》）；[①] 二是《海洋法公约》等国际公约。

《蒙特勒文件》针对的是武装冲突时期各方行为规制和平民保护，尽管不具有强制性，但反映了国际社会希望规制私营军事和保安服务公司的愿望和初步行动。[②] 该文件序言第 9 项将"私营军事和安保服务公司"定义为"提供军事和（或）安保服务的私营商业实体，不论这些实体如何称呼自己"。军事和安保服务特别包括武装护卫和保护人员和物品，例如提供运输队、护卫建筑或其他地点，维修和操作武器系统，羁留犯人，向地方部队和安保人员提供咨询或培训。"私营军事和安保服务公司人员"是指私营军事和安保服务公司雇用的、直接租用的或约定的人员，包括其雇员和管理人员。国际海事组织确认《蒙特勒文件》和《私营安保服务供应商国际行为守则》（International Code of Conduct for Private Security Providers）的重要性，但是也指出上述文件内容没有直接涉及防止海盗和海上武装抢劫的情

[①] 除《蒙特勒文件》《私营安保服务供应商国际行为守则》，还有一些行业组织发布的指南或合同范本，例如波罗的海航运公会发布的《私营武装保安在保卫商船时使用武力规则的指南》《安全护航船：武装保安合同》。

[②] 王秀梅：《〈蒙特勒文件〉对私营军事和安保服务公司的规制评析》，《西安政治学院学报》2009 年第 5 期，第 100 页。

况，而且没有为规制私营军事和保安公司提供足够的规则。①《蒙特勒文件》没有就私营军事和保安公司的合法性问题明确立场，红十字国际委员会法律顾问玛丽-路易丝·图加斯（Marie-Louise Tougas）认为，《蒙特勒文件》不应该被解释为赞同在任何特定情况下使用私营保安公司，也不意味着对在武装冲突中使用私营保安公司的合法性、可取性这一更广泛的问题表明立场。②但是，目前在国际航运中使用私人武装保安是一个比较普遍的现象，《蒙特勒文件》没有为私营保安公司创设新的法律义务，在看到该文件与私营海上武装保安的关系时，既要注意到该文件的制定目的及适用条件，又要注意到该文件在定义、规则设计等方面，为私营海上武装保安国内立法及国际规则发展所作出的贡献。

除此之外，《私营安保服务供应商国际行为守则》（2021年12月10日修订版，以下简称《行为守则》）第二部分将"私营安保公司和私营保安服务供应商"定义为"其商业活动包括以自身名义或以他人名义提供安全保障服务的任何公司，不论此类公司如何称呼自己"，该部分还以列举的方式规定了"安保服务"（security services）的范围。③《行为守则》内容参照

---

① IMO, Interim Guidance to Private Maritime Security Companies Providing Privately Contracted Armed Security Personnel on Board Ships in the High Risk Area, MSC.1/Circ.1443, 25 May, 2012, Annex, para.2 (1).

② Marie-Louise Tougas, "Commentary on Part Ⅰ of the Montreux Document on Pertinent International Legal Obligations and Good Practices for States Related to Operations of Private Military and Security Companies During Armed Conflict," *International Review of the Red Cross*, Vol.96, No.893, 2014, p.306.

③ Part B, The International Code of Conduct for Private Security Service Providers: "Security Services-include but are not limited to: (1) guarding and protection of persons and objects, such as convoys, facilities, designated sites, property or other places (whether armed or unarmed); (2) guarding and transporting prisoners, operating prison facilities and assisting in operating camps for prisoners of war or civilian detainees; (3) the checking, detention, or searching of persons, searching of premises or containers, and seizure of objects; (4) counter-piracy services, armed or unarmed maritime escorts or onboard vessel protection; (5) operational and logistical support for armed or security forces, including training and advice, intelligence, surveillance and reconnaissance activities; (6) crowd management; (7) operating and maintaining weapons systems; (8) guard dog services; (9) the recruiting and training of security personnel, directly or as an intermediary, for a company that offers private security services, and (10) any other protective activity for which the personnel of companies are required to carry or operate a weapon in the performance of their duties."

了《蒙特勒文件》的规定，直接对私营保安公司的行为加以规范，要求签署该文件的保安公司"承诺负责任地提供安保服务，以支持法治、尊重所有人的人权并保护其客户的利益"①。并且，《行为守则》创设了私营保安服务供应商国际行为守则协会，允许私人保安服务供应商以会员身份加入该协会。设立协会的目的在于推动、管理和监督《行为守则》的实施，具体工作包括认证会员公司符合《行为守则》的标准，报告、监测和评估会员公司遵守《行为守则》的情况，处理有关被控违反《行为守则》的投诉。

在评价《蒙特勒文件》《行为守则》时，有学者将其定性为民间协定，这体现了私营保安行业的自我监管特点。② 也有学者将其归入国际软法范畴，认为此类规范性文件更多的是一种拼凑，而不是搭建一个管理私营武装保安的制度框架。还有学者认为，《蒙特勒文件》是为澄清和强化国家根据国际法承担的现有义务、鼓励各国填补国内法上的监管空白而提出的国际倡议，③ 制定此类规范性文件的目的，是朝向建立一个有效的监管框架靠拢，例如问题识别、利益关联者之间的联系、寻找可行性解决方案等，不同规范性文件之间互有交融④。《蒙特勒文件》《行为守则》在多大程度上对国家实践产生影响？目前缺少一个权威性评估。甚至有学者指出，当国际社会致力于通过《蒙特勒文件》《行为守则》来处理私营保安公司有关问题、推进相关国际进程时，该行业的情势已经发生变化，推进这些进程的努力可能已经变为无用功。⑤

从当前《蒙特勒文件》《行为守则》的制定和执行情况看，这些规范性文件是规制私营保安进程中的"一小步"，但是如果从国际规则编纂的历史

---

① Part A, para. 3, The International Code of Conduct for Private Security Service Providers.
② Sarah Percy, "Regulating the Private Security Industry: A Story of Regulating the Last War," *International Review of the Red Cross*, Vol. 94, No. 887, 2012, p. 945.
③ Laura A. Dickinson, *Outsourcing War and Peace: Preserving Public Values in a World of Privatized Foreign Affairs* (New Haven/London: Yale University Press), 2011, p. 1.
④ Rebecca DeWinter-Schmitt, "International Soft Law Initiatives: The Opportunities and Limitations of the Montreux Document, ICoC, and Security Operations Management System Standards," in Helena Torroja (ed.), *Public International Law and Human Rights Violations by Private Military and Security Companies* (Cham: Springer International Publishing, 2017), p. 124.
⑤ Sarah Percy, "Regulating the Private Security Industry: A Story of Regulating the Last War," *International Review of the Red Cross*, Vol. 94, No. 887, 2012, p. 945.

经验看，上述规范性文件具有里程碑意义，或将是私营保安国际规则发展进程中的"一大步"。如今，该进程呈现"两条腿"走路的态势：一方面，以《蒙特勒文件》为代表的国际文件集成，为更具强制力的国际规则协商明确了部分共识，为不同的行为体通过确立相应的制度安排、制定私营武装保安国际规范提供了一个平台基础；另一方面，以《行为守则》为代表的国际文件集成，其目的主要集中于技术或行业管理标准层面，尤其是在可以适用的国内法或国际法不足的情况下，希望在国际航运界形成一个有效的、被普遍认可的行业标准，借助于行业自律、合同规范弥补监管空白。无论是《蒙特勒文件》还是《行为守则》，都可以通过条款磋商或编纂的方式，转化为合同条款，纳入船东、船舶经营人及管理人与私营保安公司缔结的合同中。①

《海洋法公约》和相关国际海事公约没有规制私营海上武装保安的具体规定，如果将国际航行船舶配置私营海上武装保安视为船旗国行政或立法许可的行为，那么相关公约中有关船旗国的规定就存在一步解释和适用的空间。船旗国的义务是分析船旗国管辖的逻辑起点，《海洋法公约》第94条第1款规定，"每个国家应对悬挂该国旗帜的船舶有效地行使行政、技术及社会事项上的管辖和控制"；第2款（b）项规定，"（每个国家特别应）根据其国内法，就有关每艘悬挂该国旗帜的船舶的行政、技术和社会事项，对该船及其船长、高级船员和船员行使管辖权"；第3款（b）项规定，"（每个国家对悬挂该国旗帜的船舶，除其他外，应就下列各项采取为保证海上安全所必要的措施）船舶的人员配备、船员的劳动条件和训练，同时考虑到适用的国际文件"。针对私营海上武装保安，对于《海洋法公约》第94条第1款至第3款的规定可以作此理解，即私营海上武装保安人员在船舶上的一切活动，包括私营海上武装保安人员登船及携带安保设备、船舶航行期间的保安活动及其法律后果，都处于船旗国管辖之下。例如，西班牙关于私人保安和武器的第1628/2009号法令规定，在悬挂西班牙旗帜的船舶于该国领海之外、面临人员和财产特别危险的情况下，允许私人武装保

---

① Michael Cottier, "Elements for Contracting and Regulating Private Security and Military Companies," *International Review of the Red Cross*, Vol. 88, No. 863, 2006, pp. 662-663.

安人员上船完成保护任务。① 第 PRE/2914/2009 号法令进一步发展了第 1628/2009 号法令,规定了私人保安公司拥有、控制、使用和获取武器的条件以及授权武器的特点。根据该命令,这些服务只能由在西班牙成立、在西班牙内政部注册并被授权提供监测和保护服务的保安公司提供。②

但是,还有一些船旗国在规制私营海上武装保安问题上采取了"二分法"做法,即国内立法没有明确规定允许或禁止在国际航行船舶配备私营(武装)保安人员,但是立法中有关于武器和其他保安设备持有、存放、登记、使用等的管理规则。例如,在加拿大籍船舶上持有枪支必须遵守《火器法》(Firearms Act)和《刑法》第二部分、第三部分的规定,《海上运输安全条例》(Marine Transportation Security Regulations)规定,船舶保安计划必须包含保护获准上船的武器、爆炸物和燃烧物以及其他危险物质和装置的程序。③ 中国立法与加拿大立法既存在类似之处,也存在明显的区别。其一,我国《海上交通安全法》《海商法》《保安服务管理条例》等法律、行政法规和部门规章中,都没有明确规定允许或禁止国际航行船舶配备私营(武装)保安人员。2020 年中国海事局《船舶预防海盗和武装抢劫行动指南》第二部分(七)项第 2 条和第 3 条分别规定"船舶所有人、经营人可以视情况雇用非武装保安人员,提高船舶警戒能力","符合船旗国、港口国和沿岸国所有相关的法律规定前提下,船舶所有人、船舶经营人可以考虑为船舶雇用武装保安人员"。但指南不是规范性法律文件,不

---

① Real Decreto 1628/2009, de 30 de octubre, por el que se modifican determinados preceptos del Reglamento de Seguridad Privada, aprobado por Real Decreto 2364/1994, de 9 de diciembre, y del Reglamento de Armas, aprobado por Real Decreto 137/1993, de 29 de enero.

② Orden PRE/2914/2009, de 30 de octubre, que desarrolla lo dispuesto en el Real Decreto 1628/2009, de 30 de octubre, por el que se modifican determinados preceptos del Reglamento de Seguridad Privada, aprobado por Real Decreto 2364/1994, de 9 de diciembre, y del Reglamento de Armas, aprobado por Real Decreto 137/1993, de 29 de enero.

③ Article 236 (1) (C) Marine Transportation Security Regulations (SOR/2004-144): "At all MARSEC levels, security procedures shall be established in the vessel security plan, to the extent that they are appropriate to the vessel's operations, to control access to the vessel (in particular, access to ladders, access gangways, access ramps, access doors, side scuttles, windows and ports, hatches, mooring lines, anchor chains, cranes and hoisting gear) and to (c) secure weapons, explosives and incendiaries and other dangerous substances and devices that are authorized to be on board." See Annina Cristina Bürgin, "Spain's Fight Against Maritime Piracy: The Legitimacy of Maritime Security Governance," *Contemporary Security Policy*, Vol. 35, No. 1, 2014, pp. 96-115.

具有法律效力。其二，《枪支管理法》第二章"枪支的配备和配置"中并没有与私营海上武装保安有关的规定，该法第2条第1款规定"中华人民共和国境内的枪支管理，适用本法"，第38条规定"外国交通运输工具携带枪支入境或者过境的，交通运输工具负责人必须向边防检查站申报，由边防检查站加封，交通运输工具出境时予以启封"。换言之，《枪支管理法》采取属地管辖原则，既没有授权从事国际航运的中国籍船舶、人员或单位持有枪支，也不调整中国籍船舶、人员或单位在中国领海外持有或使用枪支；但是，立法对于非中国籍船舶进出中国领海、停靠中国港口期间的枪支管理有着明确的规定。结合上述国家的国内法，再行分析《海洋法公约》有关船旗国管辖的规定可以发现，其充其量只能作为私营海上武装保安的框架式规定，并不能给予更多明确的指引。《国际海上人命安全公约》等国际海事公约从船舶配员等方面对登船工作的私营保安人员进行规制，但是对于保安人员使用武力的行为、武器弹药及其他安保设备的使用和管理，没有可以适用的规定。即便通过条约解释扩大国际海事公约的适用范围，其合法性与合理性仍将受到质疑。就国际人道法而言，《日内瓦四公约关于保护国际性武装冲突受难者的附加议定书》第47条并没有将雇佣军活动定为犯罪；相反，它限制了雇佣军的战俘地位，使大多数私营保安公司不可能属于其范围。①

  沿海国与港口国依据属地管辖原则规制私营海上武装保安。私营海上武装保安对于沿海国与港口国具有现实性安全威胁，例如，2012年2月15日，两名印度籍渔民在印度西南海岸附近被一艘意大利籍商船"艾瑞克·莱谢号"（Enrica Lexie）上的两名意大利籍保安人员误认为海盗而遭到射杀（以下简称"'艾瑞克·莱谢号'案"），② 在意大利政府向两名遇难渔民的家属及船东赔偿1亿卢比后，2021年6月印度最高法院撤销了对上述两人的诉讼；2022年1月，意大利国内法院根据检察官的申请，同意以证据不

---

① Sarah K. Cotton, et. al., *Hired Guns: Views About Armed Contractors in Operation Iraqi Freedom* (Santa Monica: RAND Corporation Publishing, 2010), p. 16.
② Sindhura Natesha Polepalli, "Floating Armories and Privately Contracted Armed Security Personnel on Board Ships," *Journal of Territorial and Maritime Studies*, Vol. 6, No. 2, 2019, pp. 83-84.

足为由撤销该案件。① 以该案为切入点,沿海国与港口国依据属地管辖原则规制私营海上武装保安至少存在两个焦点问题。

一是安保武器及装备管制问题。私营海上武装保安公司属于法人实体,不仅受法人登记注册国规制,船舶航行、停泊和作业相关国家的立法对私营海上武装保安行业发展及行为的规制也非常重要。外籍船舶进入沿海国领海或停泊港口期间,需要遵守沿海国或港口国国内立法,例如中国《枪支管理法》第38条要求相关船舶对船上枪支进行申报和封存。希腊第4058/2012号法令、第641.36-2/12号部长令要求悬挂外国国旗的船舶的船长有义务在驶过希腊领海之前24小时内,书面通知希腊海岸警卫队,报告船上配置的武装保安人员及武器弹药,包括武器弹药的数量、类型、船上保管场所、抵达的港口以及船舶是否持有其船旗国当局的相关授权书。②

二是私营海上武装保安人员刑事管辖权。在属地原则的支配下,又可以进一步分为沿海国内水、领海刑事管辖权和专属经济区刑事管辖权。根据《海洋法公约》第27条第1款第1项和第2项的规定,如果外籍船舶在通过沿海国领海期间,船上的保安人员的罪行后果及于沿海国,或者罪行具有扰乱当地安宁或领海的良好秩序的性质,则沿海国有权对其行使刑事管辖权,可以逮捕船上相关人员,或进行与该罪行有关的任何调查。如果私营武装保安人员涉嫌犯罪的行为发生在沿海国专属经济区,在主张刑事管辖权时,首先应当考虑的是《海洋法公约》第58条第2款、第97条第1款的规定。依据该公约第97条第1款的规定,私营武装保安人员属于"任何其他为船舶服务的人员"不存在问题,但是,如何界定该款规定的"任

---

① Andrea Ossino, "Maro, archiviata per legittima difesa l´indagine su Girone e Latorre: Motivata convinzione di essere sotto attacco di pirati," la repubblica, https://roma.repubblica.it/cronaca/2022/01/31/news/il_gip_di_roma_archivia_l_indagine_sui_maro_spararono_a_un_peschereccio-335906000/, last visited 10 February, 2023.

② Korontzis Tryfon1, "Maritime Piracy in the International and in the Hellenic Legal Order," *Review of European Studies*, Vol. 4, No. 5, 2012, p. 84; Ilja Van Hespen, "Protecting Merchant Ships from Maritime Piracy by Privately Contracted Armed Security Personnel: A Comparative Analysis of Flag State Legislation and Port and Coastal State Requirements," *Journal of Maritime Law & Commerce*, Vol. 45, No. 3, 2014, pp. 388-389.

何其他航行事故"（incident of navigation concerning a ship），是决定能否适用属人管辖，以及是否可以排除沿海国管辖的关键因素。在《海洋法公约》条文中，除了"航行事故"，还有"海难"（marine casualty）一词。① 例如，该公约第 94 条第 7 款规定："每一国家对于涉及悬挂该国旗帜的船舶在公海上因海难或航行事故对另一国国民造成死亡或严重伤害，或对另一国的船舶或设施、或海洋环境造成严重损害的每一事件，都应由适当的合格人士一人或数人或在有这种人士在场的情况下进行调查。对于该另一国就任何这种海难或航行事故进行的任何调查，船旗国应与该另一国合作。"除上述条款外，该公约在第五部分"专属经济区"和第七部分"公海"其他条款内，再也没有出现过"海难"的表述。虽然该公约第 221 条第 2 款给"海难"下了定义，② 但是第 94 条第 7 款中"海难"的英文表述是"marine casualty"，而第 221 条第 2 款是"maritime casualty"。对此，《1982 年〈联合国海洋法公约〉评注》的作者认为，鉴于该定义的一般性，没有明确理由将该词的含义限于《海洋法公约》第 221 条第 2 款所述的"为本条的目的"（for the purposes of this article），可以将"maritime casualty"和"marine casualty"视为具有相同含义的词。根据该公约第 221 条，"航行事故"是"海难"的一种形式，它可能是导致"对另一国国民造成死亡或严重伤害，或对另一国的船舶或设施或海洋环国境造成严重损害"的任何事件，根据该公约第 97 条的规定，它包括"碰撞"。③ 在认定专属经济区内私营海上武装保安刑事管辖权时，很难将其一概定性为海难或航行事故，一方面，需

---

① 国际海事组织《海上事故或海上事件安全调查国际标准和建议做法规则》中文译本将"marine casualty"翻译为"海上事故"。本书在写作过程中，引用《海洋法公约》条文时，依据该公约中译本的用语，使用"海难"。下文在讨论海上交通安全调查、引用国际海事公约或其他文件时，尊重其中译本的翻译，使用"海上事故"的表述。

② 《海洋法公约》第 221 条第 2 款规定："为本条的目的，'海难'是指船只碰撞、搁浅或其他航行事故，或船上或船外所发生对船只或船货造成重大损害或重大损害的迫切威胁的其他事故。"

③ 〔斐济〕萨切雅·南丹、〔以〕沙卜泰·罗森原书主编，吕文正、毛彬中译本主编《1982 年〈联合国海洋法公约〉评注》（第三卷），海洋出版社，2016，第 133~134 页。有学者认为，1969 年《国际干预公海油污事故公约》第 2 条第 1 款"海难"的定义，可能是《海洋法公约》第 221 条第 2 款定义的来源之一。See Agustín Blanco-Bazán, "Intervention on the High Seas in Cases of Pollution Casualties," in David J. Attard, et al. (eds.), *The IMLI Manual on International Maritime law* (Vol. Ⅲ) (Oxford: Oxford University Press, 2016), p. 270.

要根据私营海上武装保安人员涉嫌犯罪的行为内容和方式具体厘定；另一方面，海难或航行事故的定义有一定局限性，其指向的行为都与船舶有直接关系，例如船舶碰撞、搁浅、溢油、浪损、船载设施或货物坠海、船舶污染等。例如，在前述"艾瑞克·莱谢号"案中，这种行为更接近于国际海事组织《海上事故或海上事件安全调查国际标准和建议做法规则》第2.10条定义的"海上事件"，即与船舶操作直接有关而发生的危及或者若不改正将要危及船舶、其乘员、任何其他人员或环境的事件、事件后果。又如，如果海盗或海上武装抢劫人员登上在专属经济区航行的商船，被私营保安人员或船员制服后，遭到私营保安人员射杀的，也不属于《海洋法公约》所述的航行事故或海难范畴，进而不能适用《海洋法公约》第58条第2款、第97条第1款的规定。概言之，在识别专属经济区内私营海上武装保安刑事管辖权时，可能不仅需要考虑船旗国、沿海国、受害人及嫌疑人国籍国刑事立法，乃至私营保安公司注册地立法，还需要考虑相关刑事司法协助双边协定或其他国际公约的规定。

三 船长在私营海上武装保安中的法律地位

船长是船舶的指挥人员，对保证船舶和船员的安全负有全面的责任。《海员培训、发证和值班标准国际公约》第1条将"船长"定义为"指挥船舶的人"，《国际海上人命安全公约》第五章第34-1条规定"船东，租船人，第9/1条所定义的船舶经营公司，或任何他人均不得阻止或限制船长根据其专业判断作出或执行为海上人命安全和保护海洋环境所必需的任何决定"。1979年11月政府间海事协商组织通过的《关于船长海上安全和海洋环境保护的决定》[①]指出，考虑到海上安全和海上环境保护是船长在任何情况下所必须关心的重要事项，对船长的经济和其他方面的压力，在任何时候都不应干扰船长就此重要事项作出的决定；同时考虑到船长对海上安全和海上环境保护方面的决定不应受到船东、租船人或其他有关人员指示的

---

① 虽然《关于船长海上安全和海洋环境保护的决议》是在1979年出台的，但是此后的《国际船舶安全营运和防止污染管理规则》序言仍提到"忆及第A.443（XI）号决议，敬请各国政府采取必要措施，以保证船长在海上安全和保护海洋环境方面正当履行其职责"，这表明该决议对于国际航行船舶安全管理依然具有适用性。

不适当影响；船长根据专业判断在这方面作出的必要决定，不受船东、租船人或任何其他人员的约束。① 《国际船舶安全营运和防止污染管理规则》（ISM Code）第5.2条规定，"公司应当保证在船上实施的安全体系中包含一个强调船长权力的明确声明。公司应当在安全体系中确立船长的绝对权力和责任，以便作出关于安全和防止污染事务的决定并在必要时要求公司给予协助"。2018年12月国际海事组织海上安全委员会MSC.1/Circ.1601决议附件一《全球公司、船长和海员防海盗指南》也赞同"船长是船上的最高指挥者"②。理论上，船长对于海上私营武装保安具有绝对的指挥权和控制权，但是实践中的问题更为复杂。

船长是船上的最高指挥者，依据其专业判断维护船舶安全。私营海上武装保安人员既不是船员也不是乘客，③ 有关船长法律地位的规定不仅体现在《国际船舶安全营运和防止污染管理规则》中，《国际船舶和港口设施保安规则》也有明确的规定，该规则A部分第2.1条第6项规定，"船舶保安员系指由公司指定的承担船舶保安责任的船上人员，此人对船长负责，其责任包括实施和维护《船舶保安计划》以及与公司保安员和港口设施保安员进行联络"；A部分第6.1条规定，"公司应确保《船舶保安计划》中包含强调船长权威的明确陈述"。B部分第4.10条规定，"在任何时候船长都对船舶的安全负有最终责任。即便在保安等级3时，如果有理由相信执行任何有关指令会危及船舶的安全，船长可以要求澄清或要求修改对保安事件或保安威胁作出反应的机构所发出的指令"。因此，在理论层面，或许可以认为在船舶航行、停泊和作业期间，船长有"绝对权力"（absolute power）

---

① Decisions of the Shipmaster With Regard To Maritimd Safety and Marine Environment Protection, IMCO, Assembly-11th Session, Agenda Item 10 (b), Resolution A.443 (XI), adopted on 15 November, 1979.

② International Maritime Organisation, Revised Industry Counter Piracy Guidance, MSC.1/Circ.1601, Annex 1 "Global Counter Piracy Guidance for Companies, Masters and Seafarers", 8 December, 2018, p.28.

③ Art. 3.18 Ships and Marine Technology—Guidelines for Private Maritime Security Companies (PMSC) Providing Privately Contracted Armed Security Personnel (PCASP) on Board Ships (and pro forma contract) (ISO 28007-1: 2015): "Status of PCASP contracted by PSMCs at sea that are neither regular crew nor passengers, are directed by a team leader and are under the overall authority of the Master of the ship."

排除船东、船舶管理人或租船人等商业或管理主体的不当影响。船长在行使权力过程中亦存在明显的局限性,最主要的原因在于武装保安行动与传统的船艺也没有太多的联系,海上武装保安实践经验表明,攻击者能够隐藏武器,并在出其不意的情况下发动攻击,这就使保安人员处于一种困难境地,无法区分接近商船的船只是潜在的袭击者,还是普通的海上作业船只。① 但是,在一些高风险海域,渔民有时会在船上携带武器,以保护自身免受海盗的潜在攻击,仅仅在瞭望观察阶段看到对方船上有武器,可能并不构成对其立即使用致命武力的充分理由。② 在一些武装保安的行动中,武装保安力量并不绝对处于船长控制之下,例如在"艾瑞克·莱谢号"案中,根据船长和大副的证词,保安人员没有就即将采取的措施报告船长或任何船员、向他们征求意见。③ 然而,可以认为,"艾瑞克·莱谢号"案中武装保安人员的身份和意大利国内法的规定是造成上述情况的直接原因。④ 但

---

① Jasenko Marin, Miso Mudric, Robert Mikac, "Private Maritime Security Contractors and Use of Lethal Force in Maritime Domain," in Gemma Andreone (ed.), *The Future of the Law of the Sea Bridging Gaps Between National, Individual and Common Interests* (Cham: Springer International Publishing, 2017), p. 202.

② Clive R. Symmons, "Embarking Vessel Protection Detachments and Private Armed Guards on Board Commercial Vessels: International Legal Consequences and Problems Under the Law of Sea," *Military Law and Law of War Review*, Vol. 51, Iss. 1, 2012, p. 29.

③ 在"艾瑞克·莱谢号"案中执行保卫任务的主体是意大利海军士兵,与私营武装保安存在区别。根据意大利 2011 年 7 月 12 日第 107 号法令(Decreto-Legge 12 Luglio 2011, No. 107, Gazzetta Ufficiale No. 160, 12 July, 2011),意大利籍船舶上的保安人员有两种来源:军人和私营武装保安公司雇员。但是,军人作为商船保安人员具有优先权,只有在意大利海军拒绝为商船提供保安的情况下,船东或船公司才可以雇用私营武装保安。该法第 5 条第 2 款规定,军事人员按照国防部发布的指令和交战规则行动(personale militare componente i nuclei di cui al comma 1 opera in conformita' alle direttive e alle regole di ingaggio emanate dal Ministero della difesa)。因此,船长对于船上军事人员没有绝对的控制权。See Jasenko Marin, Miso Mudric, Robert Mikac, "Private Maritime Security Contractors and Use of Lethal Force in Maritime Domain," in Gemma Andreone (ed.), *The Future of the Law of the Sea Bridging Gaps Between National, Individual and Common Interests* (Cham: Springer International Publishing, 2017), pp. 206-207; Marco Odello, "The Enrica Lexie Incident and the Status of Anti-Piracy Security Personnel on Board," *Journal of Conflict and Security Law*, Vol. 26, Iss. 3, 2021, p. 561.

④ 该案发生三个月后,国际海事组织修订了《船东、船舶经营人和船长暂行指南》,新版指南附件第 5.9 条第 1 款要求在海上保安指挥和控制结构中,要有一份明确的声明,即船长在任何时候都有指挥权,并保有船上的最高权力,该款还规定了船长不在的情况下的商定程序。Revised Interim Guidance to Shipowners, Ship Operators and Shipmasters on the Use of Privately Contracted Armed Security Personnel on Board Ships in the High Risk Area, MSC.1/Circ.1405/Rev.2, 25 May, 2012, Annex, para.5.9 (1).

是，如果参考2007年美国私营保安公司"黑水国际"在巴格达射杀无辜平民的案件，也可以得出如下结论，即使商船上的保安人员不是军事人员而是普通的私营保安公司雇员，其也可以在未报告船长或未征得船长的同意下使用武力。概言之，船长履行职权的核心是"根据其专业判断作出或执行为海上人命安全的任何决定"，但是有两方面问题。一方面，在私营武装保安行动中，船长的专业判断既有客观环境造成的局限性，也有其自身知识或经验方面的局限性，武装保安所面临的情势可能超出了船长的专业判断能力，甚至保安行动会全部或部分脱离船长的指挥和控制。另一方面，无论是船员还是私营武装保安人员，都依法享有个人自卫（individual self-defence）的权利，该权利不因个人的身份特征而改变，也不需要征得他人同意。船上人员在陷于危险境遇时，不仅有权采取自卫方式保护自己，也有权保护他人。此时，如果私营武装保安人员没有得到船长授权而使用武力，很难区分使用武力的行为是个人自卫，还是履行保安职责的行为。

商船使用武装保安的指挥和控制程序，有助于明晰船长和私营武装保安人员的关系。通常情况下，商船上的私营武装保安应当具备制度化或合同约定的指挥和控制结构，英国《私营军事和保安公司临时指南》（Interim Guidance for UK Flagged Shipping on the Use of Armed Guards）规定，私营军事和保安公司团队应该由一名保安队长领导，负责武装保安行动控制、部署和执纪，并直接向船长报告；如果出现影响船上人员安全的状况，保安队长应负责向船长提出应对海盗袭击的建议；船长可采取书面或口头方式，决定是否批准保安队长提出的行动方案；如果保安队长没有足够的时间依照上述程序行事，在采取行动后必须尽快通知船长并解释所采取的行动方案。[1] 对于指南中的上述最后一种情形而言，一种观点认为，如果强制保安人员必须按照逐步增加使用武力的严厉程度来遵循保安程序，很可能会阻碍或破坏承包商提供成功保护服务的能力。而结合上文有关正当防卫的讨论，其实可以把船长和私营武装保安的关系拆分成三个层面。

第一个层面是二者基于私营武装保安合同建立的联系。合同条款是船

---

[1] Anna Petrig, "The Use of Force and Firearms by Private Maritime Security Companies Against Suspected Pirates," *International and Comparative Law Quarterly*, Vol. 62, No. 3, 2013, p. 696.

长和私营武装保安人员（公司）采取行动的直接依据，由于船长对于船舶安全具有绝对的指挥权和控制权，无论是保安人员还是保安公司，都必须服从船长的指挥，尤其是在保安行动中使用武力时和对待被剥夺自由的人方面，船长享有最终的决定权。这也意味着，如果船长没有对私营武装保安人员进行适当控制，可能要对此类人员犯下的罪行承担刑事责任。

第二个层面是基于法律义务建立的联系。船长和私营武装保安人员不仅要遵守合同约定，还要遵守船旗国国内法的规定，而合同约定不能逾越国内法的规定。在国际法层面，船旗国缔结或参加的国际条约的规定，同样会影响船长和私营武装保安公司的关系。例如，《国际救助公约》第10条、《国际海上搜寻救助公约》附件第2.1.10条和《国际海上人命安全公约》第五章第33.1条、《海洋法公约》第98条第1款第1项和第2项都规定了（船长）海难救助义务，此时，船长是否有权要求私营武装保安公司雇员或武装船救助其他遭遇海盗或武装抢劫的商船，以及遇有生命危险的海盗或海上武装抢劫者？① 一种观点认为，《海洋法公约》第98条第1款第1项和第2项中国家要求悬挂其旗帜的船舶的船长救助"任何……人"的义务，没有将任何类别的人排除在外。只要这种救助"不严重危及其船舶、船员或乘客"，这一义务就是存在的。由此可以得出结论，船长的首要责任是确保其船舶和船员、乘客等船上人员的安全；在其中任何一类有危险之虞的情况下，船长在是否实施救助方面，有自由裁量权。虽然《海洋法公约》要求船长在响应呼救时"尽速前往"，但是应在合理期待范围内，船长在综合考虑呼救者所处情势后，对于是否施救，可以自由裁量。② 有学者认为，被救助人遭遇风险的严重性，应当由船长根据遇险人员所处的实际状况来判断，而非依产生该风险的具体原因来评价。③ 即便如此，船长在评估

---

① 在遇有危险的表述方面，《国际海上搜寻救助公约》附件第2.1.10条和《国际海上人命安全公约》第五章第33.1条都使用了"in distress at sea"，《海洋法公约》第98条第1款第2项使用了"persons in distress"，而《国际救助公约》第10条、《海洋法公约》第98条第1款第1项使用了"in danger of being lost"。

② 〔斐济〕萨切雅·南丹、〔以〕沙卜泰·罗森原书主编，吕文正、毛彬中译本主编《1982年〈联合国海洋法公约〉评注》（第三卷），海洋出版社，2016，第157页。

③ Birgit Feldtmann, "What Happens After the Defense? Considering 'Post Incident' Obligations of Masters from the Perspective of International and Danish Law," *Ocean Development and International Law*, Vol. 46, Iss. 2, 2015, p. 101.

安全风险及合理性时可以考虑哪些具体因素,仍然是模糊和不确定的。① 能够得出的初步结论是,船长有权要求私营武装保安人员救助陷于危险的人员,即便该救助义务没有规定在私营武装保安合同内;被救助人的身份不是船长排除救助义务的依据,船长基于本船舶及其上人员安全、被救助人所处危险情势的考虑,可以自由裁量是否实施救助。

第三个层面是基于个人权利建立的联系。如前文所述,无论是船员还是私营武装保安人员,都依法享有个人自卫的权利,该权利不因个人的身份特征而改变,也不需要征得他人同意。尤其是在使用武力的情况下,将该行为解释为正当防卫会使行为的合法性和监管依据发生变化。② 在国内法层面,英美法系国家区分人身防卫和财产防卫。在国际法层面,个人自卫被归为基本人权③和《联合国宪章》第 51 条项下的"个人权利……"④ 在私营武装保安框架内讨论个人自卫权,与《联合国宪章》第 51 条规定没有直接关系,更多是从基本人权和国内法角度进行分析。有学者认为,个人自卫不仅是保护个人自主权,其行动也会对法律和社会秩序产生影响,换言之,加害者由于受害者的反抗,已经成为广义上法律的"敌人",当受害者采用自卫手段抵抗时,他就是社会秩序、公共秩序和法律制度的捍卫者。⑤ 例如,在英国法中,行使自卫权的情况包括私人防卫、预防和制止犯

---

① Anna Petrig, "The Use of Force and Firearms by Private Maritime Security Companies Against Suspected Pirates," *International and Comparative Law Quarterly*, Vol. 62, No. 3, 2013, p. 695.
② Ulrich Petersohn, "Reframing the Anti-Mercenary Norm: Private Military and Security Companies and Mercenarism," *Canada's Journal of Global Policy Studies*, Vol. 69, No. 4, 2014, p. 475.
③ 例如,《欧洲保障人权和基本自由公约》第 2 条第 2 款规定:"在使用武力是绝对必要的情况下,其所导致的对生命的剥夺不应视为与本条的规定相抵触:(a) 防卫任何人的非法暴力行为……"
④ 有学者指出,《联合国宪章》第 51 条将自卫权描述为"个人"和"集体"性质的权利,然而在国家受到威胁初期,该条并不自动赋予个人使用致命武力的权利,此时国家有权利和义务保护潜在的受害者。如果国家有能力挫败一个非紧迫的威胁,个人就不能优先主张自卫权。Yoram Dinstein, *War, Aggression and Self-Defence* (5th Edition) (Cambridge: Cambridge University Press, 2011), p. 189; Onder Bakircioglu, "The Right to Self-Defence in National and International Law: The Role of the Imminence Requirement," *Indiana International & Comparative Law Review*, Vol. 19, No. 1, 2009, p. 20.
⑤ Mordechai Kremnitzer, "Proportionality and the Psychotic Aggressor: Another View," *Israel Law Review*, Vol. 18, Iss. 2, 1983, pp. 189-190.

罪、执法过程中的正当防卫。① 进一步而言，当私营武装保安人员以个人自卫的名义对海盗、海上武装抢劫者或其他加害者使用武力时，私营武装保安人员责任豁免和行为合法化的法律依据就不再是合同，而是国内法（包括判例法和成文法）的规定，同时私营武装保安人员行使自卫权时既不需要向船长报告，也不需要征得船长的同意。因此，将个人自卫引入私营武装保安制度框架，其最显著的特征就是冲击了以船长为核心的船上指挥和控制体系。使用武力行为的性质究竟是职务行为还是个人自卫？重要的区分标准就是，职务行为的核心在于保护他人，而自卫行为的核心在于保护自己。从理论层面看，只要凭借行为的外在形式便可确信该行为属于武装保安行为，就可以认定该行为属于职务行为。从时间和空间标准看，保安人员在船舶航行、停泊或作业期间，在执行保安任务过程中使用武力属于职务行为，执行保安任务的时间和空间范围通常由保安合同规定。从使用武力层级看，保安人员面对不法侵害时，通常情况下应当先警告不法侵害行为人，只有在警告无效且不法侵害加剧的情况下，才能按照操作规则由轻到重使用武力。对于个人自卫行为而言，一般情况下法律只要求制止不法侵害的行为所造成的损害结果不能超过必要限度，而没有对自卫的方法和手段设定严格的限制条件。私营海上武装保安行动中面临的情况可能更为复杂，厘清职务行为与个人自卫的边界，恐需要更多的判断标准来支撑。

第六节　人工智能船舶与国际海上交通安全保障规则演进

智能化是船舶驾驶技术发展的趋势。人工智能船舶是人工智能技术在海事领域的重要应用成果，发展智能船舶已经成为国际航运界的共识。2017年12月，全球第一艘万吨级智能船舶通过伦敦船级社认证，正式交付使用。同年，挪威、日本等国宣布在2019年推出用于国际航行的无人驾驶船舶。美国等国家已联合向国际海事组织提交关于人工智能船舶立法范围的方案，

---

① Darrell A. H. Miller, "Self-Defense, Defense of Others, and the State," *Law and Contemporary Problems*, Vol. 80, No. 2, 2017, pp. 87-100.

国际海事委员会也已设立国际公约与人工智能船舶国际工作组,起草相关行为准则。① 我国商船船队规模排名世界第三,人工智能船舶研发已经走在世界前列。2015年,中国船级社发布全球首部《智能船舶规范》(2016年生效),2017年国务院印发的《新一代人工智能发展规划》提出到2030年人工智能理论、技术与应用总体达到世界领先水平的目标。2018年12月,工信部等部门联合发布《智能船舶发展行动计划(2019—2021年)》,针对我国智能船舶发展顶层规划提出具体方案。人工智能技术的进步使船舶具有拟人智化特性,深刻影响了以船长及船员为规制对象所构建的国际海事公约体系,也将对国际海上交通安全保障产生影响。

一 相关国家人工智能船舶的研发现状及相关国际规则的适用性

船舶智能化是航运技术与外部智能技术的融合。智能船舶的发展经历了从局部到整体的渐进式过程。从20世纪70年代综合船桥系统应用于船舶自动化驾驶至今,远程测控技术、互联网技术、大数据分析技术等科技成果不断融入船舶驾驶技术,不同组织或团队相继公布了各自的智能船舶研发路线。② 英国劳氏船级社着重分析人与船舶的关系,侧重于网络支持方案。挪威船级社关注机载智能设备操作的可用性,关注智能系统带来的潜在风险。韩国现代重工集团推出综合智能船舶解决方案,利用信息通信技术和大数据技术提高船舶运营智能化水平。国际海事组织侧重于智能船舶技术路线图,关注智能系统在不同阶段的实现形式。殊途同归,上述船舶智能技术的发展都是在不断利用新技术来改进船舶自主控制功能,在兼顾航行安全及运营效率优化的前提下,通过不断的技术融合提升船舶数字化水平。

智能船舶融合了人工智能等新技术,是未来船舶发展的重点方向,也是主要海洋国家竞争的重点。2006年国际海事组织海上安全委员会第81届会

---

① 马金星:《人工智能船舶引领国际海事规则体系变革》,《中国海洋报》2019年10月8日,第2版。
② Dawid Połap, et al., "Automatic Ship Classification for a Riverside Monitoring System Using a Cascade of Artificial Intelligence Techniques Including Penalties and Rewards," *ISA Transactions*, Vol.121, 2022, pp.232, 239.

议,通过了由日本、马绍尔群岛、荷兰、挪威、新加坡、英国和美国联名提交的"电子航海"(E-Navigation)工作项目,"电子航海"由船载系统、岸基系统和数字通信链接三部分组成,是一个基于人机界面基础数据交换的开放性系统结构。国际海事组织将海面自主航行船舶定义为一种在不同程度上可以独立于人机交互而运行的船舶,2017年国际海事组织海上安全委员会第98届会议同意开展"海面自主航行船舶监管范围界定研究"。2018年12月,国际海事组织海上安全委员会第100届会议确立了以下四个自主等级:第一等级是配备自动化流程和决策辅助的船舶,即有船员在船上操作和控制船上系统和功能,部分操作是自动化、无人监督;第二等级是有船员在船上远程控制船舶,船舶受异地远程控制和操作,船上有海员可接管控制权及操作船上系统和功能;第三等级是无船员在船上远程控制船舶,船舶受异地远程控制和操作;第四等级是全自动船舶,船舶的操作系统能够自主决策并采取行动。[①] 2019年6月,国际海事组织海上安全委员会第101届会议审议并通过了《海面自主航行船舶试航暂行导则》,鼓励各缔约国参考该导则来组织自主航行船舶的海上测试,并根据实际试航实践提出完善提案。2021年5月,国际海事组织海上安全委员会批准了《使用海面自主航行船舶的监管概略性研究工作的结果》(第MSC.1/Circ.1638号通函)。2022年4月,国际海事组织海上安全委员会第105届会议批准了海面自主船舶工作组完成的《包含国际海事组织海面自主航行船舶文书的工作计划路线图》(Road Map Containing a Work Plan for the Development of IMO Instruments for Maritime Autonomous Surface Ships),并指出该路线图应被视为一份动态文件,可能需要在海上委员会今后的会议上定期增订和修改。[②] 此外,相关国家也在积极推进人工智能船舶研发。2010年,韩国现代重工集团制定了"智能船1.0"计划,2013年,又制定了"智能船2.0"计划,其设计理念是借助信息通信技术实现船端与岸基的信息融合,以增强船舶安全性、环保性、经济性,同时

---

① International Maritime Organization,"IMO Takes First Steps to Address Autonomous Ships," https://www.imo.org/en/MediaCentre/PressBriefings/Pages/08-MSC-99-MASS-scoping.aspx, last visited 5 June,2022.

② International Maritime Organization,Maritime Safety Committee (MSC 105) 20-29 April,2022, https://www.imo.org/en/MediaCentre/MeetingSummaries/Pages/MSC-105th-session.aspx, last visited 5 June,2022.

衍生船舶附加服务。① 2015年，韩国现代重工集团与埃森哲（Accenture）公司合作推出了"海洋链接"（Ocean Link）智能船舶系统。2016年10月，韩国政府通过了《造船产业竞争力强化方案》，提出投入350亿韩元来支持智能船舶相关核心技术的开发，随后又宣布投入另外7万亿韩元来支持环保型智能船舶等新产业。② 2016年，韩国海洋水产部开始推进"电子海上导航服务系统"，2020年4月，韩国启动了"水面自主船"（Korean Autonomous Surface Ship，KASS）项目，旨在通过开发智能导航系统、发动机自动化系统来建造船舶自主性能中心，促进开发操作技术标准化，设计一个具有自主导航功能的智能船舶平台系统。该项目又包括"碰撞和事故预防态势感知系统""具有智能决策功能的自主导航系统"等子项目；③ 2021年1月30日，"电子海上导航服务系统"开始投入运营，向海上航行船舶提供海上交通状况和事故信息、气象信息等，并告知碰撞触礁等危险状况④。2014年，日本启动了"智能船舶应用平台"（Smart Ship Application Platform，SSAP）项目，旨在创设船舶设备数据标准化的方法，随后发布了《船舶与海洋技术用于现场数据共享的船舶数据服务器》等技术标准。⑤ 2020年8月，日本船级社发布了《数字智能船舶指南》，为配备先进数字技术的船舶制定了船级符号认证流程，同年10月，液化天然气动力汽车运输船"樱花领袖号"（Sakura Leader）成为首艘获得日本船级社认证的"数字智能船"。2020年，日本财团（Nippon Foundation）发起了无人船项目2040（MEGURI 2040），资助五项无人船试验性航行。其中，商船三井株式会社等七家机构负责"樱花领袖号"和"朱雀号"

---

① Seong-hoon Jeong, et al., "Analysis and Design of Common Platform Core Technology for Maritime Autonomous Surface Ships," *Journal of Advanced Navigation Technology*, Vol. 22, No. 6, 2018, pp. 507-513.

② 《韩国造船改革定向，保存三大船企结构，加速向服务型制造转型》，中国船舶工业行业协会网站，http://www.cansi.org.cn/cms/document/9295.html，最后访问时间：2022年6月3日。

③ Korea Autonomous Surface Ship Project Office, "Project Detail," https://kassproject.org/en/main.php, last visited 5 June, 2022.

④ 王楚：《全球首个海上电子导航系统投入使用》，《珠江水运》2021年第4期，第85~86页。

⑤ 刘微、尚家发：《智能船舶发展现状及我国发展策略研究》，《舰船科学技术》2017年第21期，第189~193页。

（Suzaku）的研发试验，① "朱雀号" 为一艘小型集装箱货船，在东京湾至伊势湾航线长距离航行，岸基控制中心负责在测试期间对该船舶进行远程监控，并在紧急情况下进行远程操作。2022 年 2 月 26 日至 3 月 1 日，"朱雀号" 完成第五次航行试验。② 在欧洲国家中，英国、挪威、芬兰等国都在推进人工智能船舶研发。2014 年，英国劳斯莱斯控股有限公司（Rolls-Royce Holdings Plc.）以 "机器人船舶"（robot ship）概念为基础，开始研发名为 "未来操作体验概念"（Future Operator Experience Concept）的岸基遥控系统。2016 年 3 月，该公司又与芬兰阿尔托大学（Aalto University）、挪威船级社等机构合作启动了 "高级自动水上运输应用"（Advanced Autonomous Waterborne Applications, AAWA）项目。③ 该项目获得芬兰国家技术创新局（Tekes）660 万欧元的资助。④ 2014 年 9 月，由挪威船级社发起、挪威科技大学（NTNU）科研团队参与的 "ReVolt" 项目启动，目标是打造一艘使用电池供能的集装箱船舶，在试验阶段该船会以 6 节的速度航行，航程为 100 海里，载货量为 100 个 20 英尺标准集装箱。⑤ 2017 年，挪威化工公司雅苒国际（Yara International）和挪威孔思贝格（Kongsberg Gruppen）公司联合资助全电动和自主化集装箱船 "雅苒·伯克兰号"（Yara Birkeland）研发项目，该项目拟打造一艘载货量为 120 个 20 英尺标准集装箱型的敞口船，⑥ 该船于

---

① Nippon Foundation, "Verification Testing to Start on World's First Unmanned Ship Navigation System," https：//www. nippon-foundation. or. jp/en/news/articles/2020/20200612 - 45520. html, last visited 5 June, 2022.

② Nippon Foundation, "Designing the Future of Full Autonomous Ship Consortium," https：//www. nippon-foundation. or. jp/en/news/articles/2022/20220301 - 67775. html, last visited 5 June, 2022.

③ Rolls-Royce Holdings Plc., "AAWA Project Introduces the Project's First Commercial Ship Operators," https：//www. rolls-royce. com/media/press-releases/2016/pr - 12 - 04 - 2016 - aawa-project- introduces-projects-first-commercial-operators. aspx, last visited 5 June, 2022.

④ 芬兰国家技术创新局隶属于芬兰就业与经济部。Rolls-Royce Holdings Plc., "Rolls-Royce to Lead Autonomous Ship Research Project," https：//www. rolls-royce. com/media/press-releases/2015/pr - 02 - 07 - 15 - rolls-royce-to-lead-autonomous-ship-research-project. aspx, last visited 5 June, 2022.

⑤ Hans Anton Tvete, "The ReVolt: A New Inspirational Ship Concept," https：//www. dnv. com/technology-innovation/revolt/, last visited 5 June, 2022.

⑥ Kongsberg Gruppen, "Autonomous Ship Project, Key Facts About Yara Birkeland," https：//www. kongsberg. com/zh-hans/maritime/support/themes/autonomous-ship-project-key-facts-about-yara-birkeland/, last visited 5 June, 2022.

2021年11月和12月在奥斯陆进行了试航示范航行，并于2022年4月正式投入运营，从挪威波什格伦（Porsgrunn）雅苒国际工厂沿着峡湾向布雷维克（Brevik）港运输化肥，全程约7海里①。此外，欧盟启动了"地平线2020"（H2020）、资助了"通过网络智能实现海上无人航行"项目和"欧洲水域自主航运倡议"（Autonomous Shipping Initiative for European Waters）②；2021年，澳大利亚自主系统防御合作研究中心就《澳大利亚自主和遥控船舶的设计、建造、勘测和运营实践准则（草案）》（Draft Australian Code of Practice for the Design, Construction, Survey, and Operation for Autonomous & Remotely Operated Vessels）征求意见③。而美国人工智能船舶开发的重点一直在国防，由政府部门主导，因此没有可与欧洲同行相媲美的大型人工智能船舶商业项目。④ 2022年2月，美国船级社发布《自主船》（Autonomous Ships）白皮书，提出了对完全自主船舶从头开始构建的基于目标（共10个目标）的框架，以支持自主技术的创新和应用。该白皮书列出了自主技术的实施和运营中应解决的关键性问题，包括远程控制中心、船上配员、仿真测试、网络安全、人工智能和机器学习等六个方面。⑤

  国际社会对人工智能船舶法律监管问题关注已久。2015年，国际海事委员会成立人工智能船舶国际工作组，目的是查明涉及海上自动船舶的法律风险，并对有关风险防范提供法律观点。2017年3月，人工智能船舶国际工作组发布了《智能船舶与国际管理框架立场文件》（Position Paper on Unmanned Ships and the International Regulatory Framework），指出《海洋法公

---

① Eric Haun, "World's First Emissions-free Containership Yara Birkeland Christened," https://www.maritime-executive.com/article/yara-birkeland-christened-and-begins-testing-for-autonmous-operations, last visited 5 June, 2022.

② European Commission, "Autonomous Shipping Initiative for European Waters," https://trimis.ec.europa.eu/project/autonomous-shipping-initiative-european-waters, last visited 5 June, 2022.

③ The Trusted Autonomous Systems Defence Cooperative Research Centre, "Autonomous vessels in Australia," https://www.amsa.gov.au/vessels-operators/domestic-commercial-vessels/autonomous-vessels-australia, last visited 5 June, 2022.

④ Sean T. Pribyl, "Autonomous Vessels in US Shipping: Following the Northern European Lead," *TR News*, Iss. 334, 2021, pp. 14–19.

⑤ The American Bureau of Shipping, "Autonomous Ships," https://absinfo.eagle.org/acton/media/16130/autonomous-vessels, last visited 5 June, 2022.

约》和其他国际海事公约的特定部分需要修改。2017年6月，国际海事组织海上安全委员会开展监管范围界定工作，梳理相关国际海事公约，以确定现有立法框架对海面自主航行船舶的适用性。2018年5月至2021年5月，国际海事组织海上安全委员会对其职权范围内的强制性文书进行了审查。2018年5月，国际海事组织海上安全委员会第99届会议成立通信工作组，划定海面自主航行船舶的监管范围；同年12月，第100届会议要求清点相关国际海事组织规范以确认其是不适用于海面自主航行船舶及妨碍船舶运作与航行，还是不适用于海面自主航行船舶且不妨碍船舶运作，抑或是适用于海面自主航行船舶且不妨碍船舶运作但需要进一步调修。① 其中，与国际海上交通安全相关的国际海事法律文书包括《国际海上人命安全公约》及其规定的强制性规则（例如《国际船舶安全营运和防止污染管理规则》）、《国际海上避碰规则公约》、《国际载重线公约》及其1988年议定书、《国际集装箱安全公约》、《海员培训、发证和值班标准国际公约》、《国际渔船船员培训、发证和值班标准公约》、《国际海上搜寻救助公约》、《国际船舶吨位丈量公约》、《货物积载和系固安全操作规则》以及《国际海事组织法律文书实施规则》。② 2019年6月，国际海事组织海上安全委员会第101届会议批准了《海面自主航行船舶试航暂行导则》。其规定试验的进行方式应符合相关文书的安全、安保和环境保护要求；应适当识别与试验相关的风险，并采取措施将风险降低到合理可行和可接受的最低水平；海面自主航行船舶之上或远程操作员应具备操作该船舶的适当资格；任何参与海面自主航行船舶试验的人员，无论是远程的还是船上的，都应具备适当的资格和经验，以安全地进行试验；试验方应采取适当措施进行风险管理。③ 国际海事组织海上安全委员会在完成国际海事公约对不同自主程度的船舶的适用性评估

---

① International Maritime Organization, "Maritime Safety Committee 100th Session（3-7 December, 2018）," https://www.imo.org/en/MediaCentre/MeetingSummaries/Pages/MSC-100th-session.aspx, last visited 5 June, 2022.

② International Maritime Organization, "IMO's Maritime Safety Committee Finalizes Its Analysis of Ship Safety Treaties, to Assess Next Steps for Regulating Maritime Autonomous Surface Ships（MASS）," https://www.imo.org/en/MediaCentre/PressBriefings/pages/MASSRSE2021.aspx, last visited 5 June, 2022.

③ International Maritime Organization, Interim Guidelines for MASS Trials, MSC.1/Circ.1604, 14 June, 2019.

后,在 2021 年 5 月召开的第 103 届会议上批准了《使用海面自主航行船舶的监管概略性研究工作的结果》。2022 年国际海事组织海上安全委员会第 105 届会议讨论了基于目标的海面自主航行船舶文书制定工作,批准了关于制定海面自主航行船舶文书的路线图,同意将制定非强制性海面自主航行船舶规则作为第一步,决定成立会间通信组(协调国为马绍尔群岛)来促进后续研究制定工作,力争在 2028 年 1 月实现强制性海面自主航行船舶规则生效实施的最终目标。

二 船舶智能化对国际海上交通安全法律保障的影响

船舶智能化趋势将对国际海事活动产生变革性影响。在目前国际航行活动中,人为失误造成的海难事故占所有海难的 70%以上,[①] 船舶智能化所具有的远程控制系统将减少船上船员、提高船舶控制精准度,而减少船员也意味着减少船上船员活动生活空间、随船配载的生活物资、救生设备、人工费用支出等,从而使船舶能够装载更多的货物,但是船旗国、港口国和沿海国管辖格局并没有发生变化。有学者通过统计相关数据和分析海难事故报告指出,随着人工智能船舶的发展,航行事故(如碰撞、搁浅)有望减少,非航行事故(例如火灾、结构故障导致的船舶损失)造成的损害预计显著增加,[②] 船舶智能化将影响国际海事活动的方方面面。国际海事公约为海上航行活动提供了基本的法律框架,具有普遍适用性。这些公约重点规制船舶装置安全性能和驾驶人员安全驾驶技能,公约中的最低安全配员、适航性及碰撞规则中的"良好的航海技能"等,在规制人工智能船舶时,均存在失灵的风险。由于商船航行活动具有跨国性特征,对人工智能船舶的规制也需要在国际法层面达成共识。由于国际海事公约是以人工驾驶船的概念为基础起草的,人工智能船舶的出现既冲击了国际公约构建的海上航行规则,也为完善相关公约的既定原则和概念提供

---

① Marel Katsivela, "COLREGs and Autonomous Vessels: Legal and Ethical Concerns Under Canadian Law," *Maritime Safty and Security Law Journal*, Iss. 8, 2021, p. 31.
② Wróbel Krzysztof, Jakub Montewka, Pentti Kujala, "Towards the Assessment of Potential Impact of Unmanned Vessels on Maritime Transportation Safety," *Reliability Engineering & System Safety*, Vol. 165, 2017, pp. 155-169.

了"跳板"。

以船长和船员为规制对象的规则体系面临重构。海上交通安全保障的传统路径以对人、船舶及设施的规制为核心,对通航环境的规制不具有独立性,而是从属于前者。在人、船舶及设施安全保障中,船舶及设施安全指向或服务于人的安全,船长与船员是国际海上交通安全的主要参与者,既是被规制的对象,也是安全保障的对象。①《海洋法公约》第94条规定,每个国家对悬挂该国旗帜的船舶采取为保证海上安全所必要的措施,包括船舶的构造、装备和适航条件,船舶的人员配备,船员的劳动条件和训练等,每艘船舶都由具备适当资格,特别是具备船艺、航行、通信和轮机工程方面资格的船长和高级船员负责,而且船员的资格和人数与船舶种类、大小、机械和装备都是相称的。在以船舶为核心调整对象的国际规则体系中,船长和船员与船舶具有一体化特征。例如,《国际海上避碰规则公约》要求每一船舶应经常用视觉、听觉及适合当时环境和情况的一切有效的手段保持正规的瞭望,以便对局面和碰撞危险作出充分的估计。在国际海事组织第二等级海面自主航行船舶中,船舶受异地远程控制和操作,船上有海员可接管控制权及操作船上系统和功能,换言之,在该等级海面自主航行船舶中,远程控制和操作替代了船舶驾驶人员的瞭望义务。第三等级海面自主航行船舶是无船员在船上的远程控制船舶,船舶受异地远程控制和操作。第四等级海面自主航行船舶是全自动船舶,船舶的操作系统能够自主决策并采取行动,此时,智能船舶不仅是具有智慧的工具,也是可作出独立意思表示的特殊主体,其独立自主作出意思表示的能力一经实现,即表明智能船舶拥有一定的法律人格。然而,它又不同于自然人或现有的拟制法人,人工智能船舶承担行为后果的能力是有限的。对于具有自主性的人工智能船舶,在某种意义上,已经很难继续将其归为供人类驱使的被动工具。以人为"核心"的公约规则体系,对适航义务认定、救助义务履行等方面的规定,已经与智能船舶的发展不相适应。

船舶控制权主体法律地位及法律责任发生变化。有学者认为,以过错

---

① Aldo Chircop, "Testing International Legal Regimes: The Advent of Automated Commercial Vessels," *German Yearbook of International Law*, Vol. 60, 2017, p. 109.

责任为基础建立的"风险分配"责任体系,对于交通事故的认定,其归责事由只有结果的"对与错",而无主观上的"故意"或"过失"。① 人工智能船舶控制权主体包括船上控制者和岸基远程控制者,虽然以上两类主体的身份特征近似于船长及船员,但是智能船舶海上航行经由人工智能系统和控制人员实现交流。控制权主体的法律责任与人工智能系统的自主性程度相称,即智能系统自主性程度越强,其他主体的控制责任就越小,国际海事公约在"故意"与"过失"基础上构建的法律责任体系不能完全适用于以上两类主体。对于国际海事组织第一等级至第三等级海面自主航行船舶而言,船舶的实际控制者并非船载操作系统,而是异地远程控制和操作主体或可接管控制权及操作船上系统和功能的海员。从控制程序、搜索引擎到知识数据库的运用,人工智能都必须按照人给出的指令或算法运行,需要人提供数据的特征量和规格化方式,然后人工智能系统才能进行学习和预测。此时,人工智能可以不断提高精确度和工作效率,但很难对复杂的、模糊的问题进行判断。② 对于国际海事组织第四等级海面自主航行船舶而言,人工智能船舶具有一定自主性,如果考虑赋予其有限的"人格",那么基于船舶自身的财产属性,其就可以从船舶所有人财产权中部分或全部剥离,作为智能船舶对外承担法律责任。人工智能影响船舶控制权的另一表现,就是船旗国管辖权问题。船舶只有在一个国家登记才能合法航行,如果船舶未登记,则难以进出相关国家的港口,甚至有被没收的风险,③ 每个国家应对悬挂该国旗帜的船舶有效地进行行政、技术及社会事项方面的管辖和控制④。当位于岸基的异地远程控制和操作主体位于船旗国管辖区域以外的其他区域时,实际上船旗国进行有效管辖和控制的义务可能难以得到履行。船旗国在他国管辖范围内对远程控制和操作的自然人或法人行使管辖权时,如果岸基控制团队由非船旗国公民组成,船旗国行使管辖权将

---

① 吴汉东:《人工智能时代的制度安排与法律规制》,《法律科学(西北政法大学学报)》2017年第5期,第128~136页。
② 季卫东:《人工智能时代的法律议论》,《法学研究》2019年第6期,第48页。
③ 张湘兰、郑雷:《论"船旗国中心主义"在国际海事管辖权中的偏移》,《法学评论》2010年第6期,第69页。
④ 1982年《海洋法公约》第92条第1款、第94条第1款。

面临属地限制。①

三 国际海事公约因应船舶智能化趋势的发展路径

船舶智能化是一个渐进式发展过程。工业革命以来，交通工具的发明和进步改变了人类的生活，影响了国际海事规则体系的构建。以人工智能、物联网等技术为代表的科技革新将人类带入了更高层次的智能化时代。② 随着船舶技术的进步，国际海事公约也需要因应船舶智能化时代变革，为主管机关执行监管提供切实可行的法律依据，将人工智能船舶规制纳入法治轨道。讨论国际海事公约因应船舶智能化趋势的发展路径，既有立足于现有智能研发成果、补齐法律短板的现实需要，也有基于未来技术发展方向、展望未来法律体系构建的预期。

首先，明确人工智能船舶的属性。多数国家的国内法认可一艘不配备船员、自主运行的无人船具备船舶属性。③ 在智能船舶发展过程中，对于船舶属性的认识应当与人工智能技术在国际海事领域的应用相匹配，针对尚未成熟的或者处于未然状态的技术规范或社会关系进行法律设定，其实际效果或许并不理想。例如在船舶压载水管理方面，国际海事规则在所需技术被完全开发出来之前，就制定了新的规则和标准，导致航运企业合规困难。④ 如何认定人工智能船舶的法律属性，关乎相应国际海上航行规则的适用及法律责任的认定。从国际海事组织关于海面自主航行船舶规则的讨论看，国际海事规则倾向于分类处理、分别对待的方式：一方面，不否

---

① Aldo Chircop, "Maritime Autonomous Surface Ships in International Law: New Challenges for the Regulation of International Navigation and Shipping," in Myron H. Nordquist, John Norton Moore, and Ronán Long (eds.), *Cooperation and Engagement in the Asia-Pacific Region* (Leiden/Boston: Brill Nijhoff Publishers, 2019), p. 24.

② 陈友骏：《"第四次工业革命"与日本经济结构性改革——新理念的产生、引入与效果评估》，《日本学刊》2018年第2期，第87~108页。

③ CMI, Summary of Responses to the CMI Questionnaire on Unmanned Ships, https://comitemaritime.org/work/mass/.

④ Aldo Chircop, "Maritime Autonomous Surface Ships in International Law: New Challenges for the Regulation of International Navigation and Shipping," in Myron H. Nordquist, John Norton Moore, and Ronán Long (eds.), *Cooperation and Engagement in the Asia-Pacific Region* (Leiden/Boston: Brill Nijhoff Publishers, 2019), p. 21.

认人工智能船舶属于"船舶",原因在于人工智能船舶在本质上依然是用于海上航行的可移动设备,服务于载人、载货或其他交通运输目的;另一方面,认可人工智能技术的进步使船舶具有拟人化特性,突破了船长及船员对船舶航行的绝对控制。在国际公约中,人工智能船舶是否享有独立法律人格,不仅取决于其人智化的社会属性,更需要考虑人格拟制与法律责任之间的弥合度。具有独立财产是法律拟制主体承担法律责任的前提,从法益平衡角度出发,赋予人工智能船舶有限的法律人格,必然需要发挥财产制度的基础性作用,否则就不可能模仿法人制度,对智能船舶设定独立的责任。

其次,明晰安全保障责任主体发生的变化。就内部安全保障责任而言,在船上配置船长、船员,不是智能船舶营运的必要条件,智能船舶的出现挑战现有法律中有关适航义务的规定。人工智能船舶进入海上运营已成定局,但短期内并不会取代传统船舶。智能船舶出现后,具有海上交通安全保障义务的主体包括船上控制人员(船长及船员)、远程控制和操作人员(船舶所有人、承租人及其委托的船舶操控技术团队等)、船舶智能系统制造及维护者。前述三类主体承担着不同的安全保障责任,在国际海事组织界定的第一等级、第二等级海面自主航行船舶中,船上控制人员依然是船舶的控制主体,并不能因为远程控制和操作系统的存在而免除安全保障责任。在国际海事组织界定的第三等级、第四等级海面自主航行船舶中,安全保障义务由岸上控制人员、船舶操控系统编制人员代为履行,而他们不等同于船长、船员,但基于其控制行为与损害结果之间的因果联系,需要将其纳入人工智能船舶海上航行法律责任体系,由其承担相应的替代或补充责任。在智能船舶发生海难事故时,则需要根据事故原因行为的不同厘定责任归属。就外部安全保障责任而言,当前有关海难救助的义务性规定不能完全适用于智能船舶。《国际海上人命安全公约》第五章第33条、《海洋法公约》第98条均规定,船长及船员应当履行救助义务,尽力救助遇险的人员,不得擅自离开事故现场或者逃逸。部分人工智能船舶的自身结构特点,或者船舶属性及救生设备的配备状况,决定智能船舶本身不具备良好的救援条件。海难救助义务的本质是互助义务,无人驾驶船舶因为不存在船上控制人员而减少了自身救助需求,从法益衡量角度出发,立法应减轻或免除岸基远程控制者的救助义务,或者制定替代性解决方案,规定岸基远程控制者应当履行通知义务,将海上人员遇险的信息转移至其他具备救助能力的船舶或救助中心。由此,对智能船舶控制者的海难救助法律义务应作出相应减免。

再次,采取技术控制与法律控制相结合的综合治理机制。技术控制以风险预防为基本理念,设定从技术研发到应用的责任制度,法律控制应侧重于对人工智能船舶的研发、使用和管理构建限制机制、禁止机制及惩戒机制。技术规则法律化,是国际海事立法的特色及惯用方式,国际海事公约中的适航义务、避碰规则、停靠规则等规定,无一不是发端于技术规则,最后通过条约编制的方式被吸纳,演变成法律规则。因此,人工智能船舶的法律规制应当是与人工智能船舶技术发展并行的。当前阶段,国际环境法中的预防原则(precautionary principle)对于完善人工智能船舶治理机制具有非常重要的借鉴意义。预防原则经 1992 年《里约宣言》第 15 项原则被引入国际层面。[1] 此后,风险预防原则得到了国际社会的广泛支持[2]并被很多国际环境条约采纳,或在序言中被直接引用,[3] 或成为指导性原则,[4] 或被规定在条约正文条款中,成为缔约国制定本国政策或立法的依据[5]。在环境法下,预防原则

---

[1] Rio Declaration on Environment and Development, A/CONF. 151/26, 14 June 1992.

[2] Philippe Sands, Jacqueline Peel and Ruth MacKenzie, *Principles of International Environmental Law* (Cambridge: Cambridge University Press, 2012), p. 221.

[3] e. g., The Preamble to the Convention for the Protection of the Marine Environment of the North-East Atlantic, 2354 UNTS 67, 22 September, 1992 (entered into force 25 March, 1998) (OSPAR Convention); and The Preamble to the Cartagena Protocol on Biosafety to the Convention on Biological Diversity, 2226 UNTS 208, 29 January, 2000 (entered into force 11 September, 2003).

[4] e. g., Basel Convention on the Control of Transboundary Movements of Hazardous Wastes and Their Disposal, 1673 UNTS 57, 22 March, 1989 (entered into force 5 May, 1992), Art. 4 (2) (a); Convention for the Protection of the Marine Environment of the North-East Atlantic, Art. 2 (2) (a); UN Framework Convention on Climate Change, 1771 UNTS 107, 9 May, 1992 (entered into force 21 March, 1994), Art. 3 (3).

[5] Timothy O'Riordan and James Cameron, *Interpreting the Precautionary Principle* (London/New York: Routledge Publishing, 2013), pp. 255-256; Jacqueline Peel, *The Precautionary Principle in Practice: Environmental Decision-Making and Scientific Uncertainty* (New South Wales: Federation Press, 2005), pp. 31-32.

仍然缺乏一致的定义,但最广为人知的定义应当为《里约宣言》第15项原则,① 该原则规定:"为了保护环境,各国应根据它们的能力广泛采取预防性措施。在凡有可能造成严重的或不可挽回的损害的地方,不能把缺乏充分的科学肯定性作为推迟采取防止环境退化的费用低廉的措施的理由。"② 预防原则似乎已经满足了成为习惯国际法规则的必要条件,③ 要求决策者至少应该意识到其行为的潜在影响,以便能够确定什么程度的环境变化或变化风险是具有"必要性"的④。人工智能船舶在技术发展过程中,同样面临"科学的不确定性",即法律如何应对科技不确定性带来的风险。⑤ 从近半个世纪电子信息技术发展的历程看,一个操作系统、一台电子设备没有最好只有更好,一项科技成果从诞生以后就不断地进行自我更新,并且与其他领域科技成果不断融合。对于人工智能船舶各项技术而言,其研发及适用过程常伴随不可完全预估的风险,既不能根据科学或者经验具体量化,也无法将损害限制于具体的时间及空间范围内。将预防原则作为人工智能船舶规则体系的指导性原则,其基本路径可以设定为,在智能船舶操控技术安全等级分类的基础上,确定不同登记操控技术应当采取的安全措施,并根据安全等级的高低对船舶营运分类采取备案制、批准制等许可制度,辅之以航行范围及路线、核定载运货物类型等其他分类限制措施。

最后,探索海上航行风险治理模式及国际合作路径。当前人工智能技术远非完美,基于对目前科技水平的审慎态度,国际海事组织正制定相关指南,在人工智能船舶海上航行风险治理中,推广技术控制与法律控制相结合的综合治理机制,采取预防性措施和因应性制度,针对人工智能引发

---

① Agne Sirinskiene, "The Status of Precautionary Principle: Moving Towards a Rule of Customary Law," *Jurisprudence*, Vol. 4, No. 118, 2009, p. 351.
② Rio Declaration, Principle 15.
③ Simon Marr, *The Precautionary Principle in the Law of the Sea: Modern Decision Making in International Law* (Hague: Kluwer Law International Publishing, 2003), pp. 202-203.
④ Owen McIntyre and Thomas Mosedale, "The Precautionary Principle as a Norm of Customary International Law," *Journal of Environmental Law*, Vol. 9, No. 2, 1997, p. 241; Arie Trouwborst, "Prevention, Precaution, Logic and Law: The Relationship Between the Precautionary Principle and the Preventative Principle in International Law and Associated Questions," *Erasmus Law Review*, Vol. 2, No. 2, 2009, p. 123.
⑤ 金自宁:《科技不确定性与风险预防原则的制度化》,《中外法学》2022年第2期,第504页。

的负面影响制定风险防治措施。国际合作是国际法的一项重要原则，国际法也为各类国际合作构建可持续的法律框架。国际海事公约鼓励各国利用双边或多边合作机制，围绕智能技术研发、航行规则修订、技术标准制定、航行安全保障等开展交流与合作，构建与打造以规则为基础的智能船舶发展国际合作机制与平台，在全球层面推进法律标准与产业政策相协调的国际框架，这不仅符合智能船舶的未来发展方向，也符合各国航运产业利益。

第五章 国际海上交通安全保障中的
安全调查法律问题

安全与事故具有对立统一的关系,海上交通安全调查是在海上交通事故发生后,从事故后果中查找事故原因,吸取经验,评估和推测可能发生事故的危险性及发生途径,进而减少或者消除危险,把发生事故的可能性降到最低,或采取措施防止类似海上事故重复发生。[1]"时代的每一粒尘埃,落在个人身上都是一座大山",每一次海难事故或者伴随人员伤亡,或者造成财产损失,或者累及生态环境,尤其是类似1912年"泰坦尼克号"、1994年"爱沙尼亚号"渡船等事故,成百上千的鲜活生命转瞬间消失在茫茫大海里。海上交通安全调查属于国际海上交通安全保障的一部分,是反馈安全系统是否合格与完善的一种手段,通过从海上交通事故中得到这种"反馈"实现对海上交通安全系统的改进和完善。特别是针对重大或罕见的海上事故或事件的安全调查,是推动国际规则进步、查补技术漏洞的重要抓手,对此类事故或事件的分析往往会得到有价值的数据信息,有助于提高海上交通安全水平。[2] 1997年国际海事组织以第A.849(20)号决议通过《海上意外事故和事件的调查准则》,之后又以第A.884(21)号决议将《人的因素调查准则》并入前述准则。[3] 在此基础上,2008年5月16日,国

---

[1] 郭子瑞、郭江:《论船舶安全检查与海事调查的统合》,《中国海事》2013年第10期,第37页。

[2] G. Georgoulis, N. Nikitakos, "The Importance of Reporting All the Occurred Near-misses on Board: The Seafarers' Per-ception," *International Journal on Marine Navigation and Safety of Sea Transportation*, Vol. 13, No. 3, 2019, pp. 657-662.

[3] Peter Ehlers, *Rainer Lagoni, Enforcement of International and EU Law in Maritime Affairs* (Münster: LIT Verlag, 2008), pp. 127-128.

际海事组织海上安全委员会又通过《海上事故或海上事件安全调查国际标准和建议做法规则》（以下简称《安全调查规则》①）。《安全调查规则》第一部分和第二部分在1974年《国际海上人命安全公约》下为强制性规定，在1974年《国际海上人命安全公约》第Ⅺ-1章第6条的修正案生效后，于2010年1月1日生效。②《安全调查规则》是在整合第A.849（20）号决议与第A.884（21）号决议的基础上出台的，目的在于促进事故调查的国际合作及调查方法在全球的统一实施，③使海上交通安全调查更具规范化，《安全调查规则》在全球范围内的生效实施对保障国际海上交通安全具有重大的意义。2021年12月9日第76届联合国大会关于海洋和海洋法议程的决议指出，"促请接受1974年《国际海上人命安全公约》第Ⅺ-1/6号条例修正案的国家执行《海上事故或海上事件安全调查国际标准和建议做法规则》，该规则已于2010年1月1日生效，特别是促请遵守对非常严重的海上伤亡人员强制进行海上安全调查并向国际海事组织提交一份海上安全调查报告的规定，以发现各种趋势、积累知识及拟订基于风险的建议"④。本章结合《安全调查规则》的内容，分析海上交通安全调查中的相关法律问题，除在特定背景下区分"事故"与"事件"之外，均按照中文立法及表述习惯以海上交通事故概称之。

---

① 2010年中国交通运输部海事局发布的"海安全20105号"文件，将《海上事故或海上事件安全调查国际标准和建议做法规则》简称为《事故调查规则》，由于该规则规定的调查内容既包括海上事故，也包括海上事件，本书认为，将其简称为《安全调查规则》更为适宜。

② Code of the International Standards and Recommended Practices for a Safety Investigation into a Marine Casualty or Marine Incident, Resolution IMO MSC. 255 (84), adopted on 16 May, 2008.

③ 1986年国际海事组织海上安全委员会第433号通函将海上交通事故分成八种类别：（1）沉没（foundering），包括恶劣天气、渗漏、断裂造成的沉没，但不包括下述所列事故造成的；（2）失踪（missing），经过相当一段时间，没有从一船收到任何消息，其结局不能确定，该船应被宣布失踪；（3）火灾和爆炸（fire and explosion），船舶发生火灾或爆炸，以及由其引起的其他事故；（4）碰撞（collision），一船被另一船撞击，无论该船在航、锚泊或系泊；（5）触碰（contact），船舶撞击外界物质，包括钻井架或平台，但不包括撞击另一船舶或海底；（6）搁浅（grounding），船舶触碰海底、沙坝、浅滩、海岸等，包括被沉船刮碰；（7）恶劣天气和冰损（heavy weather and ice damage），大浪或风灾引起重大损坏和冰损；（8）船体和机器（hull and machinery），设备、机器损坏，主机丧失机动性。

④ Oceans and The Law of the Sea, Resolution adopted by the General Assembly on 9 December, 2021, Agenda Item 78 (a), UN Doc. A/RES/76/72, 9 December, 2021, para. 168.

第一节 海上交通安全调查与海上交通安全保障的要素关联

自 2002 年《国际船舶安全营运和防止污染管理规则》全面实施以来，国际海事组织不再完全依赖技术标准和技术研究来促进海上交通安全，而是在前述基础上，将"人的因素"也纳入海上交通安全管理体系，通过重视"人的因素"对海上安全的影响、研究"人的因素"在安全保障中的作用来提高海上交通安全水平。国际海事组织《安全调查规则》区分"海上事故"（marine casualty，第 2.9 条）与"海上事件"（marine incident，第 2.10 条），[①]而我国 2021 年修订的《海上交通安全法》第七章"海上交通事故调查处理"并没有出现"事件""海上事件""意外事件"的表述，可以说《安全调查规则》所列"海上事故"与"海上事件"在我国《海上交通安全法》中都被纳入"事故"范畴。通过海上交通安全调查，查明每一个事故的原因及隐患，并依据调查结果提出适当的安全建议，是保障海上交通安全、防止类似交通事故发生的重要手段。海上交通安全调查在范畴上归属于海事调查，其调查目的不是确定赔偿责任或责任比例，而是防止日后类似事故的再次发生，具有形式上的独立性，不排除针对海上交通事故的民事、刑事及行政调查。

一 海上交通安全调查与海上交通事故

海上交通安全调查以海上交通事故为调查内容。有学者将"海上交通事故"定义为船舶在海上发生的与船舶航行、停泊有关的事故。[②] 海上交通事故可以发生在海上交通工具之间，典型的事例为船舶碰撞、触碰或浪损，也可能发生在海上交通工具与海上设施之间，如海上航行船舶与海上固定或

[①] 《海洋法公约》中译本将 "marine casualty" 和 "maritime casualty" 均翻译为"海难"，而《国际干预公海油污事故公约》《海上事故或海上事件安全调查国际标准和建议做法规则》中译本将 "marine casualty" 或 "maritime casualty" 翻译为"海上事故"，本书在写作过程中，引用上述国际文件内容时，均遵循中译本的翻译，不作统一表述。

[②] 司玉琢主编《海商法大辞典》，人民交通出版社，1998，第 1024 页。

浮动设置、建筑物之间发生碰撞，甚至海上交通工具自身发生的人身伤亡或者财产损失的事件也构成海上交通事故，如船舶的自沉、火灾、搁浅等。但无论如何，海上交通安全调查客体中必有一方为海上交通工具，没有海上交通工具即没有海上交通行为，也就不具备发生海上交通事故的客体要素。

对海上事故与海上事件的区分，存在明显差异。国际海事组织《安全调查规则》第2.9条将"海上事故"定义为："与船舶操作直接相关而发生的，导致下列情况的事件，或事件后果：（1）人员死亡，或严重受伤；（2）船上人员失踪；（3）船舶灭失，推定灭失或弃船；（4）船舶实质损坏；（5）船舶搁浅或不能使用，或船舶牵涉到碰撞；（6）会严重危及船舶本身，其他船舶或个人安全的船舶外部基础航海结构的实质损坏；或（7）船舶或多艘船舶的损坏造成的对环境的严重损害，或潜在的严重损害。但是，海上事故不包括意图危害船舶、个人或环境的故意行为和疏漏。"第2.10条将"海上事件"定义为："海上事故之外的，与船舶操作直接有关而发生的危及，或如不改正将要危及船舶、其乘员或任何其他人员或环境的事件，或事件后果。"有些国家涉及安全调查的立法如同《安全调查规则》一样，对海上事故与海上事件作了区分，还有一些国家没有刻意区分海上事故与海上事件。例如，塞浦路斯《2012年海上事故与事件调查法》（The Marine Casualties and Incidents Investigation Law of 2012）完全纳入了《安全调查规则》的规定，包括对于海上事故与海上事件的定义。① 而美国《联邦法典》（Code of Federal Regulations, CFR）第四十六卷第一章第一分章第四部分"海上事故及调查"（Marine Casualties and Investigations）第4.03-1条对"海上事故或事件"作了列举式定义，定义过程中没有刻意区分二者，而是用了"或"（or）来描述二者之间的关系，在该部分其他规定中，不乏条款或小节标题用语为"海上事故"而条款内容中使用"海上事件"的做法。② 我国《海上交通事故调查处

---

① Marine Accident and Incident Investigation Committee of Republic of Cyprus, "Accident Reporting and Investigation," Circular No.1/2014, 25 June, 2014, http：//www.maic.gov.cy/mcw/dms/maic/maic.nsf/page06_en/page06_en? OpenDocument, last visited 5 June, 2022.

② §4.03-1 Marine Casualty or Accident, Part 4 Marine Casualties and Investigations, Chapter I, Subchapter A, Title 46, U.S. Code of Federal Regulations："Marine casualty or accident means-(a) Any casualty or accident involving any vessel other than a public vessel that-(1) Occurs upon the navigable waters of the United States, its territories or possessions；(2) Involves （转下页注）

理条例》采取列举的方式,将"海上交通事故"定义为船舶、设施发生的下列事故:碰撞、触碰或浪损;触礁或搁浅;火灾或爆炸;沉没;在航行中发生影响适航性能的机件或重要属具的损坏或灭失;其他引起财产损失和人身伤亡的海上交通事故。①《海上交通安全法》第 117 条将"海上交通事故"定义为"船舶、海上设施在航行、停泊、作业过程中发生的,由于碰撞、搁浅、触礁、触碰、火灾、风灾、浪损、沉没等原因造成人员伤亡或者财产损失的事故"。2011 年 2 月交通运输部海事局印发的《涉外海上事故或事件安全调查管理规定》虽然"纳入"了国际海事组织《安全调查规则》的规定,但是该规定第二章、第三章的标题依旧为"事故报告""事故调查"。从《海上交通事故调查处理条例》《海上交通安全法》的规定可以看出,中国法中的"海上交通事故"同时包括国际海事组织《安全调查规则》第 2.9 条的"海上事故"和第 2.10 条的"海上事件"。

国际公约与国内法对"海上事故"的表述与定义存在差异,范畴也略有不同。国际海事公约、大会决议、规则和指南等文件的英文本中,对"海上事故"等名称主要采用"marine casualty"或"maritime casualty",如 1969 年《国际干预公海油污事故公约》第 2 条将"海上事故"(maritime casualty)定义为船舶碰撞、搁浅或其他航行事故,或者是在船上或船舶外部发生对船舶或货物造成实质损害或紧急威胁之事件。如前文所述 2008 年

(接上页注②) any United States vessel wherever such casualty or accident occurs; or (3) With respect to a foreign tank vessel operating in waters subject to the jurisdiction of the United States, including the Exclusive Economic Zone (EEZ), involves significant harm to the environment or material damage affecting the seaworthiness or efficiency of the vessel. (b) The term "marine casualty or accident" applies to events caused by or involving a vessel and includes, but is not limited to, the following: (1) Any fall overboard, injury, or loss of life of any person. (2) Any occurrence involving a vessel that results in–(i) Grounding; (ii) Stranding; (iii) Foundering; (iv) Flooding; (v) Collision; (vi) Allision; (vii) Explosion; (viii) Fire; (ix) Reduction or loss of a vessel's electrical power, propulsion, or steering capabilities; (x) Failures or occurrences, regardless of cause, which impair any aspect of a vessel's operation, components, or cargo; (xi) Any other circumstance that might affect or impair a vessel's seaworthiness, efficiency, or fitness for service or route; or (xii) Any incident involving significant harm to the environment. (3) Any occurrences of injury or loss of life to any person while diving from a vessel and using underwater breathing apparatus. (4) Any incident described in § 4.05-1 (a)."

① 《海上交通事故调查处理条例》第 4 条。

国际海事组织《安全调查规则》第 2.9 条也对"海上事故"作了定义。但是，海上事故不包括意图危害船舶、个人或环境的故意行为和疏漏。各国国内法中有关"海上事故"的名称也不统一，有"海难"、"海难事故"或"海上事故"等名称。① 海上交通事故仅包括海上事故中的船舶发生损伤或与船舶营运相关而导致船舶以外的设施发生损伤，与船舶的构造、设备或营运相关而导致人员伤亡等，不包括海上事故中的船舶污染事故、单纯的船上货物损失等。

为此，本章不再按照国际海事组织《安全调查规则》第 2.9 条和第 2.10 条的规定区分海上事故与海上事件，而是将其统称为"海上交通事故"，即海上交通工具在海上航行、停泊或作业过程中，海上交通工具之上或之外的行为人过错或意外事件，造成海上交通工具或海上交通相关设施损坏灭失或其上人员伤亡的情况。海上交通事故是一种客观事实，是在海上交通活动过程中突然发生的、不以人的意志为转移的，其结果是迫使海上交通活动暂时或永久停止。引发海上交通事故的原因可能是海上交通工具的驾驶人、操作人、引导人等主体的故意或过失，还可能是单纯的自然因素，海上交通事故除了影响海上交通活动顺利进行之外，往往还会造成人员伤害、财物损失或环境污染等其他形式的严重后果。

海上交通安全调查的海上交通事故必须存在危害结果。首先，海上交通事故存在的危害结果属于物质性危害结果。根据危害结果形态，危害结果包括物质性危害结果与非物质性危害结果。前者表现为物质性变化的危害结果，物质性危害结果是有形的、可以被具体认定和测量的，如船舶沉没、设施损坏等。非物质性危害是无形的、非物质性变化的危害结果，如名誉损害。

---

① 英国《商船航运法》（Merchant Shipping Act）第 241 节第 1 款、加拿大《航运法》（Shipping Act）第 291 条第 3 款将海上事故称为"航运事故"（shipping casualty），加拿大《航运法》第十部分第 541 节规定，下列情形之一须被视为航运事故（shipping casualty）：海难事故，指船舶碰撞、搁浅或其他航行事故，或者是在船上或船舶外部发生对船舶或货物造成实质损害或紧急威胁的事故。日本《海难审判法》（かいなんしんぱんほう）将海上事故称为"海难"。参见 Section 214（1）Merchant Shipping Act；Art. 291（3）Shipping Act, 2001；2014 年 6 月 13 日修正的日本《海难审判法》第 2 条："この法律において「海難」とは、次に掲げるものをいう：一船舶の運用に関連した船舶又は船舶以外の施設の損傷；二船舶の構造、設備又は運用に関連した人の死傷；三船舶の安全又は運航の阻害。"

非物质性损害由海上交通事故中人身伤亡损害造成，非海上交通事故的直接危害结果。而且海上交通事故中的物质损失针对的是事故中的交通工具或设施，海上交通事故可能造成交通工具运载的货物损失，货物损失是海上交通事故衍生的物质性危害结果，然而在事故中单纯的货物损失不属于海上交通事故的范畴，而属于海上运输法中的"海损"。① 其次，海上交通事故导致的危害结果属于直接后果。直接后果是海上交通中行为人危害行为或安全事件直接造成的侵害事实，它与危害行为或安全事件之间具有直接因果关系，即二者之间没有独立的另一现象来充当联系的中介。最后，海上交通事故中的危害结果与法律责任没有必然联系。一种观点认为，危害结果体现了行为的客观的"害"，行为无价值认为危害结果是依附于行为的，且只能表明行为的性质，也只有行为才足以体现行为人主观的"恶"。② 然而，在海上交通事故中，危害结果只是对客观损害的一种描述，诸如搁浅、自沉等类型的海上交通事故，与行为人的"恶"与"善"并没有直接的、密切的关系，更遑论其社会危害。

二 海上交通安全调查与海事调查

海事调查，是以防止将来的海上事故或海上事件为目的而进行的对海上事故或海上事件的调查或质询。海事调查的内容包括收集和分析证据、确定引发因素和提出必要的安全建议，③ 海上交通安全调查属于海事调查范畴，是在海上交通事故发生后，对事故经过进行确认并查找事故原因的过程。

第一，海上交通安全调查内容仅限于海事调查中的海上事故。海事调查分为海上事故调查与海上事件调查，海上事故调查是针对与船舶操作直接相关而发生的，导致船舶灭失损害、人员伤亡等的事件或事件后果的调查，海上事件调查指针对海上事故之外的，与船舶操作直接相关而发生的危及或若不改正将要危及船舶、其乘员或者任何其他人员或环境的事件或

---

① 翁齐鸣：《如何区分单独海损与共同海损》，《天津航海》2014年第1期，第34~36页。
② 郑飞：《行为犯论》，吉林人民出版社，2004，第52页。
③ 2008年《安全调查规则》第2.11条。

事件后果的调查。① 海上事故调查与海上事件调查的区别在于，海上事故调查的对象或内容是业已出现且为人知悉的不利后果，而海上事件调查的对象或内容只是对船舶及其上人员、设施结构或环境具有威胁的因素。② 海上交通安全调查属于海上事故调查，是一种事后调查，是针对海上交通活动中业已发生的且造成危害后果的事故进行的调查或质询。海上交通事故一旦发生，基于其所造成的损失及社会影响的不同，其会被划分为不同等级，不同等级海上交通事故现场的紧急救援处置及后续的调查也具有相应差异。如国际海事组织将海上事故与海上事件分为四个级别：非常严重事故（very serious casualty）、严重事故（serious casualty）、轻微事故（less serious casualty）及海上事件（marine incidents）。③ 我国 2021 年修订的《海上交通安全法》第 81 条规定，海上交通事故根据造成的损害后果，分为特别重大事故、重大事故、较大事故和一般事故；2021 年修正的《水上交通事故统计办法》按损失程度及伤亡人员情况对前述四类事故等级认定作了具体划分，④ 并根据

---

① 2008 年《安全调查规则》第 2.9 条、第 2.10 条。
② Sarah Fiona Gahlen, *Civil Liability for Accidents at Sea*（Berlin/Heidelberg：Springer-Verlag, 2015），p.35.
③ 非常严重事故指导致船舶全损、人员死亡或严重污染的事故。严重事故指未达到非常严重事故标准但符合以下条件的事故：（1）火灾、爆炸、搁浅、触碰、恶劣天气损坏、船体破损或怀疑船体损坏等；（2）船舶结构损坏导致船舶不适航，如船体水下部分穿孔、主机丧失机动性、大面积船舱损坏等；（3）污染（不论数量多少）；（4）船舶故障而需要拖船或岸上协助。轻微事故指未达到非常严重事故和严重海难事故，但能获得有意义资料的事故。海上事件指未达到以上三类事故标准，但能获得有意义资料的事件。See Casualty-Related Matters Reports on Marine Casualties and Incidents Revised Harmonized Reporting Procedures-Reports Required Under SOLAS Regulation I/21 and MARPOL 73/78, Articles 8 and 12, IMO MSC-MEPC. 3/Circ. 1, Ref. T1/12.01, 26 September, 2005.
④ 《水上交通事故统计办法》第 5 条规定，水上交通事故按照十类进行统计。第 6 条进一步规定，碰撞、搁浅、触礁、触碰、浪损、火灾及爆炸、风灾、自沉事故，以及其他引起人员伤亡、直接经济损失的事故，按照人员伤亡、直接经济损失分为以下等级："（一）特别重大事故，指造成 30 人以上死亡（含失踪）的，或者 100 人以上重伤的，或者 1 亿元以上直接经济损失的事故；（二）重大事故，指造成 10 人以上 30 人以下死亡（含失踪）的，或者 50 人以上 100 人以下重伤的，或者 5000 万元以上 1 亿元以下直接经济损失的事故；（三）较大事故，指造成 3 人以上 10 人以下死亡（含失踪）的，或者 10 人以上 50 人以下重伤的，或者 1000 万元以上 5000 万元以下直接经济损失的事故；（转下页注）

事故的等级来确定调查机构①。

第二，海上交通安全调查与海事调查具有目的契合性。国际海事组织《安全调查规则》明确规定，海事调查并不旨在判明和追究责任，而是以防止事故再次发生为目的。海上交通安全调查与海事调查具有目的契合性，海上交通安全调查的主要目的就是防止类似事故的重复发生，即根据海上交通安全调查所获取的事故的全面资料，找出海上交通事故发生的根本原因、提出有效改进措施以防止类似事故重复发生。在海上交通安全调查过程中，通过从大量事故原因的分析中提炼出事故机理和事故模型，总结海上交通事故发生的规律性，阐明事故为什么会发生、怎样发生及如何防止其发生，为事故的预测预防从理论上提供科学、完整的依据；而海上交通事故预防是一种管理职能，事故预防职能效用的体现在很大程度上取决于事故调查，因为通过海上交通安全调查获得的相应的事故信息对于认识危险、控制事故有至关重要的作用。在查明事故的原因或可能原因后，预防目的往往体现在安全管理改进建议方面，安全管理建议包括管理方面的建议、技术改进建议和对现行的法规或规范提出的完善或修改建议。因此，海上交通安全调查是确认事故经过、查找事故原因的过程，是海上交通安全保障工作的一项关键内容，是制定最佳事故预防对策的前提。

（接上页注④）（四）一般事故，指造成1人以上3人以下死亡（含失踪）的，或者1人以上10人以下重伤的，或者1000万元以下直接经济损失的事故。前款规定的事故发生在海上的，其等级划分的直接经济损失标准按照国务院批准的相关规定执行。"第7条规定，水上交通事故引起水域环境污染的事故，按照船舶溢油数量、直接经济损失分为以下等级："（一）特别重大事故，指船舶溢油1000吨以上致水域环境污染，或者在海上造成2亿元以上、在内河造成1亿元以上直接经济损失的事故；（二）重大事故，指船舶溢油500吨以上1000吨以下致水域环境污染，或者在海上造成1亿元以上2亿元以下、在内河造成5000万元以上1亿元以下直接经济损失的事故；（三）较大事故，指船舶溢油100吨以上500吨以下致水域环境污染，或者在海上造成5000万元以上1亿元以下、在内河造成1000万元以上5000万元以下直接经济损失的事故；（四）一般事故，指船舶溢油100吨以下致水域环境污染，或者在海上造成5000万元以下、在内河造成1000万元以下直接经济损失的事故。"

① 《海上交通安全法》第82条规定："特别重大海上交通事故由国务院或者国务院授权的部门组织事故调查组进行调查，海事管理机构应当参与或者配合开展调查工作。其他海上交通事故由海事管理机构组织事故调查组进行调查，有关部门予以配合。国务院认为有必要的，可以直接组织或者授权有关部门组织事故调查组进行调查。海事管理机构进行事故调查，事故涉及执行军事运输任务的，应当会同有关军事机关进行调查；涉及渔业船舶的，渔业渔政主管部门、海警机构应当参与调查。"

三 海上交通安全调查的安全保障效用

海上交通安全调查在保障海上交通安全中有三方面的作用,即预防类似事故发生、为制定海上交通安全措施提供依据和披露海上交通活动中未被注意的危险因素。

第一,预防类似事故发生。海上交通事故与其他海上事故具有性质上的相通性,海上交通事故的发生既有偶然性,也有必然性。如果潜在的事故发生的条件具备或形成,则何时出现类似事故是偶然的,但发生事故是必然的,故只有通过安全事故调查的方法,才能发现事故发生的潜在诱因,包括事故发生的直接原因和间接原因,查明其发生发展的过程,防止类似事故的发生。根据联合国贸易和发展会议《2021年海运述评》的统计数据,2020年,全球商业航运船队增长了3%,100总吨及以上船舶达99800艘;截至2021年1月,运力相当于21.3亿载重吨。[①] 船舶大型化发展趋势一方面意味着海上货物运输量迅速增加,另一方面也凸显了海上交通事故对人员生命、海上财产及海洋环境的损害后果不断增大。在无法杜绝海上交通事故发生的前提下,通过海上交通安全调查查明事故原因、安全管理或船舶设施存在的缺陷,预防类似事故再次发生,是保障海上交通安全的有效方式。与此同时,一些国家还将事故预防作为海上交通安全调查的目的,在国内立法中加以规定,例如爱尔兰2000年《海上事故调查法》第29条第4款、尼日利亚2007年《海事行政及安全机构法》第22条第2款。[②]

第二,为制定海上交通安全措施提供科学依据。海上交通事故的发生是有因果性和规律性的,海上交通安全调查是找出这种因果关系和事故规律的最有效的方法,只有查清事故与致害因素间的因果关系和规律,才能有针对性地制定相应的安全措施,达到最佳的事故控制效果。回顾百年以来国际海事公约、规则、议定书和指南的诞生过程,其无一不和海上交通

---

① United Nations Conference on Trade and Development, "Review of Maritime Transport 2021," UNCTAD/RMT/2021 and Corr.1, 2021, https://unctad.org〉files〉rmt2021summary_ch, last visited 3 June, 2022.

② Art.29 (4) Investigation of Marine Casualties Act 2000; Art.22 (2) Maritime Administration and Safety Agency Act 2007.

安全调查有关：1912年"泰坦尼克号"事故后，在事故调查结果基础上，国际社会于1914年制定了第一部《国际海上人命安全公约》；① 1967年利比里亚籍油轮"托利峡谷号"溢油事故后，国际海事组织为此召开特别会议，就安全技术和法律问题进行讨论，并且为了防止船舶污染海域，出台了1973年《国际防止船舶造成污染公约》和1978年《海员培训、发证和值班标准国际公约》；1987年"自由企业先驱号"事故促使国际海事组织于1993年通过了《国际船舶安全营运和防止污染管理规则》；鉴于以"威望号"事故为代表的单壳油轮灾难性污染事故频发，国际海事组织修订了《国际防止船舶造成污染公约》相关附则条款，大幅缩短了单壳油轮的使用年限，确定了对单壳油轮进行淘汰的时间表。可见，每一次重大海上事故后所进行的新公约的制定与旧公约的修订，都是基于海上交通安全调查结果作出的，可以说，海上交通安全调查推动国际海事公约革新，通过对既有事故的调查分析，不断从技术层面、管理层面与法律层面完善海上交通领域的安全保障措施。

　　第三，披露海上交通活动中未被注意的危险因素。海上交通安全系统宏大，潜在危险因素众多，通过海上交通事故发生可以认识此类潜在危险，事故调查是查清潜在危险因素的主要途径。只有充分认识这类危险并加以预防，未来才有可能防止其对海上交通安全造成危害。如2012年"歌诗达协和号"邮轮事故后续初步调查提出，1974年《国际海上人命安全公约》分舱稳性与消防等涉及安全返港的技术要求，仅考虑船舶在海上航行过程中与其他船舶发生碰撞，船舶仍处于自由飘浮状态，依靠自身的动力或者被拖带返港，但没有提及底部触礁，这意味着该公约在安全返港技术要求方面，依然存在漏洞。② 海上交通中的危险因素披露包括两种方式：一种是参与海上交通活动的当事人自行披露，基于船公司、船东的自查机制披露检查过程中发现的风险因素；另一种是借助外部调查力量，尤其是海上交通安全调查，在分析海上交通事故形成过程中，发现并披露未被注意的危险因素。前者主要基于船公司安全管理体系来实现，但是其披露的风险因

---

①　徐华：《从TITANIC到SOLAS公约》，《中国船检》2012年第4期，第32页。
②　刘萧：《"歌诗达协和"号事故报告难产背后》，《中国船检》2013年第3期，第83~85页。

素往往不具有公开性和权威性，而后者在披露机构与披露内容方面更具权威性与公信力。因此，通过海上交通安全调查披露海上交通活动中未被注意的危险因素，更有助于安全保障信息的扩散与海上交通安全的保障。

第二节 海上交通安全调查组织模式

海上交通安全调查组织模式反映调查机构的外部定位与内部分工，组织模式的差异性客观反映海上交通安全调查运作及其性质认知的差异性。《安全调查规则》及《国际海上人命安全公约》有关海上交通安全调查模式的规定，推动缔约国海上交通安全调查组织模式向统一化迈进。

一 海上交通安全调查组织模式结构

基于海上交通安全调查机构在国家机构中的位置，全球海上交通安全调查组织模式主要有完全独立型、半独立型和混合型三种，其中采用完全独立型、半独立型海上交通安全调查组织模式的国家数量最多。

第一，完全独立型组织模式。完全独立型组织模式，指负责海上交通安全调查的机构在国家机构组织中处于独立地位，直接向中央政府或国家议会负责，不隶属于任何政府部门，海上交通安全调查机构统一行使事故调查权。在西方发达国家中，完全独立型组织模式国家占据了相当数量，典型国家包括美国、加拿大、澳大利亚与爱尔兰。美国承担海上交通安全调查的机构是国家运输安全委员会（National Transportation Safety Board，NTSB），1974年《独立安全委员会法》（Independent Safety Board Act of 1974）赋予NTSB完全独立的地位，2006年《国家运输安全委员会再授权法》（National Transportation Safety Board Reauthorization Act of 2006）第1111条（a）项规定，NTSB是联邦政府中的独立调查机构，[①] 根据联邦法规第四十六篇第四章第3-1条，NTSB负责调查重大海难事故、公共船舶与非公共船舶之间的水上交通事故或与海岸警卫队职能发生关联的事故。NTSB仅负责调查事

---

① §1111（a）National Transportation Safety Board Reauthorization Act of 2006：" The National Transportation Safety Board is an independent establishment of the United States Government."

故、查明原因并提交调查报告,无权对涉案各方的权利与责任作出司法或行政决定,事故涉及犯罪时则交由联邦司法部进行责任调查。① 加拿大负责海上交通安全调查的机构为运输安全委员会(Transportation Safety Board of Canada, TSB),TSB 直接隶属于加拿大政府,② 内部分为航空、铁路、海事及管道安全调查分委会,TSB 仅从技术层面对海上交通事故进行安全调查,而不负责判明事故中的民事或刑事责任,调查报告不能被用于司法或行政程序。③ 澳大利亚承担海上交通安全调查的机构是澳大利亚运输安全局,其在组织地位上属于独立的政府机构,不附属于澳大利亚海事安全局(Australian Maritime Safety Authority)等行业监管组织。澳大利亚运输安全局在海上交通安全调查中的主要功能为,通过独立调查事故,记录、分析和研究相关安全数据,以及提出安全改进建议和相关行为来控制和保障海上交通领域的公共安全。2016 年修订的《运输安全调查法》(Transport Safety Investigation Act)第 11 条第 2 款(b)项具体规定了六类适用该法的海上航行行为,相关国际协议中规定澳大利亚享有调查权的海上交通事故,同样适用《运输安全调查法》的规定,由澳大利亚运输安全局负责调查。④ 澳大利亚运输安全局在海上交通安全调查中奉行非谴责性原则(principle of no blame),即仅专注海上交通事故的原因调查,而非通过调查判明当事人的责任。⑤ 爱尔兰负责海上交通安全调查的机构为海上事故调查委员会(Marine Casualty Investigation Board),根据 2000 年《商船航运法》(Merchant Shipping Act 2000)第 8 节、第 19 节,该委员会为独立机构,负责调查发生

---

① § 4.03-1 Marine Casualty or Accident, Title 46 of the Code of Federal Regulations.
② Transportation Safety Board of Canada, "About the TSB," http://www.bst-tsb.gc.ca/eng/qui-about/index.asp, last visited 5 June, 2022.
③ Transportation Safety Board of Canada, "Investigation Process," http://www.bst-tsb.gc.ca/eng/enquetes-investigations/index.asp, last visited 5 June, 2022.
④ § 11 (2) (b) Transport Safety Investigation Act 2003: "Marine navigation: (i) outside Australia; or (ii) within a Territory, or to or from a Territory; or (iii) within a Commonwealth place, or to or from a Commonwealth place; or (iv) on ships owned or operated by a constitutional corporation or Commonwealth entity; or (v) in respect of which a State referral of power is in operation; or (vi) in relation to any other matter with respect to which the Parliament has power to make laws."
⑤ John Livermore, *Transport Law in Australia* (Hague/London/New York: Kluwer law international Publishing, 2011), p. 23.

在爱尔兰海域或涉及爱尔兰籍船舶的海上交通事故。① 爱尔兰海上事故调查委员会的主要目标在于查明事故原因,并在此基础上向爱尔兰交通部提出海上交通安全改进建议,避免类似事故的发生,海上事故调查委员会执行的调查不对事故责任及当事人过错进行评判。②

第二,半独立型组织模式。半独立型组织模式,指海上交通安全调查机构与履行海上安全监管职责的机构隶属于同一个政府部门(如交通部),机构内部实行垂直管理。③ 该组织模式与独立型组织模式最大的不同在于,海上交通安全调查机构的上位机构为特定的政府部门,而非国家议会等国家权力机构。半独立型组织模式典型国家包括英国、德国和日本。英国负责海上交通安全调查的机构是1987年成立的海上事故调查局(Marine Accident Investigation Branch, MAIB),该局是英国交通部下属的独立机构,唯一任务是调查海上事故,以期改善航行安全。英国1995年《商船航运法》第十一部分专门规定了事故调查,④ 根据《商船航运法》第267条第2款(a)项、(b)项规定的海上交通安全调查的范围,海上事故调查局负责调查英国籍船舶事故、发生在英国海域的海上交通事故及经由内阁大臣决定实施调查的海上交通事故,⑤ 海上事故调查局调查所有类型的海上事故(包括船舶本身及船载人员遇到的事故)以确定事故原因和情况,并提出有助于预防事故再次发生的建议。海上事故调查局不追究责任或确定赔偿责任。其不属于监管或检控机关,且不能强制执行建议。德国负责海上交通安全调查的

---

① Section 8 Merchant Shipping Act 2000: "The Board shall be independent of the Minister in the performance of its functions and, in general, shall be independent of any other person or body whose interests could conflict with the functions of the Board."
② Fiona de Londras, Siobhán Mullally, "Marine Casualty Investigation Correspondent Reports," in *Irish Yearbook of International Law* 2009-2010 (London: Bloomsbury Publishing, 2010), p. 261.
③ 张志锋:《改进我国现行海事调查制度的几点建议》,《航海技术》2009年第2期,第75~77页。
④ Part XI Accident Investigations and Inquiries, Merchant Shipping Act 1995.
⑤ §267 (2) (a) (b) Merchant Shipping Act 1995: "Any accident involving a ship or ship's boat where, at the time of the accident, (i) the ship is a United Kingdom ship, or (ii) the ship, or (in the case of an accident involving a ship's boat) that boat, is within United Kingdom waters, and (b) such other accidents involving ships or ships' boats as the Secretary of State may determine."

机构为联邦海上事故调查局（Die Bundesstelle für Seeunfalluntersuchung），该局隶属于德国交通与数字基础设施部（Bundesministeriums für Verkehr und digitale Infrastruktur，BMVI），①联邦海上事故调查局执行海上交通安全调查的法律依据包括2019年修订的《海事安全调查法》（Seesicherheits-Untersuchungs-Gesetz）、2021年修订的《船舶安全法》（Schiffssicherheitsgesetz）及2015年修订的《海上航行安全条例》（Verordnung über die Sicherung der Seefahrt）。《海事安全调查法》第1条规定，在德国领海、专属经济区发生的交通事故由联邦海上事故调查局调查，但军事船舶、属于联邦政府或州政府的公务船、非机动船舶、非商业船舶、长度小于15米的渔船、固定钻井平台等发生的交通事故，不属于该法调整范围。②日本《海难审判法》规定，由日本海上事故调查局与日本航空、铁道事故调查委员会合并成立运输安全委员会，其隶属于国土交通省，③新修正的《海难审判法》将原本旧法所具备的追究、查明海难原因及惩戒海员等功能予以切割，将追究、查明海难原因的功能转移至新设立的运输安全委员会。④日本《运输安全委员会设置法》第2条第5款规定，运输安全委员会调查船舶事故，并将"船舶事故"定义为船舶运行过程中发生的船舶或船舶以外设施的损害，以及与船舶构造、设备或运用相关的人员伤亡；⑤第4条将日本运输安全委员会的调查职责限定为查明事故原因，并在事故调查结果基础上向国土交通大臣或有关人士提出必要的安全政策或措施。

---

① Bundesstelle für Seeunfalluntersuchung, "Geschichte der deutschen Seeunfalluntersuchung," http：//www.bsu-bund.de/DE/BSU_Wir_ueber_uns/wir_ueber_uns_node.html；jsessionid = DDD72F7A21FD2A7C0C0EA19DC558864F.live1042，last visited 5 June，2022.
② §1 Zielsetzung und Geltungsbereich des Gesetzes, Seesicherheits-Untersuchungs-Gesetz.
③ 叶云虎：《由日本〈海难审判法〉评析我国之海事评议制度》，《台湾海事安全与保安研究学刊》2015年第2期，第3~4页。
④ "運輸安全委員会のサイトへようこそ"，日本运输安全委员会网，http：//www.mlit.go.jp/jtsb/，最后访问时间：2023年1月19日。
⑤ 日本《运输安全委员会设置法》第2条第5款："この法律において「船舶事故」とは、次に掲げるものをいう。一、船舶の運用に関連した船舶又は船舶以外の施設の損傷；二、船舶の構造、設備又は運用に関連した人の死傷。"

第三，混合型组织模式。混合型组织模式，指海上交通安全调查由不同政府部门组织进行，在调查内容上不区分安全调查与责任调查。我国专司海上交通安全调查的机构为海事机构（海事局），海事调查职权由海事机构的内设部门行使，且该部门还承担其他的职责。但是依据我国《海上交通安全法》第82条的规定，"特别重大海上交通事故由国务院或者国务院授权的部门组织事故调查组进行调查，海事管理机构应当参与或者配合开展调查工作。其他海上交通事故由海事管理机构组织事故调查组进行调查，有关部门予以配合。国务院认为有必要的，可以直接组织或者授权有关部门组织事故调查组进行调查。海事管理机构进行事故调查，事故涉及执行军事运输任务的，应当会同有关军事机关进行调查；涉及渔业船舶的，渔业渔政主管部门、海警机构应当参与调查"，未造成人员伤亡的一般事故，县级人民政府也可以委托事故发生单位组织事故调查组进行调查。[①] 可见，海上交通安全调查根据事故等级的不同，相应的调查部门也不同，而非由一个专职、独立的机构统一行使调查权。而且《海上交通安全法》第83条规定："调查海上交通事故，应当全面、客观、公正、及时，依法查明事故事实和原因，认定事故责任。"一种观点认为，海上交通事故调查结论属于一种技术性鉴定结论，因此不具有可诉性，该观点与国际海事组织《安全调查规则》第1.1条的规定保持一致，即海上安全调查不是为了判明过失或确定责任，而是为了防止将来发生海上事故和海上事件而进行的调查。[②] 但是，根据《海上交通安全法》第83条的规定，我国海上交通事故调查结论内容包括对事故事实和原因的认定及对当事人在事故中应负责任的判定，同时具有技术属性、行政属性与证据属性。海上交通事故调查结论属于"国家机关在其职权范围内制作的文书"，其记载的事项推定为真实。2006年最高人民法院民事审判第四庭、中国海事局《关于规范海上交通安全调查与海事案件审理工作的指导意见》第一部分第5项明确规定，海事调查报告及其结论意见可以作为海事法院在案件审理中的诉讼证据，除非有充分事实证据和理由足以推翻海事调查报告及其结论意见。依照前述规定，

---

① 《生产安全事故报告和调查处理条例》第19条。
② 杨清武、王中和：《水上交通事故责任认定的行政可诉性与相关问题探讨》，《中国水运》（学术版）2007年第8期，第249页。

当事人可以就事实部分进行举证来推翻海上交通事故调查结论。可见，海上交通事故调查作为前置性的行政行为，其结论既可以作为民事证据，在特定条件下也属于可诉的行政行为。概言之，《海上交通安全法》规定的调查机构进行的海上交通安全调查，兼具安全调查与责任调查的性质。

二 海上交通安全调查组织模式对比分析

完全独立型、半独立型和混合型三种海上交通安全调查组织模式既有共性特征，也各具差异化特点。其共性特征表现为海上交通安全调查模式具有国际化特点，但是三者在机构模式构成与调查机构独立性方面具有差异。

第一，海上交通安全调查模式具有国际化特征。海上交通安全调查模式具有的国际化特征表现在两方面。一方面，调查对象具有国际化特征。不同模式下海上交通安全调查机构均普遍将属地管辖与属人管辖作为确定事故调查范围的基本依据，即对于在本国管辖海域内发生海上交通事故及海上交通事故中包括本国籍船舶的情形，本国相应的调查机构具有管辖权。由于海上交通领域自身即具有国际化特征，尤其是在沿海国管辖海域内，沿海国船舶或海上设施与外籍船舶之间、外籍船舶之间发生的海上交通事故的数量相当大。2012年5月1日至2022年5月1日，上报国际海事组织全球综合航运信息系统（Global Integrated Shipping Information System，GISIS）的非常严重（very serious）、严重（serious）、轻微（less serious）和未分级（unspecified）海上事故及事件共计3290起。其中，悬挂巴拿马、利比里亚、马绍尔群岛、中国香港、新加坡旗帜的船舶发生的海上事故，依次为340起、265起、124起、121起、76起，[①] 约占报告海上事故及事件总数的28%，发生地点几乎遍及全球主要国家沿海水域。另一方面，调查依据具有国际化特征。2008年《安全调查规则》第一部分和第二部分在1974年《国际海上人命安全公约》下为强制性规定，在《国际海上人命安全公约》

[①] IMO Global Integrated Shipping Information System, "Marine Casualties and Incidents," https://gisis.imo.org/Public/MCI/Search.aspx, last visited 5 June, 2022.

第五章　国际海上交通安全保障中的安全调查法律问题

第Ⅺ-1章第6条的修正案生效后，已经于2010年1月1日生效。如前文所述，截至2022年5月1日，1974年《国际海上人命安全公约》缔约方数量为167个，缔约方船舶总吨位占全球船舶总吨位的98.89%，1974年《国际海上人命安全公约》1988年议定书缔约方为123个，缔约方船舶吨位占全球船舶总吨位的97.74%，① 全球大多数沿海国均为《国际海上人命安全公约》及其1988年议定书缔约国。这意味着，这些国家不仅要在海上交通安全调查中遵循《安全调查规则》有关实体及程序的规定，同时在国际海事组织成员国强制审核机制的作用下还需要对相关国内立法进行修订，确保相关国内法与《安全调查规则》第一部分和第二部分的规定不相抵触。

第二，海上交通安全调查机构模式构成具有差异。在完全独立型组织模式、半独立型组织模式和混合型组织模式中，海上交通安全调查机构模式构成又可以分为两类。一类是海上交通安全调查由专门机构负责。此类调查机构模式国家通常根据交通事故类型的不同，分别成立相应的安全调查机构，每个安全调查机构专司其职，负责本领域内的事故调查工作。如英国交通部之下，除海上事故调查局之外，还设有航空事故调查局（Air Accidents Investigation Branch）和铁路事故调查局（Rail Accident Investigation Branch）。② 同样，在德国交通与数字基础设施部之下，除联邦海上事故调查局之外，还有联邦航空事故调查局（Bundesstelle für Flugunfalluntersuchung）、联邦铁路事故调查局（Eisenbahn-Unfalluntersuchungsstelle des Bundes）。另一类是海上交通安全调查由综合性安全调查机构负责，即在国家层面成立综合性事故调查机构，负责海上、公路、铁路、航空及管线运输中的事故调查，海上交通安全调查仅是该机构调查内容的一部分。如美国国家运输安全委员会在1967年成立之初隶属于运输部，仅从事事务性工作。1974年《独立安全委员会法》通过后，该委员会从运输部分离出来成为一个完全独立运作的机构。1982年运输安全法案再度修正后，美国国家运输

---

① IMO,"Summary of Status of Conventions," http：//www.imo.org/en/About/Conventions/StatusOfConventions/Pages/Default.aspx, last visited 5 June, 2022.

② "Department for Transport," https：//www.gov.uk/government/organisations/department-for-transport, last visited 5 June, 2022.

安全委员会调查职权指向公路、铁路、海运、航空及管线运输发生的意外事故。[1] 2008 年之前，日本根据交通事故类型的不同，将相应交通事故调查职权分配给航空、铁路、海上事故调查委员会。2008 年，日本将各事故调查委员会合并，成立运输安全委员会，由其统一负责航空、铁道及船舶等重大事故调查工作。我国在政府机构设置上没有常设性事故调查委员会，与上述两类海上交通安全调查机构模式构成均不同，根据《生产安全事故报告和调查处理条例》第 19 条，在由国务院或地方政府主导海上交通安全调查时，调查机构模式构成与美国、日本接近；而在国务院或地方政府授权海事部门（交通运输部海事局或地方海事局）进行调查时，海上交通安全调查实际上属于由专门机构进行的调查，实际调查机构向授权机构负责。

第三，海上交通安全调查机构独立性不同。完全独立型组织模式中的海上交通安全调查机构独立性最高，该组织模式中的海上交通安全调查机构与其他政府机构平行存在，仅负责调查包括海上交通事故在内的各类事故，不具有制定、执行或监督交通安全法律法规的职能，机构运作的资金源于中央政府或国家议会的拨付。如根据爱尔兰 2000 年《商船航运法》第 19 节，爱尔兰海上交通安全调查的机构为海上事故调查委员会，其日常运作的资金源于爱尔兰议会，每年度由国务大臣与海上事故调查委员会协商确定资金预算，由财政部从议会拨款中向其拨付。[2] 半独立型组织模式中的海上交通安全调查机构独立性次之。半独立型组织模式中的海上交通安全调查机构职能与完全独立型组织模式中的海上交通安全调查机构，在调查职能上是近似的，包括进行海上交通安全相关问题的研究，评估政

---

[1] Amendment of SEC. 3. Section 304（a）（1）of the Independent Safety Board Act of 1974 [49 U.S.C. 1903（a）（1）]. 参见 An Act to amend the Independent Safety Board Act of 1974 to authorize appropriations for fiscal years 1981, 1982, and 1983, and for other purposes, Public Law 97-74, 97th Congress, Nov. 6, 1981。

[2] §19 Merchant Shipping Act 2000："The Minister may, after consultation with the Board in relation to its likely work programme and expenditure for a financial year, make grants of such amounts as may be sanctioned by the Minister for Finance out of moneys provided by the Oireachtas towards the expenditure incurred by the Board in the performance of its functions."

府海上运输安全相关部门的绩效，评估危险物品运输安全防护措施，调查海上交通活动中的重大事故原因并提出改善建议。二者不同之处在于，半独立型组织模式中的海上交通安全调查机构是政府机构（通常为交通部）的内设机构，在履职上直接接受该机构的领导，在海上交通安全调查中向该机构负责。在我国海上交通安全调查中，根据《海上交通安全法》等法律法规，我国对于海上事故或事件的调查以事故或事件的等级、类型确定调查机构。例如，在2018年"桑吉号"案安全调查中，在国际层面，中国、伊朗、巴拿马海事主管机关依据《安全调查规则》协商组成调查组；在国内层面，事故发生后由交通运输部、外交部、国家海洋局等八个部门组成事故处置专项小组，① 后续由交通运输部海事局牵头组织调查。可见，一方面，交通运输部既是相应海上交通法规的制定者、执行者与监督者，也是海上交通安全调查的实际负责者；另一方面，海事局是交通运输部内设机构，海上事故或事件调查集安全调查与行政监督于一体。这与完全独立型、半独立型组织模式国家海上交通安全调查立法与机构职能说明中，均普遍强调海上交通安全调查机构拥有独立调查地位，② 存在一定差异。

三 海上交通安全调查组织模式演进方向

由于《安全调查规则》第一部分和第二部分在1974年《国际海上人命安全公约》下为强制性规定，在规则的推动下海上交通安全调查组织趋于独立，正逐步实现安全调查与司法调查的分离，并对海上交通事故实行分类调查。

第一，海上交通安全调查组织趋于独立。早期发达国家海上交通安全调查机构多是部门内的机构，随着对事故调查认识的不断深入，不少国家成立了新的事故调查组织和法律机构，或者将这一任务交给了现有的独立

---

① 《"桑吉"轮碰撞燃爆事故处置工作新闻发布会》，中国国务院新闻办公室网站，http://www.scio.gov.cn/xwfbh/gbwxwfbh/xwfbh/jtysb/Document/1622730/1622730.htm，最后访问时间：2022年6月3日。

② §1111 Independent Safety Board Act of 1974； §12AB Transport Safety Investigation Act 2003； §12 S. 2 Seesicherheits-Untersuchungs-Gesetz； §8 Merchant Shipping Act 2000.

调查机构，重视对技术、管理等多方面的调查。以美国与荷兰为例，1974年美国国会将国家安全运输委员会从运输部分离出来，其作为一个完全独立的实体履行事故调查职责，负责对运输安全系统缺陷进行调查，荷兰也将海上交通安全调查机构从交通运输部门独立出来，而且相关独立调查的范围覆盖了交通运输、企业生产、国防、自然灾害、环境和健康等多个领域。[①] 海上交通安全调查组织趋于独立的主要原因在于，独立化的调查组织模式更有助于排除潜在的干扰因素、查清原因。目前大部分国家均采用行业管理模式来对政府组织部门进行分工，海上交通领域一般属于交通运输部门监督和管理，在这种模式下，海上交通安全调查机构均为交通运输部门的内设机构，负责调查的机构实际上是海上交通法规的制定者、执行者和监督者，因此对于海上交通安全调查是否能真实反映相关海上交通法规的漏洞、缺陷，一直存在质疑的声音。[②] 在海上交通安全调查过程中，海上事故或海上事件当事人、行业主管机构、利益攸关方等主体，也可能会干扰海上交通安全调查。独立化的调查组织模式在人员构成与调查组织方面先排除了海上交通事故直接当事方，也独立于海上交通安全监管主体和海上交通纠纷司法解决主体，这在一定程度上避免了对"自我监督"的质疑，保障了调查结果的公正度与可信度。而且，这在客观上有助于海上交通安全调查机构无偏见地、自由地获得信息，收集所有与海上交通事故有关的信息，包括航程数据记录和船舶交通服务的记录，借助证据分析确定引发事故的因素，客观得出事故结论，提出安全建议。

第二，调查组织模式中安全调查与司法调查分离。安全调查，只涉及事故的技术原因，负责对事故发生原因的客观叙述，不涉及价值评判。而司法调查，则对事故中各方职责和责任予以评价和认定，尤其关注事故调查中用于诉讼和追责的技术失误和事实。早在第二次世界大战末期，美国、加拿大、英国等国即明确提出将安全调查和司法调查分离的事故调查模式，

[①] 薛澜、沈华、王郅强：《"7·23 重大事故"的警示——中国安全事故调查机制的完善与改进》，《国家行政学院学报》2012 年第 2 期，第 24~25 页。
[②] 张玲、陈国华：《国外安全生产事故独立调查机制的启示》，《中国安全生产科学技术》2009 年第 1 期，第 84~86 页。

这种调查模式在第二次世界大战后为西方众多国家所接受并采纳。① 2010 年生效的国际海事组织《安全调查规则》第 1.1 条更是将"海上安全调查不为划分过失或确定责任"作为基本原则加以规定。在采取安全调查与司法调查分离模式的国家中，海上交通安全调查分为安全调查和司法调查，由不同的部门负责。如在英国，海上事故调查局行使安全调查权，英国海事与海岸警卫队管理局（Maritime and Coastguard Agency，MCA）行使司法调查权。海上事故调查局在海上交通安全调查中仅负责查明事故发生的客观环境和原因，主要是技术调查；海事与海岸警卫队管理局在法律授权下负责查清船舶违反了哪些法律法规，通过对船舶违反规定的调查，包括对船舶发生事故的调查，确定船舶的具体违法违规事项，根据违法违规的程度、是否存在人为因素和结果的程度来决定采取何种处理办法，以及确定事故损失、赔偿责任或当事人责任。② 从安全调查与司法调查分离模式发展历程看，英、美等发达国家对于该模式的确立贡献在先，国际海事组织《安全调查规则》对于该模式的确认实际上是在英、美等国海上交通安全调查模式基础上发展而来的，《安全调查规则》第一部分和第二部分作为强制性规定已经被纳入 1974 年《国际海上人命安全公约》并且生效实施。③ 面对《国际海上人命安全公约》缔约方船舶吨位占全球船舶总吨位高比重局面，在海上交通安全调查组织模式中安全调查与司法调查的分离，将以履约义务的形式在全球范围内得到推广，规则内容及法律地位未来还将继续向前发展。

第三，对海上交通事故实行分类调查。沿海国管辖海域内每天都会发生大大小小不同类型、不同等级的海上交通事故，在安全调查与司法调查

---

① 薛澜、沈华、王郅强：《"7·23 重大事故"的警示——中国安全事故调查机制的完善与改进》，《国家行政学院学报》2012 年第 2 期，第 26~28 页。
② 有关英国海上事故调查局和海事与海岸警卫队管理局职能的介绍，参见"Marine Accident Investigation Branch," https：//www.gov.uk/government/organisations/marine-accident-investigation-branch, last visited 5 June, 2022；"Maritime and Coastguard Agency," https：//www.gov.uk/government/organisations/maritime-and-coastguard-agency, last visited 5 June, 2022。
③ 2010 年 2 月 8 日交通运输部海事局《关于做好实施 IMO〈海上事故或海上事件安全调查国际标准和建议做法规则〉的通知》。

分离模式下，司法调查涉及责任评判，故采取完全调查的原则，而安全调查则普遍采取选择性调查原则。英国根据海上事故或事件的性质，将海上交通安全调查分为例行问询调查、初步调查和全面调查，其中，例行问询调查不去现场，初步调查和全面调查均为现场调查。英国海上事故调查局在海难事故或事件调查结束后，通常会提出一些建议。这些建议会体现在公开发布的报告中，也会以书面形式发给相关组织或个人。2012年《商船航行（事故报告和调查）条例》（Merchant Shipping ［Accident Reporting and Investigation］ Regulations 2012）规定，海上事故调查局向事故或事件相关个人或组织递送建议（recommendations）后，有义务在收到建议后30天内向首席调查员（chief inspector）作出答复。答复应包括实施建议的计划细节；如果不准备实施该建议，则应解释不予实施的理由。[①] 根据英国海上事故调查局2022年6月发布的《2021年海难相关建议及统计数据》（2021 Marine Accident Recommendations and Statistics），2021年该机构向23个组织或个人提出了35项建议，其中77.1%被接受并实施（或者承诺接受但是尚未实施）。[②] 澳大利亚海事安全局实行限制数量调查，并将事故按性质和严重程度划分为五类，通过初步评估确定是否开展现场调查。[③] 安全调查侧重通过海上交通安全调查实现事故预防、减少损失，因而，安全调查倾向通过事故分类将事故调查目标定位于实现更好的安全管理，通过初步评估选择那些具有典型性的海上交通事故进行调查，且分析有关事故原因、损失和后果的信息，有助于阻止类似事故的再次发生，从而减少损失，提升海上交通安全性。换言之，安全模式下的海上交通安全调查组织是在对海上交通事故实行分类基础上，进行相应的调查活动。

[①] 参见 Articles 14（11），16 The Merchant Shipping（Accident Reporting and Investigation）Regulations 2012（2012 No. 1743）。

[②] Marine Accident Investigation Branch, "2021 Marine Accident Recommendations and Statistics," https://www.gov.uk/government/publications/maib-annual-report-2021, last visited 20 January, 2023.

[③] 张志锋：《改进我国现行海事调查制度的几点建议》，《航海技术》2009年第2期，第76页。

第三节 海上交通安全调查中的国家管辖

长期以来,事故发生地沿海国始终把持着海上交通安全调查管辖权,《安全调查规则》与《制止危及海上航行安全非法行为公约》作了突破式规定,扩大了参与海上交通安全调查国家的范围,强化了船旗国对海上交通安全调查的管辖权。

一 海上交通安全调查中国家管辖权的分配

各国对海上交通事故的调查基本上都实行属地管辖加属人管辖,即对于本国的船舶在任何海域(包括公海和其他国家领海)内的事故都享有管辖权,同时,对于在本国海域内发生的海上事故,无论是不是本国船舶,也都享有管辖权。[1] 有的国家在此基础上还作了扩张式规定,如 1990 年加拿大《运输事故调查和安全委员会法》(Transportation Accident Investigation and Safety Board Act)第 3 条第 2 款规定,对于发生在加拿大范围外的海上交通事故,当加拿大运输安全委员会作为主管机关被要求参加调查时,[2] 加拿大同样享有事故调查管辖权。《海洋法公约》第 94 条第 7 款规定,每一国家对于涉及悬挂该国旗帜的船舶在公海上发生海难或航行事故而造成另一国国民死亡或严重伤害,或者另一国的船舶或设施或海洋环境严重损害的每一事件,都应由适当的合格人士一人或数人或在有这种人士在场的情况下进行调查。对于另一国就任何这种海难或航行事故进行的任何调查,船旗国应与该另一国合作。在国际海事公约与国际劳工组织公约中,很少有公约直接明确规定海上交通安全调查管辖权的归属,通常是以公约"成员国""主管机

---

[1] 中华人民共和国海事局编《水上交通事故调查概论》,大连海事大学出版社,2004,第 3~5 页。

[2] §3 (2) Transportation Accident Investigation and Safety Board Act: "This Act applies in respect of marine occurrences (a) in Canada; and (b) in any other place, including waters described in subsection (3), if (i) Canada is requested to investigate the marine occurrence by an appropriate authority, (ii) the marine occurrence involves a ship registered or licensed in Canada, or (iii) a competent witness to, or person having information concerning a matter that may have contributed to, the marine occurrence arrives or is found at any place in Canada."

关"的表述概指具有管辖权的国家,"主管机关"通常指船旗国政府。① 如1966年《国际载重线公约》第23条指出,各主管机关对其所负责的而且受该公约规定约束的船舶所发生的任何事故,如认为进行调查有助于确定公约将宜作何种修改,应履行调查的义务。1970年《防止海员工伤事故公约》第2条第1款、第4款规定,各海运国主管当局应采取必要措施,保证对工伤事故进行充分报告和调查,并对这种事故进行充分统计和分析,主管当局应对那些造成严重人命伤亡的工伤事故和国家法律或条例可能规定的其他事故的原因和细节情况进行调查。1976年《商船航运(最低标准)公约》第2条(g)项规定,批准该公约的每一成员国承诺对涉及在其领土内登记的船舶的任何严重事故,特别是涉及受伤和/或生命损失的任何此类事故,进行正式调查,此类调查的最后报告通常应予公布。《经1978年议定书修订的〈国际防止船舶造成污染公约〉》第12条要求每一主管机关承诺对公约项下其所负责的任何船舶发生的对海洋环境造成重大有害影响的任何事故进行调查,调查国在认为有关此种调查结果的资料有助于对该公约作出进一步修订时,应将调查报告呈交国际海事组织。《国际海上人命安全公约》第二章第21条规定,每一主管机关承诺,当其认为对其受该公约规定约束的任何船舶发生的任何事故予以调查有助于确定该规则可能需要何种修改时,即进行调查。《海事劳工公约》规则5.1.6规定,"各成员国应对涉及悬挂其旗帜船舶的导致人员伤亡的任何严重海上事故开展官方调查",导则B4.3.6还规定主管当局应对所有造成人命损失或严重个人伤害的职业事故及职业伤害和疾病,以及国家法律或条例可能规定的其他事件的原因和当时的情况进行调查。海上交通安全调查中国家管辖权分配呈现三方面特征。

第一,在海上交通安全调查中船旗国与事故地沿海国均享有管辖权。虽然不同国家的海上交通安全调查组织模式各异,但这些国家普遍以船旗国管辖与属地管辖来确定海上交通安全调查管辖,如加拿大等国虽然在海

---

① 1966年《国际载重线公约》第2条第2款、1969年《国际船舶吨位丈量公约》第2条第2款、2000年《国际消防安全系统规则》第2.1条、2004年《控制和管理船舶压载水和沉积物国际公约》第1条第1款。

上交通安全调查权方面作了更为详细和具有延展性的规定，但其管辖权基本框架依然遵循船旗国管辖与属地管辖原则。从国际海事公约与国际劳工组织公约相关规定看，有关海上交通安全调查管辖权的分配采取的依然是以船旗国管辖与属地管辖为基本原则，针对公约项下产生的交通事故调查，在船旗国与事故发生地沿海国之间分配管辖权。而且，相关国内法及上述公约也没有规定，船旗国或事故发生地沿海国在何时及何地，对海上交通安全调查具有优先管辖权。因此，无论是在国内法中还是在国际公约中，船旗国与事故发生地沿海国在海上交通安全调查中均享有管辖权。

第二，沿海国管辖在海上交通安全调查中占有较大比重。沿海国管辖在海上交通安全调查中占据实际优势，这一方面来自海上交通事故的空间分布，另一方面来自沿海国属地管辖权。在 GISIS 中收录的 1994 年至 2021 年非常严重级和严重级海上事故中，738 起发生在沿海国 12 海里内，830 起发生在沿海国 12 海里外；向国际海事组织报告的事故中，近 60%的严重事故和非常严重事故发生在距海岸线 30 海里以内。① 就沿海国在管辖海域内实施的海上交通安全调查来看，对于被调查的事故中哪些发生在沿海国领海、毗连区、专属经济区，GISIS 并没有给出进一步的分类统计结果，但是从 GISIS 给出的事故发生海域地理分布图来看，在沿海国调查的海上交通事故中，发生在沿海国近岸海域的占被调查事故总数的半数以上。② 造成这种现象的原因在于，在沿海国管辖海域内，尤其是在领海范围内，通航密度远高于其他海域，海上交通事故发生率也高于其他海域，③ 在发生海上交通事故后，无论事故是否涉及本国船舶或人员，沿海国均有权利对其管辖海域内发生的交通事故进行调查。而发生在本国管辖海域外、涉及本国船舶的海上交通事故，受到信息反馈滞后、缺少相应的域外调查机制或管辖权限制等诸多因素的影响，船旗国很少主动参与到事故调查中。

---

① Huanxin Wang, et al., "GIS-based Analysis on the Spatial Patterns of Global Maritime Accidents," *Ocean Engineering*, Vol. 245, 2022, pp. 1-2.
② IMO, "Global Integrated Shipping Information System: Marine Casualties and Incidents," https://gisis.imo.org/Public/MCI/Search.aspx, last visited 5 June, 2022.
③ 李邦川：《船舶海上事故的成因分析及防范措施》，《天津航海》2010 年第 2 期，第 1~2 页。

第三，船旗国管辖权在海上交通安全调查中未得到充分行使。加拿大等国家海上交通安全调查立法均明确规定船旗国管辖，《海洋法公约》第94条第7款、1966年《国际载重线公约》第23条、《安全调查规则》第2.14条等国际公约或国际规则，也把船旗国置于海上交通安全调查的首要位置。但是从 GISIS 给出的调查数据看，船旗国在海上交通事故中行使管辖权、进行事故调查的案件微乎其微。一方面，在船旗国船舶于他国管辖海域或公海内发生交通事故，以及由此引发船舶溢油事故时，事故对沿海国造成的影响要甚于船旗国，船旗国缺少参与事故调查的动力，而且当海上交通事故发生于沿海国领海时，船旗国参与事故调查还需要得到沿海国批准或许可。另一方面，国际航行船舶中存在大量方便旗船，由于开放登记国对船员的雇用不加限制，对船舶的经营管理不予干涉，加之税收低、船舶最低配员低等，方便旗船在全球发展非常迅速，约占世界商船队总吨位的1/3，[①]典型的方便旗国如巴拿马、马绍尔群岛、圣文森特和格林纳丁斯等，由于方便旗国与悬挂该国旗帜的船舶之间并无"真正联系"，国家对船东资本、船舶的安全性能和船员的素质都不能进行有效的监管，更遑论参与或实际负责发生在本国管辖海域外的海上交通安全调查。因此，大多数情况下，船旗国并没有依据公约或其国内法的规定充分行使调查权。

二 海上交通安全调查中沿海国管辖的偏移

《安全调查规则》创制出"有重大利益的国家"的概念，并赋予有重大利益的国家调查相应海上交通事故的权利。《安全调查规则》与《制止危及海上航行安全非法行为公约》作了衔接式规定，对海上交通安全调查中沿海国管辖"一家独大"的现状造成了冲击。

第一，有重大利益的国家被赋予海上交通安全调查权。国际海事组织《安全调查规则》在第二部分中以列举方式定义了"有重大利益的国家"，并赋予有重大利益的国家调查相应海上交通事故的权利。除事故涉及的船

---

① Herman Meyers, *The Nationality of Ships* (Dordrecht/Heidelberg/New York/London: Springer Publishing, 2012), pp. 57-58.

旗国及事故发生地沿海国外,海上交通事故中"有重大利益的国家"还包括:环境受到海上事故严重或重大损害的国家,海上事故的后果对其或其有权行使管辖权的人工岛屿、设施或结构造成严重损害或具有造成严重损害威胁的国家,海上事故造成其国民死亡或严重受伤的国家,具有海上安全调查国认为对调查有用的重要信息的国家,以及海上安全调查国认为因其他情况而涉及其利益的国家。① 这里的海上安全调查国指船旗国或按照《安全调查规则》而同意负责进行海上安全调查的一个或多个国家。② 可见,《安全调查规则》定义的有重大利益的国家包括三类。第一类是海上交通事故的直接当事国。包括海上交通事故中的船旗国、事故地沿海国、事故中伤亡人员的国籍国,以及事故中受损人工岛屿、设施和结构的所有国或管辖国。第二类是海上交通事故受影响国。《安全调查规则》将环境受到海上事故严重或重大损害的国家也纳入有重大利益的国家范畴,基于海洋污染的规模性与扩散性特征,一次事故可能波及多个国家,故海上交通事故中环境受损国不仅限于事故发生地沿海国,还包括事故发生地周边其他沿海国家。如2002年"威望号"油轮事故发生地点位于西班牙领海内,但污染范围实际已从西班牙北部海域扩散到法国和葡萄牙海岸。③ 第三类是具有海上安全调查国认为对调查有用的重要信息的国家,以及海上安全调查国认为因其他情况而涉及其利益的国家。《安全调查规则》并没有对上述国家范围作进一步解释,而是将识别有重大利益的国家的权利交由海上安全调查国行使,参考加拿大运输安全委员会海上事故数据,对调查有用的重要信息包括船舶构造、船级认证、运载货物、船员劳务派遣等,④ 相应的重要信息来源国或实际利益相关国包括船舶建造国、船级认证国、载运货物来源国或装港国、劳务派遣公司所在地国家等。当海上事故发生于沿海国领海内时,《安全调查规则》强制要求船旗国和该沿海国须相互通知,并就船舶

---

① 2008年《安全调查规则》第2.20条。
② 2008年《安全调查规则》第2.14条。
③ 万霞:《"威望"号启示录》,《世界知识》2003年第1期,第53~55页。
④ The Transportation Safety Board of Canadac, "Statistical Summary-Marine Occurrences 2014," http://www.bst-tsb.gc.ca/eng/stats/marine/2014/ssem-ssmo-2014.asp, last visited 5 June, 2022.

名称及船旗国、国际海事组织船舶识别号码、海上事故的性质及地点等信息，分别实际可行地尽快通知其他有重大利益的国家，且此类通知不得因信息不全而被延迟。① 可见，《安全调查规则》通过赋予有重大利益的国家海上交通安全调查权，扩大了参与海上交通安全调查的国家范围，从管辖权角度冲击了沿海国在海上交通安全调查中"一家独大"的现实境遇。

第二，危及海上航行安全非法行为导致的海上交通事故中受影响国享有调查权。在考虑到危及海上航行安全非法行为导致的海上交通事故基础上，《安全调查规则》第19.1条与《制止危及海上航行安全非法行为公约》作了衔接式规定，《安全调查规则》要求海上安全调查国在事故调查过程中得知或怀疑发生了《制止危及海上航行安全非法行为公约》第3条、第3又条、第3又又条或第3又又又条所列的罪行时，立即设法确保有关国家的海上保安当局得到通知，② 如此一来，在危及海上航行安全非法行为导致的海上交通安全调查中，享有管辖权的国家范围在《制止危及海上航行安全非法行为公约》基础上进一步拓展，且这种拓展被《制止危及海上航行安全非法行为公约》以积极的态度加以认可，即《制止危及海上航行安全非法行为公约》中任何规定不以任何方式影响各国依据其他国际法规则，对非悬挂其国旗船舶行使调查权或强制管辖权。③ 换言之，《安全调查规则》与《制止危及海上航行安全非法行为公约》对海上交通安全调查国家管辖权作出了互补式规定，二者的规定共同划定了危及海上航行安全非法行为导致的海上交通事故中享有调查权国家的外部边界。《制止危及海上航行安全非法行为公约》要求在下列情况下每一缔约国应采取必要措施，对第3条所述的罪行确定管辖权，包括罪行发生时是针对悬挂其国旗的船舶或发生在该船上、罪行发生在其领土内（包括其领海）或者罪犯是其国民。④ 当导致海上交通事故的罪行系由惯常居所在其国内的无国籍人所犯，或者在案发过程中其国民被扣押、威胁、伤害或杀害，或者犯罪的意图是迫使该

---

① 2008年《安全调查规则》第5.2条、第5.3条、第5.4条。
② 2008年《安全调查规则》第19.1条。
③ 1988年《制止危及海上航行安全非法行为公约》第9条。
④ 1988年《制止危及海上航行安全非法行为公约》第6条第1款。

国从事或不从事某种行为时,① 该缔约国也享有管辖权。与《安全调查规则》相比,《制止危及海上航行安全非法行为公约》在海上交通安全调查管辖权方面所作的拓展表现为,公约并没有完全依据属人管辖确定事故调查权,当海上交通事故为惯常居所在其国内的无国籍人所为时,以及行为人的意图是迫使该国从事或不从事某种行为时,公约缔约国同样在此种行为导致的海上交通安全调查中享有管辖权。

三 海上交通安全调查中船旗国管辖的回归

船旗国作为海上交通安全调查适格主体在《海洋法公约》、国际海事公约及国际劳工组织公约中被反复确认,然而在《安全调查规则》生效前海上交通安全调查权实际主要由沿海国掌控,船旗国并没有充分行使其管辖权,《安全调查规则》最大的调整就是海上交通安全调查权向船旗国的回归。通观《安全调查规则》第一部分与第二部分内容可以发现,海上交通安全调查中船旗国管辖的义务之强化多于权利之赋予,有关船旗国的义务性规定占《安全调查规则》主要篇幅,规则除明确表示船旗国单独进行安全调查的权利不受妨碍外,仅在第13.2条有条件地赋予船旗国拒绝提供调查报告草案的权利,② 因此,海上交通安全调查中船旗国管辖的回归实质上是对船旗国义务的明确与强化。

第一,海上交通安全调查中船旗国管辖回归中义务强化的表现。在《安全调查规则》第一部分、第二部分被纳入1974年《国际海上人命安全公约》第Ⅺ-1章第6条后,公约要求各缔约方负有实施该公约各项规定的义务,公约在表述此类义务时使用"应当"(shall)一词,有学者对国际海事公约归类分析后,指出公约表述中的"应"或"应当"用于表示法律义

---

① 1988年《制止危及海上航行安全非法行为公约》第6条第2款。
② 2008年《安全调查规则》第13.2条规定:"海上安全调查国仅在收取报告的有重大利益的国家保证,未经海上安全调查国明确许可或除非该报告或文件已由海上安全调查国公布,不散发,并不导致散发,公布或允许获得报告草案,或其任何部分时,才受约束遵守第13.1条。" See Adam Weintrit, *Marine Navigation and Safety of Sea Transportation* (Boca Raton: CRC Press, 2009), p.69.

务、法律责任或法律命令。[①] 这种义务强化有三方面的表现。一是要求船旗国履行通知义务。《安全调查规则》在规定船旗国通知义务时，依据海上交通事故发生地不同作了区分式规定，当海上交通事故发生在公海或专属经济区内时，涉案船舶的船旗国应当实际可行地尽快通知其他有重大利益的国家。当海上交通事故发生于沿海国领海内时，船旗国不仅需要与该沿海国相互通知，二者分别还应当实际可行地尽快通知其他有重大利益的国家。[②] 但是，无论海上交通事故发生于何地，船旗国均应向沿海国、其他有重大利益的国家，就船舶名称及船旗国，国际海事组织船舶识别号码，海上事故的性质、地点、时间和日期，重伤或死亡人数，海上事故对人、财产和环境造成的后果，以及任何其他涉案船舶的确认等信息，[③] 不迟延地履行通知义务。二是履行协商合作义务。虽然《安全调查规则》并不限制船旗国单独就海上交通事故进行调查，但是当海上交通事故发生在他国领海内时，涉及事故的船旗国有义务与事故地沿海国进行协商，以确定调查国的范围。当海上交通事故发生在公海、他国管辖的专属经济区内，且涉及一个以上船旗国时，船旗国之间也必须履行协商义务，确定调查国的范围。[④] 从《安全调查规则》的表述看，协商是确定调查国范围的前置程序，也是船旗国必须履行的义务。且船旗国与所有有重大利益的国家均须实际可能地合作，为有重大利益的国家参与海上交通安全调查做好安排。[⑤] 三是履行调查义务。《安全调查规则》要求对每一非常严重海上事故均须进行安全调查，而且涉及非常严重海上事故船舶的船旗国负责确保按照该规则进行并完成海上安全调查，待调查完成后船旗国有义务向国际海事组织提交调查报告的最终文本。如果由其他国家或国际海事组织公布调查报告，则涉事船舶的船旗国有义务协助公众及航运界获取调查报告的细节。虽然

---

① 李舰君：《基于语料库对海事公约中情态动词 Shall 的研究》，《边疆经济与文化》2011 年第 12 期，第 122 页。
② 2008 年《安全调查规则》第 5.1、第 5.2 条。
③ 2008 年《安全调查规则》第 5.4 条。
④ 2008 年《安全调查规则》第 7.1 条、第 7.2 条。
⑤ 2008 年《安全调查规则》第 10.1 条。

《安全调查规则》并没有要求船旗国对严重事故、轻微事故履行调查义务，但是如果船旗国已经对事故作出调查报告，且调查报告中含有的信息可防止将来的海上事故或减少其危害性，则船旗国有义务将该报告上交国际海事组织。①

第二，海上交通安全调查中船旗国管辖回归中义务强化的原因。参考 CISIS 反馈的调查数据及《安全调查规则》中的规定，强化船旗国在海上交通安全调查中的义务，至少有三方面的原因。一是船旗国在海上交通安全调查中不可或缺。从《安全调查规则》列举的海上事故类型看，除去无国籍船舶的特殊情况，发生海上交通事故则必然可以"顺藤摸瓜"找到船旗国，但未必会牵出沿海国等其他当事国，如在公海发生的船舶碰撞、船舶自沉、火灾等事故。因此，以船旗国为调查国的核心组成主体，围绕船旗国设计海上交通安全调查规则，是必然选择。二是船旗国管辖是保障海上交通安全的"第一道防线"。如果说港口国监督是保障海上交通安全的"最后一道防线"，②那么船旗国管辖就是保障海上交通安全的"第一道防线"，船舶登记是船舶获得国籍的必要法律程序，只有经过登记、获得国籍的船舶方有权悬挂该国国旗、享受"无害通过""航行自由"等国际公约赋予的权利，海上交通安全调查是船旗国对悬挂其旗帜的船舶进行监督管理的具体表现，通过事故调查获取信息是船旗国改进海上交通安全管理、强化船舶监管的主要手段，只有从"第一道防线"着手提高海上交通安全系数，才能避免亡羊补牢式的安全补救，提升保障海上交通安全的效能。三是改进方便旗国的不作为现状。据劳氏船级社统计，方便旗船虽然仅占世界船队总吨位的 1/3，但事故率却最高，占全世界船舶事故的一半以上。荷兰海事研究所的调查结果显示，方便旗船舶事故的频发，虽然不乏船舶管理不善的原因，但更主要是因为船舶适航性差。③由于方便船籍国普遍缺乏有效的船舶安全立法，同时主观上更没有意愿去履行国际公约下的义务，于是方便旗船的事故发生率普遍高于其他正常登

---

① 2008 年《安全调查规则》第 14.2 条。
② 李创：《浅谈港口国监督中存在的问题》，《中国海事》2006 年第 3 期，第 53 页。
③ 潘晓生、李华文：《方便旗船存在的问题及对策》，《世界海运》2008 年第 2 期，第 12 页。

记船舶。《安全调查规则》在《海洋法公约》、国际海事公约、国际劳工组织劳工公约基础上,进一步强化船旗国在海上交通安全调查中的管辖权,无疑是在承继以往国际公约规定基础上对船旗国义务的再度强化,尤其是强化船旗国与船舶之间的"真正联系",要求船旗国担负起管理船舶、保障国际海上交通安全的首要责任。

第六章 国际海上交通安全保障中的争端解决及国际责任

国际海事公约中很少规定争端解决及国家的国际责任（international responsibility）。例如，1965 年《便利国际海上交通公约》、1972 年《国际海上避碰规则公约》、1974 年《国际海上人命安全公约》《国际极地水域营运船舶规则》等海事安全领域重要的国际公约正文及其附则（附件），均没有规定公约解释与适用发生争端时，如何适用及适用何种国际争端解决机制。① 只有《国际海事组织公约》《国际集装箱安全公约》等少数几部公约规定了争端解决条款，而其中 2007 年《残骸清除公约》是一个例外，因为该公约第 15 条明确规定适用《海洋法公约》争端解决机制。在国际争端解决及国家的国际责任一般构成层面，国际海事法与其他国际法分支相比，并没有本质上的区别，却因为海上管辖权、方便旗船舶等具有鲜明国际海事特征因素的介入，而出现了该领域内特有的一些法律问题。

---

① 在国际海事公约中，一些与海洋环境保护相关的国际公约规定了争端解决机制，例如 1969 年《国际干预公海油污事故公约》附件中有关"调解""仲裁"系统的规定。经 1996 年议定书修订的 1972 年《防止倾倒废物及其他物质污染海洋公约》第 16 条规定了使用《海洋法公约》争端解决机制，附件三规定了仲裁程序。2004 年《控制和管理船舶压载水和沉积物国际公约》第 15 条规定，各当事国应以谈判、调查、调停、调解、仲裁、司法解决、求助区域机构或协议或者自己选择的其他和平手段解决它们之间有关该公约的解释或应用的任何争端。Anna Mihneva-Natova, "The Relationship Between United Nations Convention on the Law of the Sea and the IMO Conventions," The United Nations and The Nippon Foundation of Japan Fellow 2005, https://www.un.org/Depts/los/nippon/unnff_programme_home/fellows_pages/fellows_papers/natova_0506_bulgaria.pdf, last visited 5 June, 2022.

第一节　国际海事公约中的争端解决机制

一　国际海事公约有关争端解决机制的规定

在与国际海上安全保障有关的国际海事公约中，《国际海事组织公约》等公约规定了争端解决机制。1958年《国际海事组织公约》第69条规定，在该公约的解释和运用上，如果有任何问题或争端发生，应提交大会解决，或以争端各方同意的其他办法解决；该条规定不得妨碍该组织任何机构解决其行使职权时可能发生的任何问题或争端。第70条规定，任何不能通过该公约第69条规定解决的法律问题，应由该组织按照《联合国宪章》第96条，向国际法院征询意见。1972年《国际集装箱安全公约》第13条第1款规定，两个或两个以上的缔约国在对该公约的解释或适用方面的任何争端，如果不能用谈判或其他方法解决，经其中一个缔约国提出要求后，应提交由下述人员组成的仲裁庭。争端的每一方应指定一名仲裁人，然后双方仲裁人应指定一名作为主席的第三仲裁人。如果在接到要求后3个月内，双方中的一方未能指定一名仲裁人，或双方仲裁人未能选出主席，任何一方可以要求秘书长指定一名仲裁人或仲裁庭的主席。该条第2款至第5款又规定，按该条第1款规定组成的仲裁庭的决定，应对争端的双方具有约束力；仲裁庭应确定其自身的程序规则；仲裁庭在就其自身的程序、开会地点以及对其提出的任何争议作出决定时，应以多数票通过；争端的双方之间如果对裁决书的解释和执行发生任何争执，可以由任意一方向作出这一判决的仲裁庭提出，并要求其给予裁决。1979年《国际海上搜寻救助公约》第2条第1款规定，该公约的任何规定，不应损害根据联合国大会第2750（XXV）号决议召开的联合国海洋法会议对海洋法的编纂和发展，也不应损害任何国家目前和今后就海洋法及沿海国和船旗国的管辖权的性质和范围所提出的主张和法律上的意见；第2款规定，该公约的任何条款的解释不应与其他国际文件中所规定的船舶义务或权利相抵触。1988年《制止危及海上航行安全非法行为公约》第16条第1款规定："两个或两个以上的缔约国之间有关本公约的解释或适用方面的任何争端，如在一合理时间内不能通过谈判解决，经其中一方要求，应交付仲裁。如自要求仲裁之日起 6 个月内，当事各方不能就仲裁的组成达成协议，其中任何一方可根据《国际法院规约》要求将争端提交国际法院。"

《残骸清除公约》纳入了《海洋法公约》争端解决机制。2007 年《残骸清除公约》第 15 条第 1 款规定，如果两缔约国之间出现解释和适用该公约方面的争端，它们须首先通过谈判、询问、调停、调解、仲裁、司法解决、诉诸区域机构或安排或者它们选择的其他和平手段来解决。第 2 款规定，若在一缔约国通知另一缔约国它们之间存在争端后不超过 12 个月的一段合理时间内不可能解决争端，对《海洋法公约》第十五部分所列的有关解决争端的规定予以比照适用，不管存在争端的国家是否为《海洋法公约》的缔约国。第 3 款规定，同为该公约及《海洋法公约》缔约国的国家遵照后一公约第 287 条选择的任何程序须适用于该条规定的争端的解决，除非该缔约国在批准、接受、核准和加入该公约时或此后任何时间遵照《海洋法公约》第 287 条为解决该公约产生的争端选择另一程序。第 4 款规定，非《海洋法公约》缔约国的该公约一缔约国在批准、接受、核准和加入该公约时，或此后任何时间，须有自由以书面声明方式为根据该条解决争端选择《海洋法公约》第 287 条第 1 款列明的一种或一种以上方法。《海洋法公约》第 287 条须适用于此种声明，以及该国为一方的、没有包括在有效的声明中的任何争端。为按照《海洋法公约》附件五和附件七调解和仲裁起见，该国须有权提名有待列入附件五第 2 条和附件七第 2 条提及的名单中的调解员和仲裁员，以解决该公约引起的争端。第 5 款规定，根据该公约第 3 款和第 4 款作出的声明交秘书长保存，秘书长将把其副本转发缔约国。

总结前述国际海事公约有关争端解决机制的规定，可以得出如下结论。首先，公约并没有严格限制缔约国采取何种争端解决方式，但是要求当事方先履行协商义务。《国际集装箱安全公约》《制止危及海上航行安全非法行为公约》都要求当事方必须履行谈判协商义务，该义务是诉诸其他争端解决方式的前置性程序。只有在协商不能解决争议的情况下，才能诉诸公约规定的仲裁、国际法院诉讼等争端解决方式。其次，保留条款赋予缔约国排除适用公约争端解决机制的权利。《制止危及海上航行安全非法行为公约》第 16 条第 2 款规定："在签署、批准、接受、核准或加入本公约时，一国可以声明不受第 1 款任何或全部规定的约束。对作出该保留的任何缔约国而言，其他缔约国也不受这些规定的约束。"第 3 款规定："按照前述第 2 款作出保留的任何缔约国，可以在任何时候通知秘书长撤销该保留。"但是，《国际集装箱安全公约》第 14 条禁止对"争端解决"条款予以保留，第 14 条第 1 款规定"除对有关第一条至第六条，第十三条和本条以及附件的规定的保留以外，本公约应允许保留。但这些保留应以书面形式提出，如果是在交存批准、接受、核准或加入文件之前提出的，则应在该文件中予以证实。秘书长应将此类保留通知给第七条中所述的所有国家"。根据国际海事组织的统计数据，截至 2022 年 4 月 22 日，《国际集装箱安全公约》共有 84 个缔约方，缔约方船舶吨位占全球船舶总吨位的 64.68%，共有 12 个国家对公约作出保留或声明，其中，白俄罗斯、古巴、乌克兰的保留或声明涉及该公约第 13 条，其立场可被概括为，接受《国际集装箱安全公约》第 13 条关于通过仲裁解决该公约解释和适用争端的规定，不得被解释为改变该国政府的立场，即在每一特定案件中只有在所有争端当事方同意的情况下，才能将争端提交仲裁庭。[1] 最后，《残骸清除公约》纳入《海洋法公约》第十五部分的规定属于"个例"。《残骸清除公约》在处理争端解决问题上，将当事方自主选择的争端解决方式置于第一序位，即通过谈判、询问、调停、调解、仲裁、司法解决、诉诸区域机构或安排或者它们选择的其他和平手段来解决，尊重当事方的合意。若在一缔约国通知另一缔约国它们之间发生争端后不超过 12 个月的一段合理时间内不可能解决争端，对《海洋法公约》第十五部分所列的有关解决争端的规定予以比照适用，此时《海洋法公约》第十五部分的规定成了第二序位争端解决方式。在第二序位争端解决方式中，《残骸清除公约》又区分了两种情况，一种是争端当事方均为《残骸清除公约》《海洋法公约》缔约国，另一种是争端当事方只有一方同时为《残骸清除公约》《海洋法公约》缔约国。此时《残骸清除公约》赋予非《海洋法公约》的缔约国提名有待列入《海洋法公约》附件

---

[1] International Maritime Organization, "Status of Conventions-Comprehensive Information Including Signatories, Contracting States," https://www.imo.org/en/About/Conventions/Pages/StatusOfConventions.aspx, last visited 5 June, 2022.

五第 2 条和附件七第 2 条提及的名单中的调解员和仲裁员的权利。如前文所言,《防止倾倒废物及其他物质污染海洋公约》《残骸清除公约》纳入《海洋法公约》争端解决机制在所有国际海事公约中属于"个例",但是这种"个例"有可能会随着《海洋法公约》第十五部分的适用扩大化,而被未来国际海事公约采纳。然而,目前国际海事公约所拥有的庞大缔约国数量,很重要一点在于公约注重"求同",走技术规则法律化的路径。如果未来国际海事公约普遍将《海洋法公约》第十五部分的规定纳入,而当事国即便通过保留声明也无法避免适用《海洋法公约》附件七强制仲裁程序,发生类似"北极日出号"案、"南海仲裁"案等的案件,可能直接影响国际海事公约的生效实施。

二 国际海上交通安全保障争端解决机制的运行

国际海上交通安全保障争端解决机制的运行包括三条路径。第一条路径是根据《国际海事组织公约》第 69 条的规定,国际海事组织有权请国际法院就各该组织活动范围内出现的法律问题发表咨询意见。例如,政府间海事协商组织大会在 1959 年 3 月 25 日转交国际法院并交存书记处的 1959 年 1 月 19 日的决议中,决定请国际法院就如下问题发表咨询意见:"1959 年 1 月 15 日选出的政府间海事协商组织海上安全委员会是否按照关于建立政府间海事协商组织的公约所组成?"国际法院以 9 票对 5 票对这一问题作了否定答复。时任国际法院院长莫雷诺·昆塔纳(Moreno Quintana)法官在咨询意见上附了反对意见。目前有权请求国际法院发表咨询意见的机构是联合国的 5 个主要机关和联合国系统内的 16 个专门机构。收到咨询意见请求后,国际法院决定哪些国家和国际组织可能提供有用的信息,并给予它们提交书面或口头意见的机会。咨询程序的其他方面与诉讼程序类似,适用的法律渊源也相同。原则上,国际法院发表的咨询意见是咨询性质的,因此对请求该意见的机构不具有约束力。但是,相关机构可以通过法律文书或规章事先规定国际法院的咨询意见具有约束力。

第二条路径是依据公约规定的争端解决机制,既包括通过当事方协商谈判等合意方式解决争端,也包括公约明确缔约国不能作出保留的争端解决机制,如《国际集装箱安全公约》第 13 条规定的"仲裁机制"。然而在本书写作过程中，没有找到《国际集装箱安全公约》缔约方依据第 13 条发起的仲裁案。①《制止危及海上航行安全非法行为公约》第 16 条第 1 款规定的争端解决机制并不具有强制约束力，该款推定当事各方不能就仲裁庭的组成达成协议，其中任何一方可根据《国际法院规约》要求将争端提交国际法院。但是，只有有关国家以某种方式同意其成为提交国际法院的诉讼的当事方（当事方同意原则），国际法院才能处理有关案件。因此，《制止危及海上航行安全非法行为公约》第 16 条第 1 款在适用层面也存在局限性。

　　第三条路径是适用《海洋法公约》第十五部分的规定。《海洋法公约》大多数条款是综合性的，需要通过其他更为具体或具有可操作性的国际公约、协议执行，在《海洋法公约》条款表述中具体表现为，要求缔约国"考虑"②、"符合"③ 或 "实施" 由 "主管国际组织" 制定的有关国际规则和标准。以 1982 年为节点，《国际海上避碰规则公约》《国际海上人命安全公约》《国际海上搜寻救助公约》等国际海事公约通过时，《海洋法公约》尚未出台，《海洋法公约》第 311 条第 2 款、第 5 款的规定，不改变缔约国与《海洋法公约》相符合的而且不影响其基本原则适用的其他公约产生的权利和义务；只要与《海洋法公约》基本原则相符合，《海洋法公约》其他条款明示许可或保持的国际协定也不受影响。在 1982 年以后出台的国际海事公约中，《残骸清除公约》第 15 条的规定也属于"个例"。然而，是否启动《海洋法公约》第十五部分的争端解决机制，并不完全依赖国际海事公约有无纳入《海洋法公约》第十五部分的规定。《海洋法公约》第十五部分为有关公约条款的解释和适用的争端制定的争端解决机制可以分为两部分：

---

① 《国际集装箱安全公约》自 1977 年生效至今，84 个缔约方中只有 3 个对公约第 13 条提出声明。本书在写作过程中，没有找到相关仲裁案例，一方面可能是资料检索存在遗漏，另一方面也可能是《国际集装箱安全公约》第 13 条的规定始终处于"休眠"状态，或者对于有关集装箱安全的争端，通过协商、法院诉讼等其他方式解决。

② 例如，1982 年《海洋法公约》第 60 条第 3 款规定："这种人工岛屿、设施或结构的建造，必须妥为通知，并对其存在必须维持永久性的警告方法。已被放弃或不再使用的任何设施或结构，应予以撤除，以确保航行安全，同时考虑到主管国际组织在这方面制订的任何为一般所接受的国际标准。这种撤除也应适当地考虑到捕鱼、海洋环境的保护和其他国家的权利和义务。尚未全部撤除的任何设施或结构的深度、位置和大小应妥为公布。"

③ 例如，1982 年《海洋法公约》第 19 条第 1 款规定："通过只要不损害沿海国的和平、良好秩序或安全，就是无害的。这种通过的进行应符合本公约和其他国际法规则。"

一部分是争端方通过协议运用谈判、调查、调解及其他和平方法,在合意基础上解决争端的机制;另一部分是争端方通过协议运用谈判、调查、调解及其他和平方法后,仍不能解决存在的争端时,当事国提请将争端提交《海洋法公约》规定的有拘束力的裁决程序加以解决的机制。如果某些国际海事公约缔约国,同时也为《海洋法公约》缔约国,双方围绕海上交通安全保障的争端,也可以在《海洋法公约》框架内适用公约第十五部分的规定,尤其是强制争端解决机制。即便当事国声明不接受《海洋法公约》第十五部分第二节规定的任何国际司法或仲裁管辖,也不足以阻止强制仲裁的启动和进行。

《海洋法公约》在附件七和附件八分别规定了"仲裁"和"特别仲裁",附件七中"仲裁"程序的启动具有单方性,而附件八规定的"特别仲裁"以争端当事国声明接受为启动要件,实质上不具有强制性。为解决实践中缔约国在接受《海洋法公约》强制性争端解决机制方面存在的差异性问题,《海洋法公约》在第287条第3款、第5款分别规定,缔约国若为有效声明所未包括的争端的一方,应视为已接受附件七所规定的仲裁;如果争端当事国未接受同一程序以解决该争端,除非争端当事国另有约定,否则争端仅可提交《海洋法公约》附件七规定的仲裁程序。[①] 这与《国际法院规约》第36条第2项规定的强制管辖权存在显著差异。《国际法院规约》第36条第2项赋予缔约国是否接受的选择权利,而《海洋法公约》第十五部分第二节对仲裁庭活动范围自动赋予管辖权,缔约国不需要也不必声明接受仲裁庭的强制管辖。[②] 同时《海洋法公约》附件七第9条进一步规定:"如争端一方不出庭或对案件不进行辩护,他方可请求仲裁庭继续进行程序并作出裁决。"《海洋法公约》附件七规定的仲裁与附件八规定的特别仲裁存在显著差异,根据附件八第1条的规定,"特别仲裁"在《海洋法公约》第十五部分限制下,仅适用于《海洋法公约》中渔业、保护和保全海洋环境、海洋科学研究及航行、飞越或船只和倾倒造成的污染的条文在解释和

---

① 贺蓉、贾晓辉:《浅析 UNCLOS 海洋争端解决机制的强制性及我国的对策》,《海洋开发与管理》2008 年第 6 期,第 38~42 页。
② 沈伟:《论〈联合国海洋法公约〉的争端解决机制》,《海洋开发与管理》1996 年第 3 期,第 50~54 页。

适用上的争端。与公约附件七规定的仲裁程序相比，附件八规定的特别仲裁程序对争端当事国的选择权和适用争端类型均作清晰的限制，即只有争端当事国已在适当时机均声明接受附件八规定的程序，且当事国间的争端属于附件八第 1 条规定的类型时，该特别仲裁程序方可适用于争端当事国，否则该争端只能适用附件七规定的仲裁程序。因而，《海洋法公约》附件八规定的特别仲裁并不具有实质意义上的强制性，其强制性远远逊于附件七规定的仲裁。

《海洋法公约》中的强制仲裁程序不以争端当事国合意为启动和进行要件，与强制调解等《海洋法公约》规定的其他强制性争端解决程序在适用顺序上不具有牵连关系，但启动强制仲裁需要遵循《海洋法公约》设置的限制性条件。

第一，《海洋法公约》中强制仲裁程序不以争端当事国合意为启动和进行要件。《海洋法公约》规定的强制仲裁程序既区别于传统意义上仲裁管辖必须以争端方合意为启动条件，也区别于《国际法院规约》规定的强制管辖权。根据《海洋法公约》第 286 条、第 287 条，①若争端各方未接受同一程序解决争端，除另有协议外，争端当事国可单方诉诸《海洋法公约》附件七规定的仲裁。根据这一制度，附件七所规定的仲裁被赋予一种特别作用。②即从程序启动角度而言，在争端当事国之间意见不一致时，无论一国是否书面选择了该仲裁程序，另一国均可根据《海洋法公约》附件七的规定通过单独申请启动仲裁。从程序进行角度看，仲裁庭合法成立之后将展开一系列程序，包括制定程序规则、确定仲裁地点、进行审理。如果争端一方不出庭或者对案件不进行辩护，根据《海洋法公约》附件七第 9 条的规定，其他当事方可以请求仲裁庭继续推进有关程序。这条说明即使争端

---

① 1982 年《海洋法公约》第 286 条规定："在第三节限制下，有关本公约的解释或适用的任何争端，如已诉诸第一节而仍未得到解决，经争端任何一方请求，应提交根据本节具有管辖权的法院或法庭。"第 287 条第 1 款规定："一国在签署、批准或加入本公约时，或在其后任何时间，应自由用书面声明的方式选择下列一个或一个以上的方法，以解决有关本公约的解释或适用的争端：（a）按照附件六设立的国际海洋法法庭；（b）国际法院；（c）按照附件七组成的仲裁法庭；（d）按照附件八组成的处理其中所列的一类或一类以上争端的特别仲裁法庭。"

② 孙立文：《海洋法争端解决机制与中国海洋争端解决政策的选择》，《太平洋学报》2011 年第 9 期，第 72~80 页。

一方抵制仲裁程序，也并不妨碍仲裁程序的继续进行，直至仲裁庭作出最后裁决。

第二，争端当事国在启动强制仲裁前履行诚实磋商的义务。《海洋法公约》为体现尊重缔约国的国家主权，减少《海洋法公约》规定的争端解决机制在现实适用中的阻力，特别在公约第 280 条强调缔约国有权协商选择任何和平方法来解决彼此间存在的争端，要求各缔约国只有在诉诸这种方法而未解决争端及争端各方间的协议并不排除任何其他程序的情况下，才能使用《海洋法公约》所规定的争端解决程序。[1] 因此，争端当事国一方或双方在启动《海洋法公约》规定的强制仲裁前，必须履行谈判、和解等前置义务，只有在诉诸此类争端解决方式未果的情况下，才可以启动强制仲裁程序。

第三，强制仲裁的裁决不具有强制执行性。《海洋法公约》及附件七虽然具体规定了强制仲裁的提起、仲裁员选任、仲裁庭组成等程序，但并没有规定如何执行仲裁裁决，以及当争端当事国不履行仲裁裁决时如何应对，而仅要求各缔约国应按照《海洋法公约》第 2 条第 3 项以和平方法解决有关该公约适用的任何争端，并应为此目的以《联合国宪章》第 33 条第 1 项所指的方法求得争端的解决。[2] 可见，争端当事国一方虽然可以在仲裁庭通过和平方式启动、进行仲裁程序，但仲裁申请国与仲裁庭均不得以非和平方式执行仲裁结果，现行国际法框架下也没有相应的强制执行机制，在被申请国拒绝配合履行仲裁裁决的情况下，强制仲裁裁决不具有强制执行性。

第二节　国际海事争端中被扣船舶及船员迅速释放问题

迅速释放程序规定在《海洋法公约》第十五部分第二节"导致有拘束力裁判的强制程序"中，指在公约缔约国主管当局扣留了一艘悬挂另一缔约国旗帜的船舶，且被扣船舶据指控向扣船国提供合理的保证书或其他财

---

[1]　1982 年《海洋法公约》第 280 条、第 281 条。
[2]　1982 年《海洋法公约》第 279 条。

政担保后，扣船国仍未遵从公约的规定将该船舶或其上船员迅速释放时，被扣船舶船旗国就释放问题可向争端各方协议的任何法院或法庭提出。如从被扣留时起10日内不能达成此种协议，则除争端方另有协议外，可向根据《海洋法公约》第287条扣留国接受的法院或法庭或国际海洋法法庭提出。① 扣留船舶及船员在国际海事争端中并不鲜见，这主要体现在扣留船舶及船员是国家在国际争端中实现其政治目的或海洋权利主张的方式。对于《海洋法公约》设计迅速释放程序的目的，一种观点认为，是平衡沿海国在保护其主权权利方面的利益与他国船舶海上活动中的利益；② 还有观点认为，《海洋法公约》中的迅速释放程序不仅是对沿海国在专属经济区主权权利扩展的回应，船旗国在沿海国管辖海域违反《海洋法公约》第220条和第226条（防止、减少和控制船只造成的污染），也可以触发迅速释放程序。③ 在《海洋法公约》第十五部分及第三节的规定中，第297条的规定是适用第292条迅速释放的前提条件，包括"关于因沿海国行使本公约规定的主权权利或管辖权而发生的对本公约的解释或适用的争端""本公约关于海洋科学研究的规定在解释或适用上的争端""对本公约关于渔业的规定在解释或适用上的争端"。而《海洋法公约》第58条第1款中"以及与这些自由有关的海洋其他国际合法用途，诸如同船舶和飞机的操作及海底电缆和管道的使用有关的并符合本公约其他规定的那些用途"，显然可以与海上交通安全及安全调查建立联系，而《安全调查规则》第12.1条要求，如果海上安全调查需要船员提供证据，须尽实际可能地早取证，船员须尽可能早地被获准返回船舶或遣返，船员的人权须始终得到保障，这可以被视为"扣留"与"释放"之间的连接点。虽然《海洋法公约》中的迅速释放并

---

① 1982年《海洋法公约》第292条第1款。
② Bernard H. Oxman, "Observations on Vessel Release Under the United Nations Convention on the Law of the Sea," *International Journal of Marine and Coastal Law*, Vol. 11, No. 2, 1996, p. 202; Robin R. Churchill, "Trends in Dispute Settlement in the Law of the Sea: Towards the Increasing Availability of Compulsory Means," in Duncan French, Matthew Saul, Nigel D. White D. French, et al. (eds.), *International Law and Dispute Settlement: New Problems and Techniques* (Oxford: Hart Publishing, 2010), pp. 143, 153.
③ Seline Trevisanut, "Twenty Years of Prompt Release of Vessels: Admissibility, Jurisdiction, and Recent Trends," *Ocean Development & International Law*, Vol. 48, Iss. 3-4, 2017, p. 302.

第六章 国际海上交通安全保障中的争端解决及国际责任

不是针对海上交通安全调查中被扣船舶及船员救济专门设计的程序,但是在实际效果上,迅速释放程序却具备保护海上交通安全调查中被扣船舶、船员人身自由与安全的作用。基于此,本部分将迅速释放程序作为海上交通安全调查中被扣船舶及船员救济方式,讨论其中的问题。

一 迅速释放程序在救济被扣船舶及船员中的适用性

船员处于海上交通活动中的最底层,船舶是船员工作、生活的物质载体。在国际航运领域,船员工作性质的流动性与国际化特征,导致在危及船舶、船员的人身或财产权利的事件发生后,其权利往往不能得到及时保障。沿海国扣押是限制船舶、船员自由最为常见的手段,一国扣押另一国船舶或船员,会对被扣船舶的正常营运造成不利影响,干涉被扣船员的人身自由。但是也有观点认为,授予国际司法机构专属管辖权,其效果是阻止国内法院行使权力,这种现象可以用"对国内法院针对国际主张(international claims)进行独立和公正裁决的能力或意愿缺乏信心"来解释。[1]

迅速释放程序是船旗国救助域外被扣船舶、船员的有效措施。船舶、船员被船旗国以外的国家在其管辖海域扣留后,被扣船舶的船旗国是国家层面唯一有权提请迅速释放的主体,也是国际海洋法法庭迅速释放程序的唯一适格原告。[2] 个人以船旗国名义提出请求大多发生在被扣船舶为方便旗船的情况下,此时,《国际海洋法法庭规则》要求船旗国政府履行一定的通知程序,以完成对于个人以船旗国名义启动迅速释放程序的授权。船旗国应通知法庭有权授权个人提出迅速释放请求的主管机关,以及经授权代表该国提出请求的人的姓名和地址。[3] 如果船旗国没有事前通知授权情况,请求书中应当附有上述通知。[4] 但是,无论是船旗国启动迅速释放程序,还是授权给个人,都只有船旗国才是迅速释放程序名义上的申请主体,个人得

---

[1] Andre Nollkaemper, *National Courts and the International Rule of Law* (Oxford: Oxford University Press, 2011), pp. 31, 34.
[2] 1982年《海洋法公约》第292条第2款。
[3] 《国际海洋法法庭规则》第110条第2款。
[4] Gudmundur Eiriksson, *The International Tribunal for the Law of the Sea* (Leiden: Martinus Nijhoff Publishers, 2000), p. 208.

到授权参与迅速释放程序是基于自身利益保障的需要,其只能是程序的参加者,而非程序的申请主体。在迅速释放程序下,船旗国成为保障域外被扣船舶、船员人身自由与安全的合法主体,这一方面拓展了保护被扣船舶、船员的法律途径,另一方面赋予了船旗国解决被扣船舶、船员方面问题以具体的国际法依据。

迅速释放程序与扣押国国内行政及司法程序并存。《海洋法公约》规定迅速释放程序仅处理被扣船舶或船员释放问题,没有剥夺扣押国对该船舶、其所有人或其上船员的行政及司法管辖权。国际海洋法法庭在"卡莫库号"(Camouco)案迅速释放裁决中指出,"将用尽当地救济要求或其他类似规则与(《海洋法公约》)第292条放在一起理解是不合逻辑的。第292条不应被加上任何会违反其目的与宗旨的限制。第292条允许在扣留日后较短的时间内提出申请,但是在如此短的时间内用尽当地救济并非常情"①。也就是说,法庭认为迅速释放程序与国内程序具有平行性,船旗国无须等待船东和船员用尽当地救济程序后再诉诸《海洋法公约》第292条迅速释放程序,但是迅速释放程序的裁决结果不影响国内程序对被扣船舶或船员作出终局司法或行政评价。

迅速释放程序适用空间范围不限于沿海国专属经济区。有学者指出,迅速释放程序的作用是"试图缓和《海洋法公约》中新建立的专属经济区制度的影响"②,因而,只有发生在当事国专属经济区内的船舶、船员扣押行为方能适用迅速释放程序。但是,从《海洋法公约》第292条和《国际海洋法法庭规约》,乃至《海洋法公约》第十五部分的表述中看,公约并没有将迅速释放程序与沿海国专属经济区管辖"捆绑"在一起,换言之,适用迅速释放程序并不存在公约规定的空间标准,在专属经济区之外沿海国管辖的其他海域扣留的船舶、船员同样应当被纳入迅速释放程序。此外,

---

① The Camouco Case (*Panama v. France*), Case No. 5, Judgment of 7 February, 2000, ITLOS Reports, para. 57-58.

② Bernard H. Oxman, "Observations on Vessel Release Under the United Nations Convention on the Law of the Sea," *International Journal of Marine and Coastal Law*, Vol. 11, No. 2, 1996, p. 202.

虽然《海洋法公约》迅速释放程序中没有提及船舶、船员资质证书,在"朱诺商人号"(Juno Trader)案中法国也抗辩称其未监禁船长,但是国际海洋法法庭认为,留置船长护照的行为,导致船长无法离境,应视同"扣留"(detention)。① 因此,当事国在其管辖海域内也不得通过扣留船舶、船员的相关证件,变相继续扣留船舶和船员。可见,针对沿海国在其领海、毗连区和专属经济区内实施的船舶、船员及其证件扣押行为,船旗国均可以启动迅速释放程序。

二 被扣船舶及船员释放程序的国内法与国际法形态比较

国际法中的迅速释放主要与《海洋法公约》第292条的规定及国内海事行政主管机关对船舶、船员的扣押或滞留行为联系较多,与海商关系中因债权债务纠纷而发生的扣船情形无直接关系。除因担保经济责任而发生的被扣船舶、船员释放外,国内法中有关扣留船舶、船员的释放规定与《海洋法公约》中的迅速释放不同,国内法中扣留船舶、船员的目的主要包括制止违法行为、防止证据损毁、避免危害发生和控制危险扩大,目的不同,相应的扣留时间也不同,释放标准也随之具有差异化的特征。

被扣押船舶、船员释放程序在国内法与《海洋法公约》中平行存在。国内法中的释放被扣押船舶、船员程序与《海洋法公约》中的迅速释放程序是两套不同的程序,扣留(滞留)船舶或船员在国内法中属于海上交通安全行政管理或司法程序范畴。② 我国扣留船舶或船员属于《行政强制法》第9条"限制公民人身自由"和"扣押财物"类强制措施,③ 即为制止违法

---

① The "Juno Trader" Case (*Saint Vincent and the Grenadines v. Guinea-Bissau*), Prompt Release, Judgment of 18 December, 2004, ITLOS Reports, para. 78.
② 我国海上交通安全行政立法中普遍使用"扣留""暂扣",立法并没有区分"扣押"和"扣留"的区别,如《海上交通安全法》第84条、第91条及《海上交通事故调查处理条例》第17条,但是《航道法》第43条使用的是"扣押"一词。《行政强制法》《行政处罚法》中未出现"扣留"一词,使用的是"扣押"。结合《行政强制法》第9条的规定,扣押的对象应当是财物,扣留的对象既包括财物,也包括人身。扣留(封存)与扣押(查封),都是行政执法机关依照有关法律、行政法规的规定,对违法行为嫌疑人或其财物所采取的一种行政强制措施。本书视语境选择使用二者。
③ 《行政强制法》第9条规定:"行政强制措施的种类:(一)限制公民人身自由;(二)查封场所、设施或者财物;(三)扣押财物;(四)冻结存款、汇款;(五)其他行政强制措施。"

行为、防止证据损毁、避免危害发生、控制危险扩大等，依法对船长、船员的人身自由实施暂时性限制，或者对船舶实施暂时性控制的行为。[①] 国内法中扣留的船舶、船员包括进入国家管辖海域的所有船舶及其上人员，不区分船舶的船旗和人员的国籍。而迅速释放程序是国际海洋法法庭为执行《海洋法公约》第292条而设置的程序，《海洋法公约》中迅速释放对象是非扣留国船旗的船舶及其上人员，对于一些中资"方便旗"船在我国港口被滞留或扣留的，船旗国同样能够成为公约中迅速释放程序的申请主体。我国《行政强制法》第25条明确规定扣押的期限不得超过30日，情况复杂的，经行政机关负责人批准，可以延长30日，法律、行政法规另有规定的除外，但是对于扣留船舶或船员资质证书却没有规定时限。《海洋法公约》中的迅速释放标准较为简单，在被扣船舶的船旗国提供合理的保证书或其他财政担保后，扣留国就应当释放船舶或船员。无论扣留国和被扣国是否能够达成释放船舶、船员的协议，除争端各方另有协议外，在10日内，被扣押船舶国可直接向法庭提出释放申请，不受争端方根据《海洋法公约》第287条所作选择的限制，故《海洋法公约》中的迅速释放适用标准低于国内法的要求，船舶、船员的扣留期限也相对短于国内法中设定的期限。

沿海国与国际海洋法法庭在船舶、船员释放程序中的管辖权基础不同。沿海国在船舶、船员释放程序中的管辖权基础源自国家主权和海上管辖权，国际海洋法法庭在船舶、船员释放程序中的管辖权基础源于《海洋法公约》缔约国的履约义务，如果缔约国对《海洋法公约》第298条作出保留或当事国之间在船舶、船员被扣留后达成协议，则国际海洋法法庭无法取得迅速释放管辖权。即使沿海国未作出上述保留或达成协议，国际海洋法法庭在释放争议海域内被扣船舶、船员问题上也不当然具有管辖权。一国在与邻国存在划界争议的海域扣留邻国船舶、船员，或基于海上交通安全调查扣留他国船舶、船员的情况时有发生，此时，除扣留国与被扣船舶的船旗国之间达成迅速释放管辖协议外，国际海洋法法庭对释放在争议海域被扣

---

① 《行政强制法》第2条第2款。

船舶、船员不具有管辖权。因为争议海域的管辖权处于冲突或重叠状态，而适用迅速释放程序的默认前提是确认扣留国基于合法的国家海上管辖而作出的扣留决定。国内司法或行政程序对于被扣船舶、船东或船员的任何案件的是非曲直的裁决，① 是对该国主管机关海上具体行政行为合法性的判定，不构成对一国海上管辖权的概括性认定。如果国际海洋法法庭受理并对争议海域被扣船舶、船员作出迅速释放裁判，则意味着法庭径行越过了当事国之间的海域划界争议，肯定了当事国一方对争议海域享有合法的管辖权，如此既违背了迅速释放程序设置的初衷，同时也扩大了法庭的管辖范围，背离了《国际海洋法法庭规则》第 21 条关于管辖权的规定。② 可见，《海洋法公约》与《国际海洋法法庭规则》对国际海洋法法庭行使迅速释放管辖设置了多重限制，而国际法对沿海国在船舶、船员释放程序中的管辖权几乎没有进行限制，只要沿海国不属于《海洋法公约》缔约国，或在加入《海洋法公约》时对公约第 298 条作出保留，其拒绝国际海洋法法庭提出的迅速释放管辖主张，就不属于违反公约义务或违反对公约任何其他当事国所负国际义务的表现，也不会产生相应的国际责任。

沿海国拒绝释放扣留船舶、船员不一定构成对国际海洋法法庭迅速释放裁决的违背。迅速释放程序的设计初衷在于确保被扣留的船舶（船员）在等候国内行政诉讼或刑事诉讼完结的相当长时期内不被束缚在靠泊地。扣留国在国际海洋法法庭作出迅速释放判决前，③ 将被扣船舶或船员转入其他国内法程序的，可以排除迅速释放程序的适用，即扣留国根据国内征收程序终结标准对被扣留船舶实施征收行为后，如果征收的国内程序已经终

---

① 1982 年《海洋法公约》第 292 条第 3 款。
② See Article 20 Rules of International Tribunal for the Law of the Sea.
③ 1982 年《海洋法公约》第 292 条规定，船旗国在 10 日内可直接向法庭提出释放申请，根据《国际海洋法法庭规则》第 110 条至第 114 条的规定，迅速释放程序包括书面程序、口头程序、法庭评议及判决和举行公开宣判。书面程序一般在 11 日内完成，口头程序开始的最早日期为收到请求书后的 1 个到 15 个工作日，之后的口头程序通常需要 2 日，判决应当在庭审结束后不超过 14 日内举行公开宣判。故从发生扣留行为、法庭受理迅速释放申请到作出判决，最长时间不超过 52 天。See Art. 112（4）The Rules of the International Tribunal for the Law of the Sea, Art. 17 Guidelines Concerning the Preparation and Presentation of Cases Before the Tribunal.

结,则迅速释放的标的物便不存在,国际海洋法法庭根据《海洋法公约》第292条第1款无权质疑国内程序的合法性,此时,扣留国具有合法理由拒绝释放被扣船舶。同样,一国在扣留船员后,根据国内法和相应的证据标准,将暂时性扣留程序转为行政拘留或刑事拘留乃至行政或刑事诉讼程序的,囿于国家司法主权的限制,[①]《海洋法公约》第292条的程序既不能被用作国内判决的上诉程序,也不能被用作国内司法程序的救济,船旗国待到扣留国国内行政或刑事程序结束才提出申请的,国际海洋法法庭也就不具备适用迅速释放程序的权限和可能性了。[②]

三 船旗国授权自然人或法人参与迅速释放程序的理论检讨

自然人或法人参与迅速释放程序,指授权非船旗国政府公职人员身份的自然人或法人(以下简称"参与人"),以船旗国名义向国际海洋法法庭提起迅速释放程序。[③]《国际海洋法法庭规则》要求船旗国政府履行一定的通知程序以完成授权,船旗国应通知法庭有权授权当事人提起迅速释放请求的主管机关,及经授权代表该国提起请求的人的姓名和地址。[④] 在国际海洋法法庭受理的迅速释放案件中,关于方便旗船舶的释放问题占一定比重。由于方便旗船舶与登记国之间往往缺乏真正联系,《海洋法公约》允许自然人或法人在得到船旗国授权的情况下参与迅速释放程序,意图保护船东或承租人等的经济利益和满足船员的人道主义需要。[⑤] 能够得到船旗国授权而参与迅速释放程序的主体包括被扣船舶的船东、出租人、承租人(包括光船承租人和船舶融资租赁的承租人[⑥])、船员劳务派遣公司等,在被扣船舶

---

① E. D. Brown, "The Saiga Case on Prompt Release of Detained Vessel: The First Judgment of the International Tribunal for the Law of the Sea," *Marine Policy*, Vol. 22, Iss. 4-5, 1998, p. 325.

② Jillian Seymour, "The International Tribunal for the Law of the Sea: A Great Mistake?," *Indiana Journal of Global Legal Studies*, Vol. 13, Iss. 1, 2006, pp. 14-15.

③ 1982年《海洋法公约》第292条第2款。

④ Art. 110 (2) The Rules of the International Tribunal for the Law of the Sea.

⑤ Bernard H. Oxman, "Observations on Vessel Release Under the United Nations Convention on the Law of the Sea," *International Journal of Marine and Coastal Law*, Vol. 11, No. 2, 1996, p. 202.

⑥ 光船承租与船舶融资租赁不同,船舶融资租赁的出租人的主体一般有法定限制条件,船舶光租及租购交易中的出租人则无此约束。船舶融资租赁交易往往涉及出租人、承租人、船舶建造人或出卖人三方,船舶光租及租购往往只涉及两方——出租人与承租人。

上存在抵押担保或船舶优先权时，抵押权人和船舶优先权人也可能基于自己利益的保护成为迅速释放程序的参与人。此时，扣留国与被扣船舶的船旗国仍然是迅速释放程序中的两方主体，只不过在代表船旗国的法人或自然人介入下，船旗国原告地位被"空壳"化，法人或自然人成为迅速释放程序的直接参与者与权利行使者。

第一，船旗国授权自然人或法人参与迅速释放程序是在争夺国际争端解决机制资源。国际海洋法法庭受理的第一个迅速释放案件是 1997 年"塞加号"案，此后法庭受理的迅速释放案件逐步增多。由于《海洋法公约》中迅速释放申请标准简单，既不以用尽当地救济为适用标准，也没有规定适用于基于何种缘故而被扣押的船舶、船员。要求扣留国与被扣船舶的船旗国在 10 日内达成管辖协议显然具有不小的难度，根据《海洋法公约》第 292 条，如从扣留时起 10 日内不能达成管辖协议，则除争端各方另有协议外，可向扣留国根据该公约第 287 条接受的法院或法庭，或国际海洋法法庭提出迅速释放程序申请。相较国内法中关于释放船舶、船员的规定，国际海洋法法庭的常设性、迅速性使其在处理迅速释放问题上，更容易被具有直接利害关系且急于要求释放船舶的船东、承租人等主体利用，尤其是对于方便旗船舶的船东、承租人等，《海洋法公约》中的迅速释放程序更容易令当事人通过方便旗国一纸授权，径直绕开国内法途径，直接诉诸国际海洋法法庭，而不会顾及程序的性质，更不会遵循程序制定者的预设目的。事实上，国际海洋法法庭仅由 21 名来自不同国家的独立大法官组成，却要处理可能来自《海洋法公约》169 个缔约方之间的争端，而在海上交通安全调查中扣留船舶的事件几乎每天都会发生在各沿海国港口或其他管辖水域，其扣留的理由"林林总总"。在通知法院授权的期限方面，《国际海洋法法庭规则》采取了宽松的态度，规定授权可以在"任何时候"通知法庭；如果未在提出申请前通知，仍允许在提起请求时一并提交授权书。可见，法庭对于船旗国授权自然人或法人参与迅速释放程序的开放式态度，可能会导致更多的被扣船舶的船东、承租人等私主体借由船旗国授权，提起迅速释放程序，如此一来必将挤占法庭处理国际法主体之间争端的法律资源，将原本可在扣留国解决的争端直接引入国际争端解决机制，增加法庭的受案数量，挤占法庭的法律资源，造成《海洋法公约》中国际争端解决机制的私人化。

第二，授权自然人或法人参与迅速释放程序的衍生后果背离公约争端解决机制设计的初衷。迅速释放程序及《海洋法公约》中的整套争端解决机制的设计初衷在于，"一个强有力的争端解决机制有助于强化公约的规定"[1]。实际上，授权自然人或法人参与迅速释放程序，一方面，确实对沿海国海上管辖权作出了必要限制，保护了被扣船舶的营运利益及被扣船员的人身权利；另一方面，可能导致国际争端解决机制私人化，被授权的自然人或法人所提供的船旗国法律信息也未必可靠。[2] 而后者是当初《海洋法公约》争端解决机制设计者所未能预料的，随着自然人或法人参与迅速释放程序的扩大化，其衍生的各种问题和对公约争端解决机制的冲击，也会不断加重和扩大。

第三，授权自然人或法人参与迅速释放程序转嫁了船旗国的部分责任。授权自然人或法人参与迅速释放程序并没有切实强化方便旗船舶与登记国之间的真正联系。由于方便旗国与被扣船舶、船员之间缺乏真正联系，方便旗国往往缺乏直接提起国际诉讼以保护船东和船员利益的动机。《海洋法公约》第292条仅授予船旗国提起迅速释放程序的主体资格，意在通过强化船旗国与船舶之间的真正联系，履行该公约第94条规定的船旗国义务，强化船旗国对悬挂其旗帜的船舶有效地行使行政、技术及社会事项上的管辖和控制。从国际海洋法法庭受理的相关案件看，在得到船舶登记国外交事务机关或者渔业部门的授权后，参与迅速释放审理程序的均是船东雇用的私人律师，保函或担保金也都是通过船东或船东参加的互保协会向扣留国主管机关提供的，船旗国既没有实质性介入整个程序，也没有对登记船

---

[1] 〔美〕路易斯·B. 宋恩、克里斯汀·古斯塔夫森·朱罗、约翰·E. 诺伊斯等：《海洋法精要》，傅崐成等译，上海交通大学出版社，2014，第282页。
[2] 国际海洋法法庭审理的"大王子号"（Grand Prince）案中，法国籍法官科特（Jean-Pierre Cot）指出，"诉诸法庭的争端属于国家间的争端，律师代理人并不必然与船旗国当局有密切的联系，其所提供的船旗国法律观点方面信息的可靠性值得怀疑。在本案中，法庭不得不接受伯利兹关于'大王子号'国籍的不完整且充满矛盾的船舶登记信息"。See Grand Prince Case (*Belize v. France*), Prompt Release, Judgment of 20 April, 2001, Declaration of Judge ad hoc Cot, ITLOS Reports, para. 14, p. 53.

舶发挥司法救济作用，① 其更像一个迅速释放程序的"旁观者"，完全没有尽到《海洋法公约》第 94 条规定的责任与义务。

四 迅速释放程序申请国范围的改进空间

应当严格限制自然人或法人参与迅速释放程序，转而赋予被扣方便旗船舶的实际控制国和被扣船员的国籍国（以下简称"第三国"）参与迅速释放程序的主体资格，方便旗船舶的实际控制国可以借由经济参与、配置船员及经营管理这三个要素来确定，即船舶所有权（股份）份额全部或大多数归该国自然人或该国法人所有，且该国自然人或法人具有船员配置权和经营管理船舶的权利，或由实际控制国的自然人充当船公司所有人、经营人或管理人。

第一，第三国参与迅速释放程序符合方便旗船舶管理需要。据国际海事组织统计数据，全球方便旗船舶已经达全球海运商船总载重吨位的 37% 左右，希腊、日本、德国、美国船东（船公司）拥有的船舶中，约有 80% 的船舶在国外登记，中国船东（船公司）拥有的船舶中，约 50% 悬挂方便旗。②《劳氏船舶登记册》（Lloyd's Register of Ships）显示，约 700 艘一百吨位以上的渔业船舶为方便旗船，③ 中国控制或实际所有的商船中约 58% 在巴拿马、巴哈马等方便旗国家登记。④ 一方面，方便旗国家急于保护登记船舶利益或故意逃避参与迅速释放程序的原因多种多样，⑤ 其中不仅有不愿支付国际诉讼费用的考虑，同时也不排除一些方便旗国家为防止被他国指责为

---

① Natalie Klein, *The Dispute Settlement in the UN Convention on the Law of Sea* (Cambridge: Cambridge University Press, 2005), pp. 4-17.
② 《海南开展中资方便旗邮轮海上游航线试点》，中国交通运输部网站，https://www.mot.gov.cn/jiaotongyaowen/202107/t20210721_3612461.html，最后访问时间：2022 年 6 月 5 日。
③ "Lloyd's Register," http://www.lr.org/en/resources/index.aspx, last visited 5 June, 2022.
④ 胥苗苗：《中资船的方便旗情结》，《中国船检》2013 年第 8 期，第 39 页。
⑤ 如伯利兹诉法国的"大王子号"案中，伯利兹开始选择通过撤销登记规避其责任，后来船主获得了伯利兹的授权并且提出了许多相反的证据。船主以伯利兹名义实施的行为与此前伯利兹政府的行为存在很多矛盾，这给法庭认定证据带来很大困难。See Jean-Pierre Cot, "Appearing for or on Behalf of a State: The Role of Private Counsel Before International Tribunals," in Nisuke Ando, et al. (eds.), *Liber Amicorum Judge Shigeru Oda* (Vol. 2) (Hague/London/New York: Kluwer Law International Publishing, 2002), p. 835.

纵容非法捕鱼、非法航行，而不积极参与迅速释放程序。由于方便旗船登记国允许登记者在登记文件中隐藏船舶的真正所有权，此时，为了强化对方便旗船舶的行政管理，避免被犯罪活动或被恐怖主义利用，降低对海洋环境和海上通航秩序的影响，应将船舶"幕后"的实际控制国推到国际争端解决机制"前台"，赋予其参与国际司法诉讼或仲裁的主体资格，维护《海洋法公约》设置迅速释放程序的初衷，避免国际争端解决机制私人化。另一方面，围绕方便旗船舶的法律关系多种多样，既包括船舶所有关系，也包括海上运输法律关系、船舶租赁法律关系，船舶的国籍、船东的国籍、承租人的国籍与船员的国籍可能均不同，一船之上的船员之间也不尽是同一个国家的公民。在属人管辖之下，一国对于其公民具有绝对的保护义务，当其国民被扣留时，政府更愿意直接出面进行交涉并诉诸国际法程序。因此，赋予被扣船员的国籍国参与迅速释放程序的主体资格，符合强化方便旗船舶管理的需要，有利于保障船东、船员利益，防止国际海洋法法庭成为自然人或法人滥用诉权的工具。①

第二，第三国参与迅速释放程序符合国民保护义务与真正联系原则。船舶的国籍登记与所有权登记具有可分性，第三国实际控制的船舶在方便旗国家登记仅表示取得方便旗国的国籍，接受其制定的船舶安全航行标准、配员标准，有权向船舶所有人或管理人收取税费，船舶国籍与船舶的财产权利归属没有必然联系，这些方便旗船舶的实际所有者或为第三国公民，或为私营企业、国有企业、非政府组织等实体组织，在方便旗船舶上工作的船员与船籍国之间也没有必然联系。但是，实际控制国可以通过船员的国籍、物权或财产权与方便旗船舶建立法律联系，将其纳入本国法律保护范畴。第三国对本国被扣船员利益的保护是属人管辖权的重要体现，是国家对公民履行尽忠义务的回馈，② 具有绝对性和优先性。而且，第三国参与

---

① Case Armed Activities on the Territory of the Congo (*Democratic Republic of the Congo v. Uganda*), Judge Oda, Declaration to the ICJ Order on Provisional Measures, 1 July, 2000, ICJ Reports, paras. 8, 39.
② 张明楷：《国民对国家的忠诚与国家对国民的保护——属人主义的理解与适用》，《社会科学》2008 年第 4 期，第 72~72 页。

迅速释放程序是对"真正联系"原则的实质性诠释。"真正联系"原则,指"对于悬挂某一国船旗的船舶,该国必须有效管理和控制与船舶有关的行政、技术和社会等问题"①。"真正联系"原则是针对方便旗船舶的弊端提出的,②《公海公约》第5条、《海洋法公约》第94条第1款在表述"真正联系"原则时都是从船旗国义务角度来诠释的。但现实情况是,从1958年《公海公约》通过至今,"真正联系"原则一直没有得到有效贯彻。在船舶国籍登记与所有权登记分离模式下,仅从船旗国义务角度要求"真正联系"并不可行,应从船旗国与船舶实际控制国两个角度诠释"真正联系"原则要求的"真实性",既承认船旗国对船舶之间行政、技术及社会事项上的管辖和控制,同时也承认实际控制国对船舶享有的财产权利和对船舶经营、管理的实际控制。

第三,第三国参与迅速释放程序与船旗国管辖并不冲突。迅速释放程序是一种权利救济程序,第三国参与迅速释放程序具有补充性,第三国既不能在迅速释放程序中替代船旗国,也不会介入船籍登记程序、否认方便旗国登记的效力。对此,在"塞加号"迅速释放案件中,国际海洋法法庭认为《海洋法公约》要求船舶与船旗国之间具有真正联系的目的在于确保船旗国更有效地履行其义务,并不在于创造使一国否定其他国家船舶登记效力的标准,③赋予第三国参与迅速释放程序的主体资格,并不影响船旗国的承认。而且,第三国参与迅速释放程序具有补充性,原因在于船旗国在对其船舶的控制与保护中一直占据中心地位,能够在诸多方面对其船舶进行"长臂管辖",虽然方便旗制度一直受到诟病,但是所有国际公约与习惯国际法均没有否认方便旗国与其船舶之间的国籍联系。因而,方便旗国在迅速释放程序中应具有优先性,参考《海洋法公约》第94条第6款的规定,只有第三国有明确理由相信方便旗国对其船舶未行使适当的管辖和管制,并将这项事实通知船旗国,船旗国接到通知后怠于或拒绝向

---

① 1958年《公海公约》第5条。
② 蔡壮标、唐一雄:《论船舶登记中的"真正联系"原则》,《中国水运》(学术版) 2006年第5期,第109~110页。
③ The M/V Saiga Case (*Saint Vincent and the Grenadines v. Guinea*), Prompt Release, Merits, Judgment of 4 December, 1997, ITLOS Reports, paras. 75-88.

法庭申请迅速释放被扣船舶、船员，第三国方有权以自己的名义申请迅速释放程序。[1]

第三节 海上交通安全保障中国家的国际责任

责任是任何法律体系中所共有的关于违反其规则而应承担后果的制度。在国际法上，这种责任被称为国际责任或国际法律责任。国际责任的本质是国家的国际责任或国家责任。[2]《奥本海国际法》认为，不遵守一项国际义务即构成国家的国际不法行为，引起该国的国际责任，由此该国产生某些法律后果。[3] 有学者认为，国家责任又有广义与狭义之分，广义的国家责任是国际不法行为或损害行为所应承担的国际法律责任，狭义的国家责任是国家的国际不法行为所引起的法律后果。[4] 在海上交通安全保障中，当行为国实施违反国际义务的行为后，如在海上交通安全执法中违反限制条件使用武力、在护航或残骸清除中违反相应的国际法义务等，受害国有权要求行为国就其实施的不法行为承担相应的法律后果。2001年联合国大会第56届会议通过的《国家责任条款草案》，对一国的国际不法行为和国家的国际责任作出规定。本节结合《国家责任条款草案》中的规定，针对海上交通安全保障中国家违反国际义务的行为，分析其中的国际责任问题。

一 国家的国际责任构成机理及解除条件

国家的国际责任基于国家具有的国际法人格产生，属于国家违反对其有约束力的国际义务的法律后果。判断一国不法行为的依据是国际法而不是其国内法。依《国家责任条款草案》第3条，即"在把一国行为定性为国际不法行为时须遵循国际法，这种定性不因国内法把同一行为定性为合

---

[1] 1982年《海洋法公约》第94条第6款规定："一个国家如有明确理由相信对某一船舶未行使适当的管辖和管制，可将这项事实通知船旗国。船旗国接到通知后，应对这一事项进行调查，并于适当时采取任何必要行动，以补救这种情况。"
[2] 余民才主编《国际法专论》，中信出版社，2003，第125页。
[3]〔英〕詹宁斯、瓦茨修订《奥本海国际法》（第一卷第一分册），王铁崖等译，中国大百科全书出版社，1995，第401页。
[4] 张磊：《论国际法上传统国家责任的产生与构成》，《学术论坛》2012年第2期，第91页。

法而受到影响"①。

要追究一国所负的国际责任,就需证明该国实施的特定行为违背了该国承担的国际义务,存在国际不法行为（internationally wrongful act）。国际不法行为,指国家违反国际法的义务,以致损害他国利益,造成承担国际责任后果的行为。国家不法行为是产生国际责任的前提,构成国际不法行为的主体要素是该行为可归因于国家而成为该国的国家行为,而认定某一行为是否为该国的国家行为,只能按国际法而不能按国内法来判断。②《国家责任条款草案》第4条至第11条总结了七种可以归于一国的行为,③ 这些行为分为三类。第一类,国家或准国家实体自己实施的行为,即任何国家机关实施的行为,而不论该国家机关的职能、在国家组织中的地位。在不存在国家正式当局时,行使政府权力要素的主体的行为同样被视为国家行为。争取独立的民族虽然不能像国家那样拥有完全的权利能力和行为能力,但基于民族自决原则和以建立独立国家为最终目的,争取独立的民族组织具有国际法主体资格,其实施的行为同样属于国家行为。④ 第二类,受国家指挥、监督或控制的行为,即主体是按照国家的指示或者在国家实际指挥或控制下行事,其行为应被视为国际法所指的一国的行为,⑤ 如在"对尼加拉瓜进行军事和准军事行动"案中,国际法院认定美国政府指使美国军人和其他国家国民在尼加拉瓜港口布雷的行为,属于在美国策划、资助、指挥和监督下进行的行为,⑥ 是美国的国家行为。第三类,一国承认或追认的其他主体实施的行为,即经一国法律授权而行使政府权力的个人或实体

---

① James Crawford, *State Responsibility: The General Part* (Cambridge: Cambridge University Press, 2013), pp. 219-220.
② 张乃根:《试析〈国家责任条款〉的"国际不法行为"》,《法学家》2007年第3期,第95~101页。
③ 《国家责任条款草案》第7条"逾越权限或违背指示"并不是一种独立的行为类型,是对第4条"一国的机关的行为"和第5条"行使政府权力要素的个人或实体的行为"的扩展。
④ 《国家责任条款草案》第4条、第9条、第10条。
⑤ 《国家责任条款草案》第8条。
⑥ Case Concerning the Military and Paramilitary Activities in and Against Nicaragua (*Nicaragua v. United State of America*), Judgment of 27 June, 1986, ICJ Reports, p. 14.

的行为应被视为国际法所指的国家行为,但以该个人或实体在特定情况下以此种资格行事者为限。一国还可以通过授权的方式承认由他国代行应由本国机关从事的行为,① 也可以通过追认的方式确认其他个人或实体的行为为本国行为。② 早在1901年侨居秘鲁意大利公民权利要求仲裁案中,仲裁庭即重申"国际法中一项普遍公认的原则指出,国家应为其代理人犯下的违反国际法行为负责"③。因而,一旦国家的主体资格得到国际法确认,其就负有与其国际地位相联系的义务,也就满足了国际不法行为的主体要素。

国家特定行为必须构成对行为国有效国际义务的违背。违背国际义务就是一国的行为不符合国际义务对它的要求,也就是一国实际采取的行为与国际义务要求该国的行为不相符合,④ 而不论这项义务源于国际习惯、条约或其他。⑤ 一国行为仅违反该国的国内法规定不能被定性为国际法意义上的国际不法行为,因为国际不法行为的定性不因国内法将同一行为定性为合法行为而受到影响,当国内法与国际法的规定存在冲突时,一国以其行为符合国内法而不应依国际法被定性为国际不法行为的抗辩并不能成立,只要该行为构成对国际义务的违背,就应当被定性为国际不法行为。⑥ 就违反国际法义务的程度与性质而言,国际不法行为可分为一般国际不法行为和严重国际不法行为,且违背必须是在该义务对该国有约束力时发生。⑦ 一国可能违背只影响别的国家的义务,也可能违背影响整个国际社会的义务。在一国实施针对另一国的不法行为时,其对国际法的违背行为引发就损害进行赔偿的责任。否则,国际法中国家平等主权就不存在。⑧

---

① 《国家责任条款草案》第6条。
② 《国家责任条款草案》第11条。
③ United Nations. Reports of International Arbitral Awards, Vol. XV, Sentences, 30 September, 1901, pp. 399, 401, 404, 407-409, 411.
④ 刘文冬:《论国际不法行为的法律后果》,《南方论刊》2009年第1期,第32~33页。
⑤ 《国家责任条款草案》第12条。
⑥ 赵建文:《国际法上的国家责任》,博士学位论文,中国政法大学,2004,第21~22页。
⑦ 程晓霞、余民才主编《国际法》(第四版),中国人民大学出版社,2011,第213~214页。
⑧ William Slomanson, *Fundamental Perspectives on International Law* (6th Edition) (Wadsworth: Cengage Learning, 2011), p. 73.

但是，在特定情况下，当行为国违反对其有效的国际义务时，其仍然能够免于受到该有效义务的约束，其行为也不会被认为是国际不法行为。《国家责任条款草案》第 20 条至第 25 条列举了六项解除行为不法性的条件，这些条件可以根据其应用频率分为常态条件与非常态条件两类：常态条件包括同意（第 20 条）、不可抗力（第 23 条）、危难（第 24 条）和危急情况（第 25 条）；非常态条件包括自卫（第 21 条）和对国际不法行为采取的反措施（第 22 条）。本书认为，上述条件均可以适用于海上交通安全保障领域，成为解除国家行为不法性的条件，只有不满足解除海上交通安全保障中国家行为不法性的条件时，方存在产生国际责任的可能。若一国在实施自卫或反措施过程中发生影响或损害海上交通安全的行为，只有当该行为符合《联合国宪章》的规定，且与国际强行法中的保护基本人权的义务、禁止报复的人道主义性质义务及依一般国际法强制性规范承担的其他义务不相违背时，该国家行为方能解除其不法性。在海上交通安全保障领域，比较特殊的是常态条件中的危急情况，《国家责任条款草案》第 25 条第 1 款从"行为保护的利益"与"行为危害的利益"两方面要件，对适用"危急情况"解除行为不法性作了限定，① 而解除海上交通安全保障中国家行为不法性是否要同时满足以上两个要件是存在争议的，② 典型行为即禁止避难船入港行为。禁止避难船入港的案例在国际上并不鲜见，现行国际公约关于遇难船舶的避难准入问题均未作出明确规定。一方面，1979 年《国际海上搜寻救助公约》第 2.1 条、《海洋法公约》第 98 条、1989 年《国际救助公约》第 10 条、1974 年《国际海上人命安全公约》第 1 条均规定缔约国救助海上遇险人员义务；另一方面，《海洋法公约》规定了国家保护海洋环境安全的义务，而 1989 年《国际救助公约》则赋予了国家干预海洋环境

---

① 《国家责任条款草案》第 25 条第 1 款规定："一国不得援引危急情况作为理由解除不遵守该国某项国际义务的行为的不法性，除非：（a）该行为是该国保护基本利益，对抗某项严重迫切危险的唯一办法；而且（b）该行为并不严重损害作为所负义务对象的一国或数国或整个国际社会的基本利益。"

② 刘长霞：《遇难船舶避难准入法律问题研究》，《中南大学学报》（社会科学版）2014 年第 1 期，第 108~110 页。

污染的权利。行为国在作出怠于救助遇难船舶及其上人员,甚至强行驱离遇难船驶离本国管辖海域的行为时,其依据均为保护本国安全和环境利益,① 这满足《国家责任条款草案》第 25 条第 1 款"行为保护的利益"要件,至于是否继续要求该行为并不严重损害作为所负义务对象的一国或数国或整个国际社会的基本利益,从现有海上交通安全相关公约中找不到明确依据,② 甚至 1989 年《国际救助公约》第 9 条将是否允许遇难船进入本国避难的决定权最终留给了沿海国,③ 并没有考虑该行为是否会损及他国或整个国际社会的基本利益。④ 因此,在现有公约框架下,援引"危急情况"解除海上交通安全保障中国家行为不法性时,只需要满足"行为保护的利益"要件即可,故当事国的行为要构成国际责任须不存在上述解除行为不法性的条件。

二 国家的海上交通安全保障国际义务及行为路径

国家的国际责任源于违反国际义务。构成国际责任需要存在特定的国家行为,且该行为违背对行为国有效的国际义务。⑤ 海上交通安全保障中国家违反的国际义务,应当是对行为国有国际法约束力的国际义务,至于该国家行为是否违反其国内法不影响相应国际责任的成立,国家主权豁免不能作为否认这种责任的依据。

---

① 刘占魁:《从"千岛油 1 号"轮污染事件说起》,《中国海事》2005 年第 4 期,第 53 页。
② 1989 年《国际救助公约》第 11 条规定:"在对诸如允许遇难船舶进港或向救助人提供便利等有关救助作业的事项做出规定或决定时,缔约国应考虑救助人、其他利益方同当局之间合作的需要,以保证为拯救处于危险中的生命或财产或为防止对总体环境造成损害而进行的救助作业得以有效、成功的实施。"
③ 1989 年《国际救助公约》第 9 条规定:"本公约中的任何规定,均不得影响有关沿海国的下述权利:根据公认的国际法准则,在发生可以合理地预期足以造成重大损害后果的海上事故或与此项事故有关的行动时,采取措施保护其岸线或有关利益方免受污染或污染威胁的权利,包括沿海国就救助作业作出指示的权利。"
④ 2002 年"威望号"油轮事故中,西班牙禁止"威望号"入港避难行为在客观上扩大了油污事故损害的范围,导致污染范围从西班牙北部海域扩散到法国和葡萄牙海岸,但西班牙此行为并未引起其与法国、葡萄牙之间的国家责任。See Nilufer Oral, *Regional Co-operation and Protection of the Marine Environment Under International Law: The Black Sea* (Leiden: Martinus Nijhoff Publishers, 2013), p. 252.
⑤ 2001 年《国家对国际不法行为的责任的条款草案》第 13 条。

第六章　国际海上交通安全保障中的争端解决及国际责任

对于国家承担的国际义务的讨论，可以从《国际法院规约》第38条的规定出发。① 一般认为，《国际法院规约》第38条列举了国际法的渊源，其也是国际义务的来源。一种观点认为，根据《国际法院规约》和国家主权平等原则，国际法渊源是没有等级的，逻辑上也不可能有等级，因为国际规则是平等的，来源是平等的，程序也是平等的，国际法渊源都源于国家的意志。② 也有观点认为，只有条约、习惯和一般法律原则构成国际法的主要渊源和真正渊源，司法判决、权威国际公法学者的学说等不能作为法律渊源，而仅是法律规则或原则的证据，只解释和确定现有规范，缺乏从无到有创造权利和义务的能力。③ 具体到国际海洋法，因一国违反条约、国际习惯和一般法律原则而要求其承担国际责任，并没有太多争议。违反国际司法机构判决或仲裁机构裁决，并不必然产生国际责任。依据权威国际公法学者学说要求国家承担国际责任，目前似乎并没有典型的事例。具体到国际海上交通安全保障，一些国际条约针对特定情况（国家行为）规定了国际责任，例如，《海洋法公约》第31条规定，"对于军舰或其他用于非商业目的的政府船舶不遵守沿海国有关通过领海的法律和规章或不遵守本公约的规定或其他国际法规则，而使沿海国遭受的任何损失或损害，船旗国应负国际责任"；《海洋法公约》第42条第5款规定，"享有主权豁免的船舶的船旗国或飞机的登记国，在该船舶或飞机不遵守这种法律和规章或本部分的其他规定时，应对海峡沿岸国遭受的任何损失和损害负国际责任"。《制止危及海上航行安全非法行为公约》第八又条第10款（b）项规定："如船旗国的登船授权本身不引起责任，则在下列情况下，缔约国应对依据本

---

① 《国际法院规约》第38条第1款规定："法院对于陈诉各项争端，应依国际法裁判之，裁判时应适用：（1）不论普通或特别国际协约，确立诉讼当事国明白承认之规条者；（2）国际习惯，作为通例之证明而经接受为法律者；（3）一般法律原则为文明各国所承认者；（4）在第五十九条规定之下，司法判例及各国权威最高之公法学家学说，作为确定法律原则之补助资料者。"第2款规定："前款规定不妨碍法院经当事国同意本'公允及善良'原则裁判案件之权。"

② Pierre-Marie Dupuy, *Droit International Public* (Paris: Dalloz Publishing, 1995), pp. 14-16; Dinah Shelton, "Normative Hierarchy in International Law," *The American Journal of International Law*, Vol. 100, No. 2, 2006, p. 291.

③ Jan Klabbers, *International Law* (Cambridge: Cambridge University Press, 2013), p. 25; Hugh Thirlway, *The Sources of International Law* (London: Oxford University Press, 2014), p. 8.

条所采取的措施对其造成的任何损害、危害或损失负责：（i）船舶未犯下证明所采取的措施为合理的任何行动，此类措施的理由证明是无根据的；或（ii）此类措施是非法的或超出了依照现有信息实施本条规定之合理需要者。"

　　一国在海上交通安全保障领域违反国际习惯和一般法律原则，也会产生国际责任。国际习惯是从一般和一致的国家实践中发展出来的，且这种国家实践源自法律义务或法律确信（opinion juris）。在国际海事领域，公法与私法层面的国际习惯（惯例）使用方式不同，从国际公法的角度来讲，如果一个国家不是一贯地反对某一项国际习惯，则该习惯对该国便具有法律上的效力，故而国际公法上的习惯能否被适用，应取决于国家的意志。私法上的习惯（包括国际海事惯例），在适用上可基于当事人的同意。① 在实践中，国际海上货物运输、海上贸易等私法层面的国际习惯要远多于公法层面的国际习惯。在国际海洋法发展过程中，许多国际习惯（例如航行自由）被编纂进国际条约，但是从效力的普遍性上讲，国际条约并不能完全替代国际习惯。要讨论海上交通安全保障中国家因违反国际习惯而承担国际责任，首先需要识别与海上交通安全保障相关的国际习惯，尤其是识别存在于条约规定之外的国际习惯，其次才可讨论违反国际习惯产生的国际责任。《国际法院规约》第38条所述之一般法律原则包括所有国家法律体系中都存在的原则以及国际法本身的一般原则，这些原则塑造并构成国际法规范与规则。② 在海上交通安全保障领域讨论一般法律原则及违反该原则的国际责任，同样面临前述有关国际习惯讨论的窘境。但是，在海上交通安全保障国家实践中，仍然存在一些可能引起国际责任法律后果的事例。例如，2022年4月，希腊政府在该国埃维亚（Evia）南部海岸的卡里斯托斯（Karystos）附近扣留了伊朗籍"佩加斯号"（Pegas）油轮，该艘船舶载有19名俄罗斯籍船员，扣押发生时，该船舶正驶往土耳其马尔马拉码头，船上载有11.5万吨伊朗石油。5月25日，希腊政府称，应美国司法部要

---

① 傅廷中：《国际海事惯例的适用之反思》，《社会科学辑刊》2020年第5期，第106~113页。
② Antônio Augusto Cançado Trindade, "Statute of the International Court of Justice," United Nations Audiovisual Library of International Law, https://legal.un.org/avl/pdf/ha/sicj/sicj_e.pdf, last visited 5 June, 2022.

求,希腊将把船上的石油移交给美国,美国随后没收了船上的石油货物,并计划用另一艘船将其运往美国。同年 5 月 27 日,伊朗政府以违反该国海事规定为由,扣押了正在伊朗海岸 22 海里外航行、悬挂希腊国旗的油轮"德尔塔·波塞冬号"(Delta Poseidon)。① 目前,美国、希腊、伊朗都没有对扣留船舶的行为给出令人信服的国际法依据。在 1956 年至 1962 年阿尔及利亚反抗法国殖民统治期间,法国以自卫之名在公海拦截涉嫌载运武器驶往阿尔及利亚的船舶,这遭到那些被登临、搜查船舶的船旗国的强烈反对。② 类似案例还包括,1993 年广州远洋运输公司的集装箱班轮"银河号"在从天津驶往中东过程中,美国称该艘货轮载有用于制造化学武器的货物,利用军舰、直升机对"银河号"跟踪监视,最终在该货轮进入波斯湾之前,在公海水域予以截停,要求其接受美国军舰的登临检查或返航,最终联合调查报告确认"银河号"没有运载化学武器原料。对于 1982 年《海洋法公约》第 110 条所规定的登临权制度,船舶无国籍或从事海盗行为可成为非船旗国干预载运大规模杀伤性武器或其他材料的船舶航行自由的正当理由,但运输大规模杀伤性武器或其他材料本身并不是采取登临行动的理由,除非国际条约另有规定。而 1968 年《不扩散核武器条约》、1972 年《禁止生物武器公约》和 1992 年《禁止化学武器公约》也都没有授权缔约国可对违反条约义务的行为采取登临行动。③ 此处,借用国际人道法中"马顿斯条款"④所表达的含义,可以说,现有国际条约中的规定并不能涵盖所有国际

---

① 媒体报道称,该船舶此前悬挂俄罗斯国旗,2022 年 3 月 1 日更名为"拉娜号"(Lana),同年 5 月 1 日起悬挂伊朗国旗。See "Iran Seizes 2 Greek Tankers Amid Row over US Oil Grab," https://www.voanews.com/a/iran-seizes-2-greek-tankers-amid-row-over-us-oil-grab-/6592716.html, last visited 5 June, 2022; "Greece Seizes Russian Oil Tanker Pegas," https://www.ship-technology.com/news/greece-seizes-russian-tanker-pegas/, last visited 5 June, 2022.

② Robin R. Churchill, Alan Vaughan Lowe, *The Law of the Sea* (3rd Edition.) (Manchester: Manchester University Press, 1999), p.217.

③ 余民才:《对我国关于〈防扩散安全倡议〉立场之重新审视》,《法商研究》2009 年第 6 期,第 50~57 页。

④ 由俄国外交官和国际法学者马顿斯(Fyodor Fyodorovich Martens)首先提出,规定在 1899 年《海牙第二公约》和 1907 年《海牙第四公约》序言中,即"在颁布更完整的战争法规之前,缔约各国认为有必要声明,凡属它们通过的规章中所没有包括的情况,居民和交战者仍应受国际法原则的保护和管辖,因为这些原则是来源于文明国家间制定的惯例、人道法规和公众良知的要求"。

法中国家应当承担的海上交通安全保障义务及国家的国际责任,《国际法院规约》所规定的国际习惯和一般法律原则,仍然是国际海洋法领域要求国家履行海上交通安全保障义务及承担相应国际责任的渊源。此外,国家的单方行为也是国际义务的来源。国家的正式声明、通告都是单方行为,国际司法实践也明确认可单方行为可以为国家创建国际义务。① 违反该国际义务同样会产生国际责任。国际法院在 1974 年"核试验"案中指出为,"如果作出声明的国家意图受其用语拘束,此种意图将使该声明具有法律承诺性质,法律要求国家之后遵守该声明而行事"②。国际法院在 2018 年"进入太平洋谈判义务"案中认为,对于智利的声明和其他单方行为,其措辞仅表达了愿意对玻利维亚进入太平洋主权的问题进行谈判,但无法表明意图为此承担法律义务,因此,不能在智利和玻利维亚之间创设谈判义务。③ 2006 年《适用于能够产生法律义务的国家单方面声明的指导原则》指出,合法单方声明产生法律拘束力的条件包括:一国有权当局作出的;不论是口头的还是书面的声明均必须是公开的;声明必须是善意的;声明可以向整个国际社会作出,也可针对一个或数个国家或其他实体作出;具有明确和具体的义务内容;不违反国际强行法。④ 可见,通常情况下,只有由有权的主管当局作出的国家明确具体地承诺单方承担国际义务的公开的声明才具有法律拘束力。

依据不同标准,可以对海上交通安全保障中国家担负的国际义务作不同划分。海上交通安全保障中国家担负的国际义务可以源于条约、国际习惯、国际法的一般法律原则甚至单方行为。⑤ 依国际义务发生的根据,一国

---

① The International Law Commission, Guiding Principles Applicable to Unilateral Declarations of States Capable of Creating Legal Obligations, with Commentaries Thereto (2006), https://legal.un.org〉texts〉english〉commentaries, last visited 5 June, 2022.

② Nuclear Tests (*Australia* v. *France*), Judgment of 20 December, 1974, ICJ Reports, 1974, para. 43, p. 267.

③ Obligation to Negotiate Access to the Pacific Ocean (*Bolivia* v. *Chile*), Judgment of 1 October, 2018, ICJ Reports, para. 147, p. 555.

④ The International Law Commission, Guiding Principles Applicable to Unilateral Declarations of States Capable of Creating Legal Obligations, Yearbook of the ILC 2006, Vol. 2, Part 2, A/CN. 4/SER. A/2006/Add. 1 (Part 2).

⑤ 《国家责任条款草案》第 3 条。

负担的海上交通安全保障义务可分为法定义务与约定义务，法定义务是直接依据一国缔结、参加的国际公约的规定产生的，约定义务是国家间通过双边协定或多边协定的方式自行约定的有关海上交通安全的义务。根据国际义务的内容，还可以将一国负担的海上交通安全保障义务分为积极义务和消极义务，积极义务是一国必须实施一定行为或承担一定积极作为的义务，《海洋法公约》和国际海事公约在表述缔约国承担的海上交通安全保障积极义务时，一般使用"应当""必须"等字样。消极义务是以一国作为义务人须不为一定行为（不作为）为内容的义务，在海上交通安全相关国际公约中，一国负担的消极义务既包括一国不得为特定的行为，以保护不特定多数主体在海上交通活动中享有与行使的权利，① 也包括一国不得超出给定的范围行使权利。② 在海上交通安全保障中，国家负担的国际义务以公约义务为主要构成，兼具积极义务与消极义务。

根据国家海上交通安全保障行为内容的不同，一国负担的海上交通安全保障国际义务又可以分为三类。一是海上交通安全保护义务。即行为国应当按照相应缔结参加的国际公约、国际协定的规定，保证采取国际公约或协定要求的一切适当措施，保障海上交通工具在航行、停泊和作业过程中的安全，防止对海上交通工具及其上人员和财产造成不必要的延误，③ 履行安全保障义务的方式包括"（安装）助航设备和设施以及其他设施或设备""设置合理的安全地带""妥为通知""维持警告方法"④ "采取必要措施"⑤ 等。海上交通安全保护义务是一种全方位的义务，其保护的对象不仅包括海上交通工具的驾驶人、操作人等直接服务于海上交通安全工具运行

---

① 例如，《海洋法公约》第26条第1款规定："对外国船舶不得仅以其通过领海为理由而征收任何费用。"第40条规定："外国船舶，包括海洋科学研究和水文测量的船舶在内，在过境通行时，非经海峡沿岸国事前准许，不得进行任何研究或测量活动。"2006年《海事劳工公约》标准A2.5第8款规定："特别是，成员国不得因为船东财政状况或因船东不能或不愿意替换海员而拒绝任何海员得到遣返的权利。"
② 例如，1982年《海洋法公约》第226条第1款（a）项规定："各国羁留外国船只不得超过第二百一十六条、第二百一十八条和第二百二十条规定的为调查目的所必需的时间。"
③ 1965年《便利国际海上交通公约》第1条。
④ 1982年《海洋法公约》第21条、第60条第4款、第61条第3款、第147条，2006年《海事劳工公约》导则B4.4.6。
⑤ 1988年《制止危及海上航行安全非法行为公约》第6条。

的人，以及非参与海上交通工具运行的旅客等海上交通工具载运的人，还包括海上交通工具及其上财产安全和海上通航环境。二是制止不法侵害的义务。即行为国负有制止第三方对海上交通工具及其上人员、财产进行威胁或损害的义务，第三方是行为国、海上交通工具及其上人员国籍国以外的主体，行为国在履行制止不法侵害的义务时所采取的措施，应与实际造成的损害或似将发生的损害相适应。① 在海上交通安全国家保障中，制止不法侵害的义务源于两方面：一方面是行为国基于海上管辖权所产生的安全保障义务，这种保障义务既包括基于行为国与其国民之间的天然联系而产生的保护义务，也包括行为国基于属地因素对进入其管辖范围内的海上交通工具及其上人员所负担的安全保护义务；另一方面是行为国的承诺，尤其是在军事船舶护航中，如联合国安理会通过决议鼓励各国加强合作打击和遏制海盗，授权外国军队经索马里政府同意后进入索马里领海打击海盗及海上武装抢劫活动，此时，军事船舶护航的对象包括所有过往护航海域的商船，军事船舶护航行为表现为单方面的权利保障行为，其行为具有无偿性和服务性特征，护航主体基于单方承诺对被护航者提供服务，负担制止海盗对其进行不法侵害的义务。三是海上交通安全管理。即一国或授权依法享有海上交通安全管理权的国家机关，依职权使用法律手段对海上交通活动中的相对人采取直接影响其权利义务的国家行为，并进行其他监督管理活动的义务。海上交通安全监督管理义务内容主要是对海上交通工具及其上人员进行各种监督、符合措施检查或资质认证，② 在一些情况下还包括传播收到的海上交通安全信息。③ 需要指出的是，一国在实施与海上交通安全相关的行为时，可能会因同一行为产生不同性质和不同内容的义务，如一国在海上交通安全执法中使用武力时，其同时存在合法使用武力和救助遇难人员的义务，无论相对人是否存在违法行为，或沿海国使用武力的行为是否合法，均不影响执法者对于因其使用武力而有任何生命危险者负有的救助义务。

---

① 1969 年《国际干预公海油污事故公约》第 5 条第 1 款。
② 2002 年《国际船舶和港口设施保安规则》B 部分第 1.14 条。
③ 经 1988 年议定书修订的 1974 年《国际海上人命安全公约》附则第五章附录"北大西洋冰区巡逻的管理、运作和费用规则"第 1.5 条规定："管理和运作系指冰区巡逻的保持、行政管理和运作，包括传播由此所收到的信息。"

三 海上交通安全保障中可归因于国家的行为及义务违反

国家行为是产生国际责任的前提。国家的主体资格一旦得到国际法确认,其就负有与其国际地位相联系的义务,也就满足了国家行为的主体要素,进而其实施的行为才有可能成为国家行为。国家行为只是一个抽象的概念,国家行为必须以代表国家的个人、团体或组织的行为表现出来。海上交通安全保障中的国家行为必须是一种客观的行为,而不能是思想活动、立法活动等,其具体方式的形成根源在于法律赋予行为主体义务的形式。在海上交通安全保障中,以国家或准国家实体自己实施行为与受国家指挥或控制实施行为的方式保障海上交通安全,均具备相应的存在空间,然而海上交通安全保障中是否存在一国承认或追认的其他主体实施的行为?对此,虽然有国内学者在有关行政执法的理论探讨中对此作过分析,[①] 但该情形是否能延伸到海上交通安全保障领域,构成《国家责任条款草案》第6条、第11条所列情形,进而发生国际法上的效果,仍需进一步探讨。本书没有发现相应具有说服力的事例,故不将一国承认或追认的其他主体实施的行为作为讨论海上交通安全保障中国家行为的要点,而仅讨论国家机关的行为与受国家指挥或控制的行为。

国家机关的行为是国家自己实施的行为。一般情况下,海上交通安全保障行为的实施机关,必须是法定的具有公共行政管理职能的行政机关,表现为以国家名义对海上交通活动中的相对人和交通工具进行全面保障与管理,这种特征在海上交通安全执法中表现得最为明显。但由于各国海上交通安全管理模式的不同,一些国家立法赋予执行海上交通安全保障职能的组织是本国军事力量或准军事力量,其执法权性质兼具行政执法、刑事执法与军事执法。还有一些国家,根据海上交通活动的内容与空间范围,通过国内法将海上交通安全保障职能拆分给不同性质的国家机构,如马来西亚负责海上交通安全保障的国家机关主要有皇家警察、皇家海军和海事

---

① 柳砚涛、孙子涵:《论行政行为的追认》,《行政法学研究》2008年第3期,第29页;徐以祥:《违法行政行为效力矫治制度的困境和应对策略》,《河北法学》2009年第11期,第110~111页。

执法局，海事执法局主要任务是在马来西亚领海内执行该国法律和海上交通安全相关的国际公约，同时承担搜救及其他与海事相关的事务。① 由于负责海上交通安全保障的机构（力量）性质不同，相应主体拥有的管理权限与执法性质也存在相应差异，在以行政机关为单一安全保障主体的模式下，主体通常仅具有行政管理与行政执法权，而在以准军事力量或军事力量为主体的海上交通安全保障模式下，主体一般兼具行政执法权与刑事执法权。② 在军事船舶护航的情况下，授权军事船舶实施护航不同于一般行政授权行为，军事船舶在护航中是以国家的名义实施有关国防和外交事务的行为。总结上述海上交通安全保障中的国家行为可以看出，实施行为的依据通常来源于国内立法或一国缔结、参加的国际条约的规定，在已收集的海上交通安全国家保障案例中，目前尚未发现准国家实体实施海上交通安全保障行为的案例，③ 更没有找到争取独立的民族组织实施类似行为的典型事例。④ 换言之，在不存在国家正式当局时，虽然理论上行使政府权力要素的主体与争取独立的民族组织可以实施海上交通安全保障行为，但是在已有的海上交通安全法律保障实践中，难觅其踪。

受国家指挥或控制的行为，即主体是按照国家的指示或者在其实际指挥或控制下行事，其行为应被视为国际法所指的一国的行为，⑤ 如在"对尼加拉瓜进行军事和准军事行动"案中，国际法院认定美国政府指使美国军人和其他国家国民在尼加拉瓜港口布雷的行为，属于在美国策划、资助、指挥和监督下进行的行为，⑥ 是美国的国家行为。受到国家指挥或控制的行

---

① 赵晋：《论海洋执法》，博士学位论文，中国政法大学，2009，第80~81页。
② 边子光：《各国海域执法制度》，台北秀威出版社，2012，第130~149页。
③ 《国家责任条款草案》第4条、第9条、第10条。
④ 仅存在部分准国家体的行为危及海上交通安全的案例。如2014年7月，在巴以冲突期间，德国阿依达（AIDA）公司的邮轮在停靠以色列阿什杜德（Ashdod）港口间，发生火箭榴弹头掉到外甲板事件，但未造成人员伤亡。See Teresa Machan, "Missile Shrapnel Hits Cruise Ship off Israeli Coast," http://www.telegraph.co.uk/travel/cruises/cruise-news/10953325/Missile-shrapnel-hits-cruse-ship-off-Israeli-coast.html, last visited 20 January, 2023.
⑤ 《国家责任条款草案》第8条。
⑥ Case Concerning the Military and Paramilitary Activities in and Against Nicaragua (*Nicaragua* v. *United State of America*), Judgment of 27 June, 1986, ICJ Reports, 1986, p.14.

为的国内法性质,不影响其被认定为国家行为。在海上交通安全保障中,受国家指挥或控制的典型行为,为国家主管机关指挥或控制的海上救助、残骸打捞等行为。当沉船沉物打捞责任人未在主管机关规定的期限内对沉船沉物进行打捞时,主管机关有权采取措施强制打捞,在主管机关不具备打捞能力的情况下,其通常指挥、控制其他主体(如打捞公司)进行救助或打捞,[①] 虽然该行为在国内法层面存在"行政委托说""见义勇为说"等不同观点,[②] 但在国际法层面,参考《国家责任条款草案》第8条的规定,国家主管机关指挥或控制的海上救助、残骸打捞等行为,应属于国家行为。

国家实施特定行为时的主观状态不影响国际责任的成立。主体在实施国家行为时的主观状态包括故意与过失两种类型,国内法在判断某一行为是否属于不法行为、确定相应责任的规定中,均将主体行为时的主观状态作为判断标准,但是否将该主观状态作为判断国际不法行为成立进而产生国际责任的要件,在国际法学界仍然存在争议,联合国国际法委员会在起草《国家责任条款草案》时也回避了这一问题。[③] 一些学者认为,《国家责任条款草案》是适用于一切情形而在立法上进行的巧妙抽象,它并不意味着可以在一切特定案件中排除目的等主观因素的重要意义和作用,判断国际责任是否成立仍然需要结合行为国的动机与目的。[④] 另一些学者认为,主体行为时的主观状态不是认定国际不法行为和国际责任成立的必要条件,但其可能是衡量赔偿数额的考虑因素。[⑤] 但是在新西兰诉法国"彩虹勇士号"(Rainbow Warrior)案中,仲裁法庭着重指出"一国任何违背任何义务

---

① 王玉宁:《论国家主管机关从事或控制下的海难救助》,《世界海运》2013年第6期,第44~45页。
② 王天华:《行政委托与公权力行使——我国行政委托理论与实践的反思》,《行政法学研究》2008年第4期,第92页;曾大鹏:《见义勇为立法与学说之反思——以〈民法通则〉第109条为中心》,《法学论坛》2007年第2期,第78页。
③ 刘惠荣主编《国际环境法》,中国法制出版社,2006,第316页。
④ James Crawford, *The International Law Commission's Articles on State Responsibility: Introduction, Text and Commentaries* (Cambridge: Cambridge University Press, 2002), p. 13.
⑤ 〔日〕松井芳郎等:《国际法》,辛崇阳译,中国政法大学出版社,2004,第218页。

的行为，无论其起因为何，都引起国际责任①。"美国驻德黑兰外交和领事人员"案中，国际法院也没有将主体实施行为时的主观状态作为判断国家行为不法性的构成要件。国际法院指出，"首先，必须确定在法律上可以在多大的范围内将有关行为视为可以归咎于伊朗；其次，必须考虑到这些行为符合或者违背伊朗根据目前有效的条约或可以适用的其他国际法规则应该承担的义务的情况"②。从国际法院对"荷花号"案、"塞加号"案的判决看，③国际司法实践更倾向认定，只要行为具有可归因性即构成国际责任的主观要件。在国际常设法院审理的"温布尔顿号"案中，法院就判决德国对其违背国际条约义务的国际不法行为承担国际责任，在"摩洛哥磷酸盐"案中，国际常设法院也申明"当一国对另一国实行一项国际不法行为时，在两国之间立即引起国际责任"④。从国际判例法的发展中可以看出，现代国际法更倾向采用国际社会普遍接受认同的"正当性"观念来判断国家行为是否违反国际法义务，一国的行为目的、动机不具有明确具体行为合法与否的标准，⑤故只要一国的行为违反国际法义务，就应认定存在国际

---

① 自1971年，绿色和平组织多次针对美国在北冰洋阿姆奇特卡（Amchitka）岛和法国在南太平洋穆鲁罗瓦（Moruroa）环礁进行的核试验组织抗议活动。1985年7月，绿色和平组织成员驾驶"彩虹勇士号"船开往穆鲁罗瓦岛，在试图通过法国军舰封锁时被法国军事安全部门秘密炸沉。See United Nations, Reports of International Arbitral Awards, Vol. XX, Part Ⅲ, Case Concerning the Difference Between New Zealand and France Concerning the Interpretation or Application of Two Agreements, concluded on 9 July, 1986 between the two States and which related to the problems arising from the Rainbow Warrior Affair, Decision of 30 April, 1990, p. 217.

② The principal facts matenal for the Court's decision on the merits of thepresent case have been set out earlier in this Judgment. Those facts have to be looked at by the Court from two points of view. First, it must determine how far, legally, the acts in question may be regarded as im-putable to the Iranian State. Secondly, it must consider their compatibility or incompatibility with the obligations of Iran under treaties in force or under any other rules of international law that may be applicable. The events which are the subject of the United States' claims fall into two phases which it will be convenient to examine separately. See Case Concerning United States Diplomatic and Consular Staff in Tehran (*United States of America v. Iran*), Judgment of 24 May, 1980, ICJ Reports, para. 56, p. 29.

③ 陈一峰：《国际法不禁止即为允许吗？——"荷花号"原则的当代国际法反思》，《环球法律评论》2011年第3期，第132~141页；谢红霞：《国际海洋法法庭若干法律问题的分析》，《黑龙江省政法管理干部学院学报》2005年第1期，第102~105页。

④ 贺其治：《国家责任法及案例浅析》，法律出版社，2003，第23~30页。

⑤ 赵洲：《国际不法行为责任上的主观因素》，《中南大学学报》（社会科学版）2011年第3期，第64~65页。

责任，行为国在实施影响海上交通安全行为时的主观状态，不是判断其国际责任的构成要件，不影响国际责任的构成。

海上交通安全保障中国家违反的其担负的国际义务必须是对该国有效的国际义务。学者普遍认为，只要是相应的国际义务对行为国有约束力，就不必再行考虑该义务的起源和性质，① 支持这一观点的依据在于《联合国宪章》序言明确提出"尊重由条约与国际法其他渊源而起之义务"，《国家责任条款草案》依然延续了这种表述。因而，约束行为国负担相应海上交通安全保障国际义务的来源与性质，对判断该国际义务对行为国约束的有效性不产生影响。当一国行为违反对其有效的海上交通安全保障国际义务时，该行为即为国际不法行为，至于该国家行为是立法行为、司法行为、执法行为，还是其他类型的国家行为，则在所不论。② 结合海上交通安全保障的具体方式，国家违反其担负国际义务包括如下几类。

第一，违反海上管辖权规定的行为。管辖权以国家主权为依据，国家可按其国内法所规定的权限和手段行使管辖权，但国家管辖权的行使可能影响其他国家的利益。③ 在海上交通安全保障中，一国认为是其行使管辖权的行为，可能侵犯另一国属地或属人管辖权。国家管辖权的行使与国际法相关，国际法决定了国家可以采取的各种形式管辖权的限度，由于各海域的法律地位不同，国际法允许沿海国和船旗国行使管辖权的权限也有区别。④《海洋法公约》在承认"海洋自由""海洋是全人类公共继承的财产"前提下，依据国家对陆地的主权管辖原则，考虑到现代国际社会对海洋的需求，分别在不同海域确立了国家海上主权、国家专属管辖、国家在国际海域中的权利，以上内容构成了现代国家海上管辖的主要内容。⑤ 在海上交通安全保障中，国家需要遵循《海洋法公约》有关海上管辖的层级划分，

---

① Boleslaw Adam Boczek, *International Law: A Dictionary* (Lanham: Scarecrow Press, 2005), p.124；尤明青、邱秋：《国际不法行为所致环境损害的法律责任——以飞机撒播除草剂案为中心的考察》，《中国地质大学学报》（社会科学版）2012 年第 4 期，第 42~43 页。
② 《国家责任条款草案》第 4 条。
③ 程晓霞、余民才主编《国际法》（第四版），中国人民大学出版社，2011，第 222~223 页。
④ 程晓霞、余民才主编《国际法》（第四版），中国人民大学出版社，2011，第 223~224 页。
⑤ 宋云霞：《国家海上管辖权理论与实践》，海洋出版社，2009，第 4 页。

违反公约海上管辖权规定的行为,将构成对公约义务的违反。在属地管辖限制下,一国以海上交通安全保障为目的实施的船舶定线、行政执法等行为,只能发生在其管辖海域,一国违反海上管辖权扩大海上交通安全管理空间有两种表现。一种是扩大海上交通安全保障措施的适用空间。国家对内水的管辖权仅受限于《海洋法公约》第8条第2款规定的特定情形下的无害通过权;外国船舶在领海享有无害通过权,领海若属于用于国际航行的海峡,则对外国船舶和飞机适用过境通行制,在《海洋法公约》规定的限制条件下,专属经济区和大陆架适用航行和飞越自由制度。沿海国在执行海上交通安全保障过程中,将本应仅用于领海内的保障措施扩大至领海外甚至专属经济区,或将本应仅用于领海、专属经济区内的海上交通安全保障措施延伸至公海,均属于违反海上管辖权规定的行为。另一种是国家单方面将海上交通安全管理空间延伸至公海。这种延伸不同于基于船旗国管辖而作的延伸,而是以保障海上交通安全为借口,将公海一部分纳入本国管辖范围内。有的国家通过单方面立法将海上交通安全管辖权延伸至公海,如2004年澳大利亚建立的海事识别区覆盖其海岸向外1000海里的区域,并设置三级递进式海上交通管理制度。[1] 在缺少明确授权及国际条约或协定的授权时,如果一国强制要求在公海航行的非本国籍船实施船位报告等,[2] 不仅涉嫌违反

---

[1] 2005年,澳大利亚将海事识别区改名为海事识别制度(maritime identification system),但实质内容未变。参见薛桂芳《澳大利亚海事识别区初探》,载高之国、张海文主编《海洋国策研究文集》,海洋出版社,2007,第208~210页。

[2] 有学者在分析2004年澳大利亚建立的海事识别区时指出,在《海洋法公约》第99条、第100条、第108条、第109条之外,一国可以通过与另一国缔结双边协定的方式,授权对方在公海登临检查悬挂本国旗帜的船舶,也可授权第三国在公海登临检查该协定缔约方的船舶。例如2004年美国与利比里亚签订的《关于合作制止大规模杀伤性武器及其运载系统和相关材料海上扩散的协定》(Agreement Concerning Cooperation to Suppress the Proliferation of Weapons of Mass Destruction, Their Delivery Systems, and Related Materials by Sea)第18条第1款规定,"双方同意,针对声称拥有利比里亚共和国国籍的可疑船舶,利比里亚共和国政府可将本协定有关缔约国权利的规定,授权其认为适当的第三国,由该第三国比照适用。第三国应同样遵守本协定规定的行使这些权利的条件,并须由本协定缔约方和第三国根据第11条就指定联络点达成协定"。See Natalie Klein, "Legal Limitations on Ensuring Australia's Maritime Security," *Melbourne Journal of International Law*, Vol. 7, Iss. 2, 2006, pp. 330-332.

1974年《国际海上人命安全公约》第五章第19-1条①的规定，也构成对公海航行自由的侵犯。

第二，违反航行安全保障国际义务的行为。违反航行安全保障国际义务的国家行为包括作为与不作为两类。违反航行安全保障国际义务的作为，指一国以海上交通活动的人、交通工具和环境为对象，以积极行为的方式，违反其负担的国际义务，如2014年5月，越南方面在中海油981钻井平台周围海域布放了大量渔网、漂浮物等障碍物，由于该平台具有自航能力且周边海域属于国际通航水域，越南上述行为破坏了该海域的航行自由与安全；② 2015年1月4日，载有12600吨原油和26名船员的"阿拉艾佛号"（ARAEVO）油轮，在利比亚德尔纳（Derna）水域遭到利比亚空军轰炸，事故不仅造成2名船员死亡，而且船舶毁损严重。③ 上述行为均属于国家以作为的方式违反航行安全保障国际义务的行为。违反航行安全保障国际义务的不作为，指行为国有负有实施一定航行安全保障行为的责任和义务，却不加以履行，是消极被动的行为。如1974年《国际海上人命安全公约》、1979年《国际海上搜寻救助公约》要求各缔约国政府颁布必要的法律、法令和规则，采取一切必要的措施，尽可能防止海难事故的发生，在海难事故发生时，承担国际人命救助义务，使海难中的人员和船舶得到最及时、最有效的救助。④ 沿海国主管机关接到位于其管辖海域内的海难求救讯号而不履行救助行为，在军事船舶护航过程中，负有护航义务的军舰怠于履行护航义务，以及对海上事故后沉没或搁浅的船舶或部分船舶，船舶在海上丢失后搁浅、沉没或漂浮在海上的任何物品负有强制打捞清除义务的国家主管机关，不

---

① 1974年《国际海上人命安全公约》第五章第19-1条规定："本条或本组织通过的有关船舶远程识别和跟踪的性能标准和功能要求的规定之任何内容均不得损害各国根据国际法，特别是公海、专属经济区、毗邻区、领海或用于国际航行海峡和群岛海路的法律制度所具有的权利、管辖权或义务。"
② 《"981"钻井平台作业：越南的挑衅和中国的立场》，中国外交部网站，https：//www.fmprc.gov.cn/nanhai/chn/snhwtlcwj/201406/t20140608_8521024.htm，最后访问时间：2023年1月23日。
③ Neil Roberts, "Greek Oil Tanker Bombed by Libyan Warplanes at Islamist Port," http：//www.safetysea.org/modules/news/print.php? storyid=8172, last visited 1 June, 2022.
④ 1974年《国际海上人命安全公约》第1条（b）项、1979年《国际海上搜寻救助公约》第2.1.1条。

履行或不完全履行残骸清除义务，导致过往船舶发生碰撞、搁浅或沉没等海难事故，均属于违反航行安全保障国际义务的国家不作为。

第三，海上交通安全执法中违法使用武力的行为。在海上交通安全执法中，只要使用武力违反合理原则、比例原则，或对象发生错误，或违反《海洋法公约》第 225 条造成他国管辖海域生态环境污染或破坏，该海上交通安全执法行为即属于国际不法行为。海上交通安全执法中违反合理原则与比例原则使用武力的执法行为属于国家不当的海上执法行为，在合理原则约束下，如果海上交通安全执法主体通过和平方式或软暴力的强制行为，能够以非制裁的方式在执法中实现扣押、中止航行、登临检查、驱逐出港等执法措施时，则不存在使用武力的合理性问题。在"塞加号"案中，几内亚官员在登船过程中未遇到"塞加号"船员使用武力或以武力相威胁的情况，其在登船后不仅在船板上胡乱放枪，且强行进入机舱以武力相威胁，迫使"塞加号"关停主机。国际海洋法法庭认为，几内亚官员在扣押"塞加号"过程中的武力行为，威胁到了该船及船上人员的安全，对该船和机器的主要设备及无线电设备造成重大损失，不符合合理及合比例使用武力的要求。[①] 据此，国际海洋法法庭认为，被告在登上"塞加号"的前后过分使用武力是违反国际法的。[②] 当一国海上交通安全执法力量对他国军事船舶、他国所有或经营并专用于政府非商业性服务的船舶使用武力时，该执法行为被视为对他国领土完整或政治独立的侵犯或武力威胁。[③] 同样，在《海洋法公约》第 225 条约束下，如果使用武力执法过程中造成大量有毒有害化学品进入环境，对海洋生态环境造成影响或损害，无论该污染是来自武器本身还是使用武力打击被执法对象造成的后果，该执法行为均将被认定为违反国际法。

---

① B. Kwiatkowska, "The Contribution of the International Court of Justice to the Development of the Law of the Sea and Environmental Law," *Review of European Community & International Environmental Law*, No. 1, 1999, pp. 10-15.

② "For these reasons, the Tiibunal finds that Guinea used excessive force and endangered human life before and after boarding the Saiga, and thereby violated the rights of Saint Vincent and the Grenadines under international law." The M/V Saiga Case (No. 2) (*Saint Vincent and the Grenadines v. Guinea*), Judgment of 1 July, 1999, ITLOS Reports, para. 158, p. 63.

③ 1982 年《海洋法公约》第 301 条。

第四，违反残骸清除强制义务的行为。在领海内负责航道管理的部门有义务按照航道养护技术规范进行航道养护，保证航道处于良好通航技术状态，① 在领海以外，《残骸清除公约》虽然没有强制要求"受影响国"履行残骸清除义务，但是要求"受影响国"履行残骸清除定位、标记等义务。梳理《残骸清除公约》中有关表述，"受影响国"在残骸清除中负有的强制性行为义务包括两类。一是清除行为与残骸威胁相称义务。缔约国清除"公约区域"内构成危害的残骸时，所采取措施应当与危害相称。这些措施不得超出清除构成危害的残骸的合理的必要限度，且须在残骸被清除后立即停止；这些措施不得对包括船舶登记国在内的其他缔约国、任何有关方（自然人或法人）的权利和利益造成不必要的干扰。② 二是残骸定位与标记义务。在获知残骸之后，受影响国应使用所有切实可行的办法，紧急地就残骸的性质和位置警告有关船员和国家，采取所有合理的措施对残骸进行标记，使用所有适当的办法公布残骸标记的具体细节。③ 缔约国在"公约区域"内清除残骸时，违反该公约上述有关残骸清除措施、标记及定位的规定，即属于对国际义务的违反。

四 海上交通安全保障中国际责任的法理定位

基于海上交通安全国家保障行为产生的责任属于法律责任，是国家对外的责任，在责任形式上属于单一责任，海上交通安全保障中国家的国际责任与国际制裁有关，且与民事责任具有共通性。

第一，海上交通安全保障中的国际责任是法律责任。海上交通安全保障中的国际责任源于国家对其法定国际义务的违背，与国家承担的政治责任或道义责任不同，如在"坦帕号"事件中，澳大利亚依据《边境保护法案》和国内移民政策拒绝"坦帕号"进入其领海，而1974年《国际海上人命安全公约》和1979年《国际海上搜寻救助公约》也没有规定缔约国有义务为海上获救人员提供安全场所，但澳大利亚的行为被挪威、印度尼西亚和国际海事组织认为违反国际道德义务和人道主义，其悖论在于一方依据

---

① 《航道法》第15条第2款。
② 2007年《残骸清除公约》第2条第2款、第3款。
③ 2007年《残骸清除公约》第7条、第8条。

国内法或国家政策对海上交通行为进行限制，在某些情况下并不违反相关国际法的规定。[①] 海上交通安全保障中的国际责任是基于国家的国际人格者身份产生的，在1925年"英国在摩洛哥西班牙区权利要求"（British Claims in the Spanish Zone of Morocco）案中，胡伯法官认为"责任与领土主权相互依存"，"责任是权利的必然结果，所有国际权利均引起国际责任……"。[②] 国家主权并不能作为否定国际责任的基础，没有一个国家"可以逃避由于犯下从国际法一般原则的观点看来是违法的行为所引起的责任"，甚至国际法委员会断言，国家必须对其国际不法行为承担国际责任，否定责任就等于否定国家平等原则和整个国际法制度。[③]

第二，海上交通安全保障中的国际责任是国家对外的责任。国际责任基于国家具有的国际法人格产生，属于国家违反对其有约束力的国际义务的法律后果，与国家机关及其工作人员因行使职权对公民、法人及其他组织的人身权或财产权造成损害而依法应给予赔偿的责任不同。[④] 前者是行为国实施的特定行为违背了该国承担的国际义务，以致损害他国利益，承担的责任属于国家在国际法上的责任，是国家对外的责任。后者包括行政赔偿和刑事赔偿两类：行政赔偿是国家行政机关及其工作人员违反法律规定行使行政职权，损害公民、法人或其他组织合法权益而由国家承担的赔偿责任；刑事赔偿是司法机关实施的错误拘押、逮捕或判决行为而引起的国家赔偿。其中行政赔偿是国家赔偿的主要组成部分，国家赔偿在性质上属于国家对内承担的国内法责任。当行为国对外不承担国际责任时，受害国为了促使加害国履行其义务，可以对其实施反措施，但反措施必须和所遭受的损害相称，并应考虑到国际不法行为的严重程度和有关权利，实施反措施必须满足一定程序条件，例如在采取反措施之前与当事国进行沟通协商、公开要求该国履行其责任等。对于国家赔偿责任而言，当事国主管机关拒绝承担赔偿义务或当事国司法机构认为国家赔偿责任不成立时，受害

[①] 任俊：《国际关系、道德和道德主义——对现实主义的伦理审视》，《华东师范大学学报》（哲学社会科学版）2014年第2期，第56~58页。

[②] "British Claims in the Spanish Zone of Morocco 1923," in Herbert Briggs（ed.）, *The Law of Nations*（2nd Edition）（New York: Appleton-Century-Crofts Press, 1952）, p.604.

[③] 程晓霞、余民才主编《国际法》（第四版），中国人民大学出版社，2011，第213~214页。

[④] 《国家赔偿法》第2条。

者只能通过国内法中的申诉渠道保障自己的权利,而无权采取其他措施要求国家履行赔偿义务。

第三,海上交通安全保障中的国际责任是直接的单一责任。无论在保障海上交通安全过程中国家行为违反的义务源于条约义务、国际习惯或其他国际法渊源,也无论义务来源于条约中的"契约性"条款还是"造法性"条款,只要国家违反对其具有约束力的国际义务,都会引起国际责任,国家违反义务的来源、类型与国际责任的成立与否没有直接关系,仅是违反义务的内容决定具体履行国际责任的方式。① 海上交通安全保障中的国际责任更多地被认为是国家特定行为直接产生的责任,然而也有学者持不同观点,认为在一些海上交通事故产生的跨界损害或污染中,当船舶所有人或经营人无力承担相应责任时,如果与肇事船舶有关的国家(如船旗国)在防止损害的发生或惩治违法者方面未给予适当注意(due diligence),则此类国家也应向受害国承担国际责任,② 但是这从《海洋法公约》、国际海事公约中均找不到具体的依据,该观点尚不被国际法正式渊源所认可,因而,海上交通安全保障中的国际责任只能是一种直接的责任。海上交通安全保障中的国际责任不像国内法那样区分民事责任与刑事责任、违约责任与侵权责任,不涉及国家的实体初级义务,只涉及作为单一主体的国家不履行这些义务和在对国家援引这些义务时引起什么权利和救济,而不进一步区分引起国家国际责任的行为是国家违约行为还是侵权行为,这在国际法院对"彩虹勇士号"案的裁决中得到了确认,即"在国际法领域不区分契约责任与侵权责任"③。

第四,海上交通安全保障中的国际责任与民事责任具有共通性。有学者认为,国家的国际责任就是民事责任或等同于民事责任,违背条约义务与违背国际习惯法的义务,在举证责任和赔偿方面没有区别。④ 还有国际法学者

---

① 邵津主编《国际法》(第五版),北京大学出版社、高等教育出版社,2014,第 11 页。
② S. Jayakumar, Tommy Koh, Robert Beckman, Hao Duy Pha, *Transboundary Pollution: Evolving Issues of International Law and Policy*(Cheltenham/ Northampton: Edward Elgar Publishing, 2015), pp. 200-201.
③ 余民才:《国家责任法的性质》,《法学家》2005 年第 4 期,第 139 页。
④ 赵建文:《国际法上的国家责任》,博士学位论文,中国政法大学,2004,第 7 页。

认为，所有违反国际义务的行为均可被称为"国际侵权行为"（international tort）。① 现代国际法与大陆国家民法均脱胎于罗马法，罗马法是现代国际法与民法的基石，现代国际法中的主权等重要概念以及损害赔偿等责任形式的雏形均源自罗马法，概念与制度的共通性造就了现代国际法中国家行为责任与民事责任在构成要件逻辑结构、责任形式上的相似性。海上交通安全保障中的国际责任与民事责任具有共通性，还在于国家作为责任主体的特殊性。基于国家主权平等与主权豁免，当一国实际采取的行为与国际义务要求该国采取的行为不相符合，② 在国际秩序结构中没有一个超国家行为体对国家在海上交通活动中实施的不法行为"杀伐决断"，更不可以因为国家的不法行为而去颠覆该主权国家或要求其改变国家制度，因而，在国际责任外在形式层面形成了所谓"国家的国际责任就是民事责任或等同于民事责任"的表象。事实上，海上交通安全保障中的国际责任与民事责任之间不具有等同关系，前者不再基于不法行为引起损害或伤害的传统民法观念，而基于违反国际义务。国际不法行为的定性不因国内法将同一行为定性为合法行为而受到影响，当国内法与国际法的规定存在冲突时，一国以其影响海上交通安全的行为符合国内法而不应依国际法被定性为国际不法行为的抗辩并不能成立，只要该行为构成对国际义务的违背并可归因于该国，就应当被定性为国际不法行为，进而引起相应的国际责任。在责任目的上，国家行为的责任非以分担受害国损害为目的，而是为确保国际义务的遵守与执行，并恢复违反国际义务所破坏的国际法律关系的平衡，故不能将海上交通安全保障中的国际责任与民事责任等同看待。

---

① Georg Schwarzenberger, *International Law: International Law as Applied by International Courts and Tribunals* (Vol.1, 3rd Edition) (London: Stevens & Sons Ltd., 1957), p.582；周鲠生：《国际法》，商务印书馆，1976，第233页。但是也有学者认为"国际侵权行为"是一个不准确的术语，具有误导性，因为该行为是违反国际条约或违反其他国际义务的行为，侵权行为只适用于国内法项下的讨论，相比之下，"国际责任"（international responsibility）的表述更合适。参见 Michael Volkovitsch, "Towards a New Theory of State Succession to Responsibility for International Delicts," *Columbia Law Review*, Vol.92, No.8, 1992, pp.2167-2168。

② 刘文冬：《论国际不法行为的法律后果》，《南方论刊》2009年第1期，第32~33页。

五 海上交通安全保障中国际责任的实现形态

责任制度的功能在于确定国际不法行为产生的法律后果。《国家责任条款草案》提出的国际责任形式有继续履行的责任、停止并不重复该不法行为及赔偿,其中赔偿的方式又包含恢复原状、补偿和抵偿三种实现途径。常见的海上交通安全保障中的国际责任为损害赔偿与停止侵害,当国际责任源于国家不作为而违反有效的国际义务时,国际责任的实现途径还包括继续履行。

第一,物质损失和精神损失赔偿。赔偿义务在国际责任中常被界定为次级责任,它是违反初级义务的后果。[①] 物质损失和精神损失赔偿是承担国际责任的一种重要方式,这种形式已被公约制度化,是比较普遍的国际责任形式。[②]《国家责任条款草案》第 31 条第 2 款规定,损害包括一国的国际不法行为造成的任何损害,无论是物质损害还是精神损害。参照《海洋法公约》第 106 条、第 110 条第 3 款、第 111 条,沿海国在进行相关执法时,如果执法行为属于"无足够理由"、"经证明为无根据"或"无正当理由"且该行为造成"损失或损害",则沿海国必须就其行为对当事国进行赔偿。1969 年《国际干预公海油污事故公约》第 6 条、[③] 经 1996 议定书修订的 1972 年《防止倾倒废物及其他物质污染海洋公约》第 15 条均规定了在缔约国违反公约义务使受害国遭受损害时,受害国请求行为国承担国际责任、赔偿损失的权利。[④] 在国际司法中,赔偿物质损失是国际责任最常见的承担方式,如国际法院在"科孚海峡"案的判决中指出,阿尔巴尼亚的严重不

---

① 有学者认为,初级规则所规定的是一国根据国际法应承担的国际义务的内容,次级规则的职能则是根据国际法认定国家应对其违法的作为或不作为负责任的一般条件,以及这种责任所引起的法律后果。与此相对应,初级规则所规定的义务称为初级义务,而次级规则规定的义务称为次级义务,国家责任法即属于后一类。参见余民才《国际法的当代实践》,中国人民大学出版社,2011,第 240~241 页。

② 王祯军:《论国际人权法中的国家责任问题》,《法学杂志》2007 年第 5 期,第 153 页。

③ 1969 年《国际干预公海油污事故公约》第 6 条规定:"任何缔约国一方,由于采取违反本公约规定的措施而使他方遭受损失时,应对其超出为达到第一条所述目的所必须采取的措施限度而引起的损失,负赔偿的责任。"

④ 经 1996 议定书修订的 1972 年《防止倾倒废物及其他物质污染海洋公约》第 15 条规定:"缔约当事国应按照有关对损害它国环境或损害任何其他环境区域的国家责任的国际法原则,承诺制定有关倾倒或海上焚烧废物或其他物质产生的赔偿责任的程序。"

作为导致其国际责任的产生,故而其对英国负有赔偿义务。又如在"彩虹勇士号"案中,法国政府被国际法院指令向新西兰政府支付 700 万美元,用于赔偿新西兰遭受的所有损害。① 海上交通安全相关公约和国际司法判例中的物质赔偿范围包括国家实施海上交通安全行为导致的交通工具及其上人员的损害或伤亡、交通工具上财产的灭失或损害、环境损害,② 以及预防措施的费用和预防措施造成的新的损失或损害。对于海上交通安全保障中的国际责任是否包含精神损失赔偿,《海洋法公约》和国际海事公约中并没有规定,相关规则仅存在于一些与海上交通安全相关的国际司法和仲裁判例中,如在"彩虹勇士号"案中,法国和新西兰均承认法国所支付的赔偿款中包括精神损害。但是,这些国际司法和仲裁判例在确定精神损害赔偿时缺少量化标准,均是在国际司法或仲裁机构自由裁量范围内作出的,其中不乏象征性赔偿。一般而言,只要海上交通安全的国家行为没有对受害国的国家财产造成直接损害,就不会有损害赔偿问题,然而"孤独号"案裁决被认为确立了由于精神损害而非物质损害对受害国给予实质损害赔偿的先例,美国向受害国支付补偿款作为在公海上击沉船旗国船舶的一种实质性补偿。③ 因而,精神损害与物质损害均能单独成为海上交通安全国家损害赔偿责任主张的依据。

第二,停止实施侵害行为。要求行为国停止实施损害海上交通安全的国际不法行为,即要求行为国终止其国际不法行为,停止侵害,避免受害国享有的海上交通安全权利受到进一步的侵犯。当国际不法行为不是某个具体行为或事件,而是一个持续不断的行为时,受害国首要关注的、最现实而急迫的是行为国停止不法行为。④ 要求行为国停止实施损害海上交通安全的国际不法行为,以该国行为违反有效约束其的国际义务为前提,行为

---

① Case Concerning the Difference Between New Zealand and France Concerning the Interpretation or Application of Two Agreements, concluded on 9 July 1986 between the two States and which related to the problems arising from the Rainbow Warrior Affair, Reports of International Arbitral Awards, 30 April, 1990, Vol. XX, p. 271.
② 1996 年《国际海上运输有害有毒物质的损害责任和赔偿公约》第 1 条第 6 款。
③ 1935 年,在加拿大和美国关于"孤独号"的仲裁案中,仲裁委员会指令美国政府向加拿大政府道歉,同时要求美国支付 2.5 万美元赔偿金。参见周忠海《海涓集:国际海洋法文集》,中国政法大学出版社,2012,第 287 页。
④ 吴慧:《论国际责任的承担》,《国际关系学院学报》1999 年第 4 期,第 10 页。

第六章 国际海上交通安全保障中的争端解决及国际责任

国在主观上往往存在故意或过失,[①] 不法行为的实施具有时间上的持续性或惯常性。要求行为国停止实施损害海上交通安全的国际不法行为是单独的一项法律义务,是从影响海上交通安全行为的特点及国际社会的现实状况出发的,为避免损害扩大化,要求不法行为国先停止侵害最为必要。在国际法院诉讼和国际海洋法法庭诉讼中,法院或法庭均以"临时措施"的形式要求行为国停止实施影响或可能影响他国海上交通安全的行为,如芬兰诉丹麦"大贝尔特海峡通过"(Passage Through the Great Belt)案。[②] 首先,要求行为国停止侵害不以受害国存在损失为前提。要求行为国停止实施损害海上交通安全的国际不法行为,既包括请求除去已经产生之危害,如在"对尼加拉瓜进行军事和准军事行动"案中,国际法院要求美国应立即停止和遏制对尼加拉瓜港口的进出所作的限制、封锁或危害的行为以及可能出现之危害,特别是布雷活动[③];如在"大贝尔特海峡通过"案中,芬兰以丹麦在海峡上的建桥行为可能影响其海上钻井平台的合法通过为由,诉请国际法院要求丹麦停止建造跨越海峡的大桥。从国际公约规定层面看,《国际法院规约》《海洋法公约》允许行为国在实施或即将实施国际不法行为时向法庭申请临时措施,[④] 这也说明海上交通安全国际不法行为的认定不以受害国有损失存在为前提。其次,停止侵害主张在时间上不存在严格限制。要求行为国停止实施损害海上交通安全国际不法行为,可以发生在当事国协商阶段,或国际诉讼、仲裁的任何阶段。在诉讼或仲裁程序开始前或进行中,通过"临时措施"要求行为国停止实施不法行为,属于制止事态扩大化或为避免发生不可挽回的损失而临时采取的行动。在国际司法机构判决或仲裁机构裁决中要求行为国停止实施损害海上交通安全的国际不法行为,既是对行为国损害海上交通安全行为合法性的最终认定,也是给予胜诉方

[①] 李海滢:《国际犯罪与国际不法行为关系透析》,《政治与法律》2007年第2期,第105~109页。
[②] "科孚海峡"案是以无害通过为争议焦点的纠纷案件,既涉及海上交通行为中的通航安全,也涉及海上通行权,但该案是围绕军事船舶和武力袭击而发生的,与发生在和平年代的"大贝尔特海峡通过"案相比,后者更具有典型性和代表性。
[③] Case Concerning the Military and Paramilitary Activities in and Against Nicaragua (*Nicaragua v. United State of America*), Judgment of 27 June, 1986, ICJ Reports, 1986, p. 14.
[④] 《国际法院规约》第41条第1款、1982年《海洋法公约》第290条。

的最终法律救济。最后，停止侵害不具有强制执行性。无论是当事国自行协商，还是国际司法或仲裁机构要求行为国停止实施损害海上交通安全的国际不法行为，最终均取决于行为国的自身行动。《国际法院规约》《海洋法公约》《国际海洋法法庭规约》并没有规定如何执行要求行为国"停止侵害"的临时措施或裁判，以及当当事国不履行此类临时措施或裁判时如何应对，仅要求各缔约国应按照《海洋法公约》第 2 条第 3 项以和平方法解决它们之间有关该公约适用的任何争端，并应为此目的以《联合国宪章》第 33 条第 1 项所指的方法解决争端。① 除非行为国施损害海上交通安全的国际不法行为违反了《联合国宪章》中"禁止使用武力"等强行法的规定，此时可以通过安理会干预、单独或集体自卫等方式，② 要求行为国停止其不法行为。除此之外，在行为国拒绝停止实施损害海上交通安全的行为时，"停止侵害"临时措施和相关国际司法裁决不具有强制执行性。

第三，要求行为国继续履行。继续履行，指行为国在不履行对其有效的海上交通安全义务或履行义务不符合要求时，应当承担的按要求履行的责任。行为国实施的损害海上交通安全行为包括作为与不作为，要求行为国继续履行针对的只能是其损害海上交通安全的不作为情形。首先，行为国对受害国负有保障海上交通安全的国际义务是适用继续履行的前提。行为国对受害国负有保障海上交通安全的国际义务一般源于公约义务、合同义务和单方行为三个方面，当行为国负有的保障海上交通安全的国际义务源于公约时，潜在的受害国是同为该公约缔约国的国家。当公约义务转化为国际法一般规则或习惯国际法时，潜在的受害国还包括公约缔约国之外不特定的国家。当行为国与受害国之间存在某种海上交通安全保障合同时，如军事船舶护航合同，继续履行则属于合同义务范畴，内容表现为按当事国合同约定的标的履行义务。行为国通过单方行为履行海上交通安全保障义务，在作出行为之时就对行为国有约束力，其实质是行为国履行保障海上交通安全义务方面的国家承诺，这与民法上的单方允诺不同，国家承诺受到"禁止反言"原则的约束，国家一旦作出相应承诺，就必须恪守协定，

---

① 1982 年《海洋法公约》第 279 条。
② 《联合国宪章》第 51 条。

不得违反。其次，行为国在履行保障受害国海上交通安全的国际义务方面存在不作为。继续履行以行为国违反其承担的海上交通安全保障义务为前置条件，进而才能要求其采取适当措施使受害国享有的海上交通安全权利或局势恢复到该行为实施前的状况。影响海上交通安全的国家作为是以积极的方式实施公约、合同所禁止的行为，或背离国家承诺的行为，对于积极侵权行为或国际不法行为，不可能以继续履行的方式要求其承担国际责任。最后，存在免除要求行为国继续履行的情形。当存在危急情况、不可抗力情形时，行为国不履行对其有效的海上交通安全义务或履行义务不符合要求的，可以不承担国际责任。危急情况免除继续履行指国家在遇到严重影响本国生存和根本利益的情况下，为了应付和消除这种严重危急情况而采取必要行为。不可抗力免除继续履行指一国因不可抗拒的力量或该国无力控制并且无法预料的外界事件，而不履行其根据国际法对他国所负的义务。[①] 此时，行为国还需要向受害国或相应的国际组织履行通知义务，[②] 避免因行为国的不作为影响更多国家享有的海上交通安全权益。

---

① 《国家责任条款草案》第 23 条、第 24 条。
② 1972 年《防止倾倒废物及其他物质污染海洋公约》第 5 条。

结　论

　　国际海上交通是维系世界政治、经济和贸易的主要支柱，对一国的经济、军事和政治影响巨大。地缘政治格局演变、区域海洋争端频发、非传统安全威胁增多、科技应用迭代升级等因素，加剧了国际海上交通的复杂性，各方面因素综合叠加，对保障国际海上交通安全提出了更高的要求。总结前述讨论的问题，可以得出如下结论。

　　第一，国际海上交通安全保障的内涵相对稳定，而外延在不断扩展。海上交通安全内涵决定海上交通安全保障的内容与方式，具体到国际海上交通而言，其安全保障依然是以保障人的安全、交通工具安全及通航环境安全为核心，交通工具是海上活动中人的载体，人是海上交通工具的操纵者与管理者，二者具有一体化特征，在安全保障中密不可分。通航环境是海上交通活动的外部载体，是海上交通活动赖以存在的基础，也是影响海上交通安全的外部因素。但是国际海上交通安全保障的外延不断扩展，远远超出本书所讨论的问题，如应对海盗及海上武装抢劫的商船保安问题，国际海运中的反恐问题，危险货物及集装箱国际运输中的安全保障问题，国际航行船舶避碰问题，国际航行海员培训、发证和值班标准问题，等等。相应地，国际海上交通安全保障中的权利边界随之不断延展，安全保障形式也不断丰富，而本书只是择其要者予以讨论。

　　第二，国际海事组织是国际海上交通安全保障法律秩序的重要推手。国际组织作为国际法的重要主体，在发展和丰富国际海洋法方面发挥着重要作用，它们既是构建国际海事法律秩序的推手，也是国际海事规则实施机制中的权利受体。国际海事组织在参与国际海事法律秩序构建与海上交通安全保障方面具有相对明确的价值取向，在制定、解释、适用和修改有关国际公约及协定、提出建议案等方面呈现强劲动力，具有一定的自主性，也善于利用填补法律漏洞、推动规则全球化来参与塑造国际海事安全法律秩序。但是，鉴于国际组织及其运行环境的复杂性，国际海事组织在推动海上交通安全保障法律规则发展的过程中，仍有自身的局限性。

第三，"不给予非缔约国更优惠待遇"原则及强制审核机制强化了公约的统一适用。按照"条约必须遵守"原则，条约对缔约国有约束力，缔约国有责任遵守条约的规定、履行条约的义务。但是许多国际海事公约规定的"不给予非缔约国更优惠待遇"原则，即"本条规定应根据必要予以施行，以保证不给予有权悬挂非缔约国国旗的船舶比有权悬挂缔约国国旗的船舶更为优惠的待遇"，在国际海事实践中确实有助于避免公约缔约国另外给予非缔约国较其他缔约国更低的标准，保障国际海事规则的统一适用。而强制审核机制要求国际海事组织成员（相关国际海事公约缔约国）绘制一个清晰而明确的履约线路图，确保国内法与国际公约的兼容性，统一条约实施途径和保证执行效力，这对国际海事公约的统一适用起到了外部约束作用，但是，在学术讨论中，"不给予非缔约国更优惠待遇"原则与强制审核机制都存在"适法性"问题。

第四，海上交通安全保障领域国际规则与国内规则同步性程度较高。随着港口国监督和船旗国履约强制审核机制的开展，各国在海事立法、实施、监督检查等方面将逐步趋于统一和协调，标准也将趋于一致。例如，我国各种规范性法律文件主要是依据国际条约及其修正案的规定，并根据我国海上交通状况和特点制定的，海上交通安全保障国内立法与国际公约之间存在"同步性"特征。这种"同步性"特征体现在三个方面。一是将公约作为国内法立法依据。如2019年修订的《国际船舶保安规则》第1条即明确指出，根据经修订的1974年《国际海上人命安全公约》和2002年《国际船舶和港口设施保安规则》的规定，制定该规则。二是将公约内容作为国内法的一部分。2021年修正的《老旧运输船舶管理规定》第8条第2款规定，购置、光租外国籍油船，其船体应当符合《经1978年议定书修订的1973年〈国际防止船舶造成污染公约〉》附则Ⅰ《防止油类污染规则》

规定的要求。三是将公约内容作为国内法的补充性规定。如 2022 年修正的《海船船员适任考试和发证规则》第 66 条规定，我国缔结或者加入的国际公约对普通船员适任证书有效期有特别规定的，按照其规定执行；2022 年修正的《高速客船安全管理规则》第 35 条规定，该规则未尽事宜，按国家其他有关法规和我国加入的国际公约执行。

参考文献

一 中文著作（含译著）

[1]〔斐济〕萨切雅·南丹、〔以〕沙卜泰·罗森原书主编，吕文正、毛彬中译本主编《1982年〈联合国海洋法公约〉评注》（第二卷），海洋出版社，2014。

[2]〔斐济〕萨切雅·南丹、〔以〕沙卜泰·罗森原书主编，吕文正、毛彬中译本主编《1982年〈联合国海洋法公约〉评注》（第三卷），海洋出版社，2016。

[3]〔荷〕雨果·格劳秀斯：《论海洋自由或荷兰参与东印度贸易的权利》，马忠法译，上海人民出版社，2013。

[4]〔加〕威廉·泰特雷：《国际冲突法：普通法、大陆法及海事法》，刘兴莉译，法律出版社，2003。

[5]〔美〕巴里·布赞、〔丹〕琳恩·汉森：《国际安全研究的演化》，余潇枫译，浙江大学出版社，2011。

[6]〔美〕路易斯·B.宋恩、克里斯汀·古斯塔夫森·朱罗、约翰·E.诺伊斯等：《海洋法精要》，傅崐成等译，上海交通大学出版社，2014。

[7]〔日〕栗林忠男、杉原高岭主编《海洋法历史的展开》，东京有信堂高文社，2004。

[8]〔日〕松井芳郎等：《国际法》，辛崇阳译，中国政法大学出版社，2004。

[9]〔英〕杰弗里·蒂尔：《海上战略与核时代》，海军军事学术研究所翻译出版，1991。

[10]〔英〕詹宁斯、瓦茨修订《奥本海国际法》(第一卷第一分册),王铁崖等译,中国大百科全书出版社,1995。

[11]《习近平关于总体国家安全观论述摘编》,中央文献出版社,2018。

[12]《习近平谈"一带一路"》,中央文献出版社,2018。

[13]《习近平谈治国理政》(第三卷),外文出版社,2020。

[14]边子光:《各国海域执法制度》,台北秀威出版社,2012。

[15]程琥:《全球化与国家主权:比较分析》,清华大学出版社,2003。

[16]程晓霞、余民才主编《国际法》(第四版),中国人民大学出版社,2011。

[17]楚树龙、耿秦主编《世界、美国和中国:新世纪国际关系和国际战略理论探索》,清华大学出版社,2003。

[18]楚树龙:《国际关系基本理论》,清华大学出版社,2003。

[19]冯兴耿:《航海技术辩证法》,大连海事大学出版社,1995。

[20]高之国、张海文主编《海洋国策研究文集》,海洋出版社,2007。

[21]郭培清等:《北极航道的国际问题研究》,海洋出版社,2009。

[22]贺其治:《国家责任法及案例浅析》,法律出版社,2003。

[23]胡波:《后马汉时代的中国海权》,海洋出版社,2018。

[24]胡正良主编《海事法》,北京大学出版社,2009。

[25]黄瑶:《论禁止使用武力原则:联合国宪章第二条第四项法理分析》,北京大学出版社,2003。

[26]贾宇:《国际刑法学》,中国政法大学出版社,2004。

[27]李赞:《国际组织的司法管辖豁免研究》,中国社会科学出版社,2013。

[28]李浩培:《国际法的概念和渊源》,贵州人民出版社,1994。

[29]李双建、于保华等:《美国海洋战略研究》,时事出版社,2016。

[30]李文华主编《交通海权》,新华出版社,2014。

[31]李颖:《国家豁免例外研究》,知识产权出版社,2014。

[32]刘方、单民、沈宏伟:《刑法适用疑难问题及定罪量刑标准通解》,法律出版社,2016。

[33]刘惠荣主编《国际环境法》,中国法制出版社,2006。

［34］马海涛、李亮主编《国际法学法理与实践》，中国法制出版社，2006。

［35］马克昌：《犯罪通论》，武汉大学出版社，2010。

［36］曲金良主编《中国海洋文化研究》（第三卷），海洋出版社，2002。

［37］邵津主编《国际法》（第五版），北京大学出版社、高等教育出版社，2014。

［38］司玉琢、李志文主编《中国海商法基本理论专题研究》，北京大学出版社，2009。

［39］司玉琢主编《海商法大辞典》，人民交通出版社，1998。

［40］宋云霞：《国家海上管辖权理论与实践》，海洋出版社，2009。

［41］田勇编著《大国崛起：中国海洋之路》，河北科学技术出版社，2013。

［42］王铁崖主编《国际法》，法律出版社，1995。

［43］韦民：《小国与国际安全》，北京大学出版社，2016。

［44］王爱立主编《中华人民共和国刑法释义》，法律出版社，2021。

［45］吴焕宁主编《海商法学》，法律出版社，1996。

［46］吴嘉生：《国家之权力与国际责任》，台北五南图书出版股份有限公司，1999。

［47］吴士存主编《国际海洋法最新案例精选》，中国民主法制出版社，2016。

［48］吴兆麟、朱军编著《海上交通工程》，大连海事大学出版社，2004。

［49］习近平：《论坚持推动构建人类命运共同体》，中央文献出版社，2018。

［50］许玉镇：《比例原则的法理研究》，中国社会科学出版社，2009。

［51］薛桂芳编著《〈联合国海洋法公约〉与国家实践》，海洋出版社，2011。

［52］余民才主编《国际法专论》，中信出版社，2003。

［53］张丽英、邢海宝编著《海商法教程》，首都经济贸易大学出版社，2002。

［54］张炜主编《国家海上安全》，海潮出版社，2008。

[55] 张文木:《论中国海权》(第三版),海洋出版社,2014。

[56] 张旭主编《国际刑法——现状与展望》,清华大学出版社,2005。

[57] 赵明义:《当代国际法导论》,台北五南图书出版股份有限公司,2002。

[58] 郑飞:《行为犯论》,吉林人民出版社,2004。

[59] 郑玉波:《民法概要》(第七版),台北东大书局,2000。

[60] 中国社会科学院语言研究所词典编辑室编《现代汉语词典》(第七版),商务印书馆,2016。

[61] 周鲠生:《国际法》,商务印书馆,1976。

[62] 周健、尹争艳:《法律战:战争法》,海潮出版社,2004。

[63] 周旺生:《立法学》(第二版),法律出版社,2009。

[64] 周忠海:《海涓集:国际海洋法文集》,中国政法大学出版社,2012。

二 中文论文(含译文)

[1] 曹英志、范晓婷:《论领海基点和基线问题的发展趋势》,《太平洋学报》2009年第1期。

[2] 曾大鹏:《见义勇为立法与学说之反思——以〈民法通则〉第109条为中心》,《法学论坛》2007年第2期。

[3] 常璇、杨成梁:《"紧急状态""战争状态"概念及辨析》,《当代法学》2005年第2期。

[4] 陈东有:《中国是一个海洋国家》,《江西社会科学》2011年第1期。

[5] 陈海明:《国际法本位之变迁:从主权本位到社会本位——兼论国际法的"主权平等"原则》,《时代法学》2014年第1期。

[6] 陈晓明:《比例原则与国际争端中的武力使用》,《法治研究》2013年第12期。

[7] 陈一峰:《国际法不禁止即为允许吗?——"荷花号"原则的当代国际法反思》,《环球法律评论》2011年第3期。

[8] 陈友骏:《"第四次工业革命"与日本经济结构性改革——新理念

的产生、引入与效果评估》，《日本学刊》2018年第2期。

[9] 陈忠林：《关于我国刑法属地原则的理解、适用及立法完善》，《现代法学》1998年第5期。

[10] 迟菲、崔家生：《海军护航行动中打击海盗面临的法律困境与对策分析》，《法学杂志》2010年第S1期。

[11] 崔野、王琪：《全球公共产品视角下的全球海洋治理困境：表现、成因与应对》，《太平洋学报》2019年第1期。

[12] 戴宗翰：《IMO强制审核机制适法性研究——暗含权力扩张之法律解释》，《中国海洋大学学报》（社会科学版）2020年第5期。

[13] 杜德斌、马亚华、范斐等：《中国海上通道安全及保障思路研究》，《世界地理研究》2015年第2期。

[14] 范晓婷、罗婷婷：《海洋维权执法的法律依据之辨》，《行政与法》2009年第12期。

[15] 傅贵、何冬云、张苏等：《再论安全文化的定义及建设水平评估指标》，《中国安全科学学报》2013年第4期。

[16] 傅崐成、徐鹏：《海上执法与武力使用——如何适用比例原则》，《武大国际法评论》2011年第2期。

[17] 傅廷中：《国际海事惯例的适用之反思》，《社会科学辑刊》2020年第5期。

[18] 高健军：《海上执法过程中的武力使用问题研究——基于国际实践的考察》，《法商研究》2009年第4期。

[19] 葛红亮：《"不确定"时代国际安全的"确定性"重塑》，《国际安全研究》2018年第2期。

[20] 龚迎春：《争议海域的权利冲突及解决途径》，《中国海洋法学评论》2008年第2期。

[21] 龚迎春：《专属经济区内的管辖权问题研究——特别区域、冰封区域和特别敏感海域》，《中国海洋法学评论》2009年第2期。

[22] 管建强：《美国无权擅自在中国专属经济区从事"军事测量"——评"中美南海摩擦事件"》，《法学》2009年第4期。

[23] 管松：《航行权与海洋环境管辖权冲突的协调机制研究——兼论

建立南海协调机制的构想》,载刘志云主编《国际关系与国际法学刊》(第三卷),厦门大学出版社,2013。

[24] 郭明:《中国当前的海上安全挑战及对策》,《亚非纵横》2011年第1期。

[25] 何志鹏:《从强权入侵到多元善治——武力干涉领域国际法的现存框架与演进方向》,《法商研究》2011年第4期。

[26] 胡波:《中国海上兴起与国际海洋安全秩序——有限多极格局下的新型大国协调》,《世界经济与政治》2019年第11期。

[27] 胡锦光、刘飞宇:《论国家行为的判断标准及范围》,《中国人民大学学报》2000年第1期。

[28] 黄惠康:《军舰护航打击索马里海盗:法律依据和司法程序安排》,《中国海商法年刊》2011年第1期。

[29] 黄涧秋:《论国际刑事法院管辖权与国家主权的关系》,《现代国际关系》2004年第7期。

[30] 黄进:《论宪法与区际法律冲突》,《法学论坛》2003年第3期。

[31] 黄硕琳:《渔权即是海权》,《中国法学》2012年第6期。

[32] 黄瑶:《从使用武力法看保护的责任理论》,《法学研究》2012年第3期。

[33] 黄瑶:《国际反恐与先发制人军事行动》,《法学研究》2006年第1期。

[34] 黄昭伟:《〈2007年国际船舶残骸清除公约〉的评析》,《航海技术》2008年第6期。

[35] 季卫东:《人工智能时代的法律议论》,《法学研究》2019年第6期。

[36] 金永明:《专属经济区与大陆架制度比较研究》,《社会科学》2008年第3期。

[37] 金自宁:《科技不确定性与风险预防原则的制度化》,《中外法学》2022年第2期。

[38] 李兵:《海上战略通道博弈——兼论加强海上战略通道安全的国际合作》,《太平洋学报》2010年第3期。

[39] 李海滢：《国际犯罪与国际不法行为关系透析》，《政治与法律》2007 年第 2 期。

[40] 李鹤田、刘云、何德全：《信息系统安全风险评估研究综述》，《中国安全科学学报》2006 年第 1 期。

[41] 李慧英、黄桂琴：《论国家主权的让渡》，《河北法学》2004 年第 7 期。

[42] 李家成、李普前：《马汉"海权论"及其对中国海权发展战略的启示》，《太平洋学报》2013 年第 10 期。

[43] 李舰君：《基于语料库对海事公约中情态动词 Shall 的研究》，《边疆经济与文化》2011 年第 12 期。

[44] 李伟芳：《论国际法渊源的几个问题》，《法学评论》2005 年第 4 期。

[45] 栗倩云、曾省存：《商船与渔船碰撞问题研究》，《中国渔业经济》2012 年第 2 期。

[46] 梁昊光：《北极航道的"新平衡"：战略与对策》，《人民论坛·学术前沿》2018 年第 22 期。

[47] 刘惠荣、李浩梅：《北极航行管制的法理探讨》，《国际问题研究》2016 年第 6 期。

[48] 刘凯：《国家主权让渡问题研究综述》，《东岳论丛》2010 年第 11 期。

[49] 刘微、尚家发：《智能船舶发展现状及我国发展策略研究》，《舰船科学技术》2017 年第 11 期。

[50] 刘文冬：《论国际不法行为的法律后果》，《南方论刊》2009 年第 1 期。

[51] 刘艳红：《论刑法的网络空间效力》，《中国法学》2018 年第 3 期。

[52] 刘扬：《论国际法上的禁止使用武力》，《国际关系学院学报》2005 年第 6 期。

[53] 刘长敏：《论非国家主体的国际法律地位》，《现代国际关系》2004 年第 2 期。

［54］刘长霞：《遇难船舶避难准入法律问题研究》，《中南大学学报》（社会科学版）2014 年第 1 期。

［55］刘钊、刘敬贤、周锋等：《船舶交通流行为特征及其在海上交通组织中的应用》，《大连海事大学学报》2014 年第 2 期。

［56］刘正江、吴兆麟、李桢：《国际海事组织海事安全类公约的最新发展》，《中国航海》2012 年第 1 期。

［57］柳砚涛、孙子涵：《论行政行为的追认》，《行政法学研究》2008 年第 3 期。

［58］卢卫彬、张传江：《海上执法中武力使用问题研究》，《太平洋学报》2013 年第 5 期。

［59］陆海鸣：《2021 年商船北极东北航道航行回顾及思考》，《世界海运》2022 年第 1 期。

［60］罗国强：《理解南海共同开发与航行自由问题的新思路——基于国际法视角看南海争端的解决路径》，《当代亚太》2012 年第 3 期。

［61］马忠法：《〈海洋自由论〉及其国际法思想》，《复旦学报》（社会科学版）2003 年第 5 期。

［62］密晨曦：《新形势下中国在东北航道治理中的角色思考》，《太平洋学报》2015 年第 8 期。

［63］秦铮、于艳冬：《IMO 成员国自愿审核机制在执行国际海事标准中的作用》，《大连海事大学学报》2010 年第 S1 期。

［64］曲升：《美国"航行自由计划"初探》，《美国研究》2013 年第 1 期。

［65］曲涛：《船舶碰撞概念正义》，《中国海商法研究》2012 年第 3 期。

［66］任俊：《国际关系、道德和道德主义——对现实主义的伦理审视》，《华东师范大学学报》（哲学社会科学版）2014 年第 2 期。

［67］邵津：《关于外国军舰无害通过领海的一般国际法规则》，载中国国际法学会主编《中国国际法年刊》（1989），法律出版社，1990。

［68］邵维国：《刑事管辖权含义辨析》，《广州大学学报》（社会科学版）2007 年第 11 期。

[69] 沈伟：《论〈联合国海洋法公约〉的争端解决机制》，《海洋开发与管理》1996 年第 3 期。

[70] 沈宗灵：《格劳秀斯的自然法和国际法学说》，载中国国际法学会主编《中国国际法年刊》（1983），法律出版社，1983。

[71] 石志宏：《中国崛起呼唤强大海权——评〈国家海上安全〉》，《世界经济与政治论坛》2009 年第 3 期。

[72] 时殷弘：《国际安全的基本哲理范式》，《中国社会科学》2000 年第 5 期。

[73] 史春林：《太平洋航线安全与中国的战略对策》，《太平洋学报》2011 年第 8 期。

[74] 史久镛：《国际法上的禁止使用武力》，李雪平译，《武大国际法评论》2017 年第 6 期。

[75] 宋云霞、张林：《海军非战争军事行动中的国际法运用》，《西安政治学院学报》2009 年第 1 期。

[76] 孙立文：《海洋法争端解决机制与中国海洋争端解决政策的选择》，《太平洋学报》2011 年第 9 期。

[77] 孙璐：《中国海权内涵探讨》，《太平洋学报》2005 年第 10 期。

[78] 滕建群：《论大国竞争背景下美国对华海上博弈》，《太平洋学报》2022 年第 1 期。

[79] 万鄂湘、高翔：《论海盗的国际法律地位——兼论打击海盗国际行动中对海盗合法权益的保护》，《法学杂志》2011 年第 4 期。

[80] 王海峰：《论国际经济合作领域中的"软法"现象》，《国际贸易》2007 年第 5 期。

[81] 王虎华：《契约性条约问题的理论辩证》，《法学》2013 年第 12 期。

[82] 王杰、李荣、张洪雨：《东亚视野下的我国海上搜救责任区问题研究》，《东北亚论坛》2014 年第 4 期。

[83] 王勇：《论南海仲裁案仲裁庭对于〈联合国海洋法公约〉解释权的滥用》，《国际观察》2017 年第 2 期。

[84] 王历荣：《全球化背景下的海上通道与中国经济安全》，《广东海

洋大学学报》2012年第5期。

[85] 王玫黎、袁玉进：《最密切联系原则在专属经济区刑事管辖权冲突中的适用——以"卡塔利娜"轮案为视角》，《西南政法大学学报》2018年第1期。

[86] 王平庄：《海南海上搜救概况与分析》，《中国应急救援》2007年第1期。

[87] 王庆海、刘爽：《条约对第三国（方）的法律效力》，《法学研究》2001年第4期。

[88] 王天华：《行政委托与公权力行使——我国行政委托理论与实践的反思》，《行政法学研究》2008年第4期。

[89] 王湘林：《索马里海盗对我国海上安全的影响》，《国际关系学院学报》2009年第5期。

[90] 王祯军：《论国际人权法中的国家责任问题》，《法学杂志》2007年第5期。

[91] 翁建军、周阳：《海上光污染对船舶夜航安全的影响及对策分析》，《武汉理工大学学报》（交通科学与工程版）2013年第3期。

[92] 翁齐鸣：《如何区分单独海损与共同海损》，《天津航海》2014年第1期。

[93] 吴汉东：《人工智能时代的制度安排与法律规制》，《法律科学（西北政法大学学报）》2017年第5期。

[94] 吴慧：《法律方法解决国际海洋争端的实践分析》，《厦门大学法律评论》2003年第2期。

[95] 吴慧：《论国际责任的承担》，《国际关系学院学报》1999年第4期。

[96] 吴兴佐：《我国军事安全面临的挑战及思考》，《国家安全通讯》2000年第4期。

[97] 吴征宇：《海权的影响及其限度——阿尔弗雷德·塞耶·马汉的海权思想》，《国际政治研究》2008年第2期。

[98] 夏立平、云新雷：《论构建中国特色新海权观》，《社会科学》2018年第1期。

[99] 肖锋:《对海军"海上实际存在"国际法规则的理论探析——航行自由VS存在自由》,《边界与海洋研究》2020年第6期。

[100] 谢红霞:《国际海洋法法庭若干法律问题的分析》,《黑龙江省政法管理干部学院学报》2005年第1期。

[101] 邢广梅:《海军护航反海盗行动涉法问题研究》,《西安政治学院学报》2009年第2期。

[102] 徐曾沧、卢建祥:《〈联合国海洋法公约〉争端解决机制十年:成就、不足与发展》,《中国海洋法学评论》2007年第1期。

[103] 徐萍:《新时代中国海洋维权理念与实践》,《国际问题研究》2020年第6期。

[104] 徐以祥:《违法行政行为效力矫治制度的困境和应对策略》,《河北法学》2009年第11期。

[105] 许健:《论国际法之"人类共同利益"原则》,《北京理工大学学报》(社会科学版)2011年第5期。

[106] 薛桂芳:《〈联合国海洋法公约〉体制下维护我国海洋权益的对策建议》,《中国海洋大学学报》(社会科学版)2005年第6期。

[107] 薛澜、沈华、王郅强:《"7·23重大事故"的警示——中国安全事故调查机制的完善与改进》,《国家行政学院学报》2012年第2期。

[108] 阎二鹏:《海洋刑法学视阈下船旗国刑事管辖原则辨析》,《河南财经政法大学学报》2015年第3期。

[109] 杨力:《中国周边海洋问题:本质、构成与应对思路》,《边界与海洋研究》2018年第6期。

[110] 杨利雅:《立法管辖权对冲突法的影响》,《政法论坛》2010年第2期。

[111] 杨泽伟:《国家主权平等原则的法律效果》,《法商研究》2002年第5期。

[112] 叶云虎:《由日本〈海难审判法〉评析我国之海事评议制度》,《台湾海事安全与保安研究学刊》2015年第2期。

[113] 易善武:《主权让渡新论》,《重庆交通学院学报》(社会科学版)2006年第3期。

[114] 尤明青、邱秋：《国际不法行为所致环境损害的法律责任——以飞机撒播除草剂案为中心的考察》，《中国地质大学学报》（社会科学版）2012年第4期。

[115] 余民才：《对我国关于〈防扩散安全倡议〉立场之重新审视》，《法商研究》2009年第6期。

[116] 余民才：《国家责任法的性质》，《法学家》2005年第4期。

[117] 余敏友、孙立文、汪自勇等：《武力打击国际恐怖主义的合法性问题》，《法学研究》2003年第6期。

[118] 余敏友、冯洁菡：《美国"航行自由计划"的国际法批判》，《边界与海洋研究》2020年第4期。

[119] 余敏友、雷筱璐：《评美国指责中国在南海的权利主张妨碍航行自由的无理性》，《江西社会科学》2011年第9期。

[120] 袁发强：《国家安全视角下的航行自由》，《法学研究》2015年第3期。

[121] 袁立：《公民基本权利野视下国家义务的边界》，《现代法学》2011年第1期。

[122] 詹真荣：《欧洲一体化中的国家主权和职能的让渡现象研究》，《当代世界与社会主义》2000年第4期。

[123] 张海文：《全球海洋岛屿争端面面观》，《求是》2012年第16期。

[124] 张军社：《国际海洋安全秩序演进：海洋霸权主义仍存》，《世界知识》2019年第23期。

[125] 张磊：《论国际法上传统国家责任的产生与构成》，《学术论坛》2012年第2期。

[126] 张玲、陈国华：《国外安全生产事故独立调查机制的启示》，《中国安全生产科学技术》2009年第1期。

[127] 张明楷：《国民对国家的忠诚与国家对国民的保护——属人主义的理解与适用》，《社会科学》2008年第4期。

[128] 张乃根：《试析〈国家责任条款〉的"国际不法行为"》，《法学家》2007年第3期。

[129] 张卫华:《刻赤海峡的法律地位及航行问题》,《国际法研究》2019 年第 4 期。

[130] 张卫华:《专属经济区中的"适当顾及"义务》,《国际法研究》2015 年第 5 期。

[131] 张湘兰、郑雷:《论"船旗国中心主义"在国际海事管辖权中的偏移》,《法学评论》2010 年第 6 期。

[132] 张小奕:《试论航行自由的历史演进》,《国际法研究》2014 年第 4 期。

[133] 章佳:《评马汉的海权说》,《国际关系学院学报》2000 年第 4 期。

[134] 赵建文:《海洋法公约对国家管辖权的界定和发展》,《中国法学》1996 年第 2 期。

[135] 赵建文:《联合国海洋法公约对中立法的发展》,《法学研究》1997 年第 4 期。

[136] 赵建文:《联合国海洋法公约与有限豁免原则》,《政治与法律》1996 年第 2 期。

[137] 赵建文:《条约法上的善意原则》,《当代法学》2013 年第 4 期。

[138] 赵洲:《国际不法行为责任上的主观因素》,《中南大学学报》(社会科学版) 2011 年第 3 期。

[139] 郑雪飞:《对近代主要国家海上安全环境的解读》,《社会主义研究》2008 年第 6 期。

[140] 郑泽善:《网络犯罪与刑法的空间效力原则》,《法学研究》2006 年第 5 期。

[141] 周雪飞、徐嘉、张绪冰:《基于 Sentinel-1 卫星数据的北极西北航道通航适宜性分析》,《冰川冻土》2022 年第 1 期。

[142] 周羽、沙正荣:《关于 IMO 审核与海事履约管理体系建设的思考》,《中国水运》2011 年第 7 期。

[143] 周忠海、张卫华:《试论国家单方法律行为的若干基本问题》,《河南省政法管理干部学院学报》2007 年第 6 期。

[144] 周忠海:《海洋法与国家海洋安全》,《河南省政法管理干部学院

学报》2009 年第 2 期。

［145］朱之江：《论非战争军事行动》，《南京政治学院学报》2003 年第 5 期。

［146］朱志强、袁林新：《国际法框架下船舶定线水域的选择》，《上海海事大学学报》2005 年第 2 期。

［147］邹立刚、王崇敏：《国家对专属经济区内外国科研活动的管辖权》，《社会科学家》2012 年第 11 期。

［148］邹立刚：《论国家对专属经济区内外国平时军事活动的规制权》，《中国法学》2012 年第 6 期。

［149］《日本〈海洋基本法〉》，庄玉友译，《中国海洋法学评论》2008 年第 1 期。

三　学位论文

［1］赵建文：《国际法上的国家责任》，博士学位论文，中国政法大学，2004。

［2］赵月林：《残骸强制打捞清除法律制度之研究》，博士学位论文，大连海事大学，2007。

［3］赵晋：《论海洋执法》，博士学位论文，中国政法大学，2009。

四　报纸与网络资料

［1］《习近平集体会见出席海军成立 70 周年多国海军活动外方代表团团长》，《人民日报》2019 年 4 月 24 日。

［2］《习近平在海南考察时强调　解放思想开拓创新团结奋斗攻坚克难加快建设具有世界影响力的中国特色自由贸易港》，《人民日报》2022 年 4 月 14 日。

［3］《习近平致信祝贺二〇一九中国海洋经济博览会开幕强调：秉承互信互助互利原则，让世界各国人民共享海洋经济发展成果》，《人民日报》2019 年 10 月 16 日。

［4］杜海涛、罗珊珊：《我国外贸额首次突破 6 万亿美元》，《人民日报》2022 年 1 月 15 日。

[5] 顾阳：《2021 年进出口规模首次突破 6 万亿美元 "十四五"外贸开局良好》，《经济日报》2022 年 1 月 15 日。

[6] 郭威：《坚持稳中求进 开创高质量发展新局面》，《光明日报》2022 年 1 月 18 日。

[7] 刘楠来：《维护国际法严肃性》，《人民日报》2016 年 8 月 15 日。

[8] 卢凌宇：《挑战国家主权的思潮》，《光明日报》2001 年 2 月 20 日。

[9] 路阳：《合作保障海上通道安全》，《人民日报》2015 年 1 月 28 日。

[10] 马峰：《国际规则应由国际社会共同制定》，《人民日报》2018 年 12 月 19 日。

[11] 沈雅梅：《是"航行自由"还是海洋霸权》，《光明日报》2017 年 8 月 25 日。

[12] 孙金莹、杨立波、刘胜利：《贯彻落实新海上交通安全法 推动海上交通安全管理向深远海延伸》，《中国交通报》2021 年 10 月 26 日。

[13] 谭家华：《艨艟巨舰，海工中国——中国大型工程船科技迈向高水平自立自强》，《人民日报》（海外版）2022 年 4 月 11 日。

[14] 习近平：《积极树立亚洲安全观，共创安全合作新局面》，《人民日报》2014 年 5 月 22 日。

[15] 杨楠：《海事局首次远海救助清污》，《大公报》2013 年 3 月 28 日。

[16] Arctic Council，https：//oaarchive.arctic-council.org.

[17] Australian Maritime Safety Authority，https：//www.amsa.gov.au.

[18] Bundesstelle für Seeunfalluntersuchung，http：//www.bsu-bund.de.

[19] Commission for the Conservation of Antarctic Marine Living Resources，https：//www.ccamlr.org.

[20] Community Research and Development Information Service，http：//cordis.europa.eu.

[21] Cyprus Marine Accident and Incident Investigation Committee，http：//www.maic.gov.cy.

[22] Der Spiegel，http：//www.spiegel.de.

[23] Federation of American Scientists，https：//irp.fas.org.

[24] Global Integrated Shipping Information System，https：//gisis. imo. org.

[25] Government of the United Kingdom，https：//www. gov. uk.

[26] International Chamber of Shipping，https：//www. ics-shipping. org.

[27] International Maritime Organisation，http：//www. imo. org.

[28] KONGSBERG，https：//www. kongsberg. com.

[29] Korea Autonomous Surface Ship Project，https：//kassproject. org.

[30] Lloydslist，https：//lloydslist. maritimeintelligence. informa. com.

[31] Organisation for Economic Co-operation and Development，https：//www. oecd. org.

[32] Russian Federation Defence Ministry，https：//structure. mil. ru.

[33] Telegraph，http：//www. telegraph. co. uk.

[34] The Daily Star，https：//www. thedailystar. net.

[35] The Maritime Executive，https：//www. maritime-executive. com.

[36] Transportation Safety Board of Canada（TSB），http：//www. bst-tsb. gc. ca.

[37] UN Office of the High Commissioner for Human Rights，http：//www. ohchr. org.

[38] US Mission to Asean，http：//asean. usmission. gov.

[39] UNCTAD，https：//undocs. org.

[40] United Nations-Office of Legal Affairs，https：//legal. un. org.

[41] VOA News，https：//www. voanews. com.

[42] 环球网，http：//mil. huanqiu. com。

[43] 科学网，http：//news. sciencenet. cn。

[44] 联合国网站，https：//digitallibrary. un. org。

[45] 南都网，http：//www. nandu. com。

[46] 人民网，http：//www. people. com. cn。

[47] 上海海事局网站，http：//www. sh. msa. gov. cn。

[48] 新华网，http：//www. xinhuanet. com。

[49] 中国船舶工业行业协会网站，http：//www. cansi. org. cn。

[50] 中国国务院新闻办公室网站，http：//www. scio. gov. cn。

[51] 中国交通运输部网站，http：//www. mot. gov. cn。

[52] 中国人大网，http：//www. npc. gov. cn。

[53] 中国日报网，http：//caijing. chinadaily. com. cn。

[54] 中国山东网，http：//news. sdchina. com。

[55] 中国商务部网站，http：//www. mofcom. gov. cn。

[56] 中国社会科学院亚太与全球战略研究院网站，http：//niis. cass. cn。

[57] 中国外交部网站，https：//www. fmprc. gov. cn。

[58] 中国网，http：//news. china. com. cn。

[59] 中国政府网，http：//www. gov. cn。

[60] 中国自然资源部网站，http：//m. mnr. gov. cn。

五　外文著作

[1] A. Bos and H. Siblesz（eds.），*Realism in Law-Making*：*Essays on International Law in Honour of Willem Riphagen*（Leiden/Boston：Martinus Nijhoff Publishers，1986）.

[2] Adam Weintrit，*Marine Navigation and Safety of Sea Transportation*（Boca Raton：CRC Press，2009）.

[3] Agnieszka Jachec-Neale，*The Concept of Military Objectives in International Law and Targeting Practice*（London/New York：Routledge Publishing，2014）.

[4] Alexander DeConde，Richard Dean Burns，and Fredrik Logevall（eds.），*Encyclopedia of American Foreign Policy*（Vol. 1）（New York：Charles Scribner's Sons Gale Group，2002）.

[5] Alexander Orakhelashvili，*Akehurst's Modern Introduction to International Law*（8th Edition）（New York：Routledge Pubilshing，2019）.

[6] Alla Pozdnakova，*Criminal Jurisdiction over Perpetrators of Ship-Source Pollution*：*International Law*，*State Practice and EU Harmonisation*（Leiden/Boston：Martinus Nijhoff Publishers，2012）.

[7] Andre Nollkaemper，*National Courts and the International Rule of Law*（Oxford：Oxford University Press，2011）.

[8] Anthony Aust，*Modern Treaty Law and Practice*（Cambridge：Cambridge

University Press, 2013).

[9] Apostolos Papanikolaou, *Ship Design: Methodologies of Preliminary Design* (Dordrecht/Heidelberg/New York/London: Springer Publishing, 2014).

[10] Bertrand G. Ramcharan, *United Nations Protection of Humanity and Its Habitat: A New International Law of Security and Protection* (Leiden/Boston: Brill Nijhoff Publishing, 2016).

[11] Bevan Marten, *Port State Jurisdiction and the Regulation of International Merchant Shipping* (New York: Springer International Publishing, 2014).

[12] Boleslaw Adam Boczek, *International Law: A Dictionary* (Lanham: Scarecrow Press, 2005).

[13] Bruno Simma, et al. (eds.), *The Charter of the United Nations: A Commentary* (Vol. I, 3rd Edition) (Oxford: Oxford University Press, 2012).

[14] Catherine Phuong, *The International Protection of Internally Displaced Persons* (Cambridge: Cambridge University Press, 2005).

[15] Craig L. Symonds, *World War II at Sea: A Global History* (Oxford: Oxford University Press, 2018).

[16] D. French, et al. (eds.), *International Law and Dispute Settlement: New Problems and Techniques* (Oxford: Hart Publishing, 2010).

[17] D. H. N. Johnson, "Innocent Passage," in Rudolf Bernhardt (ed.), *Encyclopedia of Public International* (Vol. 11) (Amsterdam: North-Holland Publishing, 1989).

[18] Daniel E. Maurino, et al., *Beyond Aviation Human Factors: Safety in High Technology Systems* (London/New York: Routledge Publishing, 2016).

[19] David Joseph Attard, et al. (eds.), *The IMLI Manual on International Maritime law* (Vol. 1) (London: Oxford University Press, 2014).

[20] Dietrich Schindler and Jiří Toman, *The Laws of Armed Conflicts* (4th Edition) (Leiden/Boston: Martinus Nijhoff Publishers, 2004).

[21] Donald R. Rothwell, *San Bateman* (eds.), *Navigational Rights and Freedoms, and the New Law of the Sea* (Leiden/Boston: Martinus Nijhoff Publishers, 2000).

［22］ Donald Rothwell, et al. (eds.), *The Oxford Handbook of the Law of the Sea* (Oxford: Oxford University Press, 2016).

［23］ Freya Baetens (ed.), *Legitimacy of Unseen Actors in International Adjudication* (Cambridge: Cambridge University Press, 2019).

［24］ Geoffrey Till, *Maritime Strategy and the Nuclear Age* (London: Macmillan Publishers, 1982).

［25］ Geoffrey Till, *Seapower, A Guide for the Twenty-first Century* (East Sussex: Psychology Press, 2004).

［26］ Gerald L. Dillingham, *National Transportation Safety Board: Reauth. Provides an Opportunity to Focus on Implementing Leading Management Practices and Addressing Human Capital Issues* (Collingdale: Diane Publishing, 2010).

［27］ Gudmundur Eiriksson, *The International Tribunal for the Law of the Sea* (Leiden/Boston: Martinus Nijhoff Publishing, 2000).

［28］ Henry Kissinger, *World Order* (New York: Penguin Press, 2014).

［29］ Herbert Briggs (ed.), *The Law of Nations* (2nd Edition) (New York: Appleton-Century-Crofts Press, 1952).

［30］ Herman Meyers, *The Nationality of Ships* (Dordrecht/Heidelberg/New York/London: Springer Publishing, 2012).

［31］ Hugh Thirlway, *The Sources of International Law* (London: Oxford University Press, 2014).

［32］ International Committee of the Red Cross, *Commentary on the Second Geneva Convention—Convention (II) for the Amelioration of the Condition of Wounded, Sick and Shipwrecked Members of Armed Forces at Sea* (Cambridge: Cambridge University Press, 2017).

［33］ Jacqueline Peel, *The Precautionary Principle in Practice: Environmental Decision-Making and Scientific Uncertainty* (New South Wales: Federation Press, 2005).

［34］ James Crawford, *The International Law Commission's Articles on State Responsibility: Introduction, Text and Commentaries* (Cambridge: Cambridge University Press, 2002).

[35] Jan Klabbers, *International Law* (Cambridge: Cambridge University Press, 2013).

[36] Jean-Marie Henckaerts, et al. (eds.), *Commentary on the First Geneva Convention: Convention (I) for the Amelioration of the Condition of the Wounded and Sick in Armed Forces in the Field* (Cambridge: Cambridge University Press, 2016).

[37] John Livermore, *Transport Law in Australia* (Hague/London/New York: Kluwer Law International Publishing, 2011).

[38] Joyce C. H. Liu, *Nick Vaughan-Williams. European-East Asian Borders in Translation* (London/New York: Routledge Publishing, 2014).

[39] Judith Gardam, *Necessity, Proportionality and Use of Force by States* (Cambridge: Cambridge University Press, 2004).

[40] Louis Henkin, et al., *Right V. Might: International Law and the Use of Force* (New York/London: Council on Foreign Relations Press, 1989).

[41] Malcolm N. Shaw, *International Law* (6th Edition) (Cambridge: Cambridge University Press, 1997).

[42] Marc Weller, *The Oxford Handbook of the Use of Force in International Law* (London: Oxford University Press, 2014).

[43] Marcus Matthias Keupp (ed.), *The Northern Sea Route: A Comprehensive Analysis* (Wiesbaden: Springer Gabler Pubulishing, 2015).

[44] Maria Gabunelē, *Functional Jurisdiction in the Law of the Sea* (Leiden/Boston: Martinus Nijhoff Publishers, 2007).

[45] Myron H. Nordquist, John Norton Moore and Ronán Long (eds.), *Cooperation and Engagement in the Asia-Pacific Region* (Leiden/Boston: Brill Nijhoff Publishers, 2019).

[46] Myron H. Nordquist, Tommy Thong Bee Koh, John Norton Moore, *Freedom of Seas, Passage Rights and the 1982 Law of the Sea Convention* (Leiden/Boston: Martinus Nijhoff Publishers, 2009).

[47] Natalie Klein, *The Dispute Settlement in the UN Convention on the Law of Sea* (Cambridge: Cambridge University Press, 2005).

[48] Nicholas Gaskell, Craig Forrest, *The Law of Wreck* (London: Informa Law from Routledge Publishers, 2019).

[49] Nilufer Oral, *Regional Co-operation and Protection of the Marine Environment Under International Law: The Black Sea* (Leiden: Martinus Nijhoff Publishers, 2013).

[50] Nisuke Ando, et al. (eds.), *Liber Amicorum Judge Shigeru Oda* (Vol. 2) (Hague/London/New York: Kluwer Law International Publishing, 2002).

[51] Oliver Dörr, Kirsten Schmalenbach, *Vienna Convention on the Law of Treaties: A Commentary* (2rd Edition) (Dordrecht/Heidelberg/New York/London: Springer Publishing, 2018).

[52] Patrick Griggs CBE, *International Maritime law* (Vol. II) (Oxford: Oxford University Press, 2016).

[53] Peter Ehlers, Rainer Lagoni, *Enforcement of International and EU Law in Maritime Affairs* (Münster: LIT Verlag, 2008).

[54] Philippe Sands, Jacqueline Peel and Ruth MacKenzie, *Principles of International Environmental Law* (Cambridge: Cambridge University Press, 2012).

[55] Pierre-Marie Dupuy, *Droit international public* (Paris: Dalloz Publishing, 1995).

[56] Robert Feenstra, Jeroen Vervliet, *Hugo Grotius Mare Liberum 1609-2009* (Leiden/Boston: Brill Publishing, 2009).

[57] Robin R. Churchill, Alan Vaughan Lowe, *The Law of the Sea* (3rd Edition) (Manchester: Manchester University Press, 1999).

[58] S. Jayakumar, et al., *Transboundary Pollution: Evolving Issues of International Law and Policy* (Cheltenham/ Northampton: Edward Elgar Publishing, 2015).

[59] S. K. Verma, *An Introduction to Public International Law* (Delhi: Prentice-Hall of India Pvt. Ltd., 2004).

[60] Shabtai Rosenne (ed.), *League of Nations Conference for the*

Codification of International Law 1930(Vol. 4)(New York: Oceana publications, 1975)

[61] Simon Marr, *The Precautionary Principle in the Law of the Sea: Modem Decision Making in International Law*(Hague: Kluwer Law International Publishing, 2003).

[62] Surya Prakash Sharma, *Territorial Acquisition, Disputes, and International Law*(Leiden/Boston: Martinus Nijhoff Publishers, 1997).

[63] Tarcisio Gazzini, *The Changing Rules on the Use of Force in International Law*(Manchester: Manchester University Press, 2005).

[64] Taslim Olawale Elias, *The Modern Law of Treaties*(Dobbs Ferry: Oceana Publications, 1974).

[65] Ted L. McDorman, et al. (eds.), *Regulation on Navigation of Foreign Vessels: Asia-Pacific State Practice*(Leiden: Brill/Nijhoff Publishing, 2019).

[66] Terry Hughes, John Costello, *The Battle of the Atlantic*(New York: The Dial Press, 1977).

[67] Timothy O'Riordan and James Cameron, *Interpreting the Precautionary Principle*(London/New York: Routledge Publishing, 2013).

[68] Upendra Nath Gupta, *The Law of the Sea*(New Delhi: New Delhi Atlantic Publishers, 2005).

[69] Victor V. Ramraj, Michael Hor, Kent Roach, *Global Anti-Terrorism Law and Policy*(Cambridge: Cambridge University Press, 2012).

[70] Wayne K. Talley (ed.), *Maritime Economics*(Wiley-Blackwell Publishing, 2012).

[71] William Slomanson, *Fundamental Perspectives on International Law*(6th Edition)(Wadsworth: Cengage Learning, 2011).

[72] Willy Østreng, *National Security and International Environmental Cooperation in the Arctic—The Case of the Northern Sea Route*(Dordrecht: Springe Publishing, 1999).

[73] Yoshifumi Tanaka, *The International Law of the Sea*(2nd Edition)

(Cambridge: Cambridge University Press, 2015).

[74] Youri van Logchem, *The Rights and Obligations of States in Disputed Maritime Areas* (Cambridge: Cambridge University Press, 2021).

六 外文论文

[1] Agne Sirinskiene, "The Status of Precautionary Principle: Moving Towards a Rule of Customary Law," *Jurisprudence*, Vol. 4, No. 118, 2009.

[2] Aldo Chircop, "Testing In ternational Legal Regimes: The Advent of Automated Commercial Vessels," *German Yearbook of International Law*, Vol. 60, 2017.

[3] Andronico Oduogo Adede, "Amendment Procedures for Conventions with Technical Annexes: The IMCO Experience," *Virginia Journal of International Law*, Vol. 17, Iss. 2, 1977.

[4] Anna van Zwanenberg, "Interference with Ships on the High Seas," *International and Comparative Law Quarterly*, Vol. 10, No. 4, 1961.

[5] Anne Bardin, "Coastal State's Jurisdiction over Foreign Vessels," *Pace International Law Review*, Vol. 14, Iss. 1, 2002.

[6] Arie Trouwborst, "Prevention, Precaution, Logic and Law: The Relationship Between the Precautionary Principle and the Preventative Principle in International Law and Associated Questions," *Erasmus Law Review*, Vol. 2, No. 2, 2009.

[7] Arron N. Honniball, "The Exclusive Jurisdiction of Flag States: A Limitation on Pro-active Port States?," *International Journal of Marine and Coastal Law*, Vol. 3, Iss. 3, 2016.

[8] B. Kwiatkowska, "The Contribution of the International Court of Justice to the Development of the Law of the Sea and Environmental Law," *Review of European Community & International Environmental Law*, No. 1, 1999.

[9] Barry Gordon Buzan, "A Reductionist, Idealistic Notion that Adds Little Analytical Value," *Security Dialogue*, Vol. 35, No. 3, 2004.

[10] Bernard H. Oxman, "Observations on Vessel Release Under the

United Nations Convention on the Law of the Sea," *International Journal of Marine and Coastal Law*, Vol. 11, No. 2, 1996.

[11] Bernard H. Oxman, "Observations on Vessel Release Under the United Nations Convention on the Law of the Sea," *International Journal of Marine and Coastal Law*, Vol. 11, No. 2, 1996.

[12] Brian J. Beck, "Liability of Marine Surveyors for Loss of Surveyed Vessels: When Someone Other than the Captain Goes Down with the Ship," *Notre Dame L. Rev*, Vol. 64, 1989.

[13] Catherine M. Brölmann, "Law-making Treaties: Form and Function in International Law," *Nordic Journal of International Law*, Vol. 74, Iss. 3 – 4, 2005.

[14] Changwoo Ha, "Criminal Jurisdiction for Ship Collision and Marine Pollution in High Seas-Focused on the 2015 Judgement on M/V Ernest Hemingway Case," *Journal of International Maritime Safety, Environmental Affairs, and Shipping*, Vol. 4, Iss. 1, 2020.

[15] Dale Stephens, "The Legal Efficacy of Freedom of Navigation Assertions," *Israel Yearbook on Human Rights*, Vol. 34, 2004.

[16] Daniele Fabris, "Jurisdiction: Current Issues of International Law of the Sea Awaiting the 'Enrica Lexie' Decision," *Amsterdam Law Forum*, Vol. 9, No. 2, 2017.

[17] Dawid Połap, et al., "Automatic Ship Classification for a Riverside Monitoring System Using a Cascade of Artificial Intelligence Techniques Including Penalties and Rewards," *ISA Transactions*, Vol. 121, 2022.

[18] Dinah Shelton, "Normative Hierarchy in International Law," *The American Journal of International Law*, Vol. 100, No. 2, 2006.

[19] Donald A. Donahue, et al., "The All Needs Approach to Emergency Response," *Homeland Security Affairs Journal*, Vol. 8, 2012.

[20] Douglas Guilfoyle, "Interdicting Vessels to Enforce the Common Interest: Maritime Countermeasures and the Use of Force," *The International and Comparative Law Quarterly*, Vol. 56, Iss. 1, 2007.

[21] Dylan MH LohD, Jaakko Heiskanen, "Liminal Sovereignty Practices: Rethinking the Inside/Outside Dichotomy," *Cooperation and Conflict*, Vol. 55, No. 3, 2020.

[22] E. D. Brown, "The Saiga Case on Prompt Release of Detained Vessel: The First Judgment of the International Tribunal for the Law of the Sea," *Marine Policy*, Vol. 22, Iss. 4-5, 1998.

[23] E. Milano, I. Papanicolopulu, "State Responsibility in Disputed Areas on Land and at Sea," *Zeitschrift für ausländisches öffentliches Recht und Völkerrecht*, Vol. 71, 2011.

[24] Edward J. Frank, "UNCLOS Ⅲ and the Straits Passage Issue: The Maritime Powers Perspective on Transit Passage," *NYLS Journal of International and Comparative Law*, Vol. 3, No. 2, 1982.

[25] Erik Franckx, "Innocent Passage of Warships: Recent Developments in US-Soviet Relations," *Marine Policy*, Vol. 14, 1990.

[26] Francis Kerckhof, et al., "The Tricolor Incident: From Collision to Environmental Disaster," *Atlantic Seabirds*, Vol. 6, Iss. 3, 2004.

[27] Frederic Lasserre, "The Geopolitics of the Northwest Passage in an International Relations Perspective," *Relations Internationales*, Vol. 170, Iss. 2, 2017.

[28] G. Georgoulis, N. Nikitakos, "The Importance of Reporting All the Occurred Near-misses on Board: The Seafarers' Perception," *International Journal on Marine Navigation and Safety of Sea Transportation*, Vol. 13, No. 3, 2019.

[29] G. P. Politakis, "Waging War at Sea: The Legality of War Zones," *Netherlands International Law Review*, Vol. 38, 1991.

[30] Hans-Peter Gasser, "Acts of Terror, Terrorism and International Humanitarian Law," *International Review of the Red Cross*, Vol. 84, No. 847, 2002.

[31] Haryanti Rivai, Masao Furusho, "Strategic Identification of Unsafe Actions that Characterize Accidents on Ships," *Journal of Korean Navigation and Port Research*, Vol. 37, Iss. 5, 2013.

[32] Helen Thompson, "The Case for External Sovereignty," *European Journal of International Relations*, Vol. 12, No. 2, 2006.

[33] Huanxin Wang, et al., "GIS-based Analysis on the Spatial Patterns of Global Maritime Accidents", *Ocean Engineering*, Vol. 245, 2022.

[34] Hugh R. Williamson, "New Thinking in the Fight Against Marine Piracy: Financing and Plunder PreEmpting Piracy Before Prevention Becomes Necessary," *Case Western Reserve Journal of International Law*, Vol. 46, No. 1-2, 2013.

[35] Jens-Uwe Schröder-Hinrichs, et al., "Maritime Human Factors and IMO Policy," *Maritime Policy & Management*, Vol. 40, Iss. 3, 2013.

[36] Jillian Seymour, "The International Tribunal for the Law of the Sea: A Great Mistake?," *Indiana Journal of Global Legal Studies*, Vol. 13, Iss. 1, 2006.

[37] Jochen Frowein, "The Internal and External Effects of Resolutions by International Organization," *Zeitschrift für ausländisches öffentliches Recht und Rechtsvergleichung*, Vol. 49, 1989.

[38] John Norton Moore, "The Regime of Straits and the Third United Nations Conference on the Law of the Sea," *The American Journal of International Law*, Vol. 74, No. 1, 1980.

[39] Jon M. Van Dyke, "Military Ships and Planes Operating in the Exclusive Economic Zone of Another Country," *Marine Policy*, Vol. 28, Iss. 1, 2004.

[40] Jonathan D. Caverley, Peter Dombrowski, "Too Important to Be Left to the Admirals: The Need to Study Maritime Great-Power Competition," *Security Studies*, Vol. 29, Iss. 4, 2020.

[41] Lawrence Freedman, "The War of the Falkland Islands 1982," *Foreign Affairs*, Vol. 61, No. 1, 1982.

[42] Lois E. Fielding, "Maritime Interception: Centerpiece of Economic Sanctions in the New World Order," *Louisiana Law Review*, Vol. 53, 1993.

[43] Marel Katsivela, "COLREGs and Autonomous Vessels: Legal and

Ethical Concerns Under Canadian Law," *Maritime Safty and Security Law Journal*, Iss. 8, 2021.

[44] Martin D. Fink, Richard J. Galvin, "Combating Pirates off the Coast of Somalia: Current Legal Challenges," *Netherlands International Law Review*, Vol. 56, Iss. 3, 2009.

[45] Mary Ellen O'Connell, "Defining Armed Conflict," *Journal of Conflict and Security Law*, Vol. 13, 2009.

[46] Matt McDonald, "Constructing Insecurity: Australian Security Discourse and Policy Post-2001," *International Relations*, Vol. 19, No. 3, 2005.

[47] Monica Pathak, "Maritime Violence, Piracy at Sea & Marine Terrorism Today," *Windsor Review of Legal and Social Issues*, Vol. 20, Iss. 65, 2005.

[48] Nathan Read, "Claiming the Strait: How U. S. Accession to the United Nations Law of the Sea Convention Will Impact the Dispute Between Canada and the United States over the Northwest Passage," *Temple International & Comparative Law Journal*, Vol. 21, No. 2, 2007.

[49] Niels Petersen, "Customary Law Without Custom-Rules, Principles, and the Role of State Practice in International Norm Creation," *American University International Law Review*, Vol. 23, 2007.

[50] Owen McIntyre and Thomas Mosedale, "The Precautionary Principle as a Norm of Customary International Law," *Journal of Environmental Law*, Vol. 9, No. 2, 1997.

[51] Paul Arnell, "The Proper Law of the Crime in International Law Revisited," *Nottingham Law Journal*, Vol. 9, Iss. 1, 2000.

[52] Peter D. Fox, "International Asylum and Boat People: The Tampa Affair and Australia's Pacific Solution," *Maryland Journal of International Law*, Vol. 25, 2010.

[53] R. C. De Castro, "China and Japan in Maritime Southeast Asia: Extending Their Geo-strategic Rivalry by Competing For Friends," *Philippine Political Science Journal*, Vol. 34, Iss. 2, 2013.

〔54〕Randall Lesaffer, "Argument from Roman Law in Current International Law: Occupation and Acquisitive Prescription," *The European Journal of International Law*, Vol. 16, No. 1, 2005.

〔55〕Ronnie Ann Wainwright, "Navigation Through Three Straits in the Middle East: Effects on the United States of Being a Nonparty to the 1982 Convention on the Law of the Sea," *Case Western Reserve Journal of International Law*, Vol. 18, Iss. 3, 1986.

〔56〕Sean T. Pribyl, "Autonomous Vessels in US Shipping: Following the Northern European Lead," *TR News*, Iss. 334, 2021.

〔57〕Seline Trevisanut, "Twenty Years of Prompt Release of Vessels: Admissibility, Jurisdiction, and Recent Trends," *Ocean Development & International Law*, Vol. 48, Iss. 3-4, 2017.

〔58〕Seong-hoon Jeong, et al., "Analysis and Design of Common Platform Core Technology for Maritime Autonomous Surface Ships," *Journal of Advanced Navigation Technology*, Vol. 22, No. 6, 2018.

〔59〕Stuart Kaye, Lowell Bautista, "The Naval Protection of Shipping in the 21st Century: An Australian Perspective," *Papers in Australian Maritime Affairs*, No. 34, 2011.

〔60〕Sukyoon Choi, et al., "A Study on the Penal Jurisdiction in Cases of Incident of Ship Collision on the High Seas—Commentary on Busan District Court ruling '2015gohap 52' decided on 12 June 2015," *Maritime Law Review*, Vol. 27, No. 3, 2015.

〔61〕Tofig F. Musayev, Rovshan Sadigbayli, "The Purposes and Principles of the UN Charter Origins, Subsequent Developments in Law and Practice and (Mis) Interpretation in the Context of Unilateral Secession Claims in the Osce Area," *Security and Human Rights*, Vol. 28, 2017,

〔62〕Tommy T. B. Koh, "Territorial Sea, Contiguous Zone, Straits and Archipelagoes Under the 1982 Convention on the Law of the Sea," *Malaya Law Review*, Vol. 29, No. 2, 1987.

〔63〕William T. Burke, "Customary Law of the Sea: Advocacy or

Disinterested Scholarship," *Yale Journal of International Law*, Vol. 14, Iss. 2, 1989.

［64］William Tetley, "Uniformity of International Private Maritime Law—The Pros, Cons, and Alternatives to International Conventions—How to Adopt an International Convention," *Tulane Maritime Law Journal*, Vol. 24, 2000.

［65］William V. Dunlap, "Transit Passage in the Russian Arctic Straits," *Maritime Briefing*, Vol. 1, No. 7, 1996.

［66］Wolff Heintschel von Heinegg, "The Difficulties of Conflict Classification at Sea: Distinguishing Incidents at Sea from Hostilities," *International Review of the Red Cross*, Vol. 98, No. 2, 2016.

［67］Wróbel Krzysztof, Jakub Montewka, Pentti Kujala, "Towards the Assessment of Potential Impact of Unmanned Vessels on Maritime Transportation Safety," *Reliability Engineering & System Safety*, Vol. 165, 2017.

［68］Yoshinobu Takei, "Agreement on Cooperation on Aeronautical and Maritime Search and Rescue in the Arctic: An assessment," *Aegean Rev Law Sea*, Vol. 2, Iss. 1-2, 2013.

七 外文案例

［1］Application of the International Convention on the Elimination of All Forms of Racial Discrimination (*Qatar v. United Arab Emirates*), Judgment of 4 February 2021, ICJ Reports, Dissenting Opinion of Judge Bhandari.

［2］Armed Activities on the Territory of the Congo (*Democratic Republic of the Congo v. Uganda*), Judge Oda, Declaration to the ICJ Order on Provisional Measures, 1 July 2000, ICJ Reports.

［3］Award of Maritime Boundary Delimitation Case (*Guyana v. Suriname*), Award of the Arbitral Tribunal of 17 September 2007.

［4］Barcelona Traction, Light and Power Company, Limited (*Belgium v. Spain*), Judgment of 5 February 1970, Separate Opinion of Judge Jessup, ICJ Reports.

［5］Camouco Case (*Panama v. France*), Case No. 5, Judgment of 7

February 2000, ITLOS Reports.

［6］Case of *Al-Adsani* v. *United Kingdom*, Application No. 35763/97, Judgment of 21 November 2001, European Court of Human Rights.

［7］Constitution of the Maritime Safety Committee of the Inter-Governmental Maritime Consultative Organization, Advisory Opinion of 8 June 1960, Dissenting Opinion of Judge Moreno Quintana, ICJ Reports.

［8］Corfu Channel (*United Kingdom of Great Britain and Northern Ireland* v. *Albania*), Judgment of 9 April 1949, ICJ Reports.

［9］Dispute regarding Navigational and Related Rights (*Costa Rica* v. *Nicaragua*), Summary of the Judgment of 13 July 2009, ICJ Reports.

［10］Georges Pinson (*France*) v. *United Mexican States* (24 April 1928), Reports of International Arbitral Awards (Vol. 5), 2006.

［11］Grand Prince Case (*Belize* v. *France*), Prompt Release, Judgment of 20 April 2001, Declaration of Judge ad hoc Cot, ITLOS Reports.

［12］Legality of the Threat or Use of Nuclear Weapons, Advisory Opinion of 8 July 1996, ICJ Reports.

［13］Maritime Delimitation and Territorial Questions Between Qatar and Bahrain (*Qatar* v. *Bahrain*), Judgment of 16 March 2001, ICJ Reports.

［14］Military and Paramilitary Activities in and Against Nicaragua (*Nicaragua* V. *United State of America*), Judgment of 27 June 1986, ICJ Reports.

［15］Military and Paramilitary Activities in and Against Nicaragua (*Nicaragua* v. *United States of America*), Judgment of 27 June 1986, ICJ Reports.

［16］Nottebohm Case (2nd Phase) (*Liechtenstein* v. *Guatemala*), ICJ Judgement of 6 April 1955, ICJ Reports.

［17］Nuclear Tests (*Australia* v. *France*), Judgment of 20 December 1974, ICJ Reports.

［18］Obligation to Negotiate Access to the Pacific Ocean (*Bolivia* v. *Chile*), Judgment of 1 October 2018, ICJ Reports.

［19］Oil Platforms (*Islamic Republic of Iran* v. *United States of America*), Judgment of 6 November 2003, ICJ Reports.

[20] *Prosecutor* v. *Blaškić* (Appeals Chamber), Judgment on the Request of the Republic of Croatia for Review of the Decision of Trial Chamber II of 18 July 1997, IT-95-14 AR, ICTY, 29 October 1997.

[21] Territorial and Maritime Dispute Between in the Caribbean Sea (*Nicaragua* v. *Honduras*), Judgment of 8 October 2007, ICJ Reports.

[22] The "Juno Trader" Case (*Saint Vincent and the Grenadines* v. *Guinea-Bissau*), Prompt Release, Judgment of 18 December 2004, ITLOS Reports.

[23] The ARA Libertad Arbitration (*Argentina* v. *Ghana*), Provisional Measures, Order of 15 December 2012, ITLOS Reports.

[24] The Camouco Case (*Panama* v. *France*), Case No. 5, Judgment of 7 February 2000, ITLOS Reports.

[25] The Case of Oscar Chinn (*Britain* v. *Belgium*), Judgment of 12 December 1934, PCIJ Reports, Series A/B, No. 36.

[26] The Case of S. S. Lotus (*France* v. *Turkey*), PCIJ (Ser. A) No. 10, 7 September 1927.

[27] The M/V Saiga (No. 2) Case (*Saint Vincent and the Grenadines* v. *Guinea*), Judgment of 1 July 1999, ITLOS Reports.

[28] The M/V Saiga Case (*Saint Vincent and the Grenadines* v. *Guinea*), Prompt Release, Merits, Judgement of 4 December 1997, ITLOS Reports.

[29] United States Diplomatic and Consular Staff in Tehran (*United States of America* v. *Iran*), Judgment of 24 May 1980, ICJ Reports.

图书在版编目(CIP)数据

国际海上交通安全的法律保障：情势变迁与规则演进/马金星著. -- 北京：社会科学文献出版社，2024.1
ISBN 978-7-5228-2942-5

Ⅰ.①国… Ⅱ.①马… Ⅲ.①海上交通-交通运输安全-安全法学 Ⅳ.①D912.296

中国国家版本馆 CIP 数据核字(2023)第 245197 号

国际海上交通安全的法律保障
——情势变迁与规则演进

著　　者 / 马金星

出 版 人 / 冀祥德
责任编辑 / 芮素平
文稿编辑 / 齐栾玉
责任印制 / 王京美

出　　版 / 社会科学文献出版社·联合出版中心 (010) 59367281
　　　　　 地址：北京市北三环中路甲 29 号院华龙大厦　邮编：100029
　　　　　 网址：www.ssap.com.cn

发　　行 / 社会科学文献出版社 (010) 59367028
印　　装 / 三河市尚艺印装有限公司

规　　格 / 开　本：787mm × 1092mm　1/16
　　　　　 印　张：24　字　数：381 千字

版　　次 / 2024 年 1 月第 1 版　2024 年 1 月第 1 次印刷

书　　号 / ISBN 978-7-5228-2942-5

定　　价 / 128.00 元

读者服务电话 4008918866

版权所有 翻印必究